广西民族大学相思湖法学文库

本书为广西高等学校高水平创新团队"东盟民商法研究创新团队"阶段性成果

东盟各国民商法概论

蒋慧　周喜梅　文新　著

WUHAN UNIVERSITY PRESS
武汉大学出版社

图书在版编目(CIP)数据

东盟各国民商法概论/蒋慧,周喜梅,文新著.—武汉:武汉大学出版社,2023.10

广西民族大学相思湖法学文库

ISBN 978-7-307-23813-8

Ⅰ.东… Ⅱ.①蒋… ②周… ③文… Ⅲ.民商法—研究—东南亚国家联盟 Ⅳ.D933.03

中国国家版本馆 CIP 数据核字(2023)第 112209 号

责任编辑:田红恩 责任校对:汪欣怡 版式设计:马 佳

出版发行:**武汉大学出版社** (430072 武昌 珞珈山)

(电子邮箱:cbs22@ whu.edu.cn 网址:www.wdp.com.cn)

印刷:武汉邮科印务有限公司

开本:720×1000 1/16 印张:30.75 字数:499 千字 插页:2

版次:2023 年 10 月第 1 版 2023 年 10 月第 1 次印刷

ISBN 978-7-307-23813-8 定价:98.00 元

作者简介

蒋慧，法学博士，西南政法大学法学博士后，香港城市大学访问学者，二级教授，博士生导师，现任广西民族大学法学院院长、广西一流学科（法学）带头人。在《法商研究》《法律科学》等刊物发表论文40余篇，多篇被《人大复印报刊资料》《中国社会科学文摘》转载，出版专著、教材4部。主持国家社科基金、广西哲社规划及其他纵向横向课题50余项。获广西社会科学优秀成果奖二等奖4项、三等奖3项，国家民委教学成果一等奖1项、广西区级教学成果二等奖2项。主要研究方向：民商法学、经济法学。兼任中国法学会第八届理事、广西商法研究会会长，广西壮族自治区党委法律顾问、广西壮族自治区人民政府法律顾问。入选国家"百千万知识产权人才工程"百名高层次人才培养人选、广西第十七批"新世纪十百千人才工程"第二层次人选，获"广西优秀中青年法学家"、广西高等学校卓越学者等称号。

周喜梅，泰国朱拉隆功大学法学博士，广西民族大学法学院教授，研究生导师，现任广西法学会东盟法学研究会会长，曾先后兼职广西民族大学东盟学院副院长、广西来宾市检察院副检察长、中国人民大学法学院亚太研究院研究员、西南政法大学中国—东盟法律研究中心研究员。主要研究方向为民法、泰国法和东盟法律制度。先后参与或主持各级各类科研项目15项以上。出版学术专著2部、译著1部（独著）、任主编或副主编编撰著作各2部，发表学术论文近40篇。

文新，法学博士，教授，硕士研究生导师。广西商法研究会副会长、广西首席法律咨询专家组成员、广西法学教学指导委员会委员。主要研究方向：民商法、公司治理。主持完成和主要参加国家级课题一般项目或重大课题项目3项，省部级项目4项，厅级课题项目多项以及横向课题多项。发表学术论文30余篇，近20篇C刊或中文核心期刊论文。获中国行为法学会论文三等奖、中国商法研究会论文三等奖。

前　　言

东盟国家与中国比邻而居，具有资源丰富、交通便利、消费活跃等多重优势，近年来日益受到中国投资者的青睐。自 2009 年起，中国连续 14 年保持东盟最大贸易伙伴地位，双方连续三年互为最大贸易国。RCEP 的全面生效实施，为区域内各成员国的贸易投资合作提供新机遇；中国和东盟大力推进中国—东盟自贸区 3.0 版升级谈判，更是给双边经贸合作带来巨大发展潜力。中国与东盟十国间贸易往来不断发展的同时，伴随在贸易过程中产生的商事争议也逐渐增多。跨境商事争议解决途径的选择，应当综合考量各项争议解决途径的优势与不足，同时结合中国和东盟十国的争议解决制度以及司法环境等，才能地保障当事人的商事利益最大化。为此，需要对东盟国家民商事制度有着较为直观的印象，这也是本书的写作目的。

本书依托广西民族大学法学院、广西民族大学广西商法研究院、广西民族大学广西仲裁研究院、广西商法研究会、广西东盟法律研究会等研究平台组织、相关专家进行研究，以东盟民商法研究为方向特色，以广西高等学校高水平创新团队"东盟民商法研究创新团队"为优势平台，以中国东盟贸易中法律风险防范为应用特色，凝结了参与人员大量辛勤付出。编写团队教师具有丰富经验，致力于东盟民商法的理论和实践研究，坚持为完善我国东盟民商法律研究提供学术帮助，为培养民商法研究、教学及实务方面高层次专门人才贡献力量。

全书分为上下编，上编汇编东盟十国民事法律制度，主要包括(1)合同法，如合同订立、履行、违约责任等；(2)婚姻家庭关系法，如婚姻习俗、涉外婚姻规定等；(3)知识产权法，如著作权、专利权等；(4)侵权法等内容；下编汇编东盟十国商事法律，包括(1)合伙，如合伙产生、合伙责任等；(2)公司法，如公司设立、公司责任等；(3)证券法，如证券发行和交易等；(4)破产法等内容。

　　2023 年是"一带一路"倡议和构建更为紧密的中国-东盟命运共同体理念提出10 周年，也是中国加入《东南亚友好合作条约》20 周年。当前，中国和东盟合作持续深化，在政治安全、经济贸易、人文交流等多领域"双向奔赴"，携手共进。本书在今后将持续关注东盟各国民商事法律制度，以期更新完善东盟十国民商法律制度内容，为我国企业与"一带一路"沿线国家顺利展开经贸活动、规避法律风险提供有效指导。

　　本书由蒋慧、周喜梅、文新合著，由蒋慧修改定稿。具体分工如下：

　　上编第一章、第二章、第三章、第四章、第九章、第十章，蒋慧；上编第五章、第六章，周喜梅；上编第七章、第八章，文新。

　　下编第一章、第二章、第三章、第四章、第九章、第十章，蒋慧；下编第五章、第六章，周喜梅；下编第七章、第八章，文新。

　　由于相关资料参考较少，本书的编写过程中可能存在这样或那样的缺陷与不足，敬请各位读者和专家学者们批评指正。

蒋　慧

2023 年 10 月

目　　录

上编　东盟各国民事法律

下编　东盟各国商事法律

上编

东盟各国民事法律

第一章　印度尼西亚民事法律

第一节　民法概述

印度尼西亚被荷兰殖民前，习惯法在印尼的法律渊源中占主导地位。由于习惯法受社会形态、人类思想行为影响，所以印尼习惯法具有不稳定性，较为多变。此外，当时印尼的经济形态主要是个体农民经济，因而民商事法律发展较为薄弱。

1848 年，荷兰政府颁布了为在印尼的欧洲人制定的民法典与商法典，开启了印尼法律的编纂工作。但是，这两部法典大多是直接照搬荷兰本国 1838 年颁布的民法典和商法典，同时还规定印尼人的行为规范由之前印尼的传统习惯法调整。1920 年，为统一印尼人的民法，荷兰推出了"荷属东印度内地民法典"草案，但遭受了印尼习惯法之父——沃伦霍汶的反对，他认为印尼习惯法不能被统一的法典代替，因为每个地方的习惯法体现的地域文化都不尽相同，所以印尼人的法律不应是统一的法典。最后，印尼的统一法典还是没能正式颁布，荷兰政府为印尼人特制民法典的尝试以失败告终。

印尼结束殖民宣布独立以后的民商事法律状态和殖民时代几乎没有区别。由于无新的成文法典、政策指导，之前荷兰政府颁布的民、商法典适用的主体仍是在印尼的欧洲人和华人，习惯法的适用主体依然是大部分印尼人。印尼法院的运行也无改变，适用的法律仍是荷兰法或者习惯法，诉讼主体或案件相关事实同时涉及印尼本土人与外国人时，适用冲突规范。由此可见，印尼私法的主要特点具有多元性。到目前为止，荷兰殖民时代的《民法典》《刑法典》和 1848 年的《商法典》仍然是调整印尼社会活动的主要法律。同时，根据印尼政府的相关数据，大约有 400 件殖民时代的法律至今还有效，这显然与时代的要求是格格不入的。

政府已经把法律的统一化作为一项目标，尽管在最近也许还不能实现全部统一，但在民商法领域短期内实现统一是可能的，1960 年施行的《土地基本法》就是为法律统一化而努力的最初结果。近年来，新的合同法、民法总则、商法、诉讼法等统一法典正在制定中。

1848 年《民法典》分为四编，分别为个人法、财产法、契约法、关于证据及其法规共 1993 条。个人法共 18 章，涉及法典第 1 条至第 498 条，共计 498 条；财产法共 21 章，涉及法典第 499 条至 1232 条，共计 734 条；契约法共 18 章，涉及法典第 1233 条至 1864 条，共计 632 条；关于证据及其法规共 7 章，涉及法典第 1865 条至 1993 条，共计 129 条。

第二节　个　人　法

印尼 1848 年《民法典》第一编"个人法"共 18 章，个人法实际上与我国的民法总论有异曲同工之妙，但印尼民法典的个人法中有关于民事权利的规定比较粗糙，而与个人有关的婚姻、夫妻权利义务、家庭、父母子女关系规定得比较详尽，其篇章结构大致如下。(1)关于民事权利的享有和丧失。第一条规定便是熟知的"民事权利始于出生，终于死亡"，同时也明确规定，胎儿出生时如果是死胎，应该被视为从未存在而没有任何民事权利。最后，任何处罚不得导致民事权利的丧失。(2)姓名规定。父亲承认的合法的和非婚生子女，应当采用父亲的姓；不为父亲所承认的私生子，应沿用母亲的姓。未经批准，个人不得更改姓名或者增加姓名。(3)居住地和永久居留地的规定。个人在有其主要住所地时，即视为其为居住地。如无该住所，其实际住所应视为其居住地。公职人员的居住地是其经常执行公务时的住所地。(4)习惯法。受荷兰殖民后带有了浓厚的大陆法系立法的特征，自第四章开始至第十五章均描述了大量存在的习惯法，涉及婚姻的各项原则规定，如婚姻是民事关系；婚姻是一男一女以共同生活为基础的民事结合。鉴于本书的篇章结构，有关婚姻法的内容将在下面详细论述。

第三节 财 产 法

印尼 1848 年《民法典》第二编"财产法"共 21 章，有关于财产的规定与大陆法系其他国家的区别并不显著，或者从某种意义上讲，这部财产法中的内容直接来源于已经定型的荷兰法，故而从篇章结构来看是相对完善的，符合欧洲人在印尼本土的需求。

财产法第一章包含五节的内容。第一节（第 499～502 条）指明该法适用于具有财产属性的所有商品和权利以及一般规定下的财产内容。例如，天然产物有牲畜生产或饲养的东西，通过开垦土壤而生产出来的产品；人工加工产品，其中包括种植品、劳动力附加产值；原公司与分支机构本体及土地；民事收益是指土地的租赁和使用所得的收益，以及货币款项和未付租金所产生的利息。第二节（第 503～505 条）指明不同财产之间的区别，尤其明确表达财产包括了有形资产和无形资产、动产和不动产，动产可消耗物品或不可消耗物品。可消耗动产是指那些通过使用消失而消失的物品。第三节（第 506～508 条）详细描述了不动产财产按不同方式划分的种类，不动产包括地块和建造在地块上面的任何东西：树根附在土壤上的树木和农作物，未从树上摘下来的果实，以及诸如煤、泥炭和类似的矿物等未从土壤中分离和挖掘出来的矿物；灌木，违背砍伐的树木；在房屋内或土地表面以下输送水的排水系统或排水沟；任何依附于土壤或永久固定在一块土地或建筑物上的东西。第四节（第 509～517 条）详细描述了动产的特性、种类以及法定的登记方式。第五节（第 518～528 条）指明不同所有权者之间的关系和所对应的财产权，以及哪些物品属于国家，如未经管理和没有所有者的土地及其他不动产，包括死后没有留下继承人或放弃继承的遗产属于国家。

第二章包含三节的内容。第一节（第 529～537 条）指明对物的占有，包括善意占有、恶意占有、他主占有等。第二节（第 538～547 条）指明所有权获得、维持和灭失的方法，如有下列情形之一的，则视为所有权的灭失：财产被转移或者被盗；财产丢失，且所有权人无法找到该动产，以及除所有权人外的第三人和平占有财产达一年，则该财产被视为灭失。第三节（第 548～569 条）指明所有权所派生的其他权利。占有财产的善意占有人，就财产而言，享有下列权利：在所有权人收回财产的之前，他应被视为物主；享受财产的孳息，直至依法收回为止；占有受到侵害的，可以依法排除妨害。占有财产的恶意占有人对财产享有下列权利：在所有权人收回财产的之前，他应被视为物主；财产的收益由占有人收取，但应当返还给合法所有人；占有受到侵害的，可以依法排除妨害。

第三章包含两节的内容。第一节（第570~583条）指明物权的一般法律规定，包括物权的概念、性质、包含的种类、绝对支配性、共有物权及在继承中的分割与分配、物权所有者可以向通过其他行为占有或持有物的人主张其所有权等内容。第二节（第584~624条）指明物权的获得方式，以原始取得为主，包含行政审批、原权利附随、法规规定、法律明文和遗嘱继承以及法定方式的继受取得。

第四章（第625~672条）涉及相邻地块所有权人之间的权利与义务。该内容更像是我国有关相邻权的规定。指明了该项权利来源于土地本身的特性以及法律法规相关规定，包含取水、排水，划定相邻地块边界，对边界的封闭，建造界墙的高度、垂直度，建造时物品的堆放、修建下水道，排水沟、新建树篱笆或植树，对树枝的修剪、相邻地块的分割、通过、公共空间等详尽规范。

第五章（第673条）明确表明，强制劳动作为最高当局公认的法定方式应予以维持，通过民事诉讼协议不能对此作出修改或修正。主管部门应该在有法定授权的情况下明确规定更详尽的条款以便明确强制劳动适用于当事人的必要性。

第四节　物　权　法

自财产法第六章开始，对物权的相关概念进行介绍，包括相邻权、地役权、地上权、用益物权。第六章有三节的内容，第一节（第674~694条）指明地役权的属性及种类。地役权是一项在从属于他人掌控的土地上获得支配、使用其土地的权利。其中，涉及了需役地和供役地。第二节（第695~702条）指明地役权的来源，主要是土地所有权上的权益或法律的规定。地役权设定的主要原因是基于公共需求和利益，并且该需求高于土地的所有权。第三节（第703~710条）指明地役权的失效，附随在具体的财产之上地役权随财产的消灭而灭失，如果一块土地上的地役权随土地转移，或者房产所有人的许可，就算土地毁损、灭失，地役权仍然存在。除供役期限到期以外地役权灭失以后必须重新建立，需役地才能再次享有该权利。

第七章(第711~719条)涉及的主要内容为地上权,该权利是一项在他人土地上建造、构造或者种植的权利。特殊情况下,该权利能因抵押权产生,也因抵押权被阻却。抵押权人有权设定资产负债,通过设定地役权来限制建筑权的行使,但该权利仅限于抵押权人有抵押权的期间。

第八章(第720~736条)涉及的主要内容为长期租赁产生的不动产占有权,按照有关民法的传统,该项权利应该是"永佃权"。永佃权是一项基于长期租赁产生的在他人私有土地上的完整财产权,包括占有、使用、收益的权利,而其主要义务是以现金或者以所有权人土地产出物的方式每年一次支付租金。租金不能分开支付,并且必须包含每一块土地的收益支付租金。永佃人没有权利要求地主支付其在租赁土地期间因建造、改建、加固或种植所产生的相关费用。而且,永佃人应当承担缴纳土地上所有法定种类税收的义务,其可以选择每年一付或者一次付清。

第九章(第737~755条)涉及的内容为地面租金及什一税。地面租金实际上特指一种支付债务的义务,可以以现金或实物的方式支付因使用所有权人不动产而产生的债务。债权人可以在其上保留全部收益也可以处分或转移收益的三分之一。

第十章涉及使用收益权,包含四节的内容。第一节(第756~760条)指明使用收益权的属性以及获得收益权的方法。适用收益权是一种物上权利,基于使用他人财产而产生的一项特殊财产权,该权利的特殊性在于使用人在收益上等同于所有人,维持了财产自身的良好经营。第二节(第761~781条)指明使用收益者权利的具体内容。第三节(第782~806条)指明使用收益者义务的具体内容。第四节(第807~817条)指明使用收益权的终止的情形:(1)使用收益权人的死亡;(2)约定了期限或者约定了条件的,当到期时或者约定的事由发生时,使用收益权自然终止;(3)当两种财产的合并而导致使用收益权需征得另一个所有权人同意时;(4)使用收益权人因为利益而将使用收益权让渡给所有权人的;(5)若收益使用权人在连续的30年内未使用该权利,按照法律规定其将丧失该权利;(6)作为收益使用权主要载体的财产的灭失导致收益使用权的终止。

第十一章(第818~829条)涉及占有使用权,按照其定义来看,占用使用权从性质上与使用收益权一样，是种物上权利，基于占有特定财产而取得的使用权，其权利的取得和权利的终止与使用收益权一致。占有使用与使用收益不同之处在于其义务，占用使用必须确保财产的完整与完全，编制并描绘资产清单，如同真正的财产所有者良好的使用被占有财产，并按期归还占有物。

第五节　合　同　法

1848 年《民法典》中的第三编"契约法"共 18 章，包含了完整的契约法的相关规定，虽然印尼本土一直在强调新合同法的修订，但该契约法的内容至今仍在产生作用，主要内容如下。

一、契约一般规定

本法的一般规定包含四节内容。第一节一般规定（第 1233、1234 条）指明印尼本土中的契约按照双方合意或者法律规定的内容订立。订立契约的目的在于契约的当事人必须作为或者不作为一定的行为。第二节契约中的作为义务（第 1235~1238 条）指明契约缔结的作用在于明确当事人双方的权利义务关系，促进生产和消费，并在契约规定的商品交换中获得收益。第三节可分契约与不可分契约（第 1296~1303 条）明确解释了区分这两种契约的价值，并列举了不可分契约的 4 个种类及其特殊规定。第四节契约中的惩罚和处罚条款（第 1304~1312 条）关于惩罚性条款是履行契约双方为了确保契约的履行力而协商一致产生的。契约的无效使得惩罚性条款也无效，但惩罚性条款的无效并不当然导致契约无效。契约中的债权人用惩罚性条款对抗债务人的行为。

二、缔结契约前提

协商和合意是契约缔结的前提，包含四节的内容。第一节一般规定（第 1313~1319 条）指明缔结契约必须是契约各方当事人同意的结果，这也是契约法这一编的基础所在。第二节（第 1320~1337 条）明确规定对合意的合法性要求：（1）必须是合同当事人；（2）必须有表达意志的能力；（3）必须针对特定的事项；（4）必须是符合公序良俗的。受胁迫以及通过欺诈或是其他错误的手段签订的合同，没有合法的效力。第三节（第 1338～1341 条）指明合意的法律效果。第四节（第 1342～1351 条）指明对合意的理解，如果表达清楚的同意一般按照通常意义进行理解，以及在多种语境下进行不同解释方法的规定。

三、法律强制规定

契约的法律强制性（第 1352～1380 条），该部分指明，在当事人自由意志表达和协商一致下订立的契约，在某种意义下也需要靠法律的强制力来保证实施。契约的订立也是明确双方法定权利和义务的结果。

四、无效条款

涉及契约无效的内容包含八节内容。第一节（第 1382～1403 条）关于付款的规定。第二节（第 1404～1412 条）指明提示付款的托收与监管。第三节（第 1413～1424 条）债务的代位清偿，主要源于以下三种情况：（1）债务人代表其债权人偿还另一个契约关系中的债务，将抵消原债务；（2）新债务人替代原债务人完成偿还义务，使得债权人解除与之前债务人的关系；（3）未经双方同意，原债权人将债权转移给新债权人的，原债务人将不再承担责任。第四节（第 1425～1435 条）关于债权债务关系的抵消。两个人之间互为债权债务关系人，并且内容相当，该债权债务关系可以相互抵消。第五节（第 1436、1437 条）关于债务的合并。在不同契约关系中，债权人与债务人均是同一的，那么不同的债权债务关系可以合并解决。第六节（第 1438～1443 条）关于债务的免除。第七节（第 1444、1445 条）指明所欠债务对应的财产的灭失。第八节（第 1446～1456 条）围绕契约的无效和失效问题进行规范。

五、契约法分论

从本法的第五章开始至第十八章可以称为契约法分论，分别对买卖契约、劳务贸易契约、定金与订金契约、服务契约的承诺与履行、合伙及协议、法定经济实体、赠与保证、租赁、借贷、固定或永久资产、射幸、担保、转让等民商事行为以契约的方式进行规范。

第六节 婚姻家庭法

1974 年《婚姻法》规定，印尼最低结婚年龄男 19 周岁，女 16 周岁，除非得到法院或者男女父母所指定的另一官员的特许。如果双方中有一方或者两方均未满 21 周岁，那么婚姻的缔结必须得到家长的许可。这个规定在印尼本岛和爪哇岛民众间产生了不一致的反应。印尼本岛的民众认为，18 周岁以下的公民属于未成年人，女子法定婚龄定在 16 周岁属于未成年人，还需要监护人的同意，这个制度稍显烦琐。所以，直接规定为 18 周岁以上，更为简洁明了。但是，爪哇岛的民众认为，这样的规定提高了婚龄，因为在印尼大约有 1/2 的人没有明确记载其出生日期，由于缺乏记载而引起年龄的不准确，可能使得地方官在当事人虚报年龄的基础上允许其结婚。即使官员拒绝承认虚报年龄的情况，想要结婚的人也比较容易得到必要的特许，尤其是婚姻法没有限制或者禁止给予特许的相关规定。在巴厘岛，婚姻法的实施造成了与习惯法的冲突。

巴厘人习惯在经济自立后再结婚，通常是 20～25 岁。如果一个巴厘人在法定的最低婚龄之前做到经济自立要结婚时，对于女子来说，她必须至少来过一次月经，对于男子来说，他已经变声，方能结婚。这些标准反映了巴厘的习惯，在冲突的情况下，婚姻法只能以特别规定加以确认。

一、婚姻登记程序

对于印尼大部分地区而言，按原来的婚姻习俗新人只需要进行宗教宣誓即可缔结为合法夫妻关系。但是，婚姻法规定缔结婚姻双方进行婚姻登记是一项法定义务，隶属于宗教事务部的登记机关负责登记穆斯林婚姻，隶属于国家内部事务部的民事婚姻登记机关则负责其他婚姻的登记。这个规定给不同的岛屿带来了不同的影响。

在爪哇，根据婚姻法的规定，婚姻不一定需要登记才算合法，穆斯林可以在宗教事务局登记，他们继续执行自 1946 年以来的那种结婚登记。穆斯林和不同信仰的人的混合婚姻也仍然同 1974 婚姻法实施前一样到民事登记处去登记。

在巴厘岛，婚姻法实施前，男女缔结婚姻不需要登记，婚姻法实施以后，对于巴厘也有一系列特别规定，其中包括巴厘是登记结婚的唯一例外。为了防止利用该特殊规则私奔到巴厘的情况继续发生，巴厘当地人可以在婚姻缔结后再进行登记，但非巴厘人则必须在结婚10天前登记，否则婚姻无效。

二、离婚

1974年印尼的婚姻法在夫妻双方法律权利的保护上达到了基本一致，特别明显地体现在离婚制度的全面、系统构建上，涉及离婚的实体和程序法律规定，离婚的方式及法定机关，一夫多妻或童婚离婚的特别规定等问题上。并且，最大的进步在于从程序上改变了穆斯林男子独断专行的离婚习俗。

按照印尼旧法规定，一个穆斯林男子只要说三遍"我跟你离婚"无须任何理由，就能够和他的妻子离异。而提出离婚的穆斯林妇女则必须到法院说明离婚的理由，并且这些理由是事先征得丈夫同意或是合乎穆斯林法律的。1974年婚姻法实施以后，一个穆斯林丈夫要离婚，必须去伊斯兰法院说明理由。这个变化引起了穆斯林离婚率的全面下降，根据宗教事务部掌握的数字，大约下降了70%。同时，提出离婚的穆斯林妇女仍然必须到法院并提出理由，而这些理由不需丈夫同意，只要是法定理由即可离婚。

在印尼，婚姻法规定经法院调解无效，按婚姻法规定判决以后，夫妻双方可以离婚。根据伊斯兰法律缔结婚姻的男子想要离婚，必须向宗教法庭提交离婚通知信，并说明理由及其成因。如果理由和原因符合婚姻法规定的6个理由，并且再无和解的可能，那么法院将给予其离婚。而一方在其配偶有如下情况，可以请求法官调解或寻求司法帮助：（1）配偶与人通好、酗酒、吸毒、赌博或其他恶习，屡教不改的；（2）遗弃、无辜虐待2年及2年以上或威胁生命的；（3）生理缺陷或其他妨碍夫妻间婚姻权利义务的；（4）被判处5年及5年以上有期徒刑的；（5）长期不和并双方已无意愿继续生活的其他情况。

离婚费用的提高及特别规定降低了离婚的随意性。按旧法规定，一个穆斯林男子只需要向宗教事务局登记其离婚决定，并支付相当少的手续费。现在，他至少要去一次伊斯兰法院，并且花费3万卢比（折合75美元）。随着经济的发展，目前该费用在印尼爪哇岛的斯拉根地区上涨为4万印尼盾（折合4.8美元）或捐赠25棵树苗。同时规定，外国人娶印尼妻子需交5亿印尼盾（折合35万元人民币）

作为"生活安保费"，如果 10 年内离婚，这笔钱就归妻子所有。同时，印尼政府坚定地介入了一夫多妻或童婚中对弱势群体的保护，体现了法律制度的文明化，婚姻事务咨询处的工作人员有了法律权力以及伊斯兰法院作为后盾，降低了离婚率，也减少了来到法定婚龄就结婚的新人数量。

离婚时获得的财产，视为婚姻存续期间的共同财产。新婚姻法指示相关部门根据适用的法律向当事人提议关于前妻和子女的抚养问题。法院可以在子女或前妻的请求下，责令离婚男方当事人按当地平均生活水平，一次性或按一定时间周期给付子女和前妻的扶养费。同时 1974 年婚姻法还明确了离婚的双方对子女均有监护权，都要承担监护责任的规定。只是该规定仍然不尽完善，夫妻双方离婚时，在子女监护问题上是有争议的，法院应宣布判决父亲承担抚养的责任，除非其无法承担该责任，那么法院可责令母亲分担相应的抚养费用。

第二章　马来西亚民事法律

第一节　民　法　概　述

一、民法渊源

马来西亚有独特的地理位置，这使得马来半岛先后形成了多个国家，多种民族文化相互交融，宗教文化一度盛行，再加上葡萄牙、荷兰和英国先后400多年的殖民统治以及"二战"时期日本的殖民统治使得马来西亚的民法制度更具西方化。以上的这一切，共同的形成了今天马来西亚特有的民事法律制度。马来西亚的民法渊源主要有制定法、判例法、习惯法、宗教法规与世俗法。

马来西亚吸收了英国的宪政思想、自然权利观念与英国的法律制度，并结合其自身的宗教与民族文化展开立法。这个国家是多种文化混合，形成了一个法律、宗教习俗、习惯法与世俗法并行不悖的法律体制，不同种族保留其世俗的内容。迄今，马来西亚仍保留着习惯法的传统，尤其是东马西亚的沙巴和沙捞越地区是遵循习惯法的代表区域，在婚姻家庭和财产继承法方面，马来西亚也保留了习惯法的部分，宗教规范与民间世代沿承的习惯共同发挥作用，表现为成文法和各种宗教典籍，以及不成文的习惯法混合并用。受英国法的影响，马来西亚同时存在成文法与判例法，在商业活动中判例法通常发挥积极的作用，形成了以普通法和判例为基础，由成文法修订补充组成的法律体系。

二、民法特点

马来西亚当代民事法律制度属于英美法系，是在英美法律制度上根据自身特色建立的，因而马来西亚的法律更具宗教色彩，其兼顾了马来西亚三大主要民族（马来人、华人、印度人）的一些传统文化习俗。比如，为了符合伊斯兰教徒的宗教信仰，与马西亚人的婚姻习俗相关的法律制度方面做了相应的调整和修改，这受到了马来西亚人民的尊重和接受。

马来西亚没有全国通行和系统的民法典，马来西亚民商法、经济法以英国的普通法和衡平法为基础，同时混合着伊斯兰法、印度法和原住民的、中国的以及印度的各种习惯法。理论上将民法分为财产法、合同法、婚姻家庭和继承法、侵权行为法等，各州民法均以英国法为依据。

第二节 土 地 法

一、土地法概述

马来西亚土地政策是由许多连续的法律文件组成的，全国并没有一个统一的国家土地政策。而且，马来西亚是联邦制的国家，宪法明确规定土地是一个州务问题，各州都有权制定自己的土地法规。为了保证法律政策的一致性，《马来西亚联邦宪法》第74条规定，议会可以制定关于土地使用期限和其他关于土地的法律，并明确规定沙巴和沙捞越州可以排除适用。

二、土地所有权

同其他资本主义国家一样，马来西亚的土地所有权也是生产方式的所有权。规定土地为私人所有，而且马来人在土地方面拥有特权。真正拥有最大特权的是小部分马来封建贵族、大地主和大资本家。最大的封建主是各州的苏丹，之下是各州的王亲国戚以及高低不等的封建贵族，他们都依靠特权拥有大片土地。凡是未被认领的土地都归苏丹所有。1913年通过了《马来人保留地法》，该法令授权驻扎官划出一些土地（主要是稻米地），这些土地只能由马来人占有，并且不能抵押和出租给非马来人。实际上是马来人在土地方面的"特权"。由于"马来人拥有的土地许多没有任何收益，还需要征地税"，因此许多马来人还是把马来人保留地出售给了非马来人。为了取回马来人转移给非马来人的保留地，1981年

4月，马来西亚国会通过宪法修正案规定，马来西亚有关当局可自非马来人手中取回马来人保留地，以确保马来人保留地永远在马来人手中。已归非马来人拥有的土地可以由政府接收，实际是：（1）阻止马来人保留地被非马来人拥有；（2）政府一旦认为地主滥用其权利，政府可以收回他们的土地。

三、土地的征用

马来西亚宪法规定，政府可以征用私人的土地，但应给予合理的补偿。征用私人土地的依据是1960年的《土地征用法》（该法适用于除沙巴和沙捞越以外的所有州）。1993年和1997年对该法进行过修改。而且1995年和1998年两次制定了该法的实施细则。

（一）土地征用目的

根据马来西亚法律的规定，土地是属于州政府的议事，州政府可以拥有征用任何私人的土地的权力。一是征用土地必须符合公共目的；二是有任何人或组织提出的符合州政府认为的又有利于马来西亚和该地区的经济发展或公共利益的目的（1993年修改法律时补充的）；三是为矿采、住房、农业、商业、工业和文化娱乐的公共目的。

（二）土地征用必经程序

根据马来西亚法律规定，任何土地征用，首先，要向土地管理部门的人员提交土地征用书面申请报告，与此同时要附有项目建议、设计和土地征用计划，以及被征用土地的政府初步评价报告。其次，土地管理部门的人员把土地征用申请和所有附件分别交给州经济规划局或吉隆坡联邦土地管理局和联邦土地委员会。土地征用申请若不符合土地征用法的有关规定，土地管理部门的人员可拒绝土地征用申请。州经济规划局或吉隆坡联邦土地管理局对土地管理部门的人员提交的申请考虑公共利益、征用土地申请人的法定资格和能力、项目的可行性等因素。如果决定对土地进行征用，土地管理部门的人员代表州政府确定对土地进行调查的日期，并在该调查日期到来前完成调查工作。主要调查土地的价值；申请补偿人员的个人权益或其认为其他人应该享受对土地的补偿；土地征用上的任何当事人的所有反对意见，等等。最后，才可以授予注册土地业主开发批准书。

(三) 土地征用补偿

土地调查结束之后，土地管理部门的人员要根据相关征用土地的规定来认定他认为比较合理的补偿数目，但在决定补偿之前要从评估师那里获取计划征用土地价值的书面报告。土地征用补偿费应当自土地征用通知公布的两年内完成。如若不然，土地征用就会无效。如果在土地被征用或在 3 个月有效期内未完成支付补偿费，就要按每年 8% 的利息从规定支付日期到实际支付日期计算补偿给当事人。如果当事人对土地征用补偿的数额不服，则可以向高等法院提出诉讼。诉讼请求可以通过土地管理部门的人员向高等法院提交。高等法院将会对提出的诉讼请求进行裁决。

第三节　合　同　法

1950 年，马来西亚制定了成文的《马来西亚合同法》(以下简称《合同法》)，并于 1974 年修订。与传统英国合同法律制度相比较，马来西亚的《合同法》带有更符合该国国情的浓厚的宗教色彩，并兼顾了马来西亚的一些传统文化习俗。为了更有效地保障整个社会的经济秩序，妥善调整财产的流转关系，规制交易行为，马来西亚的法院在司法实践中除了适用成文法以外，还适用判例，而且不仅是适用本国的判例，其他英联邦国家的判例对其也有重要影响。

一、合同法概况

依照 1950 年《合同法》的规定，合同是指基于双方意思表达一致，可依法执行的协议。由此可见，合同在本质上是一种合意或者协议，双方意思表示一致并不能构成法律意义上的合同，同时还必须达到他法定构成要件。例如，当事人必须具有合法的缔约能力、合同标的合法以及合同必须具有履行可能等。合同的订立包括要约和承诺两个步骤。(1)要约。要约就是指一方当事人向对方发出的期望对方为或者不为一定行为的意思表示。马来西亚《合同法》第 2 条规定，当一个人向他人表示其希望从事某种行为，以使获得他人对该行为的承诺，即被认定为

"要约"。（2）承诺。承诺是指当接受要约的人做出同意要约的意思表示。马来西亚《合同法》中的承诺必须是积极的，按照要约人设定的方式作出，才能保持其有效性。如果要约中指定使用特别的方式，而受要约人没有按此作为，要约人有权在该项承诺送达他之前，要求承诺必须按照之前制定的方式进行。承诺在马来西亚采取严格的送达主义，只有在被送达要约人时才算成立，受要约人期望撤销承诺，只要在承诺没有到达要约人前均可实施。

根据马来西亚《合同法》第2条规定，要约与承诺达成一致协议即成立。协议成立后有以下几种情况：（1）当协议依法不可实施时被称为无效协议；（2）当协议依法可实施时被称为合同；（3）当事人一方选择可实施的协议，但另一方不选择可实施的协议则为作废的合同。

二、有效合同、可撤销的合同和无效合同

（一）有效合同

根据马来西亚《合同法》第10条规定，如果协议是依法考虑的包含合法标的物，由符合签约的当事人经自由协商同意后签订的，那么，该协议即构成合同，合同一旦成立并未经明示声明不得无效。

合同是否有效，还要求签约主体依法适龄，且拥有健全的头脑。判断签约主体的心智是否健全，有以下几种情况：（1）如果签约人在签约时能够理解合同的意义并且对合同将要产生的影响形成合理的判断，那么，该人即被视为具有签约的正常心智；（2）个人如果心智通常不正常，但偶尔正常，可以在心智正常时签约；（3）一个人如果心智通常正常，但偶尔不正常，不可以在心智不正常时签约。

（二）可撤销合同

根据马来西亚《合同法》规定，有效合同必须建立在"同意"的基础上，即当两个或两个以上的人同意了具有同样意义的同样事情。一方当事人受到胁迫、不正当压力、欺诈、误传和错误时所做的意思表示并非"同意"。

对于胁迫，马西亚《合同法》第15条规定，"胁迫"是作出或威胁要做出为《刑法典》所禁止的行为，或破坏或威胁要破坏财产，损害任何人的利益，试图

使任何人签订一份协议。

对于不正当压力，马来西亚《合同法》第 16 条规定，当事人双方处于一方支配另一方的意愿，并利用这种地位对另一方形成不公正的优势，即为不正当压力。这种意愿上的支配还包括一方与另一方签约后，将在年龄、疾病、精神或身体上的临时或永久性影响。如果一方处于支配另一方意愿的地位，并与他签订了合同，交易形成之后，根据表面情况或引用的例证，被认为这种交易是不合理的，那么用于证明合同未受不适当影响而签订的举证责任就落在处于支配另一方意愿地位的那一方。

对于欺诈行为，马来西亚《合同法》第 17 条规定，"欺诈行为"包括合同一方或在他纵容下由他的代理人作出的行为，打算欺骗另一方的代理人，或使其签订合同，具体情形：（1）不相信事实属于真实的那个人针对该事实提出建议；（2）知道并相信事实的那个人故意隐瞒事实；（3）在不打算执行的情况下做出承诺；（4）其他任何欺诈行为：任何这类被法律特别声明是欺诈行为的疏忽行为。欺诈行为排除了对事实保持缄默而影响到他人签约意愿的这种情况，但如果保持缄默达到默示的效果时不在例外范围内。

对于误传，马来西亚《合同法》第 18 条规定，误传包括即使提供资料的人相信资料的真实性，但仍在不保证资料真实性的方式下，作出积极的断言：违背职责的行为，无欺诈的意图，为做出违背职责行为的人提供优势，或提出索赔的任何人，或误导损害第三人，或损害向他索赔的人；使签约方对协议主体事情犯实质性错误的。

当对协议的同意是由胁迫、欺诈或误传导致的，那么该协议是一个可作度的合同，由被导致这样同意的一方选择是否决定撤销。当合同方的同意行为是由欺诈或误传而造成的，如果他觉得合适，如果做出的陈述属实，可以选择继续执行合同。

（三）无效合同

根据马来西亚《合同法》规定，合同无效的情情形：（1）协议的原因和标的是被法律禁止的，无论非法的部分是标的或是原因的局部抑或是全部；（2）与法律相抵触的合同；（3）欺诈合同；（4）合同涉及或暗示对人的伤害或对他人财产的损害；(5)法庭认定为不道德或与公共政策背道而驰的合同；(6)未成年人在未成年期间除本人以外的任何人与他人达成的婚姻约束合同是无效的；(7)意思不确定的协议或意思本可以表示的更确定的协议是无效的；(8)因赌博而订立的合同无效(赛马除外)。无效合同自始当然无效。

当发现一份协议是无效的或当一份合同变得无效，那么在此协议或合同中已经获得了利益的人应受法律约束来归还这些利益或者赔偿这些利益。

三、合同的履行、变更与撤销

马来西亚《合阿法》要求合同双方必须履行或提议履行各自的承诺，对于合同履行中出现的各种情况，该法做了若干特殊规定。根据马来西亚《合同法》规定，合同出现法律规定的情况时，可以变更和撤销。

四、违约责任

根据马来西亚《合同法》规定，如果一方当事人违反了合同，因此而蒙受损失的另一方有权从违约方处获得对自己所蒙受损失或损害的赔偿，这些损失或损害通常是在违约的通常过程中产生的，或者双方在签订合同时，即知道违约可能会造成这样的损失或损害。赔偿不包括因违约导致的期待和间接的损失或损害。

违约时，如果合同中确定了违约金的数额，或在合同中包含罚金方式的规定，守约的一方有权向违约方收取合理的赔偿金，但赔偿金不应超过约定的金额或规定的罚金。

第四节 婚姻家庭法和继承法

一、婚姻家庭法

马来西亚的婚姻家庭法出自多种渊源，调整婚姻家庭法的法律规范比其他民法规范更带有传统和习惯的色彩，有些规范甚至带有宗教痕迹。马来西亚华人的婚姻家庭关系受中国习惯法的制约，而马来人特别是波巴特传统法地区的马来人则受伊斯兰法和土著习惯法两者混合的家庭法的制约。东马来西亚的土著只受土著法及习惯法的支配。在法定离婚、认领子女及收养方面，马来西亚的婚姻家庭法也渗透了英国的法律原则。

（一）婚姻制度

在马来西亚，一夫一妻制和一夫多妻制并存。一夫一妻制的婚姻有3种：世俗婚姻、基督教婚姻及普通法婚姻。

（二）结婚

根据1952年马来亚联合邦的《世俗婚姻条例》，除伊斯兰教徒以外的任何男女，不论种族与宗教，均可按世俗仪式结婚。1956年的《马来亚联合邦基督教婚姻条例》规定，男女双方或一方为基督教徒时，婚姻必须按《基督教婚姻条例》或《世俗婚姻条例》规定的仪式举行婚礼才能生效。在马来西亚，按照英国普通法"当时口头同意"的婚姻仪式，男女双方只需在一名证人面前表示同意的婚姻生效形式也被马政府承认。

在1982年3月1日《结婚离婚法案》实施之前，根据适用于马来西亚的中国习惯法，华人男子可以娶妻1名，纳妾1名或数名。娶妻时，必须按传统习惯规定的仪式正式举行婚礼，纳妾则无此需要。马来人的婚姻兼有伊斯兰法及土著习惯法的成分。婚姻关系是否有效以伊斯兰法为准，但结婚仪式及礼节则应遵照传统法。按照伊斯兰法的规定，穆斯林男子在能够平等对待诸妻的情况下，最多可娶4个妻子。按照传统法，婚前应举行订婚仪式，订婚时当事人双方的家长应当众求婚及接受求婚。结婚费用的数额视新郎的身份地位而定，由男方付给女方家长。婚礼仪式繁杂，可延续多日。最后一项仪式是新人双双坐在宝座上，众宾客在他们面前放下礼物并屈膝致礼，接着摆设喜宴。

（三）离婚

马来人的离婚观是很现代化的，把离婚看成同结婚一样正常。马来西亚有适用于一夫一妻制婚姻的《离婚条例》，其内容与英国法律相似。马来人承认两种离婚方式：协议离婚和弃绝妻子。前种方式即可登报申明，也可订立离婚契据。弃绝妻子的离婚方式属于传统的中国法，带有浓厚的封建色彩，常见于休妻。马来人的离婚依从伊斯兰法，法律规定的离婚理由是丈夫不能供养妻子、不与妻子共同生活、妻子行为放荡等。离婚的主动动权完全掌握在丈夫手中。离婚后应有3个月的待婚期，以证明妻子是否怀孕。在此期间若丈夫收回决定，仍恢复夫妻关系，但只能重复两次，第三次待婚期一过则必须离婚。

在波巴特传统法地区，离婚率不高，因为该地区是母系社会，离婚可能使丈夫在生活上遭受困难。依照宗教仪式结婚的印度教徒几乎是不能离婚的，但当地习惯允许者除外。在马来西亚，妇女在家庭中起着主导作用，已婚妇女可像未婚妇女一样取得、占有或处分任何动产或不动产作为她的独立财产。凡按女方的宗教与风俗习惯的礼节仪式举行婚礼的妇女均属法定已婚妇女。因此，一夫多妻制的各方妻子在处理财产上有同样的权利，在财产关系上属于财产共有关系。穆斯林的已婚妇女也必须遵守伊斯兰法或习惯法或特定的法规，但比起其他伊斯兰国家来说，开放得多了。妇女可以不必用纱布把脸遮住，也可以与男子接触。马来西亚穆斯林妇女能够接受教育，能够外出挣钱贴补家用而不仅仅依靠丈夫，甚至能够独当一面养家糊口。她们也因而能够掌管家里的财政大权，确立了她们在家庭的位置。

在森美兰州仍保存着世界上几乎绝无仅有的母系家庭，妇女在家庭中起着核心作用。在沙巴地区，人们把男人挣钱、女人管钱视为天经地义，丈夫把钱交给妻子，妻子只给他日常花销，家庭开支取决于妻子，如果丈夫不把钱交给妻子，妻子就有权要求离婚。对于马来西亚非穆斯林妇女来说，《结婚离婚条例》的实施，使她们在家庭中的法律地位已经大为改善了。

因女方犯有通奸、私奔或虐待行为而判决离婚或分居时，高等法院有权为保护丈夫及子女的利益而下令对女方的财产作出处理。这似乎体现了国家干预的原则，与西方资本主义国家的婚姻家庭法律制度有所不同。马来西亚妇女离婚时有权带走她的独立财产，这符合现代婚姻法律的原则。

二、继承法

马西亚承认遗嘱继承和无遗嘱继承两种形式。马来西亚关于财产继承的法律主要是 1959 年的《马来亚联合邦遗嘱条例》和 1958 年的《无遗嘱继承分配条例》。

（一）遗嘱继承

《遗嘱条例》的条款和英国 1837 年《遗嘱法》的条款相似。凡 21 周岁以上精神健全的人均可订立遗嘱以处分其财产。但是，伊斯兰教徒不适用上述条例，其遗嘱权受伊斯兰法的约束。

1958 年《无遗嘱继承分配条例》是以英国 1925 年的《遗嘱管理法》为蓝本制定的，不过该条例结合本国一夫多妻制的具体情况对英国法的内容进行改造，列入一夫多妻制家庭中的妻妾及子女的继承权。《无遗嘱继承分配条例》适用于未立遗嘱而死亡于马来西亚的任何人，但不适用于伊斯兰教徒或定居在马六甲及槟榔屿的印度教徒。该两州的教徒适用《祆教徒无遗嘱继承条例》。

沙巴及沙捞越两州的继承则根据《法规适用条例》适用英国法规。该条例规定，死者的遗产分配给最亲近的亲属，但配偶的继承权应该得到尊重。被继承人已有一妻或多妻及子女时，遗产的归其妻或各个妾室。妇女未立遗嘱而死亡时，其财产全部归于生存配偶（丈夫），被继承人的父母和子女无权继承，这一规定与当代大多数国家关于法定继承的规定截然不同。在生存配偶或生存配偶之间（妻妾）的继承权依法得到排序后，子女以平均份额继承遗产。

（二）无遗嘱继承

在马来西亚大部分地区，伊斯兰教徒未立遗嘱而死亡时适用伊斯兰法，但各地的伊斯兰法根据当地习惯又有不同。被继承的财产系共同财产的，男方死亡后，女方可首先获得遗产的一半。如果不是共同财产女方可获得，再加上根据伊斯兰法所应得的份额。

在波巴特传统法地区，土地属于氏族所有，授予氏族中的女性成员的家庭中最年长的妇女死亡之后，用她的名字登记的土地改用排列第一的妇女名字重新登记，男性无法继承土地所有权。

第三章　菲律宾民事法律

第一节　民法概述

菲律宾于 1949 年 6 月 18 日通过了《菲律宾民法典》，涉及自然人和法人的人身及财产问题、物权问题、债及合同的问题主要规定在民法典中。该部法典共 2270 条，分为五大部分，第一部分是序言，第二部分对有关"人"的问题作出了规定，第三部分对财产、所有权以及相关变更制度作出规定，第四部分对取得所有权的不同方式作出规定，第五部分对债与合同作出规定。从菲律宾民法典的体系上看，其内容覆盖范围广，体系比较完善，包括"人"的问题，财产、所有权以及相关变更制度，取得所有权的不同方式以及债与合同。既继承了大陆法系的民法特征，又继承了英美法系的民法特征。

第二节　民法基本原则和人际关系

一、法律效力与实施

这部分主要规定了法典生效时间以及法典在实施过程中的基本原则，如法无溯及力原则；任何人不得因为对法律无知而成为其逃避遵守法律义务的理由；当法律与宪法冲突时，宪法优先的原则；对法律或者宪法的司法解释应当成为菲律宾法律制度的组成部分；有关自然人的家庭权利和义务、地位、行为能力的法律对菲律宾公民有效，即使该公民居住国外；对一项法律事件，若当商法典或者其他特别法的规定不足或有缺陷时，该民法典的规定作为补充，等等。

二、公民权利的保障

任何人在行使权利及履行义务的过程中，必须遵循公平公正、诚实守信的原则。故意或者过失导致他人损害的应当赔偿对方相应的损失。在合同、财产或其他法律关系中，当其中一方因为自身的道德信赖、无知、精神障碍、年幼或者其他身体或智力方面的缺陷处于不利地位时，法院必须谨慎妥善处理对他（她）的保护问题。每个人应当尊重邻居或其他人的尊严、人格、隐私和内心的安宁。确定了刑事案件可以要求民事赔偿制度。列举了任何公共或私人主体侵犯他人合法权利或自由的情形（如侵犯他人宗教信仰自由、言论自由、选举权、诉诸法院的权利等），给对方造成损害的，需给予对方赔偿，等等。

第三节　人

该部分共 16 编，378 条。每编的规定涉及法律概念"人"的具体法律问题。其结构是编、章、条。

一、民事资格

该标题下共分 3 章。第一章规定一般条款。每个自然人的权利能力始于出生终于死亡，并能够获得行为能力，但是也可能丧失行为能力。精神病或者智力不正常者，聋哑人以及"禁治产"人的行为能力受限，只在适当情况下例如精神正常时需要对自己行为负法律责任。权利能力和行为能力不因为宗教信仰或政治立场而受限。

第二章对自然人的相关法律问题作出规定。自然人一旦出生即享有人格权。怀孕腹中胎儿应设想为当然出生而被赋予人格权（胎儿是否被视为出生，按如下规定判断：如果婴儿从母体子宫内出生时是活体的，胎儿视为出生；如果胎儿不足 7 个月，出生后 24 小时内死亡的则不视为出生）。对两个或两个以上互有继承权的人死亡先后顺序有疑问的，首先应当用证据来加以证明死亡顺序，如果缺乏证据的，应当推定他们同时死亡并且他们之间不发生继承权。

第三章规定了法人的相关事项。法人的范围限定为：（1）国家及其政府机构；(2)其他出于公共利益目的而按照法律规定设立的公司、机构和实体；（3）为私人利益或目的并被法律赋予了法人身份的公司、合伙和协会。法人可以获得并占有财产，其行为可产生民事或刑事法律义务。为公共利益而设立的法人处理财产时应当符合法律规定，如果法律对此没有规定的，法人应当按照对其所处地区、省份、城市有利的目的来处理其财产。

二、国籍及住所

该标题下没有分章。以列举的方式对公民的范围做了规定，公民可依据血统主义、出生地主义及收养事实等原因获得菲律宾国籍。住所是指自然人的惯常居所地。

三、葬礼

特别规定了葬礼应当按照逝者生前的意愿举办，如果没有这种意愿表达，则应按照他的宗教信仰等决定葬礼仪式。如果既不能确定他的意愿也不能确定他的信仰等，则可以在咨询他的家人后决定如何举办葬礼。任何人因不尊重逝者、干扰葬礼的行为导致逝者家属有损失的应当赔偿其损失，并且还必须给予逝者家属精神和道德情感方面的赔偿。

通过第十编的内容可看出，菲律宾的民法典受其宗教因素影响较大，葬礼仪式被提升到法律保护的层面，可见当地对葬礼的重视程度之高，其被视为一种神圣的活动。

四、儿童受照顾与受教育权

儿童都享有接受父母抚养和教育的权利、接受基础教育的权利等，同时负有尊重长辈和听从长辈教导的义务等。法律还特别规定，一般情况下，母亲不得与7周岁以下的儿童分离。

五、姓氏权利

孩子原则上使用其父亲的姓氏。未经过司法部门同意不得变更自己的姓氏和名字。

六、宣告失踪

当一个人离开他的住所不知去向，也没有指定一个代理人管理他的财产，那么法官出于利益关系人、亲属或朋友的利益考虑可以指定一个人代理他的行为。指定代理人的时候，失踪人的合法配偶应该成为首要考虑对象；如果没有配偶等情况，法院可以指定其他有能力的人担任失踪人的代理人。能够提起宣告失踪申请的主体包括失踪人的配偶、失踪人的遗嘱继承人、失踪人的法定继承人以及因为失踪人死亡而能够获得财产利益的人。财产代管人必须出于妥善保护失踪人财产的目的而行使代管权。当法定事由出现（诸如失踪人重新出现，或者失踪人指定的代理人出现等），该代管人的权利即终止。失踪人失踪年限达到 7 年，并且无法确定其生死情况的，该人可被推定为死亡。

七、民事登记

与自然人民事地位相关的行为、事件和司法判决裁决应当进行民事登记。应进行民事登记的事项包括出生、结婚、死亡、离婚、收养等。

第四节　财产所有权及其变更

一、财产分类

民法典主要将财产分为两类，即不动产和动产。不动产包括土地、建筑物等依附于土地的各种形式的财产；树木、植物和树上的果实；被固定在不能移动的载体上的物；已经在某块土地上使用的化肥，等等。动产是可以移动的物。民法典进一步将财产分为公共财产和私人财产。公共财产是指出于公共使用目的由国家建设的财产，例如道路、河流、港口等，或者国家所有的并非提供给公共使用，而是出于国家公共服务或国家经济发展目的而使用的财产。

二、所有权

所有权人对自己的所有物享有最高的权利并可以依法排除任何人的非法侵

犯，除非有权力的机构出于公共目的进行征用（但须给予所有人公正的补偿）。所有权人在行使权利的同时也必须遵守相应的义务，如所有人不得以损害第三人权利的方式来使用自己的所有物。如果为救助价值更高的物而对所有权人的所有物造成损害的，所有权人不能阻止他人的救助行为，但所有权人可以要求受救助者对自己进行赔偿。

所有权的争议应当诉诸司法途径解决。埋藏物属于土地、建筑物或其他发现地的所有人。然而如果这个发掘是偶然地在他人、国家及其机构所有的财产中发现的，那么发现者可分得该发掘物一半的价值；若发现者是非法入侵者，那么他不得从发掘物中获利。如果某项物品具有科学或艺术价值，国家可通过公正价格购买而获得该物品。

所有权的取得方式分为自然成果、工业产出物和民事收入三种方式。自然成果是指土壤产出物和动物产出物。工业产出物是指通过土地耕作或劳动力作用于土地上而获得的产出物。民事收入是指建筑物的租金、土地或其他财产的出租收入、养老金或者稳定地能够不断获得的其他类似收入。

三、共有权

共有权在以下两种情况中产生：（1）同一个不可分物为不同人共同享有所有权；（2）同一项权利分属于不同人所有。共有人按照比例来行使共有物的所有权，法律推定这种比例是均等的，除非有合同证明其他分配方式。共有人应当按照不损害其他共有人权利的方式来行使自己的权利。如果共有物分割后将丧失其原来的使用目的，共有人不得要求对共有物进行分割，也不得约定由其中某个共有人对其他共有人补偿后获得该物，而应该将共有物进行销售后再分配，从而终止他们的共有关系。共有人对其权利部分享有完全的所有权，并可以行使转让、抵押等权利。若共有物需要维修的，共有人应当首先通知其他共有人，由于改善共有物而产生的费用分摊办法由共有人多数票投票通过而决定。

四、特别财产

该编主要对水资源的所有权、公共水资源的使用、私人水资源的使用和地下水的使用问题作出规定。有关矿的权利和其他事项、商标问题的规定参照其他特别法。属于公共水资源的归国家所有，属于私人水资源的由私人享有使用权。

五、占有

占有是指对物的持有或者对权利的享有。占有必须是对物的实际持有或权利的行使，或者是大众认为的事实上的占有行为，或者为获得占有权利的其他适当行为、法定的形式。当事人可以以自己或他人的名义来行使占有权。对物或权利的占有可能有两种含义：一是以所有权人名义占有某物或行使权利；二是以占有人名义持有物或行使权利，而该物或权利的所有者另有其人。占有分为善意占有和恶意占有。善意占有人有权获得占有物，除非其被依法剥夺权利。

六、用益物权

用益物权的规定与中国的规定有细微差别，用益物权人和所有权人权利义务内容因用益物权设定的对象和设定的方式不同而有所区别。用益物权使得非所有权人享有使用他人财产的权利，并负有保护财产的义务。通过自然成果（nature fruits）、工业产出物（industrial fruits）和民事收入（civil fruits）方式取得的财产可以被设定用益物权。如果是在自然成果、工业产出物两类财产上设定的用益物权，用益物权人自设定生效开始即获得用益物的使用权。用益物权人在用益物权生效后没有义务退还所有权人任何由用益物权产生的费用，而所有人却有义务在用益物权终止时补偿用益物权人因耕种产生的常规费用或其他类似费用。如果用益物权人在一块土地或一套公寓上既有租赁关系又设定了用益物权，那么用益物权在租期满之前无效。在用益物权关系有效期内，民事收入按比例归属于用益物权人。

用益物权人在使用财产之前，有两项重要义务：（1）在通知所有权人或者其法定代理人以后，制作财产清单并记载动产和不动产的情况；（2）保护财产的安全，以及法律规定的其他义务。但是，捐赠者对捐赠物的用益物权或者父母对其子女财产的用益物权（父母再婚情况例外）不适用保护财产安全的义务。

发生如下情况用益物权关系终止：（1）用益物权人死亡（除非有明确的相反意思表示）；（2）用益物权关系期满，或在设定用益物权时混同约定条件已完成；（3）用益物权人和所有权人混同为一人；（4）用益物权人放弃用益物权；（5）用益物遗失；（6）用益物权关系的当事人主动终止用益物权；（7）其他法规规定。

七、地役权

地役权是指为了某个不动产的利益而在他人不动产上设定义务的权利。受益的不动产称为主控地（相当于中国法律规定的需役地），被设定提供服务义务的不动产称为从属地（相当于中国规定的供役地）。

菲律宾民法典对地役权做了较为细致的分类。根据使用地役权过程有无中断可将地役权分为持续性地役权与间断的地役权。持续地役权是指连续地没有中断地使用不动产；间断的地役权是指地役权行使过程中中断地使用不动产。根据是否有外部信息明确使用地役权将地役权分为明确的地役权和默示的地役权。明确的地役权是指有外部信息明确地表示要设立地役权；默示的地役权是指没有明确的外部信息指示地役权的存在。根据供役地所有权人是否有义务可将地役权分为积极地役权和消极地役权。积极地役权是指为供役地所有权人设定某项必须完成的义务的地役权；消极地役权是指为供役地所有权人设定不得作为义务的地役权。

需役地所有权人可以在不对供役地造成更重负担的基础上使用供役地，具体操作中，需役地所有权人在使用供役地时应通知供役地所有权人并采取最方便的时间和方式、尽可能减少给供役地人造成的不便。供役地所有权人仍然对供役地享有所有权，在不影响地役权行使的基础之上使用供役地。

除了不动产之外，菲律宾民法典还规定公民可对水资源、隔墙、光线、视野、排水和邻里关系等问题约定地役权。因此，可看出菲律宾的民法典尽可能地鼓励公民设定地役权，方便公民的生活。

八、干扰公民行为、财产登记

行为违反法律规定的干扰公民生活的行为受法律制裁。财产登记制度是国家对财产管控的方式之一。对公民而言，财产登记制有利于其财产的身份认定，有利于公民权利得到保障。

九、所有权取得的不同方式

（1）占有。具有自然获得属性的无主物可通过占有而获得该物所有权。自然获得主要指打猎或钓鱼所获的动物、埋藏物和被抛弃的动产。至于打猎或钓鱼的行为由其他特别法约束。土地不得通过占有方式取得所有权。（2）智力创造。该编对因智力创作取得所有权的范围做了规定。作者对其文学创作、剧本、历史著作、法律著作、哲学著作、科学作品或者其他著作享有所有权；作曲家对他创作的音乐作品有所有权；画家、雕塑家或其他艺术家对他们的艺术作品享有所有权；科学家、技术专家或其他人对他的发明或者创造作品享有所有权。著作权和专利权由特别法规定。（3）捐赠。捐赠是无偿给予他人某物或某权利的自由行为。任何人都能成为捐赠者，但监护人和受托人不得将由他们代管的财产进行捐赠。除了法律特别规定外，一般人都能成为受捐者。以下捐赠行为无效：①捐赠时犯有通奸罪或者非法同居的当事人之间的捐赠；②犯有同种刑事罪行的人之间的捐赠；③由于公职原因而给予公职人员、其妻子、其子女或者其长辈的赠与。（4）继承。继承方式分为遗嘱继承、法定继承和混合继承（既有遗嘱继承又有法定继承情况）。遗产包括所有不会因为被继承人死亡而消灭的财产、权利和义务。继承权自被继承人死亡时生效。（5）法律规定。主要针对因法定的特殊情况而获得所有权的各种方式作出规定。

第五节　债与合同

一、债

债的义务主要来自五个方面的原因，即法律规定、合同行为、准合同行为、应受法律惩罚的行为和不作为，以及准私犯行为。债被分为下列六大类。（1）无条件债务和有条件的债务。无条件债务，债务的发生不以将来的、不确定的事件或双方无法知道的过去已经发生的事件为条件。有条件债务是指当条件生效债务即产生。（2）附期限债务，是指当双方事先确定的某一天到来的时候，债务产生或者债务消灭。确定的某一天是指尽管不知道哪一天发生但一定会到来。如果确定的一天并不一定会到来，那么这个债务就是附条件债务，而不是附期限债务。(3)可选择性债务，是指在多个可以选择的义务履行方式中任意选择一个履行即可的义务承担方式。除非债权人另有要求，债务人可以在多个义务方式中自由选择履行。(4)共同连带之债是指同一债中并存有两个或者两个以上债权人或债务人，每个债权人并非都有权请求债务人完全履行给付义务，或每个债务人都负有履行全部给付的义务。只有当债作出明确规定或者法律或债之性质要求连带时，才存在连带责任。(5)可分割债务与不可分割债务：当债务人或债权人只有一人时，按照标的物是否可分的标准进行的分类。标的物可分割的债称为可分割债务，反之为不可分割债务。(6)附带罚金条款的债务是指当义务没有被完全履行，罚金则成为损失和利息的赔偿。以下情况发生债务终止：(1)付款或履行完毕；(2)到期货物遗失；(3)债务被减免；(4)债权人和债务人混同或合并；(5)赔偿；(6)替代履行(在双方认可的情况下)。

二、合同

本编主要包含合同的一般条款、合同的实质要求、合同条款的变更、合同的解释、可解除的合同、无效合同、未履行的合同以及无效和不存在的合同。

合同是指两个主体达成的并对双方都有约束力，由一方向另一方提供物品或者服务的意思表示。合同当事人在不违反法律、道德、善良习俗、公共秩序或公共政策的前提下设立合同条款、条件等。

合同的构成要件包括三个：有合同双方达成一致的意思表示、确定的合同标的和合同订立的原因(若法律另有特别的合同形式要求，则需满足合同的特别形式要求，合同方有效)。由于误解、欺诈、不公平的行为或者事件导致合同一方的意思不能真实地反映在合同中，那么合同一方有权要求变更合同条款使其能够表达其真实意思。合同的解释应同时考虑当事人的意思表示和合同条款的文字意思，当二者一致时，字面意思成为合同解释的基础，若二者不一致时，当事人的意思表示优先成为合同解释的基础。

当以下情况发生，合同可以解除：(1)当监护人签订的合同使受监护人遭受超过合同标的1/4价值的损失时；(2)当未出面的合同当事人的代理人签订的合同使该当事人遭受超过合同标的1/4价值的损失时；(3)债权人受到欺诈的合同；

(4)当标的物是由某诉讼中的被告在未得到诉讼当事人或者有权利的司法机构的允许而擅自处置的合同;(5)其他法律规定可以解除的合同。

当以下情况发生时,即使对合同当事人没有造成损失,合同可被宣告无效:(1)一方当事人没有能力缔结合同;(2)由于误解、暴力、恐吓、权势或欺诈使意思表示不真实。这类合同需经过法院作出宣告无效决定后才无效。

当以下情况发生,合同不存在,发生自始无效的效力:(1)合同的理由、标的或合同目的违反法律、道德、善良习俗、公共秩序或公共政策;(2)完全是虚假合同;(3)在交易的时候根本不存在合同标的或者合同理由;(4)合同标的在人类可进行的商业贸易范围之外;(5)交易不可能提供的服务;(6)当事人关于合同主要标的的相关意思表示不明确;(7)法律明文禁止或规定无效的合同。

三、自然债

自然债是指公民出于公平和自然法则自愿履行某债务。这种债并不具有法律强制性。

四、禁止反言

某承诺或意思表示被确定无疑地作出后,对方已信赖该承诺或意思表示的,作出决定者不得否定或反驳其作出的承诺内容。若禁止反言权利的行使与民法典、商法典、法院规则或特别法相抵触的,后者优先。

五、信托

信托当事人包括信托人(欲设立信托的人)、受托人(接受他人委托,为他人利益而进行投资的人)和受益人(信托的利益接受者)。信托种类包括明示的信托(express trusts)和默示的信托(implied trusts)。明示的信托由委托人或信托当事人意思自治所设立;默示的信托由法律明确规定。

第六节　婚姻家庭继承法

菲律宾于1987年8月4日颁布了《菲律宾家庭法典》,于1988年8月3日生效。该法典是新法，宣布废除《菲律宾民法典》中第一部分的第三编、第四编、第五编、第六编、第七编、第八编、第九编、第十一编和第十五编的内容，与原有的民法典共同构成菲律宾的民法制度。该法典共 12 编，257 条。

菲律宾家庭法典规定，结婚是男女依法终生结合并建立婚姻家庭生活的一种特殊契约。婚姻是家庭的基础，是神圣的社会制度，其性质、后果及附属的权利义务均由法律规定，而非服从契约。在该家庭法典允许范围之内，婚姻存续期间的财产关系，可由契约约定。由此可看出，菲律宾的家庭法典充分尊重公民的意思自治，在不违反法律规定的情形下，自主决定财产的分配问题。

一、婚姻

(一)结婚条件

结婚条件包括结婚的必备条件和禁止结婚的条件。结婚的必备条件包括：(1)结婚双方为一男一女，且具备缔约的民事行为能力；(2)结婚出于自愿的真实意思表示。结婚的禁止条件与无效婚姻条件大致相同。

(二)结婚法定程序

在菲律宾家庭法典中规定，婚姻的形式要件包括：(1)经仪式官员许可；(2)须持合法结婚许可证(除法律规定的特殊情况外)；(3)双方当事人须在婚仪主持官员面前举行结婚仪式，须由两位以上达到法定年龄的证人参加，并由本人宣誓认可对方为丈夫或妻子。

(三)无效婚姻和可撤销婚姻

菲律宾家庭法典规定了无效婚姻的构成要件，包括如下情形：(1)当事人结婚时未满 18 岁的婚姻无效；(2)未经合法拥有主持结婚仪式资格人主持的结婚仪式，所缔结的婚姻无效，但是当事人一方或双方相信主持结婚仪式的官员享有主持仪式法定资格的除外；(3)除该法第二章所列的情形外，无结婚许可证的婚姻无效；(4)重婚或多配偶婚姻无效；(5)因缔约当事人一方对另一方身份认定错误而缔结的婚姻无效；(6)再婚者必须先到有关民事登记处及财产登记处登记撤销或宣告前段婚姻无效情形，财产分割问题或者给子女特留份的事项约定后方可再次结婚。否则该再婚者的婚姻无效。除此之外，家庭法典还规定，举行结婚仪式时，当事人一方因精神障碍不能履行婚姻义务的，即使该障碍在仪式后才显露，该婚姻仍然无效；乱伦的婚姻无效。

除了无效婚姻之外，菲律宾家庭法典确认了可撤销婚姻。可以撤销婚姻的情形包括。(1)当事人年龄在18岁以上21岁以下，未按规定征得父母、监护人或者代理亲权人的同意而举行结婚仪式的，为了该当事人的利益，该婚姻可以撤销。但是，当事人已经年满21岁，与他人以夫妻名义自愿共同生活的，不在此限。(2)缔结婚姻时一方当事人精神失常的婚姻可撤销，但该当事人恢复正常后自愿以夫妻关系与他人共同生活的，不在此限。(3)采用欺诈方式使对方同意结婚的婚姻可撤销，但受欺诈一方表示对欺诈行为知晓并自愿与欺诈人以夫妻关系共同生活的，不在此限。(4)以武力、胁迫或施加不适当影响迫使对方同意结婚的婚姻可撤销，但是当上述不当手段已经消失或停止，对方当事人仍愿意与其以夫妻关系共同生活的，不在此限。(5)因生理缺陷而不能人道者，此种"无能为力"处于持续状态且无法治愈的婚姻可撤销(此处"不能人道者"主要指生殖与繁衍能力存在缺陷)。(6)当事人一方患有严重传染性性病、无法治愈的婚姻可撤销。

二、司法别居

(一)司法别居申请

菲律宾家庭法典规定当事人可以申请司法别居的情形：(1)经常殴打或严重虐待申请人、申请人子女或双方共同子女的情形；(2)以暴力或胁迫手段强迫申请人改变宗教信仰或政治立场；(3)被申请人试图教唆、引诱或纵容申请人、申请人子女或双方共同子女从事卖淫活动；(4)被申请人被判处六年以上监禁；(5)被申请人吸毒或酗酒；(6)被申请人是同性恋者；(7)被申请人重婚；(8)被申请人为性变态者；(9)被申请人企图谋杀申请人。

(二)司法别居驳回

家庭法典规定，法院对于以下申请别居的请求予以驳回：(1)受害方宽恕对方的犯罪行为或被控告的行为；（2）被申请人的犯罪行为或构成司法别居理由的行为获得受害方的谅解或认同；（3）双方共谋实施犯罪行为或构成司法别居理由的行为；（4）双方已就司法别居理由作出让步；（5）双方恶意串通获取司法别居判决；（6）已过诉讼时效。

（三）司法别居判决效力

司法别居请求应先经法庭调解，调解不成的，方可判决，如果显然是不可能调解的案件可以不必经过法庭调解的程序。司法别居判决具有法律效力，一旦司法别居判决生效，将会产生如下后果：（1）配偶双方有权各自生活，但夫妻关系不受影响；（2）清算、分割夫妻共同财产，有过错一方根据家庭法典的相关法律规定不得获得共同财产的收益；（3）由无过错一方担任未成年子女的监护人；（4）取消有过错方作为无过错方配偶的法定继承人资格。无过错方在遗嘱中为有过错方利益而设立的条款无效。

（四）和解效力

在司法别居的审判过程中，若夫妻双方愿意和解的，应宣誓正式签署和解联合声明，并在同一司法别居诉讼程序中向法庭提出。和解的效力如下：（1）终止还未审判的司法别居诉讼；（2）废止司法别居的终审判决，但有关财产分割和剥夺有过错配偶一方财产份额的决定继续有效，夫妻双方同意恢复其原先夫妻财产制的除外。

三、夫妻关系

夫妻关系包括夫妻人身关系和夫妻财产关系。其中夫妻财产关系的纠纷最受关注。

（一）夫妻人身关系

夫妻人身关系主要包括共同生活的权利义务、共同承担家庭责任以及自由择业的权利。（1）夫妻双方具有共同生活的权利。菲律宾家庭法典规定，丈夫和妻子应当一起生活，相亲相爱，相互尊重，彼此忠诚，相互帮助，相互扶养。夫妻双方共同选择家庭住所，如有争议的，由法庭判决。配偶一方居住在国外或者有其他正当理由的，法庭可免除另一方的同居义务，但与家庭团结原则相抵触的除外。（2）夫妻共同承担家庭责任。夫妻双方应当共同承担家庭扶养责任。以夫妻共同财产支付家庭和婚姻等的各项支出，如无共同财产则以配偶个人财产的收益或个人财产来支付。夫妻双方都有管理家务的权利义务。夫妻任何一方怠于履行家庭责任，或者其行为给对方或家庭带来威胁、耻辱或伤害的，受害一方有权向法庭申请救济。（3）夫妻双方均享有自由择业的权利。夫妻双方均有从事正当职业、工作、商业或社会活动，无须征得对方同意。双方对此问题产生争议的，由法庭决定。菲律宾家庭法典将这些夫妻人身关系直接规定在法条中，可见菲律宾的宗教信仰以及社会伦理道德对立法的深远影响。

（二）夫妻财产关系

除夫妻人身关系之外，夫妻财产关系是夫妻关系中相对更为重要的内容。菲律宾家庭法典的特色之处也就在于夫妻财产制的相关规定。法典对夫妻共同财产的范围和夫妻对共同财产的权利义务作了详细规定。

1. 夫妻财产制的一般规则

有婚前财产协议的，夫妻财产关系受婚前财产协议约束。无婚前财产协议的，夫妻财产关系受菲律宾家庭法典的规定约束。家庭法典无规定的，夫妻财产关系受地方习惯约束。夫妻双方在婚前协议中可以选择一般共同制、婚后所得共同制、分别财产制或其他财产制作为夫妻财产分配制。若夫妻双方没有对夫妻财产作出约定的，法律将其财产制默认为一般共同制。夫妻财产契约没有在主管婚姻合同登记的机关进行登记的，不得对抗第三人。禁治产人或准禁治产人缔结的夫妻财产契约，必须经有管辖权的法庭指定的监护人许可方有效。一般规则主要体现了菲律宾家庭法典充分尊重当事人自主决定财产分配的原则。

2. 结婚赠与财产问题

菲律宾家庭法典规定，夫妻财产可通过赠与的方式进行分配，但是赠与的特殊性决定了对赠与分配财产的问题要进行严格限制。结婚赠与是指以结婚为目的在婚前对未婚夫妻一方或双方的赠与。未选择夫妻财产一般共同制的，夫妻婚前在婚前财产契约中约定相互赠与的数额不得超过其现有财产的1/5，否则超过部分无效。未来财产的赠与，适用遗嘱继承和遗嘱形式的相关规定。已设定抵押的财产可以作为结婚赠与的财产。如果抵押取消，变卖该财产所得少于担保金额的，受赠人对短缺差额不负补充赔偿责任；变卖财产所得多于担保金额的，受赠人有权取得多余部分。

但是，如果以下情形发生，赠与人可以撤销赠与：（1）除夫妻财产契约有特别约定外，未举行婚礼的婚姻或依法被宣告自始无效的婚姻；（2）未依法经父母或监护人同意而结婚的婚姻；（3）婚姻被撤销且受赠人有欺诈行为；（4）司法别居中的受赠人为有罪方配偶；（5）附解除条件的赠与，所附条件成就的；（6）受赠人作出民法赠予规则所列的忘恩负义的行为。夫妻双方在婚姻关系存续期间不得擅自无偿转让财产或赠与。关于婚姻赠与问题，上述特别规定尚未涉及的法律问题适用菲律宾民法典中关于普通赠与的规定。

3. 一般共同财产制

（1）夫妻财产一般共同制的共有关系始于结婚。婚姻关系存续期间，除司法分割财产外，夫妻任何一方不得声明放弃其一般共同财产中的权利、利益、份额和财产。

（2）共同财产的构成包括婚姻缔结时已有的财产和婚后取得的一切财产，但法律或夫妻财产契约另有规定的除外。婚姻关系存续期间所得财产，推定为夫妻共同财产。但是，以下三种财产不属于夫妻共同财产：婚姻关系存续期间夫妻单方无偿取得的财产及其孳息，赠与人、遗嘱人或财产授予人明确声明赠与的财产为夫妻共同财产除外；个人专用物品，但珠宝属于共同财产；婚前有合法继承人资格的配偶一方在本次婚姻缔结前获得的财产及其收益。

（3）在夫妻共同财产的管理和责任方面，一般共同财产用于家庭的必要开支、双方的共同债务、共同财产产生的税费等各种费用、夫妻任何一方进行深造而产生的费用、一方婚前缔结但已为家庭增益的债务、为抚养以及教育共同婚生子女产生的费用等。婚姻关系存续期间，参加任何合法或非法的博彩活动的盈利或获得利益，应为共同财产；但遭受的损失，由损失者个人承担责任，不得记入共同财产账册中。

（4）共同财产由夫妻共同管理和使用。双方就管理、使用财产有争议的，由丈夫决定。但是，妻子可以提起诉讼请求得到适当补偿。一方不能参加共有财产管理的，由另一方全权管理，但是全权管理的权利受到法律限制：当代管人为共同财产对外设置义务负担时，未经过法庭认可或配偶同意的情形，全权管理行为无效。夫妻双方可以通过立遗嘱的形式处分其在共有财产中的份额。夫妻任何一方不得将共同财产赠与他人，除非是公益慈善捐赠或家庭喜事或丧事中的小价值纪念品的消费。

（5）一般共同财产制的终止情形包括：夫妻一方死亡的情形；判决准许司法别居；婚姻被撤销或被宣告无效；婚姻关系存续期间的财产经司法程序分割；一方无正当理由遗弃对方或不能履行其家庭义务。受害人有权呈请法庭授予其财产管理权、要求司法判决分割财产或其独享婚姻共有财产的全面管理权。事实分居不影响夫妻财产一般共同制，但以下情况除外：无正当理由离弃家庭的，无权获得扶养；依法须经夫妻一方同意未经对方同意，但在简易程序中获得司法认可的；共有财产不足以支付生活费的，由双方个人财产共同承担。

（6）一般共有制中财产和债务的清算问题。在分割共同财产时，应为夫妻共同子女保留特留份。分割财产时，抚养义务较多的一方应获得婚姻住所。终止一般共同财产制须经过法定程序。首先，准备财产清单，区分夫妻双方的财产归属；其次，以共同财产偿还共同债务，共同财产不足清偿共同债务的，在法定的情况下以夫妻个人财产进行清偿；最后，个人专有财产剩余的部分归其个人所有，共同财产剩余部分由夫妻双方各分一半，但婚姻契约另有规定的除外。

婚姻因一方死亡而终止的，共同财产按照处理遗产的程序进行清算。无法定清算程序的，自配偶死亡之日起一年内，生存配偶可采取诉讼或非诉讼的方式要求清算。逾期未清算的，不得处理共同财产。未经法定程序清算夫妻共同财产而再婚的，再婚应当使用分别财产制。

4. 婚后所得共同制

（1）一般规定。婚后所得共同制是夫妻双方将婚后一方或双方有偿或无偿取得的财产和个人财产的一切收益组成共同基金，在婚姻终止或解除共有时由夫妻平均分配，但夫妻财产契约另有约定的除外。婚后所得共同制适用合伙合同的有关规定，但合伙合同有关规定与菲律宾家庭法典明文规定或与夫妻财产契约有不同规定的，适用家庭法典或夫妻财产契约的约定。

（2）配偶一方的特有财产。婚前财产、婚后无偿取得的权利、基于配偶个人财产的赎回权、因互易权或兑汇权而取得的财产以及夫妻以自有资金购置的财产都是夫妻一方的特有财产。夫妻各自对自己特有的财产享有所有权、占有权、管理权和使用权。成年配偶处分自己的特有财产无须对方同意。

（3）婚后所得共同财产范围。婚姻关系存续期间以夫妻任何一方名义取得的财产均是婚后所得财产。除了上述规定的夫妻一方特有财产之外的，婚姻存续期间产生的财产收入都是婚后所得共同财产。同时以特有财产和婚姻基金为本钱通过分期付款方式购买的财产，在结婚前取得财产所有权的，属于婚前财产，归购买者所有。在结婚后取得所有权的，属于婚后所得共同财产，归夫妻双方共同共有，清算共同财产时，夫妻一方或双方预支的钱款应予以扣除。配偶一方贷款或分期付款购置的财产，即使部分贷款是在婚姻存续期间偿还或分期偿还的，原则上该财产仍属于夫妻一方的特有财产。但是，该财产在婚姻存续期间所得的收益原则上应属于夫妻共同财产。以共同财产或通过一方或双方努力修缮个人财产的，原夫妻个人财产转为共同财产，但是应补偿原所有人相当于该财产修缮前的价值，否则该财产仍属于配偶一方个人特有财产，但是修缮后的增值部分属于夫妻共同财产。

（4）婚后所得共同财产的管理和责任。婚后所得共同财产由夫妻共同管理和使用，如有争议的由丈夫决定，但妻子有权提起诉讼请求得到合理补偿。一方不能参加共有财产管理的由另一方全权管理。但是，全权管理的权利受到法律限制：当代管人为共同财产设置义务负担时，未经过法庭认可或配偶同意的，全权管理行为无效。夫妻任何一方不得将共同财产赠与他人，除非是慈善募捐或家庭喜庆或丧事中的小额纪念品的消费。

婚后所得共同财产主要用于家庭的必要开支、双方的共同债务、共同财产产生的税费等各种费用、夫妻任何一方进行深造而产生的费用、一方婚前缔结但已为家庭增益的债务、为抚养以及教育共同婚生子女产生的费用等。夫妻任何一方在婚前或婚后单独产生的债务不得以夫妻共同财产清偿，但为家庭增益的债务除外。

（5）婚后所得共同制的终止情形包括：夫妻一方死亡的情形；判决准许司法别居的情形；婚姻被撤销或被宣告无效的情形；婚姻关系存续期间的财产经司法程序分割的情形；一方无正当理由遗弃对方或不能履行其家庭义务的，受害人有权呈请法庭授予其财产管理权、要求司法判决分割财产或其独享婚姻共有财产的全面管理权。

事实分居不影响婚后所得共同制，但以下情况除外：无正当理由离家或拒绝居住在婚姻住所的配偶无权获得扶养；依法须经夫妻一方同意方可进行的交易，但在简易程序中未取得对方同意的而行为的一方获得司法授权的；因共有财产不足而以夫妻各自个人特有财产共同承担时，夫妻一方提起简易诉讼的，法庭赋予出庭一方管理对方特有财产或设定义务负担的权利，并有权利用孳息或收入满足对方应得份额。

（6）婚后所得共同财产制财产和债务的清算问题。终止婚后所得共同财产制须经过法定程序。首先，准备财产清单，区分夫妻双方的财产归属。其次，以共同财产偿还夫妻一方个人债务的，该钱款应记入共同财产；利用特有基金获得的财产、因特有财产价值应获得的补偿，均属共同财产；共同债务由夫妻共同财产承担；共同财产不足清偿的，夫妻双方依法规定以各自的个人特有财产承担；特有财产剩余部分归个人所有；夫妻一方个人所有的动产用于家庭共益所造成的损失，以婚姻共同基金进行补偿；夫妻共同财产的净剩部分，由夫妻双方各分一半，但法律另有规定或双方另有契约规定的除外。最后，在分割共同财产时，应为夫妻共同子女保留特留份；分割财产时，抚养义务较多的一方应获得婚姻住所，另有约定的除外。

婚姻因一方死亡而终止的，婚后共同财产按照处理遗产的程序进行清算。无法定清算程序的，自配偶死亡之日起一年内，生存配偶可通过诉讼或非诉讼的方式要求清算。逾期未清算的，不得处理共同财产。未经法定程序清算夫妻共同财产而再婚的，婚后应当使用分别财产制。

5. 分别财产制

分别财产制是指现在的财产、将来的财产或现在和将来的财产可以全部或部分分开；约定部分分开的，未约定为分别财产制的，则适用一般共有制规定。夫妻一方对其个人财产拥有、占有、管理、使用和处分的权利，无须以对方同意为条件。夫妻一方因职业、商业经营或劳动所得或个人财产在婚姻期间的收益、孳息、劳动收入或民事的应得利益都归个人所有。夫妻共同承担家庭费用。

6. 非婚联合财产制

非婚联合财产制实际是解决了没有婚姻关系期间的财产分配问题，相当于中国的非法同居期间的财产分配问题，但其规定又具有特别之处。法律规定，符合条件的男女，即使双方没有结婚或婚姻被宣告无效，但以夫妻名义共同生活的，如无相反证据证明，双方共同生活期间所得财产由双方共同拥有。同居关系结束前，未经对方同意，任何一方不得处分其在同居期间取得的财产份额，也不得在该份额上设定义务负担。一方与另一方结婚的，其在联合所有的财产中的份额应记入该有效婚姻设定的一般共有制或婚后所得共同制财产中。恶意一方不依法与另一方结婚的，其财产份额应依家庭法典的规定予以没收。

四、家庭

(一)家庭的构成

家庭是社会的基本组成部分，受菲律宾家庭法典的保护。家庭关系包括丈夫与妻子的关系，父母与子女的关系，祖父母与孙子女、外祖父母与外孙子女的关系以及兄弟姐妹关系(包括全血缘和半血缘的兄弟姐妹)。

(二)家庭住所

家庭住所是指家庭成员居住的房屋及其坐落的土地，由丈夫或妻子或未婚家长共同商定。除家庭未交税金，或设立家庭住所前负债的，或家庭住所建立前后以该房屋作抵押担保所附债务的，或者为建造房屋而对劳工、技工、建筑师、建筑工人、材料商和其他提供服务和材料的人所附债务的情况以外，家庭住所免予被执行、强制拍卖或扣押。经建房人及其配偶、达到法定年龄的成年受益人的书面同意，家庭住宅所有人可以将家庭住所出售、设定用益物权、赠与、转让或设定抵押，有争议的由法庭裁决。

五、亲子关系

亲子关系因出生或收养关系而产生。因出生而发生的亲子关系具有婚生和非婚生两种情形。

（一）婚生子女与非婚生子女

婚生子女与非婚生子女的判断依据是菲律宾家庭法典的特别之处。夫妻关系存续期间受孕或分娩的子女为婚生子女。但是，如果在夫妻关系存续期间一方突破道德伦理底线，欺骗另一方而分娩的非夫妻双方共同子女的，为了保护受害方（受欺骗方），法律给予受害方提出异议的权利。菲律宾家庭法典规定，如果一方能够证明以下情形之一的，即可对子女是否为婚生情况提出异议：（1）子女出生前300日内的第一个120日内，丈夫因生理缺陷不能为性行为或夫妻事实分居不可能有性生活的或者丈夫患有严重疾病不能进行性行为而在生理上不可能与妻子同居；（2）经生物的或其他科学原因证明孩子不是丈夫的；（3）人工授精怀孕的，父母一方的授权书或认可书是因误解、欺诈、暴力、胁迫或威胁获得的。丈夫或其正当继承人对子女婚生有异议的，可以向法院提起诉讼。母亲被宣告为未婚先孕的，不影响婚生子女的地位。

母亲在前婚终止后300日内缔结后婚的，如无相反证据证明，适用如下规则判断子女婚生与否的地位：（1）子女于前婚终止后300日内、后婚举行仪式后180日内出生的，视为前婚期间受孕；（2）子女于后婚举行仪式后的180日外出生的，即使在前婚终止后300日内，仍视为后婚期间受孕。

婚生子女在姓氏方面可以随父母姓。此外，婚生子女可以由父母、祖父母和兄弟姐妹扶养，还享有取得遗产和民法赋予的其他继承权等方面的权利。合法婚姻外受孕并分娩所生子女是非婚生子女。非婚生子女的亲子关系证明采用与婚生子女相同的证明方法。非婚生子女应当随母姓，由母亲行使亲权。非婚生子女的特留份为婚生子女特留份的一半。

（二）亲子关系的确认

婚生子女的亲子关系因如下事实而确立：（1）在民事登记册或最终裁决中的出生记录；（2）在政府公文或私人手写文件中，父母一方签署承认婚生亲子关系的；如果没有上述证据，婚生亲子关系还可以通过公开并持续地以婚生子女身份出现以及法庭规则或特别法允许的其他方式而获得确认。

（三）准正

父母在婚外受孕分娩，且在怀孕当时没有法定结婚障碍而被取消结婚资格的，所生子女可以准正。准正在父母缔结有效婚姻后发生，无效婚姻的废除不影响子女准正。准正的效力溯及子女出生之时。

六、收养

依家庭收入有能力抚养照顾其婚生或非婚生子女、具有完全民事行为能力和法定权利的成年人，可以收养子女。

（一）收养条件

（1）年龄条件。收养人必须比被收养人年长16岁以上，但收养人是被收养人的亲生父母或者被收养人合法父母的配偶，不受此限。（2）不得成为收养人的情况：终止监护关系后监护账目获准前对被监护人负有监护责任的监护人、有道德沦丧犯罪记录的人以及外国人。需要注意如果该外国人原先是菲律宾人并收养有血缘关系的亲属，或者该外国人收养其菲律宾配偶的婚生子女，或者该外国人与菲律宾公民结婚并与配偶共同收养与其配偶有血缘关系的亲属时，该外国人可以具有收养人资格。（3）夫妻共同收养。除非夫妻一方收养本人非婚生子女或收养对方婚生子女的情况以外，夫妻双方必须共同收养。（4）被收养人的范围。以下人员不得被收养：①达法定年龄的人，但此人是收养人或收养人的配偶的亲生子女，或者收养人在收养此被收养人之前一直将被收养人视为自己亲生子女的不受此限；②与菲律宾共和国没有外交关系的国家的公民；③已经被收养的人，但是收养被取消或撤销的不在此限。（5）收养还必须征得以下人员的同意：年满十岁的被收养人，孩子的亲生父母、法定监护人或正当的政府收养机构，年满十岁的被收养人的养父母的婚生子女，与养父母及其配偶一起生活的、养父母的年满十岁的非婚生子女以及收养人或被收养人的配偶。

（二）收养效力

收养生效后即产生如下法律效力：（1）被收养人视为收养人的婚生子女，产生父母子女的权利义务；（2）收养成立后被收养人生父母的亲权随即终止，转由收养人行使。但是，收养人是被收养人生父母的配偶的，对被收养人的亲权由配偶双方共同行使；（3）保留被收养人作为其生父母和其他有血缘关系亲属的无遗嘱继承人的身份。

（三）收养解除

收养人有权在以下两种情况发生时请求法庭依法解除收养关系：（1）被收养人制造理由以使某一辈亲属丧失亲权保护的；（2）被收养人在未成年期间离开收养人家庭达 2 年以上，或者以其他行为明确表明断绝收养关系的。

七、扶养

扶养是根据相应的家庭财产维持生存、居住、衣着、医疗、教育和交通所必需的一切。

（一）负有扶养义务主体范围

夫妻之间，婚生的祖孙之间，父母及其婚生子女、婚生子女的婚生子女和非婚生子女之间，父母及其非婚生子女、非婚生子女的婚生子女和非婚生子女之间以及全血缘或半血缘、婚生或非婚生的兄弟姐妹之间负有扶养义务。

（二）扶养费用分担

对婚生或非婚生的尊卑亲属、婚生或非婚生的兄弟姐妹的扶养，应以扶养义务的个人财产负担。义务人没有个人财产的，在财产许可的情况下，从一般共有财产和婚后所得共同财产中预支。清算一般共有财产或婚后所得共有财产时从义务人应得份额中扣除。司法别居或婚姻无效诉讼期间以及宣告婚姻无效诉讼期间，配偶及其子女的抚养费从一般共有财产或婚后所得共同财产中支付。准予诉讼请求的最终裁决作出后，配偶之间的相互扶养义务终止。

（三）承担扶养义务人顺序

扶养义务人有两个或两个以上的，应当依照以下顺序确定扶养义务人：配偶、最近的卑亲属、最近的尊亲属、兄弟姐妹。扶养义务人以个人特有财产承担扶养义务。

(四)扶养方式

扶养方式包括支付固定的抚养费和将被扶养人接到家里扶养两种。

八、亲权

亲权是指父母亲对于其还未独立的子女享有和负担的保护其人身和财产的权利和义务。父母的权利和责任包括照顾和培养子女,使子女具有公民意识和能力,保证子女身心健康和幸福,提高子女道德水平。亲权是父母负担的强制性义务,不得放弃,必须履行。

(一)一般规定

父母双方共同行使亲权。父母一方失踪或死亡的,亲权由另一方继续行使。父母离婚的,由法庭指定父亲或母亲行使亲权,7岁以下子女不得与母亲分离,除非存在迫不得已的情况。父母双亡、失踪或不能胜任行使亲权的,由生存的祖父母或外祖父母代理行使亲权。

(二)代理和特别亲权

未成年人无父母或法定监护人的,应当依法为其指定代理权人。对于弃儿、受遗弃、无人照管或受虐待的孩子或其他处于类似境地的孩子,儿童的家长、孤儿院以及由相关政府机构正式认可的类似机构有权提起简易诉讼,请求法院授予其亲权。有照管孩子责任的学校、学校管理人、老师,或者个人、单位或者机构,对在其监督、教育或保护下的未成年孩子,享有特殊的亲权,承担特殊责任。未自立的未成年人以作为或不作为方式产生的损害责任,由享有亲权和负有责任的人共同承担主要责任。对未成年人行使代理父母或法定监护人权利的人应当承担次要责任,但如果负有责任的人能够证明已经尽力了的,不承担个人责任。

（三）亲权对人身和财产的效力

监护人对被监护人行使管教和扶养的义务。法庭出于保护被监护人财产利益的考虑，为被监护人指定监护人或者诉讼代理人。

父母或其他监护人对子女的财产共同行使监护权，当子女财产的市值或子女年收入超过 5 万比索的，父母应立书面保证，保证履行普通监督人的法定职责，并提供保证金。未自立子女的劳动所得、通过有偿或无偿的方式获取的财产，归其本人所有，且得专用于生活和教育，但法律另有规定的除外。子女财产的孳息或收益首先考虑为子女的扶养目的而支出，其次是为家庭日常生活的共同需要而支出。父母委托子女经营或管理部分财产的，其收益归财产所有人所有，但应每月给付子女合理津贴，津贴金额不得少于财产所有人付给陌生管理人的酬劳金额，财产所有人将全部收益让给子女的不受此限。财产所有人让给子女的全部或部分收益，不得计入子女的特留份。

（四）亲权中止和终止

亲权的中止和终止情形是菲律宾家庭法典的特别之处，当亲权行使者已经无能力再行使亲权或亲权的行使已伤害到相对方的利益时，出于保护人权的考虑，法律明确规定亲权可被法庭中止或者终止。

1. 亲权的中止

父母被定罪或亲权人因犯罪而被宣告禁治产的，中止亲权；当上述人服刑完毕或者罪犯获得撤免后，亲权自动恢复。当发生以下情形，亲权可被法庭中止：（1）亲权人对子女过于严厉或虐待子女；（2）亲权人给子女造成道德沦丧的示范；（3）亲权人迫使子女乞讨；（4）亲权人迫使子女或允许子女为淫荡行为。

2. 亲权的终止

如果发生父母双方死亡或子女死亡，或者子女自立的情形，亲权即永远终止。除此之外，法律另明确规定亲权终止的情形：（1）子女被收养后；（2）已指定普通监护人；（3）根据起诉依法宣告构成遗弃子女；（4）被法庭最终裁决剥夺亲权；（5）亲权人被依法宣告失踪或无能力。但是，如果将来依裁决而恢复亲权的不受此限。

九、自立和成年年龄

年满 18 岁即为成年人，成年后即可自立。子女自立后，父母对子女人身和财产的亲权即终止。成年人以自己的名义行使民事权利和承担民事义务。

第四章 新加坡民事法律

第一节 民 法 概 述

新加坡法律的规定，财产分为动产和不动产，不动产包括土地和附着于土地上的建筑物、设备等，动产包括除不动产以外的物、财产性权利和权益。新加坡财产法就是调整土地关系和一般财产关系的法律规范的总和。财产法中最重要的莫过于土地方面的法律。

第二节 土 地 法

一、土地法概述

（一）国有土地法

新加坡《国有土地法》制定于 1880 年，海峡殖民地时期，是一部管理国家土地取得、转让和占有的法律，这部法律的主要内容有三个方面：（1）新加坡境内国有土地取得的方法。除开垦的土地归私人所有外，获得英王所有土地的使用权有两种方式——授予和租赁。两种方式均是通过缴纳象征性费用而从英王手中获得土地的永久使用权。（2）无条件继承地产的授予。规定土地使用者获得永久使用权后，在其生前可以不受限制地使用土地，但是，当被授予人死亡后，其继承人并不当然享有土地永久使用权，而是通过政府重新颁发继承人使用权证书，将土地授予继承人永久使用。（3）授予的土地上政府保留的权利。国家作为土地所有者，在被授予人和租赁人永久使用的土地上保留部分权利，即政府有权进入授予土地寻找并开采可能在土地中或土地上发现的矿藏和石油，并对使用权人作出适当的补偿。政府有权收取土地使用费，并有权在适度的范围内定期修改收取的费用。《国有土地法》经过不断修改，逐步完善，一直是新加坡调整土地法律关系的基本法律。该法所提供的这种土地由政府所有，而使用者永久享有使用权的模式，至今仍是新加坡土地所有制度的基本模式。

(二) 土地征用法

新加坡国土面积较小，可谓寸土寸金。新加坡独立后，为了保障经济发展的需要，除了通过开垦荒地、围海造田等方法扩大国有土地面积之外，还通过土地立法大量征收私人土地，使得政府掌握的土地越来越多，成为土地所有的重要形式。目前，新加坡大多数土地资源属于国家或公共所有，其中绝大多数由政府通过征收征用的手段取得。土地征用是新加坡土地国有化的一种重要途径，而征用赔偿则是该程序中的关键环节。

1. 土地征用的目的和范围

在新加坡，土地征用权的适用范围相对较广泛。1985 年修订的《土地征用法》规定，当某一土地需要作为公用，经部长批准的任何个人、团体或法定机构，为公共的利益或公共利用，需要征用该土地作为某项工程或事业之用或作为住宅、商业或工业区加以利用时，总统可以在公报上发布通知，宣布该土地需要按通告中说明的用途加以征用。这使得住宅、商业和工业区用地也被纳入了土地征用权的适用范围。此种土地征用制度对新加坡"居者有其屋"计划的贯彻落实发挥了关键作用。当前，新加坡住房总量已超越其总户数，达 80 多万套之巨。从人均住房面积来看，有香港两倍之多，在整个亚洲也居于首位。为建造房屋，住房发展商(HDB)可以强行征用私人土地用于自身发展。

2. 土地征用的补偿

新加坡设有土地税务征收长官，其职责包括作出土地征用补偿的决定等。但是，具体征收案例中的补偿金额，首先要由专业的土地评估师对相关土地进行评估，在此基础上，以公告征用之日的土地市价为参照基准，来确定具体补偿金额。土地补偿金由以下几部分构成：土地征用以致土地分割带来的损失、被征土地上相关动产不动产的损失、因征收土地而被迫迁移住所或营业所产生的花费、测量土地、印花税及其他合理费用等。

征用赔偿主要包括以下几个基本阶段：由相关赔偿权利人向土地征税官提出赔偿请求，后者则对土地的价值、赔偿请求人的相关权益等进行调查，再以《土地征用法》相关补偿标准，确定具体赔偿金额并对权利人支付。

在经过上述程序后，如果土地所有者对相关赔偿方式、金额及其分配方式等不满，均可向上诉委员会上诉。后者可以根据实际情况，裁决确认、减轻、加重或撤销地税官决定，或发布其他更为适当的命令。如果涉案金额超过 5000 新元，上诉人或者地税征收官均可依法就上诉委员会所做决定相关法律问题向法院上诉，由法院做最终裁决。

第三节　财产及财产转让法

一、财产转让法

1886 年制定的《财产转让和财产法》是一部规制财产转让活动的法律，该法一直沿用至今，主要内容有下列两个方面。（1）对财产转让含义做了广泛的解释，财产转让包括任何财产的销售、抵押、转让或者处理契约，以及其他为财产和契约的处理所产生的转让、租赁、处置和担保。该法运用大量的篇幅详细规定了财产转让、租赁、抵押等行为。（2）规定了新加坡独特的抵押制度。根据该法，抵押权不仅可以在不动产上设立，且可以在动产上设立，所有设于财产上的请求权均可设立抵押权。政府设定的法定抵押，在对抗其他抵押权上具有最高的法律效力。

二、卖契法

新加坡的《卖契法》制定于 1886 年，是一部规范动产权利转让的法律。所谓卖契，是指一方把自己对于某一动产享有的权利证书，为某一目的提供给另一方，约定在某一条件下或约定时间后将动产权利转移给受让方的契约。卖契的范围除了卖契本身外，还包括转让书、让与书、不得转让的信托证明书、附有收据的货款存单或者货物金额的收据，以及其他动产的财产转让书、代理证书或者获得债务抵押的动产授权证书。此外，还包括获得动产权利的任何协议书。根据《卖契法》的规定，每一卖契在履行后的三天内要进行证明和登记，列明其对价，否则买卖行为不生效。

第四节　合　同　法

一、合同法立法背景

新加坡是一个高度法治的国家。该国法律制度完备，社会生活各个领域均有法可依。据不完全统计，新加坡现行的法律、法规达 400 多部，大到政府体制、政府权力的运用，公民与国家的关系、经济生活的管理，小到旅店管理、停车规则、公共卫生环境等各方面都有章可循。新加坡法规严密而明确，立法之多、法律调整范围之广，法律体系之健全，在世界范围内均首屈一指。最难能可贵的是，其法治精神为民众所身体力行，逐步形成社会守法的良好风尚。同时，新加坡重视执法和司法，对违法、犯罪行为进行严厉惩罚，甚至对失信行为都规定了约束惩罚机制，执法程序十分具体，执法步骤明确细致。新加坡有着独立的司法体制，同时拥有素质过硬的专业执法队伍，其执法人员训练有素、公正清廉，法治在新加坡得以很好的体现。

新加坡在 19 世纪受英国殖民统治，因而它的法律制度属于英国普通法体系，但同时也受到其他国家法律的影响。例如，刑事法典、证据法令和刑事程序法典，主要是在 19 世纪从印度借鉴而来的。新加坡公司法则比较接近澳大利亚的模式。这一章，我们研究的新加坡合同法传承了英美法系的合同制度。1886 年 8 月，新加坡作为海峡殖民地制定了《财产转让和财产法律法》，以确保财产的自由流通符合经济发展的要求。该法的主要内容从广义上来理解，包括财产的销售、抵押、转让或者处理合同，也包括为了财产合同所产生的转让、指定、租借、处置和担保合同。同年 11 月，新加坡又制定了《卖契法》用以规范合同活动，所谓卖契是指一方基于某种目的，将自己对于动产享有权利的证明书提供给另一方，并约定在某种条件下或者一定时间过后动产权利移转于接受方。卖契行为为一般是为了提供担保并获得一定的金钱支付。新加坡独立后，在法制过程中，陆续制定和完备了《新加坡合同法》《新加坡货物买卖法》《合同第三方权利法》等相关法律，使得新加坡合同法律关系得以调整规范，合同法领域法规得到健全。

二、合同法主要渊源

(一)普通法渊源

在新加坡的合同法律制度形成过程中，英国普通法属于最重要的法源。19世纪早期，新加坡置于柔佛苏丹的统治之下，当时新加坡仅仅是一个渔民社区，居民不足 200 人，所通用的法律体系是马来人习惯以及印度尼西亚和马来西亚地区本土化的传统法律与惯例的混合体。18 世纪中叶，英国资本主义经济快速发展，经济、政治和军事影响力大规模向世界扩张。由于新加坡地理位置的优势，特别是东南亚地区之间和东西方地区之间的贸易往来，新加坡逐渐成为重要的经贸商港，在东南亚地区，英国的殖民扩张首选新加坡。1819 年至 1824 年，英国通过四个不平等条约的签订使新加坡成为英国殖民地。在英国统治下，新加坡承袭了英国的普通法体系。1826 年，为维护其殖民统治，英国国会颁布《第二司法宪章》，授权东印度公司在包括新加坡在内的三个地方(其中有槟城、马六甲)建立管辖法院，行使与英国法院相似的民事、刑事管辖权。虽然《第二司法宪章》中并没有任何条款要求新加坡必须适用英国法，但是其中有这样一个条款，即"新加坡法院在审理案件时要依据正义和权利进行判决"，这个规定被殖民当局解释为"法院应当依据英国法进行判决"，英国法在新加坡的适用所依据的就是这一司法解释。这样，英国法当即成为新加坡法的重要渊源。自此，英国法律传统取代了原有的以习惯法为主的法律系统。1833 年至 1855 年期间，新加坡处于英属印度政府的控制之下。直到 1867 年，新加坡重新成为英国直属殖民地，直接受伦敦殖民办公室的管辖。在"第二次世界大战"期间，新加坡曾于 1942 年被日本占领，但 1945 年后新加坡再次成为英国直属殖民地。经过近一个半世纪的发展，新加坡承袭了英国普通法的传统，逐步形成了以英国法为基础的独具特色的法律体系。

在合同法这样的私法领域，英国普通法的影响更为明显。《新加坡合同法》

基本是以英国关于合同的普通法为范式构建的。殖民地早期，关于财产转让活动也主要适用英国法，《新加坡货物买卖法》第393章（简称"SGA"）是新加坡国内货物买卖的相关法律，这部成文法是根据1979年《英国货物买卖法》制定的，该法同样是在普通法体系下适用，而且作为先例，英国的案例被广泛地引用到新加坡的案件中。因此，英国普通法中的一系列判例和立法对新加坡相关合同法律制度有着意义重大且深远的影响。

新加坡与一些邻国（印度尼西亚、马来西亚、文莱、缅甸）共同分享相似的普通法起源。即使是新加坡法庭本身所发展出的相关规则也同英国普通法的同类规则有非常大的相似性。如果对于某个问题，新加坡本身没有权威规则时，人们首先就会理所当然地假定新加坡的立场同英国法的立场没有什么区别。在审理案件时，法官应适用法律原则审理具体的案件事实，而在法官作出案件的判决时，应遵循先例，即在这之前，若在这一案件相关问题上已经作出生效判决及其所适用的原则，法官在一定程度上要接受和遵循先例，这是判例法的传统。同时，在一般情况下，法官应当适用较高级法院在此前所作出的先例判决理由。因此，新加坡上诉法院断案的判决理由严格约束新加坡高等法院、地方法庭和推事法庭。尽管在细节方面，每个国家都因其特定的政策和需求，对普通法的应用和改进各有不同。与马来西亚和文莱不同的是，新加坡在1965年独立之后并没有试图将合同法法典化，因而新加坡的合同法仍保持法官制定规则的模式。当然，在某些情况下，法官制定的规则会被特定的成文法所修改。

（二）衡平法渊源

衡平法，是英国自14世纪末开始与普通法平行发展的、适用于民事案件的一种法律。它主要是在司法方面反对机械地应用技术性法规，体现着公平与人道的观念。英国普通法和衡平法中形成的有关合同的规则对新加坡合同法的影响十分显著。衡平法的原则也是经1826年的《第二司法宪章》引入新加坡的。在考察新加坡合同法的衡平法渊源时，必须追溯英国合同法发展的早期历史。

衡平法的传统，在新加坡法律中亦有所体现。根据《新加坡民法法令》（Cap43，1999年修订）的规定，新加坡法院拥有同时运用普通法与衡平法的权力。这样可以实现起诉的一方在同一法庭的同一案件诉讼过程中既可以寻求普通法救济(损害赔偿)，也可以寻求衡平法救济(包括禁令和特别履行)。在新加坡合同法中，这一特点主要体现在救济方式上，比如新加坡合同法所采用的解约、变更合同和实际履行均是衡平法上的救济方式。新加坡合同法规定，但凡交易因有诸如虚伪陈述、受不正当影响、过失、胁迫欺诈的情况而出现问题时，交易一方可以依单方面意思取消交易。另一方面，对于交易双方出现意思表示共同错误时，可以行使变更合同之救济，即书面文件上的内容不能正确表示出双方确实达成之意思表示，当事人可以变更合同。原告欲变更书面文件必须提供足够的证据证明双方的立场与书面文件有所出入。若只因一方之错误，法院往往拒绝变更合同的申请，除非在特殊情况下错误是由他方的原因(欺诈、明知错误而为行为等)所造成的。新加坡合同法也规定了"实际履行"这种衡平法上法院可斟酌使用的、要求被告履行合同约定义务的救济方式。在新加坡法律中的衡平法创新的一个例子，是法院可以凭这些案件来对基于衡平法上的显失公平概念而产生的滥用履约保证书颁布禁令。由此可知，衡平法在新加坡合同法方面对普通法起着重要的补充作用。

三、合同成立

(一)要约

所谓要约，是指要约人以允诺或其他形式向受邀约人表明的意思表示，在经后者无条件承诺时，前者即受该条约约束。例如，合同成立的其他要素亦得满足(如对价和设立法律关系的意图)，对要约的承诺会导致一个有效的合同。一个特定的表述是否构成要约有赖于表述的意图。要约必须具有受拘束的意图。如果某人只是引诱他人作出要约，或者只是询问情况，而并没有受拘束的意图，那他最多只是在作出要约邀请。按照客观标准，如果某人的表述(或者行为)致使一个通情达理的人相信发出要约者具有在该要约被承诺后接受拘束的意图，则即使该人实际上没有此种意图，他也被认为是发出了一项要约。

(二)承诺

承诺即受要约人在有效时间内对要约人发出的条款无条件、无保留的同意。

同意可由言语或行为来表示，但除非在极其例外的情况下，缄默不能被认为是同意。一个总的原则是承诺应该被通知到要约人，但如果承诺是通过邮寄方式且此种方式被认为是或明确或默示的许可的，则构成一项例外。这个例外被称为"投邮承诺规则"，在此规则中，承诺的生效以承诺信投邮为准，而非以要约人实际收到为要件。

四、合同效力

(一) 当事人缔约能力

1. 与未成年人订约

依新加坡的普通法，21 岁以下为未成年人。根据修订后的《未成年人合同法》(Cap 389，1994 年修订)，未成年人订立的合同由普通法管辖。总的原则是未成年人订立的合同对其没有执行力。然而，如果未成年人购买的是生活必需品，则未成年人必须付款。未成年人也受到其他类型合同的约束，如涉及土地或者公司股份、合伙或者离婚调解的合同，除非未成年人在 21 岁以前或在此之后一段合理期间内否认合同。

2. 心智不健全者和醉酒者

在新加坡，与心智不正常的人订立的合同也是有效的，除非能够证明该人在订立合同时并没有能力理解自己的所作所为且另一方当事人知晓或应该合理地知晓这种情形。心智不健全的人在这种情况下有权撤销合同(如有必要该人应得到法庭认可的代理人协助)。醉酒的人订立的合同也适用同样的原则。按照《新加坡货物买卖法》第 3 条，心智不健全的人或醉酒的人必须为生活必需品支付合理价格。

3. 公司

只要不逾越任何成文法或其本身章程的规定，一家公司具有从事任何业务的全部能力，可以为任何行为和进行任何交易。公司在成立之前订立的合同可在成立之后被公司批准和采纳。按照新加坡法律，有限责任合伙(limited liability partnership)也是一种公司实体(参见《有限责任合伙法 2005》)。它可以以自己的名义提起诉讼或成为被告；取得、拥有、占有和发展财产；设公司印章；进行和负担任何其他公司实体可以合法进行和负担的行为。

(二) 无效合同

合同要合法，这是各国都有规定的。成文法可能禁止那些与公共政策相抵触并且会产生不良社会后果的合同成立。比如，英美法中的非法合同包括：(1)违反公共政策的合同；(2)不道德合同；(3)违法合同。在若干情形下一个合同可被称之为"非法"，这种情形之下，成文法可能清楚规定"非法"合同是无效合同。这即是说，它被法律认为自始不成立。

新加坡合同法规定，某些公共政策禁止一些合同的成立，这类合同完全无效，如下合同为例。(1)合同妨害司法行政。这包括阻碍司法检控的合同，或者具有调唆词讼(对诉讼非法进行资助)或者助讼图利(亦称包揽诉讼)的合同。前者是指某人支持他人提起或对抗诉讼，如承担诉讼费用等，但如果支持者对诉讼的结果有真实、合法的利益且在当时情形下这种支持是合理的，支持就是被许可的。后者是调唆词讼的一种，是指与诉讼无关的人串谋强行干预诉讼和分享诉讼成果，如支持诉讼者试图从他人的诉讼中谋利，为自己拿走诉讼的全部或部分赔款等。(2)欺骗政府机构的合同。(3)逃避法院管辖权的合同(但仲裁合同或协议以及授予非新加坡法院排他性管辖权的协议并不在禁止之列)。(4)约定犯罪、侵权或欺诈的合同。(5)妨害公共安全的合同。(6)关于不道德性关系的合同。如果合同依成文法或普通法无效，则一般将其视作自始不存在。

(三) 可撤销合同

如果一方或双方当时订立合同是基于对合同基础或交易中某个重大方面的误解，则合同或者是完全无效，或者是可撤销的。如为可撤销情形，合同在被受误解影响一方撤销以前仍为有效。这个区别对确定第三方的权利至关重要。一个误解是否能导致合同无效或可撤销要根据误解产生的情形来判断。通过胁迫、不当影响或者违背良心的行为订立的合同为可撤销的合同。在上述任何一种情况下，不端行为必须足够重大或者是使受害人同意的决定性原因。然而在某些情况下撤销权也会消灭。

五、合同解除

新加坡合同法的第八节专门规定合同之解除情形。第一种情况是因履约而解除，即如果合同条款规定的所有合同义务都得以全部履行，则合同归于结束，或称因履行而"解除"。理论上讲，履行必须是适当的。然而履行中的细小瑕疵可被视为可忽略的或"琐碎之事"。此外，如果全面履行只有在另一方当事人的配合下才为可能（如付款或交付义务之履行必然需要对方配合），在对方拒绝受领的情况下，履行就可被视同为全面履行，合同因此而解除。第二种情形属于不履行或不适当履行。如合同义务未被履行或者履行有并非琐碎的瑕疵，新加坡法律规定了众多法律上的反应和救济方式，其适用视违约的性质而定。第三种情形是违法合同的法定免责事由。如果未能履行不可归于任何法定的免责事由，合同可谓被"违反"。所谓法定免责事由，主要指合同落空的几种情形。

六、违约救济

新加坡合同法相关的司法救济手段通常包括以下几种：(1)普通法上的损害赔偿救济；(2)普通法上请求支付固定数目违约金之诉；(3)衡平法上的实际履行救济；(4)衡平法上的禁令救济。在普通法和衡平法上的救济之间划清界限尤为重要，因为前者属于当事人的权利，后者则依赖法庭的自由裁量。损害赔偿，即金钱损失的赔补，是指合同损害赔偿以一定数量金钱的方式判给受损方，以赔补其因为对方违约而遭受的任何金钱损失。一般来讲，损害赔偿只是赔偿性质的。新加坡合同法中的损害赔偿还可以分为约定与未约定的损害赔偿。

在某些情形中，双方可能已经在事前通过合意约定损害的赔偿。如果事前合意的数额是对违约可能造成的损失的实际估算，法庭将会对其赋予违约金的性质而予以支持。但是，如果这个数额在约定之初即具有"惩罚"违约方之性质，法庭即会以未约定的赔偿受损人损失取代这种"惩罚性"赔偿。

法庭通常会将未约定的损害赔偿数量化，在金钱赔偿能做到的范围内，使受损方达到当合同能够被完全履行（而不是被违反）后他应处的位置。因此，如果非违约方本可通过转售从违约方处买来的货物而获得利润，但由于未交付货物或其他违约行为，该项利润不可获得或减少，受损方可以获赔期待损失（表现为利润损失)。如果由于违约方疏于履行合同义务,受损方不得不付出高于合同项下的期待成本的价格以购买替代货物或服务,这些多余成本可以以期待损失的方式获得补偿。

在大多数情况下,未约定损害赔偿应以违约之时为准来估算,但是在适当情形下,法庭也会考虑违约后发生的事件。

未约定损害赔偿并非对所有损失都适用。在新加坡,非金钱损失(如感情伤害、失望、精神痛苦等)一般不能获得赔偿,除非在某些限定的情况下,合同义务本身事关非金钱事项,如一切由旅行社代办的固定费用假日旅游等。同时,对于合同中过于遥远的损失不能获得赔偿。因损失所发生的正常过程中的损失都不算遥远,因而可以得到补偿。非正常的、不在任何当事人订立合同时考量范围之内的损失不被赔付,除非违约方知道或者应当知道这种不正常损失的可能性。

在合同法中,赔偿也要考虑到当事人是否履行了减损责任,若当事人本来可以采取合理措施避免损失的扩大而并未采取该种措施,则扩大部分的损失不被赔付。这是为了鼓励受损方采取减损措施减少自己的损失。"减损责任"并不是说要求受损方采取所有措施减少损失,如果受损方采取客观上合理的措施减损但却因此而招致更大的损失,增加的损失仍可从违约方处追索。

无论是约定的还是未约定的损害赔偿都不是普通法上唯一可得的救济。当规定的违约赔偿只是一笔固定数目的款项,损害赔偿则不得为救济。取代损害赔偿的是法庭判令义务方支付该笔固定的数目。这种情况下,延迟付款没有损害赔偿,只有法庭判决款项数目的利益,或者合同规定的利率(如合同明确规定对延迟付款应支付的利息)。

实际履行。对于某些违约情形,损害赔偿并不能对其充分救济。比如原定义务为交付特定财产,一方违约后,非违约方可向法院诉请对方实际履行,如裁令违约方(或威胁违约方)按原定义务履行。但是,根据新加坡《政府程序法》的规定,在国家是一方当事人的任何诉讼中,实际履行不得用于新加坡政府。

禁止令。并非所有的合同义务都适于实际履行。有时候,合同义务是个消极义务,而违约方违反了不作为的义务。此种情形下,受损方可以向法庭申请禁止令。但是,下列情形不适用:(1)此项救济不公平或过于暴虐;(2)发布此救济确实不符合方便易行的要求。

如果违反消极义务完全发生于过去时段，受损方可以选择申请强制禁止令。此种命令要求违约方采取措施推翻违约行为的后果，使受损方还原到如消极义务未被违反时他本应该处于的地位。是否授予强制禁止令也要遵行"方便易行"的原则。总的来说，对涉及人身服务性质的合同，禁止令申请也可能会被拒绝。

第五节　婚姻家庭继承法

一、婚姻法

1961 年，新加坡立法会制定了《妇女宪章》，使新加坡境内的婚姻制度得到了统一。《妇女宪章》从严格意义上讲并不是一部专门的婚姻法，但其中规定了调整婚姻家庭关系的内容。1997 年和 2011 年，新加坡对《妇女宪章》进行修正，使该部法律在保护妇女、调整婚姻家庭关系方面的制度趋于完善。

（一）关于婚姻原则

受传统影响，新加坡曾存在事实上的婚姻包办和"娶妻纳妾"的现象。《妇女宪章》则彻底废除了这些制度，明确规定"公民享有婚姻自由""公民实行一夫一妻制"。根据该宪章的规定，任何在 1961 年 9 月 15 日《妇女宪章》生效以前已经依法律或宗教、习惯娶妻纳妾的，在婚姻存续期间不得再与任何人结婚，任何违反该规定的婚姻一律无效，违法重婚者应按照刑法重婚罪的规定处罚。

（二）结婚条件和程序

关于新加坡结婚年龄，申请人年龄达到 21 岁以上，可以自由结婚。申请人年龄在 18 岁至 21 岁，必须得到父母同意才能结婚。父母以及两名成年证人必须同时携带居民证在场作证；如申请人年龄在 18 岁以下，必须要申请特准证才能结婚。2011 年 1 月《妇女宪章》（修正案）在国会三读通过，要求今后不足 21 岁者必须以参加婚前预备课程作为取得结婚证书的前置程序。新加坡政府希望通过这一措施降低本地离婚率。

依据《妇女宪章》，在举行正式婚礼之前，必须提前 21 天至 3 个月向注册局申请注册结婚。新加坡婚姻注册局是婚姻登记和证婚的机构。在法律上新加坡不承认依据习俗婚礼举行的结婚，不过要结婚的双方可以既在婚姻注册局正式结婚，同时又举行习俗婚礼。

(三) 离婚

新加坡《妇女宪章》规定，"婚姻破裂到不能挽回"是离婚的唯一标准。对什么是婚姻破裂，具体表现为：(1)对方有通奸行为，不能容忍；(2)对方行为不能忍受；(3)一方弃偶 2 年以上；(4)夫妻双方协议分居 3 年以上；(5)一方单方面分居 4 年以上。离婚申请人须举证证明其符合以上 5 种情形之一，离婚才可以成立。此外，一方离家出走或失踪，也可以使离婚成立。

在新加坡离婚，诉讼是必经程序，即便是合意离婚也不可避免。在离婚诉讼中，双方当事人通常会聘请律师作为自己的代理人，在此之前，他们可以向律师免费咨询离婚相关事务。无过错当事人可诉请过错方支付己方律师费，而经济状况较为困难的当事人可向法律援助局请求法律援助。

新加坡《妇女宪章》规定，原则上结婚 3 年后方可提起离婚诉讼，但存在离婚申请人遭受困难或被告人行为恶劣两种例外情形。

二、继承法

新加坡继承法由《遗嘱法》、1966 年的《无遗嘱继承法》《继承(家庭生活费)法》和 1935 年的《继承检验与管理法》等法律构成。

(一) 无遗嘱继承

遗嘱继承属于法定继承，是指被继承人没有对自己的遗产留下遗嘱或者被继承人的遗嘱没有处分自己的全部财产，而根据法律的规定对其遗产进行划分。根据《无遗嘱继承法》的规定，其顺序是配偶首先获得遗产的 1/2，之后依次为子女、父母、兄弟姐妹、祖父母、叔父、政府。该法还规定了代位继承制度，即被继承人的子女可以代替其已经死去的父母获得被继承人的遗产。

(二) 遗嘱继承

根据新加坡《遗嘱法》的规定，遗嘱包括通过遗嘱或具有遗嘱特性的书面形式行使权利设立遗嘱或指定受益人的作为；也包括通过遗嘱和其他遗嘱处分财产的行为。任何人都可以根据该法的规定立遗嘱赠与或处置其去世时根据法律或者公理所享有的动产或者不动产。

遗嘱继承必须具备生效条件：（1）必须遵循生效法律；（2）立遗嘱人须达到法定年龄，未成年人、21岁以下的公民所立遗嘱一律无效；（3）采取书面形式并签署。《遗嘱法》要求，遗嘱应当由立遗嘱人签署，或由其他人在立遗嘱人面前依照立遗嘱人的指示签署；立遗嘱人须在2名或者2名以上同时在场的见证人面前作出自己的签署或者承认其他人的签署；每名见证人在立遗嘱人面前签署该遗嘱，但遗嘱不因见证人资格欠缺而无效。

（三）家庭生活费保留

新加坡《继承（家庭生活费）法》准许某些被赡养人向法院提出申请，要求从遗产中拨给生活费。能够提出申请的人包括死者的配偶、未婚或身心残疾不能自立的女儿、未成年儿子、有身心残疾不能自立的儿子。这些人如认为得到的处置遗嘱不能为其提供合理的生活保障，可在遗产分配后6个月内提出申请，经法院审核，可以作出从死者净遗产中分配出适当的部分作为申请人的生活费的决议。

第五章　泰国民事法律

第一节　民商法总论

泰国民商事法律制度采取法典立法与单行法并存的方式。在 20 世纪初期泰国将民商事法律都汇编成《泰王国民商法典》，其后由于经济社会发展，相继出现了如知识产权、上市公司、证券业、保险业等新型事物，为了规范民商法典制定后新出现的事物，泰王国采取了法典外单行立法的方式进行立法。

一、《泰王国民商法典》起草与实施

泰王国拉玛五世王时期，现代化改革全面铺开，佛历 2434 年（1891 年）末，建立了司法部，全面启动司法制度改革，彻底改革泰王国旧的司法系统，开始建立欧洲化的法院系统。佛历 2451 年（1908 年），泰王国拉玛五世王（朱拉隆功大帝）发布谕令设立民商法典立法委员会，并谕旨：“现有的民商事法律，仍散见于各处，适合将其整合、归为一体，以适应国家的日益繁荣和商业时代及与各国关系的发展。”

《泰王国民商法典》的起草从佛历 2451 年（1908 年）一直持续到 2477 年（1934 年），历时 26 年。民商法典立法委员会的起草工作大致分为两个阶段，第一阶段从佛历 2451 年（1908 年）至佛历 2459 年（1916 年）；第二阶段从佛历 2459 年（1916 年）至法典最后一编起草完毕（佛历 2477 年即 1934 年），随后正式实施。

二、《泰王国民商法典》主要特色

(一)20世纪法典主要优点

《泰王国民商法典》是泰国民商事领域的基本大法，在充分整理、收集国内判例、习俗、当时法律、法令的基础上进行立法的，充分吸纳了20世纪先进的法典立法理论，去《法国民法典》之散漫而吸收其通俗易懂，去《德国民法典》之深奥而吸收其严密的逻辑体系和编撰体系，去《日本民法典》之简略而吸收其简洁明了之优点。

(二)简化、独具特色的民商合一体系

《泰王国民商法典》独立设立第三编"典型合同"，其中包含了民事合同和商事合同，避免了民商分离国家存在的民事合同与商事合同在一些领域的重叠和重复立法。它仅包含了更具有民事特色的商事制度，而更多地体现国家干预的有关金融、证券、债券、上市公司、海商、破产等的商事法律则单独以单行法的方式进行立法。

(三)简化的潘德克顿体系

《泰王国民商法典》有关民事法律制度的编撰体系分为五编，分别为"总则、债、财产、家庭、继承"，与《德国民法典》完全一致，只是措词更形同《日本民法典》，简洁明了。其次，它采纳了《德国民法典》中大量的概念，如法律行为、不当得利、无因管理、物权、债权、取得时效、消灭时效等，但没有采纳"物权行为"理论，也没有如同德国细致入微的区分物上请求权和"不当得利"请求权在不同情形的适用，而是普遍适用"不当得利"制度。再次，它虽然采纳了物权和债权概念，但没有《德国民法典》之严密区分，从而其将债的优先受偿类权利，如留置权、优先权、抵押权、质权等，规定在第二编"债"和第三编"典型合同"中，而没有规定在第四编"财产"中，将其视为债权的从权利来规定。

三、民商法典总则概述

(一)法律解释规则

法律适用于各种案例中时,应当根据法律条文的字面意思或根据法律条文的意旨来适用。如果没有法律条文来处理案件,可以根据地方风俗习惯来判决;如果没有上述风俗习惯,可以比较最类似的法律条文来判决案件;如果没有最类似的法律条文,则可以根据一般法律原则来判决案件。

(二)善意推定原则

无论是在行使自己的权利中,还是在清偿债务中,每个人都必须善意为之。先推定每个人为善意而行为。

(三)利息规则

如果双方约定给付利息,但没有通过法律行为约定或没有法律条文明确规定利率,适用年利率为7.5%。

(四)不可抗力概念

本法典所称的"不可抗力"是指事件,不管其是否可能发生、还是其是否会导致损害结果,都是不能预防的,即使遇到该事件或将要遇到该事件的人尽了处于当时情景中所期待的注意义务,也是无法预防的。

(五)书面形式要求

当某一行为,法律强制规定必须采取书面形式的,行为人必须做成书面形式,不必要亲笔书写,但必须有行为人的亲笔签名。

(六)意思表示解释规则

如果文书中某一条款有两种以上的解释,有法律效力的解释优先于无法律效力的解释。在存在疑义的情况下,以有利于债中受损方的原则进行解释。文书中的金额或数量以大、小写表述且大、小写表述不一致的，又无法推测出表意人的真实意思，以大写的金额或数量为准。如果文书中的金额或数量以文字形式或以数字形式在多处出现，且多处的表述不一致的，又无法推测出表意人的真实意思，以最少的金额或数量为准。在文书以多种语言表述的情形中，不管是在同一文本中还是以多个文本表述，其中有泰语文本，如果多种语言所表达的内容不一致，又无法推测出表意人意欲采用何种语言的，以泰文为准。

第二节　民事主体——自然人

《泰王国民商法典》第一编第二章为"人"，即民事主体，一共 112 个条文。该章分为两大部分：自然人和法人。自然人部分主要阐述人格、民事能力、住所和失踪。法人部分包括一般原则，社团法人和财团法人。

一、自然人

(一) 自然人的民事权利能力

《泰王国民商法典》第 15 条规定："自然人人格开始于完全分娩后为活体，终于死亡。在母亲腹内的胎儿，如果出生后为活体，能享有各种权利。"这条规定了自然人民事权利能力开始和终止的时间，及胎儿的法律地位。

自然人民事权利能力的开始于活着出生，终于死亡。在泰国法律实践中，认为死亡为呼吸系统、神经系统永久性的停止工作并没有再恢复的可能性，这叫自然死亡标准。但是，泰国医学界和法学界已普遍接受"脑死亡"的标准已达 10 年以上。

《泰王国民商法典》第 15 条第 2 款规定："……在母亲腹内的胎儿，如果出生后为活体，能享有各种权利。"这是保护胎儿的一般条款。除此以外，《泰王国民商法典》第 1536 条规定："在已婚情况下或婚姻结束前 310 天内所出生的孩子，法律推定是作为丈夫或曾经是丈夫的合法子女。"《泰王国民商法典》第 1604 条规定："在被继承人死亡时，根据该法第 15 条具有人格或可以享有各种权利的自然人可以成为继承人。"

（二）自然人的民事行为能力

自然人的民事行为能力在泰国可分为四类：完全民事行为能力，未成年人、无民事行为能力和准无民事行为能力。

（三）自然人年龄的计算

自然人的出生日在法律中有着极其重要的意义，许多地方涉及年龄的计算。在民法中涉及许多关于自然人年龄的计算问题，诸如：（1）自然人满 20 周岁后，达到成年的法定年龄；（2）立遗嘱人必须满 15 周岁；（3）男女双方满 17 周岁后，可以订婚，可以结婚；（4）领养人必须满 25 周岁后才可领养小孩。

（四）自然人的姓名

《泰王国民商法典》第 18 条规定："人使用自己合法姓名的权利，如果有他人与其发生争执，或由于他人未经有权使用姓名的人的许可而使用其姓名遭受损害，该姓名的权利人可要求他人停止损害，如果考虑到损失会继续下去，可请求法院发出禁令。"

泰国人的姓名分为两部分，自己的名字和姓。姓一般是父亲的姓，所以一个家族的人可用一个姓。泰国姓名法令就姓名的要求、登记、更改等做出规定。

二、未成年人

《泰王国民商法典》对不具备完全民事能力的人分为三类：未成年人、无民事行为能力人、准无民事行为能力人。无民事行为能力人是指由法院宣告为无民事行为能力的精神病人。无民事行为能力人不能自己为一切法律行为，此类人由监护人代为一切法律行为。准民事行为能力人是指由法院宣告为准民事行为能力的精神不健康者、身体残疾者、挥霍过度者、饮酒成瘾者、吸毒者或与此类似的人。这类人可以自己独立的为法律行为为原则，法律规定一些重要的法律行为必须经过保佐人的同意为例外。未成年人以不能自己为法律行为为原则，以能自己为一定的法律行为为例外。

（一）未成年人概念

未成年人可分为几种情况：已结婚的未成年人、被法院宣告为无民事行为能力的未成年人、被法院宣告为准民事行为能力的未成年人和其他未成年人。被法院宣告为无民事行为能力的未成年人的法律问题适用有关无民事行为能力人的法律规定，而不适用这一节的规定。但是，特别注意的是，被宣告为准无民事行为能力的人，同时适用准无民事行为能力人和未成年人的相关规定。

（二）未成年人的民事行为能力

未成年人的民事行为能力类似我国的限制民事行为能力。但是，泰国并不像我国一样，把未成年人分为两个年龄段：7岁以下和7岁以上。

《泰王国民商法典》第20条规定："未成年人为民事法律行为必须先得到法定代理人的同意。未得到同意的未成年人所为的法律行为可以撤销，除非法律另有规定。"因此，未成年人的民事行为能力是"以不能单独为法律行为为原则，以能单独为法律行为为例外"。法律规定未成年人可以为的法律行为以外的行为如果没有经法定代理人的同意为可撤销的法律行为。泰国未成年人可单独为法律行为的有五种。

1. 获得权利或免除义务的法律行为

《泰王国民商法典》第21条规定："未成年人可以为仅仅获得某种权利或仅仅免除某种义务的法律行为。"这类法律行为必须是纯粹获得权利的法律行为。纯粹免除义务的法律行为，而不包括附义务的获取权利和附义务的免除债务。但是，如果是附条件的权利和附条件的免除债务，如果所附条件不是义务类型的未成年人是可以单独为的。例如甲承诺如果自己调到别的城市工作，将把现在所住的房屋赠与10岁的乙，乙可以不经法定代理人的同意而自己允诺接受赠与。

2. 与未成年人人身密切相关的法律行为

《泰王国民商法典》第22条规定："未成年人可以单独为与自己人身密切相关的法律行为。"这类行为主要是指如结婚、订婚、订立遗嘱、承认子女、请求确认国籍等人身法律行为，与财产无任何关系的法律行为。

3. 符合身份和维持必要生活所必需的法律行为

《泰王国民商法典》第 24 条规定："未成年人可以为符合身份和维持必要生活所必需的一切法律行为。"符合身份的法律行为，一般不同家庭背景和不同年龄的未成年人会有所不同。例如，买一块价值 5 万泰铢的劳力士手表，对富翁家的子女符合身份，而对穷人家的子女就不符合身份了。维持必要生活所必需的法律行为，并不是维持生活的一切行为，只是未成年人的必要生活所必需的行为，不同年龄的未成年人会有所不同。与日常吃、行、住、治病有关的行为，如买食物、药、坐车等。如果是大学生，如租房，买衣服、与朋友看电影等是合适的，但对于小学生、初中生就不合适。

4. 遗嘱

《泰王国民商法典》第 25 条规定："未成年人满 15 周岁后可以立遗嘱。"15 周岁以下的未成年人所立遗嘱为无效行为。

5. 从事业务的未成年人所为的与该业务有关的法律行为

《泰王国民商法典》第 27 条规定："法定代理人可同意未成年人从事商业或其他业务、签订未成年人为雇员的劳动合同。在上述情况中，如果法定代理人无正当理由而不同意，未成年人可以请求法院许可。与第 1 款所从事的业务或雇佣有关的活动中，让未成年人有如同达到法定年龄的人的资格。"

（三）未成年人的监护

1. 法定代理人

未成年人的监护由的法定代理人行使，其法定代理人有两类：亲权人和监护人。未成年人的亲权人一般情况下是未成年人的父母，父母包括养父母。在未成年人没有父母或父母被法院取消亲权的情况下，由监护人作为未成年人的法定代理人。监护人的设立方法：第一种方法是按遗嘱确定，如果未成年人后面死亡的父或母的遗嘱中指明了由谁担任监护人的，由法院按遗嘱确定；第二种方法是由未成年人的亲戚或检察官向法院请求确定监护人。

2. 监护人的资格

根据《泰王国民商法典》第 1587 条规定，达到法定成年年龄的人可以被法院设定为监护人，以下情形除外：（1）被法院宣告为无民事行为能力或准民事行为能力的人；（2）破产人；（3）不适合管理未成年人或未成年人财产的人；（4）与未成年人，未成年人的直系长辈、同父母的兄弟姐妹、同父或同母的兄弟姐妹在法院有诉讼或曾经有诉讼的人；（5）死亡的父亲或母亲的遗嘱中禁止不让成为监护人的人。

3. 法定代理人的职责

法定代理人的职责是指对未成年人的人身和财产的管理过程中所产生的权利和义务。权利主要有：抚养未成年人、对未成年人法律行为的同意权、撤销权和追认权、对未成年人本人可行使的权利；承担的义务主要有对未成年人的侵权承担责任，未经法院许可不可为某些与财产有关的法律行为、事先获得未成年人同意才可为的法律行为。

4. 法定代理人的终止

法定代理人的终止可分为亲权人代理的终止和监护人代理的终止。

（1）亲权人代理的终止。亲权人代理终止的原因：①未成年人达到法定成年；②未成年人死亡；③亲权人死亡；④当亲权人被法院宣告为无民事行为能力人或准无民事行为能力人时、或以对未成年人人身不合法的方式行使亲权时、或在行使亲权中有恶劣行为时，法院自行判决、或在未成年的亲戚或检察官向法院请求时判决取消亲权的。如果第四种事由消失时，法院可恢复父母的亲权。

亲权人代理终止的法律后果：亲权人向未成年人或新的法定代理人交付财产和账目。未成年人和亲权人之间与未成年人财产有关的诉讼，必须在亲权人代理终止后1年内向法院起诉，1年是从未成年人达到法定成年时起算，如果未成年人还未成年时亲权人代理终止的，从未成年人达到法定成年或有新的法定代理人时起算。

（2）监护人代理的终止。监护人代理终止的原因：①未成年人达到法定成年；②未成年人死亡；③监护人死亡；④监护人被法院宣告为无民事行为能力人或准无民事行为能力人；⑤监护人得到法院许可后辞去监护职责；⑥监护人破产；⑦监护人被法院取消监护职责等。监护人代理终止的法律后果：①交付财产和账目；②支付利息，如果在应该交付财产的那天没有交付，从那天开始按每年15%计算利息。如果监护人在此之前动用了未成年人的财产，从动用那天开始计算利息；③如果监护人未及时交付财产，未成年人对监护人的财产享有第六顺序的一般优先权。

三、无民事行为能力人

无民事行为能力人，或禁治产人，是由法院宣告为无民事行为能力人的精神病人。所以，并不是精神病人就是无民事行为能力人，只有有请求权的人向法院提出请求，由法院审查后，确定精神病人是否为无民事行为能力人。

《泰王国民商法典》第 28 条规定："精神病人，如果其配偶，直系长辈如父、母、祖父母、外祖父母、曾祖父母等，直系晚辈：如子女、孙子女、外孙子女、曾孙子女、曾外孙子女、玄孙子女、玄外孙子女等，监护人，保佐人，监护照顾精神病人的人，或检察官向法院请求宣告精神病人为无民事行为能力人，法院可以宣告其为无民事行为能力人。按照前款被法院宣告为无民事行为能力的人，必须让其在监护之下。监护人的指定、职责、终止依据该法律的第五编的规定执行。根据这条的法院命令必须在政府公报上公布。"

（一）无民事行为能力人的宣告

1. 无民事行为能力人是精神病人

实际上，泰国法律并没有规定何等程度的精神病人才可被宣告为无民事行为能力人，法院自由裁量的空间很大。但是，法院判例和学者总结认为，能被宣告为无民事行为能力的精神病人，必须是非常严重的精神失常或严重的弱智，严重到不能判断是非、记忆缺乏，无法从事自己的工作和处理自己个人事务，包括间歇性精神病人，即尽管有时神志清醒，但行为时发病，且发病严重到不能判断是非、记忆缺乏的精神病人。

2. 申请人

如果无申请人，法院无权主动宣告精神病人为无民事行为能力人。《泰王国民商法典》第 28 条规定下列人可以向法院提出申请：（1）精神病人的配偶。（2）直系长辈：如父、母、祖父母、外祖父母、曾祖父母等。对被他人收养的子女是精神病人的，其亲生父母和养父母都有请求权。（3）直系晚辈：如子女、孙子女、外孙子女、曾孙子女、曾外孙子女、玄孙子女、玄外孙子女等，子女包括养子女，但不包括不合法子女。（4）监护人，是指未成年人的监护人。（5）保佐人，是指准无民事行为能力人的监护人。（6）监护照顾精神病人的人。（7）检察官，上述申请人并没有顺序先后之分。

3. 被宣告为无民事行为能力的法律后果

被宣告为无民事行为能力的精神病人不能单独为一切法律行为，即使事先得到监护人的同意也不能让无民事行为能力人独自为法律行为，而应该由监护人代无民事行为能力人为法律行为。

无民事行为能力人单独为的法律行为的法律效果可分为两类。（1）无效行为。无民事行为能力人单独为的遗嘱、订婚、婚姻等法律行为无效。（2）上述行为以外的法律行为为可撤销的行为。哪怕是与无民事行为能力的人身密切相关的法律行为也不可单独作为。

无民事行为能力人所为的可撤销的行为的追认权和撤销权的行使：无民事行为能力人所为的可撤销的行为，监护人在知道该行为之日起 1 年之内行使追认权或撤销权；也可由无民事行为能力人在法院宣告撤销其无民事行为能力人身份时起 1 年内行使追认权或撤销权；但如果从行为之日起 10 年内未行使，上述权利丧失。

4. 无民事行为能力人宣告的撤销

《泰王国民商法典》第 31 条规定："当被宣告为无民事行为能力的事由消失后，本人或第 28 条所列举的人可以向法院请求撤销无民事行为能力宣告。根据这条的法院命令必须在政府公报中公告。"

（二）无民事行为能力人的监护

1. 监护人

监护人的资格要求与未成年人的监护人的资格一样。监护人由法院指定。但是，法院必须根据下列原则指定：（1）如果被宣告为无民事行为能力人是未成年人，由亲权人担任监护人；（2）如果被宣告为无民事行为能力人已成年但没有结婚，由父母担任监护人；（3）如果被宣告为无民事行为能力人已结婚，由配偶一方担任监护人；（4）如果法院认为上述人员不合适担任监护人或没有上述人员，法院可以指定其他人担任监护人。

2. 监护人的职责

（1）由亲权人担任监护人，其监护职责适用未成年人的亲权人职责的有关规定。但是，监护人不得为了教育无民事行为能力人而给予其合适的惩罚或让无民事行为能力人做一些符合其能力和身份的劳动。（2）父母担任监护人，其监护职责适用未成年人监护人职责的有关规定。但是，监护人不得为了教育无民事行为能力人而给予其合适的惩罚或让无民事行为能力人做一些符合其能力和身份的劳动。（3）配偶一方担任监护人，其监护职责适用未成年人的亲权人职责的有关规定。但是，监护人不得为了教育无民事行为能力人而给予其合适的惩罚或让无民事行为能力人做一些符合其能力和身份的劳动。（4）其他人担任监护人，其监护职责适用未成年人监护人职责的有关规定。但是，监护人不得为了教育无民事行为能力人而给予其合适的惩罚或让无民事行为能力人做一些符合其的能力和身份的劳动。

3. 无民事行为能力人监护人的终止

无民事行为能力人监护人的终止参照适用未成年人的法定代理人终止的有关规定。

（三）精神病人

《泰王国民商法典》第 30 条规定："精神病人在被法院宣告为无民事行为能力人之前所为的行为，如果该行为是精神病人在发病时所为的行为，且另一方当事人在为行为时知道对方是精神病人，该行为是可撤销的行为。"

四、准无民事行为能力人

（一）准无民事行为能力人的宣告

《泰王国民商法典》第 32 条规定："任何人有身体残疾、精神错乱不健康、挥霍成习的行为、对酒精麻醉药上隐、或有类似上述情形的事由，以至于不能处理自己的事务或以给自己或家庭的财产造成损害的方式处理事务，当第 28 条规定的人向法院请求，法院可以宣告该人为准无民事行为能力人。根据前款被法院宣告为准无民事行为能力的人，必须让其在保佐之下，指定保佐人适用本法第 5 编有关法条的规定。保佐的终止参照适用本法第 5 编未成年人监护人监护终止的相关规定。根据这条的法院命令必须在政府公报上公布。"

（二）宣告为准无民事行为能力人

1. 主要条件

身体残疾、精神错乱不健康、挥霍成习的行为、对酒精麻醉药上隐、或有类似上述情形的事由。身体残疾是指耳聋、眼瞎、口哑、身体瘫痪、肢体残废等。精神错乱不是严重的经常性的精神病。

2. 排除条件

由于上述事由而使该人不能处理自己的事务或以给自己或家庭的财产造成损害的方式处理事务。如果有上述事由，但该人还能正常的表达自己的思想，能辨别是非，有自己的理智思维，从而能正常处理自己事务，不能被宣告为准无民事行为能力人。

3. 提出申请

第 28 条所列人向法院提出申请。申请人包括：（1）配偶；（2）直系长辈；（3）直系晚辈；（4）监护人，是指未成年人的监护人；（5）保佐人，这里的保佐人是指实际履行保佐职责的人，而不是法院指定的有法律意义的保佐人；（6）监护照顾的人；（7）检察官。上述申请人并没有顺序先后之分。

（三）宣告为准无民事行为能力人的法律后果

从被法院宣告为准无民事行为能力之日起，该人为准民事行为能力人。但必须从宣告公告在政府公报上之日起才能对抗善意第三人。未经法院取消宣告，即使被宣告为准无民事行为能力人的事由消失，在法院未取消之前，其还是准无民事行为能力人。

（四）准无民事行为能力人的民事行为能力

准无民事行为能力人民事行为能力以可以单独为民事法律行为为原则，以必须经过保佐人同意才能为民事法律行为为例外。（1）以可以单独为民事法律行为为原则。除非法律特别规定的行为，必须经过保佐人同意才能为之外，其民事行为能力如同完全民事行为能力人一样。（2）必须经过保佐人同意才能为民事法律行为为例外。（3）保佐人可以代为的法律行为。如果准无民事行为能力人由于身体残疾或精神错乱不健康而自己无法亲自为(2)的特定行为，法院可以命令保佐人代准无民事行为能力人为上述行为，代为行为的有关事宜参照适用无民事行为能力人的监护人的有关规定。这主要是在准无民事行为能力人由于身体残疾或精神错乱无法亲自为行为的情况，如身体瘫痪、精神恍惚的人，即使得到保佐人的同意自己也无法为行为，所以法院在这种情况下可以允许由保佐人代为(2)某些特定的行为。

第三节　民事主体——法人

一、总则

法人非依《泰三国民商法典》或其他法律的授权，不得成立。在法律、规章及设立文书规定的权责或宗旨范围内，法人依《泰王国民商法典》或其他法律享有权利和义务。法人与自然人享有相同的权利和义务，但因自然人特性属自然人才能享有的权利义务除外。法人住所是指主要办事机构所在地，或设立地所在地，或章程、设立文书选定为法人住所的所在地。在法人有多处设立地或有分支机构的情形中，行为作出地所在的设立地或分支机构所在地视为该行为的法人住所。法人依法律、章程或设立文书的规定，必须有一个或多个法人代表。法人的意思必须由法人代表表示。

二、社会团体

(一)社会团体法人定义

为了连续共同进行某种事务且不是以追求利润或收益用于分配为目的的社会团体的设立，须有根据《泰王国民商法典》规定的章程并办理登记。

(二)社会团体法人的登记

社会团体的名称中必须含有"社会团体"字样。社会团体的登记，由社会团体预备会员不少于三人共同向社会团体主要办事机构所在地的登记官提交书面申请，并在申请的同时附上社会团体的章程，预备会员名册、住所和职业，社会团体理事的名册、住所和职业。当登记官收到合法的登记申请书和章程后，社会团体的宗旨不违反法律和社会善良风俗、或不给社会公共秩序和国家安全造成危险，申请或章程中所列明的事项与社会团体宗旨相符合，登记官应进行登记、向社会团体颁发登记证明书，并在政府公报中公布社会团体的成立。

(三)社会团体理事与理事会

社会团体新一届理事的任命、或社会团体理事的更换，按社会团体章程处理，社会团体须在任命或更换理事之日起 30 日内向社会团体主要办事机构所在地的登记官申请变更登记。

(四)社会团体会员与会员大会

社会团体会员，有权在社会团体办公时间内审查社会团体的事务和财产。社会团体会员应在申请加入社会团体之日或在交纳会员费期间的开始日，足额交纳会员费，但社会团体章程另有规定的除外。社会团体会员可随时退出社会团体，除非社会团体章程另外规定。每位会员对社会团体债务的清偿责任不超过会员拖欠社会团体的会员费金额。社会团体理事会应每年至少召开一次会员普通大会。

社会团体理事会在认为必要时可随时召集会员特别大会。不少于全体会员人数 1/5 的会员、不少于一百名会员或不少于章程规定数额的会员，可书面请求理事会召集特别大会，在书面申请书中须载明召集会议的待议事项。当社会团体理事会收到根据请求召集特别大会的书面申请书时，由理事会在收到申请书之日起 30 日内召集并召开特别大会。如果社会团体理事会未在规定的期间召集特别大会，请求召集特别大会的会员或不少于前述规定会员数的其他会员可召集特别大会。

(五)社会团体的解散

社会团体因下列原因而解散：(1)当发生社会团体章程规定的事由；(2)如果社会团体设有存续期间的，期限届满；(3)如果社会团体是为特定事项设立的，该事项完成时；(4)当大会作出解散决议时；(5)当社会团体破产时；(6)当登记官根据第一百零二条将社会团体名称从登记簿中撤除时；（7）当法院根据第一百零四条裁定解散时。

在下列情形中，登记官有权将社会团体名称从登记簿中撤除：（1）当登记后出现社会团体的宗旨违反法律和社会善良风俗、或给社会公共秩序和国家安全造成危险，且登记官指令修改但社会团体没有在登记官规定的期间内进行修改；（2）当出现社会团体的业务开展违反法律和社会善良风俗、或给社会公共秩序和国家安全造成危险时；（3）当社会团体中止业务持续二年以上时；（4）当出现社会团体让或放任不是社会团体理事或会员的人为社会团体事务执行人时；（5）当社会团体所剩会员不足十人的状态持续超过二年时。

三、基金会

基金会是指以公共慈善、宗教、艺术、科学、文学、教育或其他社会公益为宗旨，不以追求利益用于分配为目的而募集的特定财产，并按照该法典的规定办理了登记。

第四节　法　律　行　为

一、概念含义

法律行为是指合法、自愿所为的行为，直接旨在当事人之间引起为了产生、变更、转让、保有或终止权利的法律关系。行为的宗旨为法律所禁止、或不可能、或与社会公共秩序或人们善良风俗相抵触，该行为无效。行为与法律的规定不一致，如果是与社会公共秩序或人们善良风俗无关的法律规定，该行为不为无效。行为没有遵照法律强制的形式而为之，该行为无效。行为没有遵照法律有关人的行为能力的规定，该行为可撤销。

二、意思表示

任何意思表示，即使表意人真实内心里没有让其受外在意思表示约束的意思，也不能以此为理由认为意思表示无效，除非另一方当事人当时知道表意人的内心隐藏意思。

泰国民事法典确定以下意思表示无效：（1）与另一方当事人通谋的虚假意思表示；（2）意思表示存在对法律行为的实质性要素错误。对人或财产的特性认识错误的意思表示为可撤销。泰王国民事法典确定以下意思表示可撤销：（1）因被欺诈而为的意思表示为可撤销；（2）胁迫下所做出的意思表示为可撤销。

在考量错误、欺诈、胁迫时，因分析表意人的性别、年龄、身份、健康状况及精神状态，甚至与行为有关的举止和其他周围环境。当面为意思表示，当接受意思表示一方知道该意思表示时视为生效。此规定同样适用于一方当事人通过电话、其他通讯工具或其他能以同样方式联系的途径对另一方当事人为意思表示的情形。非当面为意思表示，意思表示到达接受意思表示一方的时间视为生效时间。但是，如果撤回意思表示的意思先于或同时与该意思表示到达接受意思表示一方，该意思表示不产生效力。已发出的意思表示的效力必然不会受影响，即使作出意思表示后，表意人死亡或被法院裁定为禁治产人或准禁治产人。意思表示的解释，应更注重真实的意思而不是词句或文字。

三、无效行为和可撤销行为

无效行为不能被相互追认，且任何利害关系人都可以主张无效行为的无效性。如果因无效行为而引起返还财产，直接适用泰国民商法典中有关不当得利的规定。

如果法律行为某一部分无效，该法律行为必然整体无效，除非根据当时的情形可推断出当事人的意思是可以使不是无效的部分从无效部分分离。某一行为为无效，但符合另一不是无效的法律行为的特征，如果根据当时的情形可推断出若当事人知道该行为无效后，可能自始就决定为不是无效的另一法律行为，应以不是无效的法律行为为准。

可撤销行为，下列人的行为可以撤销。（1）法定代理人或未成年人成年后，但未成年人若取得法定代理人的同意，可在其成年前行使撤销权。（2）被法院裁定为禁治产人或准禁治产人的人，当他们脱离禁治产人或准禁治产人状态后；或保佐人；或辅助人。但准禁治产人若取得了辅助人的同意，可在未脱离准禁治产人状态之前行使撤销权。（3）因错误做出意思表示的人，受欺诈人，或受胁迫人。(4)为可撤销法律行为的精神病人。如果为可撤销的法律行为人在未撤销行为前死亡，其继承人可以撤销可撤销行为。可撤销行为被撤销后，视为自始无效，双方当事人恢复到自始的状态。如果恢复到自始的状态不可能，就以损害赔偿金取代之。

如果某人知道或应当知道某行为为可撤销，当撤销后，视为该人从知道或应当知道可撤销之日起已经知道该行为无效。恢复原状的请求权，从撤销可撤销行为之日起届满一年，不得再行使。有权撤销可撤销行为的人中任何一人追认可撤销行为，该行为自始视为有效，但不可影响到外部第三人的权利。对可撤销行为的撤销或追认应通过对特定的对方当事人以意思表示为之。对可撤销行为的追认，只有在引起可撤销行为的事由终止后作出才有效。

为可撤销行为的被法院裁定为禁治产人或准禁治产人或精神病人，只有在其脱离禁治产人或准禁治产人的状态或其精神正常后且知道可撤销行为时，才可对可撤销行为予以追认。为可撤销行为人的继承人，从行为人死亡之日起可对可撤销行为予以追认，除非死者撤销可撤销行为的权利已终止。

可撤销行为，从可追认之日起届满一年或从为可撤销行为之日届满十年后，不能再撤销。

四、条件和期限

如果有条款规定，法律行为始生效或失效取决于在将来发生或不发生的不确定事件，该条款视为条件。附停止条件的法律行为，自条件成就时，法律行为发生效力。附解除条件的法律行为，自条件成就时，法律行为失去效力。如果法律行为的双方当事人表明，条件成就时的效力溯及成就前某个时间时，从其意思。法律行为规定终期的，在规定的时间到来时，法律行为效力终止。始期或终期，先推定为是为债务人的利益规定之，除非文书内容或当时情形表明，旨在为债权人利益或双方当事人利益。如果期限对某方当事人有利，若不影响另一方当事人可能从期限中获得的利益，该方当事人可以放弃期限利益。下列情形中，债务人一方不可从始期或终期中获取利益：(1)债务人被法院根据《破产法》裁定对财产进行绝对管理；(2)债务人必须提供担保的，没有提供；(3)债务人毁坏、或减损担保物的；(4)债务人以他人的财产为债权人提供担保而未经债权人同意的。

第五节　时　　效

一、概念含义

任何请求权如果没有在法律规定的期间内行使，该请求权时效届满。时效届满的请求权，债务人有权拒绝按请求权履行债务。法律规定的时效，当事人不得通过约定排除适用、延长或缩短。

时效因下列情形而中断：(1)债务人按请求权向债权人承认债务，该承认可是书面形式的债务承认，或是清偿部分债务，或是清偿利息，或是提供担保，或是其他不容置疑的表明愿意按请求权承认债务的行为；(2)债权人为形成请求权证据或让履行债务而起诉；(3)在破产案件中，债权人已提交受领债务履行的请求；(4)债权人已将争议提交仲裁；(5)债权人已为其他与起诉有同样效果的行为。当时效中断后，先前经过的期间不计入时效期间内。当时效中断的事由消失时，始从事由消失时开始起算新的时效。

二、时效期限

如果《泰王国民商法典》或其他法律未做另外规定，时效为十年。政府请求支付税款的请求权时效为十年，政府请求清偿债务的其他请求权时效适用"债"章中的规定。因法院终局判决或和解协议产生的请求权，有十年时效，而不考虑原来请求权的时效长短规定。

下列请求权的时效规定为五年：(1)拖欠的利息；(2)为分期付清本金而应清偿的金额；(3)拖欠的财产租金，《泰王国民商法典》第193/34条(6)规定的动产租金除外；(4)拖欠的金钱，即月薪、年薪、退休金、抚养费及同样有分期支付特征的其他金钱；(5)《泰王国民商法典》第193条和第34条(一)(二)(五)规定的不在两年时效内的请求权。

下列请求权的时效规定为二年：(1)商业或工业经营者、手工业者、从事艺术工业者或工匠，请求物的交付、已履行工作的报酬、管理他人事务的费用及已垫付的金钱，但为债务人自己事务提供的服务除外；(2)从事农业或林业者，请求已交付的、仅用于债务人自己建筑物的农业或林业产品价金；(3)旅客或货物承运人或邮件运营人，请求支付车费、货运费、租金、手续费及已垫付的其他费用；(4)经营宾馆或旅店业务的人、经营餐饮业务的人或《服务业法》规定的经营其他服务业的人，请求支付住宿费、餐饮费、服务费、给旅客或受服务者已提供的工作报酬及已垫付的其他费用；(5)政府彩票、私人发行的实物奖彩票或其他类似的彩票出卖人，请求支付彩票价金，但为进一步销售的出卖除外；(6)经营动产租赁业务的人请求支付租金；(7)不在(1)规定范围内的人，但是是从事管理他人事务或承揽各类工作的人请求支付报酬或已垫付的费用；(8)个人雇佣的雇员请求因工作需支付的薪金或报酬及已垫付的费用，或雇主请求退还预先支付的上述款项；(9)雇员不管是临时雇员、长期雇员还是按日雇用的人及实习工作人员，请求薪金或其他报酬及已垫付的费用，或雇主请求退还预先支付的上述款项；(10)实习工作人员的老师请求支付约定的课酬或其他开销，及已垫付的费用；(11)教育机构或医疗机构请求支付学费及其他费用、或治疗费及其他开销，还包括垫付的费用；(12)照顾或教育他人的人，请求支付已做工作的报酬，及已垫付的费用；(13)动物饲养驯练人请求支付已做工作的报酬，及已垫付的费用；(14)教师请求支付课酬；(15)药剂师、牙医、护士、助产医生、兽医或其他医学领域的从业者，请求支付已做工作的报酬，及已垫付的费用；(16)律师或从事法律业务的人及专业证人请求支付已做工作的报酬及已垫付的费用，或者委托人请求退还预先支付的上述款项；(17)工程师、建筑师、审计师或其他自由职业者，请求支付已做工作的报酬及已垫付的费用，或委托人请求退还预先支付的上述款项。

第六节 物 权

一、物权概述

(一)物和财产的概念

1. 物的概念

《泰王国民商法典》第 137 条和第 138 条规定了物和财产的概念：物是指有形

体的物质；财产包括物和没有形体的物质，其有价值并能被占据。

2. 财产的概念

《泰王国民商法典》第138条规定了财产的概念：财产包括物和没有形体的物质，其有价值并能被占据。

3. 财产的分类

在《泰王国民商法典》第一编总则第三章"物"中对财产进行了分类，规定了不动产、动产、可分物、不可分物、禁止流通物、物的组成部分、从物和孳息的概念。《泰王国民商法典》对财产的分类包括以下几类：不动产和动产；可分物和不可分物；禁止流通物和可流通物；主物和从物；孳息和原物；物的组成部分。

（二）不动产和动产

不动产与动产的分类是《泰王国民商法典》中最主要的分类。

1. 不动产

（1）不动产的概念。《泰王国民商法典》第139条规定：不动产是指土地、坚固的定着于土地或与土地组成一体的物、还包括与土地和坚固的定着于土地或与土地成为一体的物有关的物权。由此可见不动产可分为四种：①土地；②坚固的定着于土地的物；③与土地组成一体的物；④与不动产有关的物权。

（2）土地。《泰王国土地法》第1条规定：土地是指全部的陆地，包括山、溪、沼泽、渠、泊、浜、河流、湖、岛和海岸。可学者们认为《泰王国民商法典》中的土地与土地法中的土地应有不同的意思。例如湖、河流，根据其性质不是《泰王国民商法》中的土地。①

（3）坚固地定着于土地的物。根据佛历2535年之前的《泰王国民商法典》，这类不动产不需要"坚固性"的特征，只要已固定于土地就是不动产。但是，佛历2535年的修改过程中采纳了《日本民法典》同样的做法。坚固的定着于土地的物，不管是人为地固定于土地的物，如房屋，桥梁；还是根据物本身的性质固定

---

① ［泰］纳尼·尊巴著：《泰王国民商法典之财产编释义》，泰国朱拉隆功大学出版社2005年版，第29页。

于土地的物，如常年生树种，都是不动产，但并不是所有定着于土地的物都是不动产。

（4）与土地组成一体的物。是指根据土地的自然属性或具体情形，该物成为土地的成分或组成土地，如沙、土、石头、河池中的水，矿物质等。但是，土地的组成物可以通过合同或人的行为变成动产，如人把土、石头挖进卡车中，卡车中的土、石头是动产；再如土地所有权人甲与乙签订合同，甲将自己土地上的100吨土卖给乙去填地基，那这样的合同将是买卖动产而不是不动产。

（5）与不动产有关的物权可分为三类：第一类是与土地有关的物权；第二类是与坚固地定着于土地的物有关的物权；第三类是与土地组成一体的物有关的物权，而这类不动产物权主要有所有权、占有权、地役权、居住权、用益权、地上权、不动产的合法收益权和不动产抵押权。

2. 动产

根据《泰王国民商法典》第140条规定，动产是指不动产以外的财产，包括与该财产有关的权利。而新的《泰王国民商法典》的动产概念只是对不动产概念的排除概念，即不动产以外的财产是动产。但是，佛历2535年之前的《泰王国民商法典》第101条却对动产给了非常详细的概念，即"动产是指可以从一个地方移去另一地方的物，而不论这种移动是物自身力量使然还是外部力量使然。另外还包括可以被控制的自然能源和所有与动产有关的权利"。因此，泰国学者们在分析动产的具体种类时都会依照原来民商法典的动产概念进行分析。

（三）物权

关于物权的定义，《泰王国民商法典》并没有明文规定。所以只有学者的解释。基本可以总结两种观点：第一种，物权是以财产为权利客体的权利或指在财产上的权利，能直接支配财产的权利，例如：所有权、占有权、地役权、居住权、地上权、收益权、不动产负担、质权、抵押权、留置权、专利权、著作权、商标权等。[①] 第二种，物权是以物为权利客体的权利，作为权利客体的物必须特

---

① ［泰］班亚·苏琪瓦著：《物权法律释义》，谷恩仁洋出版有限公司1997年版，第54~59页。

定，是可以对抗一切人的权利。包括所有权、占有权、地役权、居住权、地上权、收益权、不动产负担、质权、抵押权、留置权。[①]

二、物权法

(一)所有权

1. 所有权的取得

某块土地产生冲击地，该冲击地属于该块土地所有人的财产。(1)某人在他人土地上善意地建造建筑物，土地的所有人是该建筑物的所有人，但必须向建造人支付因建造建筑物而导致的仅增值部分的土地价格。(2)某人用他人的材料在自己土地上建造建筑物、或建造依附于土地的其他建造物、或种植树木或谷物，该人为材料的所有人，但必须补偿材料价金。(3)某人可以通过占有取得无主动产的所有权，但该占有为法律禁止、或违背了将占有该动产的其他人的权利除外。例如，他人以意思表示遗弃的物、自由状态下的野生动物、逃脱的驯养动物等。(4)荒废地及根据土地法有人返回或放弃或以其他方式归还给国家的土地，可根据土地法被取得。另外，无人认领的遗失物、刑法规制下无人认领的赃物、人们拾得的有价值的埋藏物，归国家所有。

2. 所有权的范围和所有权的行使

在《泰王国民商法典》及其他法律规定的规制下，土地所有权的范围即包括地面之上也包括地面之下。在法律的规制下，财产所有人有权使用和处分自己的财产并获取该财产的孳息，有权从无权扣留人处追回自己的财产，有权阻止他人非法干涉财产。不动产所有权的行使受他人妨害的，不动产所有人有权采取措施消除损失或不便，且其不影响请求赔偿的权利。

法律规定的对不动产所有人权利的限制，无须进行登记，且不得通过法律行为取消或修改，将法律行为做成书面形式并向适格工作人员办理登记的除外。为公共利益规定的限制，不得取消或修改减轻。

---

① ［泰］维利亚·纳恩斯里彭潘著：《民商法典第四编：财产》，曼谷点杜拉出版社2002年版，第20~26页。

土地所有人有对自然流水享有排水权和截流用水权，人工排水致人受损的应当予以赔偿。井、水塘、污水池、肥料或垃圾堆放池的挖设，作为土地分界的篱笆、围墙、树篱、渠的所有权推定以及道路的通行权等以有利于生产生活、维护友好的邻里关系为准则，如井、水塘、污水池、肥料或垃圾堆放池，不得在离土地边界两米内挖设。

3. 共有

如果财产为多个人共同所有，先推定共有人有均等的份额，先推定共有人有共同管理财产的权利，按份额履行义务。一般事务的管理采取多数决，重要事务的管理采取财产多数决，共有物宗旨的改变、转让、抵押等，必须每个共有人都同意。

（二）占有

任何人基于为自己占有的意思持有财产，该占有人取得占有权。任何人可通过他人为其持有而取得占有权。任何人持有财产，法律推定其是为自己持有。占有人的占有，先推定为是善意的、和平的、公开的占有。如果能证明某人对同一财产先后两次占有，先推定为该人连续的占有该财产。占有人对其所占有的财产所行使的权利，先推定为是占有人按法律享有的权利。

（三）地役权

需役物所有人利用供役物满足自身需要，应当以造成最小损失为原则，并按获益比例支付一定的费用。对供役物实施法律行为时，地役权随需役物。供役物分割后无法行使地役权的可请求解除与该部分财产有关的地役权。

（四）居住权

某人取得建筑物中的居住权，该人就有权无须支付租金居住于该建筑物中。居住权的设立，既可规定期限，也可规定为居住人的终生。如果没有规定期限，该权利可在任何时候被终止，但必须合理地提前通知居住人。如果以规定期限的方式赠与居住权，该期限不得超过三十年；如果规定更长的期限，须减至三十年。居住权的赠与可以续期，但每次续期不得超过三十年。

居住权不得相互转让，不得继承。居住权如果没有明确限制为仅为了居住人本人利益而赠与，居住人家庭中成员也可居住。如果居住授予人未明确禁止，居住人可以在仅为家庭之必需的必要范围内收取和使用土地的天然孳息或产出。居住授予人不需维护修缮财产，使财产处于良好状态。居住人在对财产进行改良中支出的费用，不得请求赔偿。当居住权终止时，居住人必须将财产返还给居住授予人。

（五）地上权

土地所有人可以为他人利益，通过让他人有权成为地上或地下建筑物、建造物或种植物的所有人的方式，设立地上权。如果没有在设立地上权的法律行为中做出另外的约定，该权利可以相互转让并继承。地上权的期限同居住权。如果有必须支付的租金，必须提前一年通知或支付一年的租金。如果地上权人未遵照设立该权利的法律行为中规定的实质条件；或有必须支付的租金，但地上权人连续两年不支付，另一方当事人有权终止地上权。地上权不因建筑物、建造物或种植物灭失而终止，即使该灭失是不可抗力引起的，亦同。当地上权终止时，权利人可以撤除自己的建筑物、建造物、种植物，但必须使土地恢复原状。但是，如果土地所有人不同意撤除的，且告知将按市场价购买的意思，地上权人不得不同意出卖，但有合理的理由除外。

（六）用益权

不动产可能受用益权的约束，使权利人有占有、使用、收益该财产的权利。用益权人有处分财产的权利。森林、矿山或采石场的用益权人，有从森林、矿山或采石场谋取利益的权利。用益权的设立，可以规定期限，期限同居住权。当用益权终止，权利人必须将财产返还给所有人。如果财产灭失或价值减损，用益权人必须承担责任，但证明该损失不是因为其过错导致的除外。如果用益权人不合法地消耗了财产，必须提供相应替代物。如果财产因合理使用造成损耗，用益权人不须支付补偿费。

在行使用益权中，权利人必须妥善保管，不得改变财产的主要形态。在财产所有人与用益权人或受让人之间有关用益权的案件，从用益权终止之日起届满一年的，不得起诉。但是，在财产所有人是原告的案件中，如果所有人不可能知道用益权终止的时间，一年诉讼时效从财产所有人知道或应当知道用益权终止之日起开始起算。

（七）不动产负担

不动产可能必须受制于负担，该负担导致受益人有权从该财产上获得分期债务清偿，或可以按照规定使用或获取财产的利益。不动产负担的设立，可以规定有期限，期限同居住权。除非另做约定，不动产负担不得转让，不得继承。不动产负担的终止的条件是受益人不遵照设立负担的法律行为中规定的实质性条件。如果财产所有人未按照负担清偿债务，受益人可就财产受偿。

（八）抵押权

1. 抵押权的设立

任何不动产均可设立抵押，某些特殊动产按照法律进行登记后同样可以设立抵押。抵押权的设立采取登记设立主义。

2. 抵押权的范围

抵押财产担保的范围必然包括债及附属费用，即利息、未履行债务的赔偿、实现抵押的费用。抵押范围必然包括所有依附于抵押财产的物。土地抵押范围不包括抵押人在抵押日之后在土地上建造的建筑物，合同另有约定的除外，将建筑物连同土地一起拍卖，只能就土地价金优先受偿。抵押在土地上或土地下建造的建筑物或其他建造物，在土地归他人所有的情形中，抵押范围必然不包括土地，反之亦同。抵押范围不包括抵押财产的孳息，但当抵押权人向抵押人或受让人通知自己将行使抵押权的意图时，不受此限。

3. 抵押权人和抵押人的权利义务

如果财产已设立抵押，抵押权必然优先于未经同意设立的不动产负担或其他物权。如果在实现抵押权时损害了抵押权人的权利，从登记簿中撤除上述后设立的权利。抵押财产贬值导致担保不足时，抵押权人可立即行使抵押权，除非该事由不是抵押人的过错引起的，且抵押人同意用其他足额价值的财产替代设立抵押、或同意在合理的时间内修缮损坏状况。抵押人以其财产担保他人债务的履行，自己代替债务人清偿债务有权向债务人追偿。

4. 抵押权的实现。实现抵押权时，应当通知债务人在合理期限内履行债务。债务人不履行债务的，抵押权人可以起诉到法院请求扣押抵押财产并拍卖。由抵押权人按登记先后顺序受偿，未规定顺序则按比例受偿。除了前条规定的解决方法之外，符合条件时抵押权人有权行使抵押物的回赎权。当抵押权人意欲对抵押物的受让人行使抵押权时，须提前一个月书面通知受让人后才能行使。

5. 抵押物受让人的权利义务

抵押物受让人的权利：可通过代为清偿债务消除抵押，应当事先将意思表示通知债务人。债权人不同意的，可请求法院进行拍卖。拍卖收入超过受让人提议的金额的，未超过的，由请求拍卖的债权人支付。抵押物受让人的义务：受让人有对财产有妥善保管义务，不得使得财产发生贬值。

6. 抵押合同的终止

抵押必然终止：时效以外的原因、书面免除义务、抵押人履行义务、代位清偿、因强制执行或代位清偿而被拍卖、回赎。当被担保的债已过时效，抵押权人也可申请强制执行，但仅可强制执行不超过五年的未支付利息。债务履行、终止、变更抵押及被担保的债的协议，须由利害关系人向适格工作人员申请办理登记，未办理登记，不得以此对抗外部第三人。

（九）质权

1. 质权定义及设立

质押，是指一方当事人称出质人，以担保债的履行为目的将动产交付给另一方当事人称质权人的合同。质押合同双方当事人可以约定由外部第三人保管被质押财产。不得损害或变更质押财产，债到期前的流押约定无效。

2. 出质人和质权人的权利与义务

质权人的权利：（1）留置被质押财产收取孳息清偿主债。质权人的义务：妥善保管质押财产。因保管被质押财产所产生的合理费用，出质人须补偿给质权人，合同中另有规定除外。

3. 质权的行使

当要行使质权时，质权人须先书面通知债务人。如果债务人未能按通知履行，质权人有权将被质押财产拍卖。此外，质权人必须以信件的方式通知出质人拍卖的时间和场所。无法提前通知的，质权人可以在迟延履行债务超过一个月后拍卖被质押财产。质押票据的，质权人在期限到来时可请求受领票据上的金额而无须事先通知。如果为了担保一宗债务出质多宗财产，质权人可选择其中任何一宗财产拍卖，但出卖不得超出满足自己权利的必要范围。

4. 质押终止

质押必然终止的情形：（1）当质押担保的债因时效以外的原因终止时；（2）当质权人自愿将质押物返还给出质人占有时。

第七节 债 权

一、总则

（一）债的标的

基于债的效力，债权人有权请求债务人履行债务。此外，债务履行行为也可是不作为。当作为债的标的物的物，仅指明了种类，且若根据法律行为本身或当事人的意思无法确定物的品质，债务人须交付中等品质的物。

（二）债的效力

1. 债务不履行

如果债务履行的期限没有规定，或从全部情况中也无法推测出，债权人可随时请求履行债务，债务人也同样可随时履行债务。如果规定了履行期限，但存在疑义，先推定债权人无权在该期限到来前请求履行债务，但债务人可在期限到来前履行债务。如果债务已到履行期限，其后债权人催告债务人，债务人仍不履行债务，债务人因其催告而陷入迟延。

如果按照日历的期日规定债务履行期限的，债务人未按期日履行债务，不须催告，债务人陷入履行迟延。此规定同样适用于必须在债务履行前提前通知，且在通知中规定了将从通知之日起按日历计算时间的情形。只要是债务人不须承担责任的情形导致债务履行仍不能的，债务人就未陷入履行迟延。侵权之债的情形中，债务人从侵权行为时起陷入履行迟延。如果债务人请求履行债务，债权人无法律规定的理由而不受领债务履行，债权人陷入受领迟延。

2. 权利的代位

受让债权人债权的人，合法享有债权人基于债而享有的所有权利，还包括债的担保。物的代位是指用一种财产，在具有同样法律地位的基础上，代替另一种财产。当债权人按照债的标的物或权利的全价获得损失赔偿后，债务人基于法律授权在有关该物或权利上必然取得债权人的债权受让人地位。

如果债务履行不能的事由致使债务人取得替代物或取得物的损失赔偿请求权，债权人可请求债务人交付其取得的替代物或自己行使损失赔偿请求权。如果因不履行债务而使债权人享有损失赔偿请求权，且其行使了前述中规定的权利，给债权人的赔偿，应扣除与从债务人处取得的替代物价格或代位债务人请求的赔偿金等量的金额。

权利的代位基于法律授权而产生，并由下列人享有利益：(1)身为债权人的人，对因享有优先权或抵押质押权而优先于自己受领债务履行的其他债权人为债务清偿；(2)购得不动产的人，以购买的价金清偿抵押权人；(3)与他人有共同约束关系的人，或为他人清偿债务且自己与该债务清偿有利益关系的人代位清偿债务。

3. 代位行使债务人请求权(债权人的代位权)

如果债务人拒绝行使请求权或怠于行使请求权，致使债权人利益受损，债权人为保护自己的债权，可以以自己的名义代替债务人行使请求权，但专属于债务人自身的权利除外。行使债务人请求权的债权人须请求传唤债务人到庭。债权人行使债务人的请求权时，可请求未清偿给债务人的全部金额而不限于债务人拖欠的金额；如果被告只愿意清偿原债务人拖欠债权人的债务金额，案件终结。但是，如果原债务人以共同原告参与诉讼，原债务人可请求法庭继续审理未清偿的余额。无论如何，债权人受领的金额不得超出拖欠自己的债务金额。被告对原债务人的所有抗辩事由可以对抗债权人，但起诉后产生的抗辩事由除外。

4. 撤销欺诈行为(债权人的撤销权)

债权人的撤销权，指债权人有权请求法院撤销债务人损害债权人利益的法律行为。但是，如果在实施该法律行为时，因该行为获利的人并不知道有损害债权人利益的事实除外；如果是无偿赠与的行为，仅债务人一方知道就可以请求撤销。该规定不得适用于不以财产上权利为标的的法律行为。撤销行为，不得影响第三人在提起撤销诉讼之前善意取得的权利。有关"撤销"的规定不得适用于无偿取得的权利。撤销是为了全体债权人的利益。请求撤销，从债权人知道撤销事由之日起届满一年内，或从为法律行为之日起届满十年内。

5. 留置权

占有他人财产的人享有与其占有财产有关的、让其受益的债，可留置该财产直至债获得清偿。但是，债还未到期前，不得适用此规定。前述规定，不得适用通过不合法行为开始的占有。任何留置权，如果不符合债权人在债中所负债务的性质，或不符合债务人事先做出的、或在交付财产时做出的指令，或违反了社会公共秩序，该留置权视为不存在。

6. 优先权

优先权人根据《泰王国民商法典》或其他法律的规定，在债务人的财产上享有优先于其他债权人从该财产获得债务清偿的权利。

（1）一般优先权。基于下列任何一种原因引起的债，债权人必然在债务人的全部财产上享有优先权，即为共同利益支出的费用：①丧葬费用；②税金，及雇员为作为雇主的债务人已做出的工作而有权获取的金钱；③日常生活维持所需品费用。

（2）特殊优先权。动产上优先权。基于下列任何一种原因引起的债，债权人必然在债务人的特定动产上享有优先权：①承租不动产；②住宿旅店；③承运旅客或货物；④保管动产；⑤买卖动产；⑥种子、树苗或肥料费；⑦农业或工业劳动服务费。不动产上优先权。基于下列任何一种原因引起的债，债权人必然在债务人的特定不动产上享有优先权：①保管不动产；②在不动产上的承揽；③买卖不动产。

（3）优先权的顺位。当多个一般优先权冲突时，以《泰王国民商法典》第253条规定的顺序为多个优先权的效力先后顺位。当一般优先权与特殊优先权相冲突时，特别优先权优先。但是，为共同利益支出的费用的优先权对因此受有利益的全部债权人具有优先地位。当在同一动产上有多个特殊优先权相冲突时，遵循如下排列的先后顺序：①因承租不动产、住宿旅店和运输引起的优先权；②因保管动产引起的优先权，但如果有多人为保管人，在后保管人优先于在先保管人；③因买卖动产和种子、树苗或肥料价金以及工业或农业的劳动费引起的优先权。

（三）请求权转让（债权转让）

请求权可以转让，但权利本身的性质不能转让的除外。如果当事人为另外的意思表示，不适用前款的规定。同时，该意思表示不得对抗善意第三人。法律规定法院不得扣押的请求权，不得转让。

（四）债的消灭

1. 债的清偿

债务清偿，可由第三人为清偿人，但债的性质不允许第三人清偿的或与当事人表示的意思相冲突的除外。在债务清偿中没有利害关系的人，不得违背债务人的意思进行清偿。债务清偿，须对债权人本人或对有权代替债权人接受债务履行的人进行。债务清偿对无权受领的人进行，如果债权人追认的，则该清偿行为有效。

2. 债的免除

如果债权人对债务人表示免除债务的意思时，该债消灭。如果债有书面凭证，债务的免除也须做成书面形式、或须将债权文书返还给债务人、或撕毁该文书。

3. 债的抵销

如果二人互负同种类标的的债，且两个债都到清偿期，任一债务人可通过将两方债务在同等额度内抵销而使自己的债务清除。但是，一方债的性质不允许抵销的除外。如果抵销与当事人已表示的意思相违背，不得适用前款中的规定，其意思表示不得对抗善意第三人。

4. 债的更新

当相关当事人签订变更债的实质性要素的合同时，该债因债的更新而消灭。如果使附条件的债免除条件或使未附条件的债增加条件或变更所附条件，都视为改变了债的实质性要素。如果通过变更债权人实现债的更新，适用《泰王国民商法典》中有关请求权转让的法条规定。通过变更债务人实现债的更新，可以由债权人与新的债务人签订合同进行，但不能违背原债务人的意愿。如果因债的更新而应产生的债未能产生或被撤销，是因为债因不合法或其他当事人不知道事由，原债仍未消灭。债的更新当事人可以转让担保原债的质权或抵押权作为新债的担保，但仅在担保原债标的的范围内。如果是第三人提供上述担保，必须得到第三人同意才能转让。

5. 债的混同

如果某债的债权和债务归属于一人，该债消灭。但是，如果该债已是外部第三人权利行使的对象或是根据第 917 条第 3 款往回背书票据的，不受此限。

二、合同

（一）合同的订立

明确规定了承诺期间的合同要约，在规定的期限内不得撤销。对异地人发出未定承诺期间要约的人，在合理预计可能收到承诺通知的期间内不得撤销要约。当面做出的、未定承诺期间的要约，无论在何时何地做出要约，必须在当时当地做出承诺。该规定也适用于通过电话的方式向另一人发出要约的情形。已向要约人表示拒绝的或未在前述规定的时间内做出承诺的要约，要约失去约束力。

如果承诺通知逾期到达，但按正常情况该通知能在规定的期间内到达的，要约人须及时通知另一方当事人承诺迟延，已先做出此类通知除外。如果要约人未按前述的规定通知，承诺不视为迟延。如果承诺逾期到达，该承诺成为新的要约。对要约增加内容、限制或做出其他修改的承诺，视为拒绝原要约，同时发出新要约。如果与要约人表示的意思相违背、或在做出承诺前另一方当事人已知道要约人死亡或成为限制民事行为能力人，不得适用《泰王国民商法典》第 169 条第 2 款的规定。

异地人之间的合同，在承诺通知到达要约人时成立。如果按要约人表示的意思或按习惯不需要承诺通知的，当可推定为承诺意思表示的行为做出时，合同成立。以广告允诺的方式给做出某行为的人悬赏，必须对做出该行为的人给予报酬，即使该人不是因悬赏而做出该行为。

只要有一方当事人表示合同中所有条款是重要的、须对每一条款达成合意，如果合同双方仍未就全部条款达成合意，或者有疑义时，合同视为不成立。对某些特定事项达成的共识，即使已经记录，也没有约束力。如果约定将签订的合同须做成书面形式，当有疑义时，在书面形式未做成之前，合同仍视为未成立。

合同双方当事人认为已经订立的合同，但实际上在必须达成合意的某点内容上没有达成合意，若可以推测即使没有就该点达成合意也会订立合同，已经达成合意的内容部分必然有效。

(二) 合同的效力

在双务合同中，一方当事人在另一方当事人未履行债务或未请求履行债务时，可以不履行债务。但是，该规定不适用于另一方当事人仍未到期的债务。如果双务合同是以特定物上物权的产生或转让为标的，且该物因不可归责于债务人的事由丢失或灭失，丢失或灭失的风险由债权人承担。如果双务合同附停止条件且合同标的物是在条件未成就期间丢失或灭失的，前述的规定不得适用。因不可归责于债权人的事由导致物毁坏的，当条件成就后，债权人可选择请求扣除自己对应给付部分后履行债务，也可选择解除合同。但是，在毁坏事由可归责于债务人的情形中，不影响债权人请求损害赔偿的权利。

因不可归责于双方当事人的事由导致债务履行不能的，债务人无权享有对应给付的权利。如果债务履行不能是可归责于债权人的事由导致，债务人不丧失请求对待给付的权利。但是，债务人因解除债务所得利益、使用自己的技能为其他行为所获得的利益或怠于使用自己的能力所失的利益，应从自己应受领的对应给付中扣除。该方法同样适用于一方未清偿的债务，在另一方受领迟延期间，因不可归责于自己的事由而导致履行不能的情形。

事先达成一致协议免除债务人欺诈或重大过失责任的免责条款无效。如果合同一方当事人签订合同，同意向第三人履行债务，该第三人有权直接请求债务人履行债务。第三人的权利在向债务人表示接受该合同所生利益的意思时产生。

(三) 定金和违约金

当缔结合同时，给予某物作为定金的，交付定金的行为视为合同成立的证据，另外该定金也是债务履行的担保。定金，如果未做出另外的约定，按如下规定处理：(1)在清偿债务时，返还定金或作为金钱给付的一部分；(2)如果给付定金方不履行债务，或因可归责于对方的事由导致债务履行不能、或因其过错导致合同解除，定金不返还；(3)如果接受定金方不履行债务，或因可归责于对方的事由导致债务履行不能，返还定金。

如果债务人就其不履行债务或不适当履行债务向债权人允诺支付一定金额作为违约金，当债务人迟延时就丧失对违约金的权利。如果须履行的债务是不作为，在违背债务做出行为时，丧失对违约金的权利。如果债务人允诺当自己不履行债务时支付违约金，债权人可请求支付违约金代替债务履行。但是，当债权人向债务人表示请求支付违约金后，就丧失请求债务履行的权利。如果债权人享有因不履行债务的损害赔偿请求权，其可请求违约金的支付作为损害赔偿的最低额。

如果债务人就其不适当履行债务，如未按约定的时间履行债务，允诺支付违约金的，除了请求履行债务外，债权人还可请求违约金的支付。如果债权人享有因不适当履行债务的损害赔偿请求权，适用《泰王国民商法典》第380条第2款的规定。如果债权人愿意受领债务履行后，只有在受领履行时保留请求违约金的权利时，才可请求支付违约金。如果约定以支付金额以外的其他给付履行为违约金的，适用《泰王国民商法典》第379条至第381条的规定。但是，如果债权人请求违约金的支付后，损害赔偿请求权就此丧失。

如果失权违约金过高，法院可降至合理的金额。在判断多少为合理时，应斟酌债权人合法的各种损失，而不限于财产上的损失。当按违约金支付金额后，违约金减少请求权就此丧失。如果允诺的给付是不生效的，在不按合同约定履行时支付违约金的协议一样不发生效力，即便双方当事人知道协议内容不生效。如果债务人以自己已履行债务为由对支付违约金有异议的，其必须证明债务履行，但自己应履行的债务是不作为的除外。

(四)合同的解除

如果一方当事人根据合同条款或法律规定有解除合同的权利，该合同解除须以向另一方做出意思表示的方式进行。前述意思表示，不得撤销。如果当事人一方不履行债务，另一方可规定合理的期间后催告其在该期间内履行债务。如果当事人一方在规定的期间内仍未履行债务，另一方有权解除合同。如果根据合同的性质或当事人已表示的意思，只有在规定的日期或规定的期间内履行债务，合同的目的才能实现的，当该日期或期间过后一方当事人仍未履行债务，另一方当事人就有权解除合同而不经过催告程序。如果全部或部分债务的履行因可归责于债务人的事由而不能实现，债权人可以解除合同。如果某合同中，当事人一方或另一方为多人，合同解除权的行使须由全体当事人进行，或须对另一方全体当事人进行。如果多数人一方中一人的合同解除权消灭，该方中其他人的解除权也一同消灭。

当一方当事人已行使合同解除权后，每方当事人都必须让相对人恢复原来的状态，但不能损害第三人的权利。在该情形中，须返还金钱的，须附加从接受该金钱之日起算的利息。已提供服务或同意让使用物的情形中，恢复原状通过支付其相应合理的对价进行，或如果合同已规定对价则按该对价进行。合同解除权的行使不影响损害赔偿金请求权。

因合同解除引起的当事人的债务履行，适用《泰王国民商法典》第369条的规定。如果没有规定合同解除权的行使期间，另一方当事人可规定合理的期间后催告有解除权一方，让其在该期间内做出是否行使解除权的答复，如果在该期间内没有收到通知，解除权消灭。如果合同标的物因有解除权人的行为或过错而严重损坏，或其使得返还原物成为不能，或因加工或改造使物变成了其他种类的物，其解除权消灭。如果合同标的物不是因为有解除权人的行为或过错导致丢失或灭失的，合同解除权不消灭。

三、无因管理

无因管理是指某人未经他人委托，或无权代替他人处理事务而代为管理他人事务，该人须以符合本人的利益，或按本人的真实意愿，或按可推测的本人意愿的方式处理事务。

四、不当得利

没有法律上的原因，某人因他人清偿债务的行为或因其他方式取得物，并使他人因此受到损失，该人必须向他人返回物。此外，对债务的存在与不存在进行承认的行为，也视为清偿债务的行为。上述规定同样适用物的取得因取得事由未实现或取得事由事先行消失的情形。

某人明知没有清偿债务的义务而自愿清偿，该人无权请求返还物。下列人无权请求返还物：(1)提前清偿附期限债务的人；(2)已过诉讼时效的债务清偿人；(3)根据道德义务或合适的社会礼仪进行给付的人。不当得利的诉讼时效，从受损人知道自己有权请求返还时起届满一年，从权利产生时起届满十年。

第八节　保　　证

一、保证概述

保证，是指第三人向债权人担保，在债务人不清偿债务时将代为清偿的合同。此外，保证合同，如果没有保证人亲笔签名的书面凭证为证据，不得申请法院强制执行。保证只能是为有效的债提供。将来之债或附条件的债，为债生效的事件保证，是可以提供的。合同所生之债因重大错误或禁治产人的行为而使债没有约束力的，如果保证人在签订约束自己的合同时已知道重大错误或禁治产人的事由，保证有效。

某人可以同意成为复担保人，即为保证人再一次提供担保。如果数人愿意为同一宗债作为担保人，该数人有同连带债务人一样的责任。即使没有共同提供担保，也可实现。没有限制的担保必然包括债务人未清偿的利息和赔偿，还包括此债附属的所有费用。保证人还须承担债务人补偿给债权人的各种诉讼费用。但是，原告在没有请求保证人清偿债务之前就起诉的，保证人不须承担支付该诉讼费用的责任。当按保证合同强制执行后，保证人未清偿完的债务人债务，包括利息、赔偿、附属费用等，债务人须对剩余部分向债权人承担责任。

二、清偿债务前效力

债务人迟延履行时，债权人即有权请求保证人履行债务。债权人可以催告保证人履行债务，但债务人已被法院判决为破产人后或不知道债务人在泰国境内何地的除外。除外情形中保证人能够证明债务人有履行债务的能力的，债权人必须先从债务人的财产中强制该债务的清偿。如果债权人有债务人的财产留置作为担保，当保证人请求时，债权人必须先用该担保财产清偿债务。对债务人不利的时效中断，必然也对保证人不利。

三、清偿债务后效力

保证人清偿债务后，可向债务人追偿。此外，保证人必然代位行使债权人对债务人的各项权利。保证人除了主张对债权人的抗辩权，还可以主张债务人对债权人享有的所有抗辩权进行抗辩。

四、保证终止

保证人在不管因任何原因导致债务终止时免除保证责任。如果为一系列连续业务提供的保证没有规定对债权人有利的期限，保证人可以通过向债权人告知意愿的方式终止将来的担保。在该情形中，保证人不须对在通知到达债权人后债务人所为的业务承担保证责任。如果保证的债必须在约定的确定时间内清偿，而债权人同意给债务人延期的，保证人必然免除责任。但是，如果保证人也同意延期的，保证人不得免除责任。保证人可以请求在债务到期时向债权人清偿债务。如果债权人不愿意受领债务的履行，保证人得以免除责任。

第九节　侵　权　行　为

一、侵权行为责任

某人故意或过失非法侵害他人生命、身体、健康、自由、财产或其他权利并致使他人受有损失的，该人为侵权行为，必须对该行为承担赔偿责任。目的旨在给他人造成损失的权利行使行为，是不合法的行为。如果损失是因为违反了旨在保护他人的法律规定而导致的，做出该违反行为的人，先推定为有过错人。在审理侵权行为责任承担和确定损害赔偿的案件时，法院不必遵循刑法中有关刑事责任的规定，也不须考虑过错人是否受法院判决负刑事责任。

雇主和雇员对雇员在雇佣工作中所为侵权行为的结果共同承担连带责任。雇主因雇员的侵权行为而向第三人进行的损害赔偿，有权向雇员追偿。定做人不须对承揽人在所承揽的工作中给外部第三人造成的损失承担责任。但是，定做人在其指定的工作中给出的指示中或在承揽人的选择上存在过错的，不受此条限制。

即使是因未成年或精神病事由的限制民事行为能力人，仍须对自己所为侵权行为的后果承担责任。上述人的父母或保佐人承担共同连带责任，但能证明自己已尽监护职责所应尽的合理注意义务除外。教师、雇主或其他长期或临时照看限制民事行为能力的人，如果不能证明自己尽了合理的注意义务，必须对限制民事行为能力人在被其监护期间对他人所为侵权行为承担共同连带责任。

如果多人共同侵权对他人造成损失，该数人须对损失共同承担连带赔偿责任。该规定同样适用于无法确定共同侵权人中何人是导致损失产生者的情形。此外，侵权行为的引诱、唆使或帮助者，被视为共同侵权人。在承担连带赔偿责任的数人之间，平均分摊赔偿责任，但根据情形法院判定为其他形式的除外。

如果损失是由动物引起的，动物的所有人或代替所有人进行饲养看护的人，须对该动物引起的所有损失向受损人承担赔偿责任，但证明自己已按动物的种类、习性或按其他情形尽到了饲养看护所必要的注意义务，或证明尽到了必要的注意义务该损失也必然会产生的除外。此外，上述须承担责任的人，有权对有过错地刺激或挑逗动物的人或对刺激挑逗该动物的其他动物所有人进行追偿。

如果由于建筑物或其他建造物存在缺陷或维护不适的原因导致损失，建筑物或其他建造物的占有人必须赔偿。但是，如果占有人已尽防止损失发生所必要的注意义务的，由所有人赔偿。该规定，同样适用于树木或竹林的种植或支撑物中存在的缺陷。如果还有其他人须对发生的损失承担责任，占有人或所有人有权向该人行使追偿的权利。

遭受建筑物或其他建造物损害威胁的人，为了防止、消除危险，有权请求造成威胁的人采取必要的措施。建筑物中的居住人须对从该建筑物掉落的物或从该建筑物抛掷于不合适场所的物所造成的损失承担赔偿责任。机动交通工具的占有人或控制人，必须对该交通工具所导致的损失承担责任，但证明损害是由于不可抗力或受损人自己的过错导致的除外。该规定同样适用于因性质、使用目的或机械运作会导致危险的物的占有人。

二、侵权行为赔偿

赔偿的方式和数额，由法院根据侵权的情况和轻重程度进行裁量。此外，赔偿包括返还受损人因侵权失去的财产，支付该财产的价金，以及由于产生的损失应支付的损害赔偿金。返还因自己侵权行为而使他人失去物的人，仍须对因意外事件导致物的损毁、因意外事件以外的其他事由导致财产返还不能或因意外事件导致物的损耗承担责任，但在该物发生毁损、返还不能或损耗时，即使没有侵权行为，也必然会发生的除外。

在赔偿物的价金或因物的损失而支付减损价金的情形中，受损人可请求从估价标准确定时起计算赔偿金的利息。如果某人对因拿走或损坏他人动产导致的损失进行赔偿，当对拿走或损坏该物时的占有人进行赔偿后，责任承担完毕，即使第三人是物的所有人或权利人也一样，但其已知道该第三人的权利或应当知道但由于其疏忽大意未知道的，不受此限。

在致人死亡的情形中，赔偿包括丧葬费及其他必要费用。如果未当场死亡，赔偿包括医疗费及误工费。如果死亡事由使某人失去了依据法律的受扶养权利，该人有权请求赔偿。

在给身体或健康导致损害的情形中，受损人有权请求赔偿其支出的费用及现在和将来劳动能力全部或部分丧失的赔偿金。在审理案件时，仍无法确切推知实际损失的数额，法院可在判决中保留在不超过两年的期间内修改判决的权利。

在使他人死亡、身体或健康受损的情形，或使他人丧失自由的情形，如果他人有法定义务为家庭或工业中第三人的利益而工作，赔偿责任人须因他人未能工作对第三人进行赔偿。

在使他人身体或健康受损或使他人丧失自由的情形，受损人可请求金钱以外其他损失的赔偿，该请求权不得转让和继承，但该权利已通过合同承认或根据该权利向法院起诉后，不受此限。此外，女性因他人对其为严重违背道德的犯罪行为而受有损失的，同样享有上述请求权。某人使他人的名誉受损，当受损人请求，法院可裁定该人采取适当的措施使受损人的名誉恢复原样以取代赔偿金的支付，或可同时使其支付赔偿金。

从受损人知道侵权行为和赔偿责任人时届满一年或从侵权行为之日起届满十

年，因侵权产生的赔偿金请求权超过时效。但是，如果因触犯刑法应受刑事处罚的过错事由请求赔偿金，且刑事诉讼时效长于上述规定的，适用刑事诉讼时效。

三、免责行为

某人的正当防卫行为或根据合法指令所为的行为给他人导致损失的，该人不须承担赔偿责任。受损人可请求正当防卫事由引起人或构成侵权的指令人赔偿。某人因防止紧急避险而损坏或毁坏物，如果损失未超过合理防止危险事由的范围，该人不须进行赔偿。某人因防止私人紧急危险而损坏或毁坏物，该人须返还该物。某人损坏或毁坏物，是为保护自己的权利或第三人的物免受物本身引起的紧急危险，若损失未超出事由的合理范围，该人不须承担赔偿责任，但如果危险是由于该人自己的错误导致的，该人必须承担赔偿责任。

使用强制力保护自己权利的人，如果根据情形请求法院或相关工作人员的帮助已经来不及，且如果不及时为强制行为，危险将导致其权利丧失或严重迟延实现，则不须承担赔偿责任。强制力的使用，必须严格限制在仅为防止危险的必要范围内。如果某人实施前述行为，是因为假想有合法的必须行为的事由，该人须对他人承担赔偿责任，即使不是因为其本人过失才产生假想的也一样。

不动产所有人有权抓捕进入其不动产内制造损失的他人所有的动物，且可留置为应向其承担的赔偿之担保。如果根据情形的必要，即使杀死动物也是合法的，但该人须及时告知动物所有人。如果不能找到动物所有人，抓捕人须采取为寻找动物所有人之必要措施。

第六章　文莱民事法律

第一节　民 法 概 述

文莱国内涉及商业、贸易活动和个人之间纠纷的多数成文法，从传统而言，总体上可归为普通法体系。它们根源于英国法律和多数英联邦国家使用的普通法。依据这些民商法律审理案件的法院通常被称为"世俗法院"。世俗法院包括最高法院(由高等法院和上诉法院组成)和下级法院(由地方法院组成)，皆对所有的民事和刑事案件享有管辖权。法院运用的程序规则以英国最高法院1999年以前的惯例为基础。

文莱立法中最重要的一部分是法律适用法案，该法案规定英国普通法和公平断定原则以及英国1951年4月25日前适用或生效的成文法在文莱同样生效。同时该法案的附则规定，以上提及的普通法、公平断定原则以及广泛适用的成文法仅在文莱国情允许的前提下适用，它们受文莱本地环境和民俗的约束。

文莱属于英美法系国家，没有成文的民法典和商法典，在此主要介绍民事法律关于合同法、货物买卖法、土地法、婚姻法等的主要法律。

第二节　土　地　法

一、土地法概述

(一) 土地及其土地所有者

文莱《土地法》所界定的"土地"，包括对土地任何形式的使用，任何建筑物及其组成部分，建筑物表面上方的空间，土地的表层和被建筑物及相关结构所占据的底土，但其中不包括对矿石和石油、天然气这类矿石产品的权利。

土地的"所有者"，是指经过法定程序通过注册成为土地财产的所有者。任何一块地的所有者，也包括任何一个土地权利的继承者，不论是通过法律事实所获得的土地还是通过别的途径获得的土地，在获得土地局局长出具的土地规划的证明后，才能成为该土地的所有者。任何人若想在文莱取得土地财产所有权，必须对占有的土地进行注册登记。"已注册的土地"将被记录在登记簿中，并且由已注册的所有者永久或在一定期限内拥有该土地财产所有权。

1. 土地立法状况

土地法是调整土地关系的法律规范的总称。一般涉及土地的所有权与使用权，以及土地的管理、保护、开发和利用等方面的法律规范。[①] 2000 年新修订的文莱《土地法》的立法宗旨是"为土地权利产生所作规定"。由此我们不难看出，该法与许多西方国家的土地法一样，是将土地关系纳入私法的范畴进行调整，主要规定土地权利和与土地权利相关的内容，这与我国将土地法主要归为公法的范畴进行调整有明显的差别。

2. 土地法的原则

根据文莱《土地法》的有关规定，我们可以看出其中体现了以下主要的基本原则：(1)恪守社会公共利益。为确保土地利用能够符合社会公共利益，对土地所有权可给予必要的限制。如文莱《土地法》规定，土地的细分或者合并的供应应该易于土地的扩展，只有扩展土地供应，才可适应社会经济发展对土地供应的需要。再如，文莱《土地法》规定，任何一个土地单位的所有者为了其他的任何土地单位或者已注册土地的利益，可以允许他人在其所有的土地单位上设置地役权，设置地役权的期限可以超过有关土地单位对土地财产所有的年限。(2)土地未经规划不得开发。土地规划确定土地的用途，任何组织和个人必须遵守土地规划，如确因需要则应按照法律规定的变更程序对土地规划进行变更或修改，从而对土地公司、土地单位的所有者以及政府权力的行使进行有效的监督和制约，减少政府土地管理行为的随意性。(3)土地规划具有法律效力，违反土地规划就是

---

　　① 陈利根主编：《土地法学》，中国农业出版社 2002 年版，第 1 页。

违法。土地规划确定了土地的用途，任何土地的利用行为都不得违反土地规划，否则土地规划将被取消，土地的利用行为将无任何法律效力。

二、土地单位和土地公司

(一) 土地单位

土地单位是文莱《土地法》进行土地规划调整的基本内容。在文莱《土地法》中，土地单位是由各种形式的空间构成的，它或位于土地表面之上或位于土地表层之下，或为任何建筑物或占据底土的有关结构，或为土地的某个位置或某个位置的一部分，而且所有这些土地都是由计算土地单位加以表明和限制的。

1. 土地单位的种类

文莱《土地法》根据土地单位能否被单独使用的性质对其加以分类，将土地单位划分为主要土地单位和附属土地单位两类。被设计用来单独使用，作为住所或者商务或者其他使用方式的用地，称为"主要土地单位"。与此相对应，被设计用来与任意一个主要的土地单位一起进行使用的部分，如花园、汽车间、停车场所、贮藏库、游泳池、洗衣房、楼梯、通道或者是其他诸如此类目的的用途部分，称为"附属土地单位"。除转移给同一土地规划上的主要土地单位的所有者之外，任何附属土地单位或其所产生的收益不能进行售卖、出租、收费或其他方式的处理，但部分进行售卖、租赁、担保、处置以及含有主要土地单位或主要土地单位产生的收益的交易除外。违反土地法规定的任何售卖、出租、担保、处置或违反有关附属土地单位的处理规定的交易行为将是无效和没有法律效力的。

2. 土地单位的细分

根据文莱《土地法》的规定，为了加强政府对土地利用的宏观调控，促进对土地资源的开发、利用和保护，最终实现土地的有效使用，可以对土地单位作进一步的划分，这就叫作"土地的细分"。每一个土地的原始所有者都可以依据土地法的规定将土地再细分为两个或更多的主要土地单位，两个或更多的辅助土地单位，或者分为并不是由任何一个土地单位组成的较多的土地的共同财产。但是，如果土地局局长在制定土地规划的期限时，给土地原始所有者拥有的年限少于20年的，则土地不能细分。当符合法律规定的条件时，土地局局长应在土地规划上以规定的形式予以证明细分土地符合土地法的要求。

(二) 土地公司

土地公司，是指在土地规划中与土地单位和土地共同财产相关的，在土地局局长通过的关于土地规划证明的法规下所成立的公司。文莱《土地法》规定，土地公司可以通过土地、地产的持有或者商业运作获利。土地公司是土地经营管理的基本主体，也是文莱政府施行土地规划制度的主要管理对象。

1. 土地公司的创建

根据文莱《土地法》的规定，通过在土地局局长土地规划的注册，在获得土地规划证明书后，与土地规划有关的最初的土地所有者都可以成立土地公司。其他的土地所有者在拥有土地规划上的土地单位期间，也可以依法成立土地公司。

依法成立的土地公司将标有指定的"土地公司编号"，即土地规划的注册号码。非因法定事由土地公司不被解散，将有永久的延续性和一个共同的印章。土地公司依法成立后，应当在土地公司住所所在地的主建筑群的前部或者靠近主建筑群的前部位置及附近区域设置信箱，上面标有土地公司的详细名称。在建筑物的前厅应设置一个显著区域展示服务地址。

2. 土地公司的法律地位

根据文莱《土地法》的规定，土地公司是法人实体。土地公司能够以其公司的名义进行诉讼和应诉，行使和承担所有的法人实体可以行使的权利和承担的义务。土地公司可以就任何人对公司共同财产所造成的损害或伤害进行诉讼，而不管那个人是哪一个土地单位的所有者。

(1) 土地公司的法定义务。根据文莱《土地法》的规定，土地公司应履行下列义务：①履行土地公司章程所制定的义务；②对所有的建筑物及土地的改进进行保险，其补偿的价值包括各种毁坏的费用，如建筑师设计预防火灾、洪水、爆炸、飓风、暴风雨、冰雹、飞机及其他的空中装置坠落或碰撞、国内形势动荡、窃贼造成的恶意破坏以及地震的毁坏等费用；③进行法律所要求的或对土地公司有利的其他保险；④为使得土地重建与恢复合法地进行，根据土地规划取消的相关规定，应当将收到的损害赔偿保险金立刻用到建筑物或土地的改进中；⑤支付有关的保险费；⑥修理包括屋顶、外墙或其他结构在内的共同财产，使其保持完好的状态；⑦遵守所有的由市政董事会、政府部门或者其他的有关管理机构发布的有关土地、建筑物及其改善、修正和运作的布告或命令；⑧依法控制、运用和管理公司的共同财产，执行公司章程的有关规定；⑨履行实施土地租赁或持有土地许可证所必需的事项；⑩履行根据长远的保益合同所必需的事项。

（2）土地公司的法定权利。文莱《土地法》也明确规定了土地公司具有如下的权利：①依照法律的规定，土地公司有进行贸易活动的权利；②土地公司可以和土地局局长认可的任何人或公司签订基于公司管理目的的合同和安排协议。

三、土地规划证书申请与批准

（一）土地规划证书效力和作用

由文莱土地局局长出具的土地规划证书，给土地单位提供有效的法律证明依据。任何土地单位只有在取得土地规划证书的情况下，土地单位的财产所有权以及土地的细分才是有效的。土地局局长出具的土地规划证书将对每一土地财产产生效力，其效力为可决定或中止土地单位财产的所有者的权利和土地单位共同所有权中未分割的份额的权利。

文莱《土地法》明确指出，由土地局局长所出具的土地规划批准证书和在土地规划上的签注有以下的作用：（1）同意对土地规划的土地单位的测量的结果；（2）认同土地规划所确定的土地使用的目的及对所有土地单位和共同财产的界定；（3）分配土地规划数量（编号）；（4）在土地规划中回报国家所有权。

（二）土地规划证书申请

要获得土地规划证书，就必须依法向文莱政府的土地管理部门提出申请。根据文莱《土地法》的规定，由土地局局长出具的土地规划证书，一定要具备下列文件：（1）与土地规划有关联的初始土地规划；（2）与土地规划有关联的土地注册簿的最初的摘录；（3）通过有关主管部门批准所需要的任何必需的证书；（4）持有由土地局局长出具的，能够证明所应付给文莱政府的有关土地规划的土地租金已经过评估，而且符合有关共同财产的要求的证书；（5）持有由土地检查官员以规定的形式批准的证书，该证书可能会签注于土地规划上，以证明土地规划准备正确，与法律相符，土地规划上的所有建筑物都在土地的外部边界以内；（6）来自被土地局局长认可的评估者的证明书，证明土地单位享有的权利的时间表是正确的；（7）任何须经签名盖章后才能生效的证书，都要由土地局局长在土地规划证明书上签字。

（三）土地规划批准

土地规划只有符合相关的法律要求，才能获得政府土地部门的批准。文莱土地局局长将依照法定程序和法定权限对土地规划申请进行审查，对于符合文莱《土地法》关于土地规划、土地单位以及共同财产有关规定的申请，将依法予以批准，颁发土地规划证书。对土地规划的批准，文莱《土地法》作了如下的规定。

1. 对土地规划的要求

土地规划的批准，表明政府对土地规划申请的肯定态度。作为政府行为，必须以一定的规范方式进行表达。文莱《土地法》因此对土地规划规定了如下的要求：（1）对土地单位和共有财产进行界定时，采取对每一个土地单位和共同财产的边界进行确定的方式；（2）分配给每个土地单位一个不同数量；（3）明确土地规划的土地单位所享有权利的期限；（4）描绘了土地规划中所包含的土地的边界；（5）描绘了土地规划的土地上的所有建筑物的外部侧面的边界；（6）遵守《土地勘测师许可法》中的所有规则条款；（7）遵守土地检查官员所规定的任何其他要求。

2. 对土地单位的要求

对土地单位的规定是否规范会影响土地规划的规范性和质量，因此，文莱《土地法》对土地规划中所涉及的每一个土地单位也提出了具体的要求：（1）除附属土地单位外，土地单位由建筑物的全部或部分所组成，或者包括建筑物的全部或部分；（2）土地单位不需要全部都在一个或多个建筑物里面；（3）土地单位可以是在土地表面或以上；（4）土地单位可以是位于土地表面以下直至被建筑物或其他的结构所占领的天然地基的范围内；（5）土地单位可以是整体都在一个层面或一个水平面上，或者是一些部分在一个层面或一个水平面上，而另一些部分在另外一个层面或其他水平面上。

土地规划对土地单位的边界界定的原则，采用的是中心线主义。即：如果以墙壁或围墙来界定土地单位的边界，则土地单位的边界为墙壁或围墙的中心线；如果以地板来界定土地单位的边界，则土地单位的边界为地板的中心线；如果以屋顶来界定土地单位的边界，则土地单位的边界为屋顶的中心线。

3. 对土地共同财产的要求

土地规划在一般情况下可能只是针对单一的土地财产权，不涉及土地共同财产，但是有时土地规划也会涉及土地共同财产，如果不能对土地共同财产做出明确的规定，将会影响权利主体对土地财产权的享有和保护。

（1）土地共同财产的范围。根据文莱《土地法》规定，土地共有财产包括：①不在同一土地单位里面的任何土地或空间；②非一个土地单位排他性使用的电缆、电线、管道或排水沟；③在土地局局长颁发土地规划证明书之前，非排他性使用、安装和建立的土地单位的任何结构；④由土地公司作为共有财产部分安装或建立的任何建筑；⑤作为共有财产部分委托给土地公司管理的土地上的任何其他的建筑物。

（2）所有者对土地共同财产的权利。土地共同财产将由所有土地单位的所有者共同持有，所有者按比例分享他们各自土地单位的权利。但是，这个规定并不影响土地所有人对他们单独所有的土地单位的利益的享有。当同一个人是所有土地单位的所有者时，所有者仍将按比例分享各个土地单位的权利，如同每个土地单位有不同的所有者。

所有土地单位的所有者可以出租部分共有财产，也可以允许对整个或任何一部分共同财产设置地役权。有关租赁和地役权，将不能超过土地规划所规定的土地资产的期限。此外，有关租赁或地役权，还要遵循《土地法》有关对附属土地单位的处理的应用规定。

（四）土地规划证书期限

土地单位对每一土地财产的权利的期限，将由土地局局长所颁发的土地规划证书的有效期限来限定，但这个期限不能超过从土地局局长颁发土地规划证书之日起 60 年的期限，或者当土地原始所有者拥有的年限少于 20 年时，拥有土地的原始所有者还具有的剩余期限。土地局局长在颁发土地规划证书时，只能选择上述两者期限中的较短者为土地规划证书的有效期限。

文莱《土地法》规定，由土地局局长出具的土地规划证书的法律效力，直至土地规划取消或期满。但是，当出现以下情况时，土地规划的证明效力将丧失：（1）原始所有者或者一个或多个主要土地单位的土地财产的所有者，对于土地或者土地上的任一建筑物，没有占有权或者其他的所有权；（2）原始所有者没有被授予与土地相关的任何权利，或者在该土地上与土地财产存在相矛盾的权利或者减损土地所有者权利；（3）原始所有者对每年应付的租金没有尽其所应尽的缴费义务；（4）一个土地单位的所有者不愿放弃土地财产给原始所有者；（5）不论是通过法律运作还是其他途径，一个或者多个土地所有者购买或者获得的一个或多个土地单位的最初所有者的有关土地的继承权，没有被合并到土地单位的土地财产中；（6）不论是通过法律运作还是其他途径，原始所有者购买或者获得的任何土地单位的土地财产，没有被合并到原始所有者的在土地上的继承权中；（7）对于每一个附属土地产权证，其土地所有者没有遵循对土地规划所涉及的土地进行再评估的规定，未给政府支付租金。

四、土地规划变更

（一）土地规划变更情形

土地规划是依据法律的规定和一定的客观事实做出的，非因法定事由不得改变，具有相对的稳定性。但是，当原来做出土地规划时所依据的客观事实发生变化时，如不对土地规划的内容进行调整，就会形成与现实的矛盾。因此，法律应当允许土地规划做适当的调整。文莱《土地法》规定，当出现下面所提到的任何一种情况时，土地规划都应该变更：（1）土地单位被细分为两个或者更多的新的土地单位，被组成全部或部分财产是公共财产的已被土地规划批准的土地公司，并且新的土地单位已被展现在鉴定过的土地规划上的；（2）土地公司属于原有公共财产的一部分或者是原有土地规划中另一土地单位的一部分，而原有的土地规划中的土地单位扩大的；（3）在公共财产中有一个或者多个新土地单位建立。

（二）土地规划变更方式和条件

土地规划的变更，应当是土地公司以向土地局局长提交申请的方式提出，以土地局局长出具一个新的土地规划来代替原有的土地规划的形式完成。新的土地规划应该经过土地调查部门的批准。

土地规划的变更除应该具备有关土地规划的一般申请所必须具备的条件外，还应该具备以下条件：（1）界定新的土地单位扩张或者缩小的土地单位的边界；（2）在土地规划中使用数字或者字母来标记新的土地单位扩张或者缩小的土地单位；（3）用详细的图例标出新的土地单位扩张或者缩小的土地单位中哪些是主要的土地单位、哪些是附属的土地单位；（4）在一个土地单位细分成两个或者多个新的土地单位的情况下，已经扩大或者缩小的土地单位应当在前土地单位或者变更的土地规划中包括的土地单位对所有的新的土地单位或者扩大或者缩小的土地单位进行分配。

当变更土地规划关系到一个甚至多个土地单位共同财产的部分内容时，所有的土地单位都应通过具有资质的评估师对该土地规划中相关的土地进行再评估。评估师可以凭其判断力依据土地公司的再发展的潜力对在评估中确定下来的土地单位的价值进行再评估。评估师将依据其评估的土地单位的价值来收取一定的评估费用，这些费用应当由被评估的土地单位和相关联的土地单位进行分摊。

（三）对土地规划变更限制

当土地公司唯一的所有者或者由土地公司全部的所有者达成的一致的决议所提交的申请书，或者每一位受土地规划变更影响的土地单位已注册的缴费人都同意在土地规划的证明书上签字，土地规划的变更才可以被批准。

在变更土地规划的证明书上和一些转让者的登记簿上，土地公司委员会需要做到以下两点：（1）取消受变更的土地规划影响的土地单位的补充的土地权利，并将那些突出的土地权利的副本交给土地公司委员会；（2）依据土地规划的变更，为那些受土地规划变更影响的土地公司分别发布单独的补充土地权利。

五、土地规划取消

当原来所做出的土地规划影响和制约土地的合理开发、利用时，就应当取消原有的土地规划，使原有的土地规划的法律效力失效。

1. 取消的条件

在土地规划到期之前，土地局局长可以通过土地规划中所列的土地单位的所有者提出的申请来取消土地规划。

土地单位的所有者提交给土地局局长要求取消土地规划的申请，应当具备以下条件：（1）土地单位存在附属土地产权证；（2）如果有的话，每个登记过的与土地单位或公共财产有关的费用、租约、转租项目都要有副本存在；（3）有关特定的部分，需要有足够的证据来取信土地局局长，以证明最初的经营者为什么要提出取消土地规划的申请。

在取消土地规划之前，土地局局长应当确认所有关于土地单位及其购买的公共财产已经过评估的费用，并且要征得所有管理者的同意，任何不受费用、租约、转租项目和登记过的地役权约束的土地单位都不得对抗该土地单位的产权证。

2. 取消的实施

当土地局局长做完下列法律规定的必需的取消备忘录时，土地规划的取消将得以完成：（1）与该土地规划相关的登记簿上的原始摘要；（2）关于所有者的摘要；（3）土地规划已记录的副本；（4）如果有附属的记录表，还包括附属的记录表。当取消土地规划时，土地局局长应该告知各相关管理机构土地规划已被取消，土地公司已经解散。

3. 取消的后果

（1）基于土地规划的取消，土地单位的最初的所有者将有权拥有土地单位上的所有建筑物和已经对土地进行的改进。在取消土地规划前立即进行注册的土地单位的所有者无权从原始所有者那里得到任何补偿，因为这些原始所有者是在计划取消时就直接或间接产生了。（2）与此同时，通行权或其他有关土地单位之外的利益也将被取消。（3）关于最初的土地所有者的摘要的备忘录和相关登记将会被取消。（4）在取消土地规划时，土地公司所有的财产，包括收到的保险费在内的资金和其他非建筑物财产，以及其他土地上的固定改造，应该由土地公司根据所有者土地单位的权利在土地规划取消前在所有者中进行分配。（5）在土地规划取消时，除非所有者提前做出一致的决议，否则土地公司将被解散。但是，直到公司债务有所归属，公司任何未决的措施和所有者的义务得到继续履行前，土地公司将被看作一直存在。

六、土地规划终结

根据文莱《土地法》的规定，土地规划的效力不是无期限的，当一个土地规划在土地局局长批准的期限届满时，将失去法律效力，这就是土地规划的终结。

1. 土地规划期满记录

土地局局长在土地规划期限届满前，就应该开始进行关于土地规划期满的记录。在土地规划期满记录中要详细记载下列事项：（1）登记记录与土地规划相关的原始摘录和最初所有者的记录；（2）土地规划或关于土地规划的记录的副本；（3）在补充记录表中载明应该取消的每个土地单位的辅助权利。

土地局局长应该在土地规划期限届满前，向其他相关部门做出土地规划的期满通告。通告的内容一般是：土地规划已经被取消，土地公司已经解散。

2. 土地规划期满的法律效力

在土地规划期满时，最初的所有者将对所有的建筑物和土地上固定下来的改造拥有权利。最初的所有者将立即有权合法地占有该块土地和土地上的所有建筑物，并可依法恢复这些财产。

在土地规划期满时，除非在期满前所有者提前做出一致的决定，否则土地公司将被解散。所有的财产(不包括建筑物或固定改造)包括保险费在内的土地公司所收到的资金，将用来偿还债权，剩余财产应该按所有者土地单位的权利在土地规划期满前立即在所有者中进行分配。在土地公司的债务有所归属，并且关于土地公司任何未决的措施和所有者的义务得到继续履行前，土地公司将被看作一直存在。

第三节　货物买卖法

一、货物买卖法概述

文莱属于英美法系国家。按照英美法系的理论，买卖合同的有效要件的特点就在于必须以支付金钱作为合同的"约因"。① 按照《文莱买卖合同法》的规定，买

---

① 江平主编：《西方国家民商法概要》，法律出版社 1984 年版，第 202 页。

卖就是当事人一方约定将财产的所有权转移给他方，而由他方按约定支付价款的行为。

《货物买卖法》于1994年借鉴英国1973年修订的《1893年货物买卖法案》的规定，制定了本国的"一部更好地与货物买卖和与此有关事项的法律规定"的法律，该法律体现了文莱规范市场经济中货物贸易活动的要求。

文莱《货物买卖法》规定，买卖合同所指的"货物"，包括除劳务和金钱以外的一切动产；特定的"货物"包括庄稼、正在制造中的工业产品以及附着于或已成为地产一部分而同意加以分离出售的物品。据此规定，以物的所有权的转移来换取价金，这是文莱《货物买卖法》确定的货物买卖合同的特征。

二、货物买卖合同的要件

(一)货物买卖合同当事人行为能力

在文莱，当事人从事买卖活动的行为能力是根据普通法律关于缔结合同能力和转让与取得财产的能力的规定而取得的。一般来说，未成年人或者虽然成年但由于精神上无能力(有智障)的人，因为无行为能力而不能缔结合同。然而，如果是将适合于未成年人和其他相关的人生活状况并且在销售和发货时适合的实际要求的货物，卖给未成年人或者一个由于精神的无能力(有智障)或酒醉的对合同无法完成的人时，这些人必须对这些生活必需品支付合理的价格。

(二)货物买卖合同形式

合同的形式是指买卖双方所作意思表示的外在形式。在文莱《货物买卖法》中，采取何种形式订立合同，由当事人自己做选择，法律并没有作出强制性规定。可供选择的合同形式包括书面形式、口头形式、部分书面部分口头形式以及根据当事人的行为所作的推定形式。

(三)货物买卖合同标的

按照文莱《货物买卖法》的规定，一个买卖合同可能是绝对的也可能是附条件的。根据合同，货物所有权从卖方转移到买方，这个买卖合同就是绝对的，称之为"买卖合同"。根据合同，货物所有权的转移是发生在将来或者有待于某种条件的成就，这个合同就是附条件的协议，被称为"销售协议"。当时间到期或者货物所有权转移所附的条件成就，这个附条件的协议就成为实实在在的"买卖"。

买卖合同的标的货物应在合同中明确规定，合同标的物不仅可以是卖方所拥有现存的货物，也可以是在合同签订后将生产或要求生产的货物，这被称为"将来的货物"。如果说，根据货物买卖合同，卖方现在销售卖方企图影响将来的货物，合同应按照"销售协议"履行。

标的物是特定物的买卖合同中，在合同签订前或所有权转移前货物就已经灭失，会导致合同的什么后果，《货物买卖法》作了区别规定。如果卖方不知道在合同签订时货物已经灭失，合同无效。如果在货物所有权的转移是发生在将来或者有待于某种条件的成就的销售协议在卖方和买方都无过失的情况下，在风险转移给买方前货物灭失，协议无效。

（四）货物买卖合同价金

价金是买卖合同的必要因素，价金由当事人双方自行确定。价金确定方式可以由双方在合同中确定，也可以在合同签订时不加以确定而留待以后由双方以约定的方式确定，还可以由当事人双方在交易过程中决定。如果当事人没有以上述方式确定价金的话，作为货物的买方必须支付卖方合理的价格。

货物所有权的转移是发生在将来或者有待于某种条件的成就的"销售协议"中，如果合同双方当事人约定价金是由第三方来确定，而第三方不能或没有进行估价的，这就导致"销售协议"无效。但是，如果货物全部或部分已经发送或被买方接受，买方必须付给卖方合理的价格。如果第三方由于买方或卖方的过失原因而导致估价不能，那么，无过失方可以对有过失方提起损害赔偿诉讼。

（五）货物买卖合同条件与担保

在文莱《货物买卖法》中，条件是货物买卖合同的根本性条款，一方当事人如果不履行条件，另一方就可以解除合同，从而否定合同的效力。而担保与条件有所不同，担保是不属于货物买卖合同的根本性质的条款，一方当事人如果不履行担保的规定，另一方可以要求赔偿损失，但不能要求解除合同和拒收货物。买卖合同中的某项规定究竟为"条件"，抑或为"担保"，需视各个合同的具体内容而定。

1. 条件应被视作担保的情况

在一定情况下，条件和担保是相对的。在存在以下法定情形时，合同虽然约定的是条件，但只能被认为是担保：(1)当货物买卖合同是以卖方成就某种条件为条件的，买方可以放弃这个条件，或者选择把违反该条件看成违反担保而不是作为否定合同效力的原因。(2)当买卖合同不是可分的，卖方已经接受了货物或部分货物，除了合同有明确规定的以外，对卖方应当履行条件的违反只能被看成违反担保，而不能作为拒绝货物和否定合同效力的理由。

2. 对所有权的担保

货物买卖的本质在于买方得到他期待所需的货物，使原来不属于他的货物归他所有；卖方则需在取得价款的前提下，交付买方所期待的货物。因此，作为卖方，有义务担保他所出售的货物在权利上不存在瑕疵。货物买卖合同可以通过约定和明示行为推定的方式表明卖方能够转让他的或第三者可能拥有所有权的货物，也可能以默示的方式作出对所有权的担保。默示情况有哪些，文莱《货物买卖法》中做了规定。

通过约定，或通过行为推定买卖合同中还暗含着一个担保，即合同所具有的目的，在下列这些情况下都不会影响买方平静地占有货物，包括：(1)卖方；(2)在一种情况下，合同各方同意卖方应当转让作为第三者可能有的授权；(3)任何通过或以卖方或第三者提出要求，而不是因为费用或债权泄露以及买方在合同签订前知悉的情况。

3. 对货物质量或适用性的担保

买卖的货物应当与合同规定的质量和规格相符合，这被称为质量或品质担保，如与合同规定的质量和规格不符，那就是货物存在瑕疵。

货物的质量，是指具备一类商品应当具有的一般质量和特殊商品具有的特定用途的质量。对货物质量或适用性的担保除了法律的特殊规定的以外，一般应在合同中通过明示的方式约定，否则，在买卖合同中不存在有关符合合同提供货物特殊目的质量和适用性的暗含条件和担保。

如何确定货物的质量，文莱《货物买卖法》规定，对于符合特殊目的的、合理的质量的默示条件或担保可以根据货物用途附加在合同中。如果货物的质量对于这类商品具有的目的是适合的，并且对于货物的价格和其他相关条件也是适合的，除非有其他适用于货物的说明，那么货物就具有适销的质量。

然而，在什么情况下存在默示担保的情况呢？根据文莱《货物买卖法》规定，卖方在出售货物的交易过程中，暗含着这样一个条件，即本合同提供的货物具有适销的质量。但是下列情况例外：（1）在该合同签订前就出现了特别吸引买方注意的瑕疵；（2）如果买方在合同签订前已检查货物，而该项瑕疵是在检查中应能发现的。

卖方在出售货物过程中，向买方或者向另一个经纪人明示或默示地使其知悉如下情况：在此之前货物是由另一个人（第三方）出售给卖方，购货款或其部分可以分期付款，并且购买货物是为了特殊目的，除非情况表明买方对卖方或经纪人的技巧和判断不信任，或者他的信任是不合理的之外，否则就存在一个暗含条件，即在该合同下供应的货物对此目的是适合的，而无论是否具备这类货物一般具有的目的。

4. 按样品的买卖

根据文莱《货物买卖法》的规定，在货物买卖中，当事人可以以样品作为买卖的条件或担保，如当事人在合同条款中明示或默示地说明是凭样品买卖时，该合同即为凭样品买卖的合同。

在按样品销售合同中，往往会反映出以下其中一个默示条件：（1）大部分货物与样品质量相符；（2）买方有合理的机会将大部分货物与样品比较；（3）货物应没有任何瑕疵，交付的货物应是具有适销性，对样品经过合理的检查不能有明显的瑕疵。

三、买卖合同效力

（一）所有权在卖方和买方之间转移

买卖合同既然是以买方取得对货物的所有权为特征，那么，对于当事人来说，什么时候丧失所有权和什么时候取得所有权则关系到切实的利益。因此，所有权转移的时间在商业买卖中意义重大，对所有权转移的规定也就成为各国同时也是文莱货物买卖法律重点规定的内容。

1. 所有权转移规则

在文莱《货物买卖法》中，对合同中没有确定的货物和已经确定的货物的所有权何时转移，作了分别的规定。一般来讲，如果在合同中买卖的货物是不确定的货物(未确定物)，只有待货物被确定(即种类物的特定化)的时候，货物的所有权才转移到买方。如果买卖的是特定物或确定物，那么，在双方当事人达成合意时，货物的所有权就由卖方转移给买方。

在货物所有权转移上，文莱《货物买卖法》尊重当事人的意思自治，当事人有约定的，就依照当事人的意思，如果有不同的意思出现，法律规定了确定各方关于货物财产权转移给买方的时间的规则，具体如下。

(1)在标的物是处于可交付状态的特定物的无条件的合同的情况下，合同签订时，货物财产权转移到买方，而且无论付款时间还是发货时间推迟，或者两者都推迟都不重要。

(2)在以特定物为标的的买卖合同，并且卖方有义务实施一定的行为以便使货物处于可交付状态的情况下，财产权直到卖方行为完成而且买方已经注意到其已经完成时才转移到买方。

(3)在标的物是处于可交付状态的特定物的合同，但卖方有义务称重、测量、测试或实施其他与货物相关的行为才能确定货物价格，在这种情形之下，财产权直到这些行为完成并且买方已经注意到这些已经完成时才能转移到买方。

(4)当货物依据同意、销售、退货或其他相似条款被发送到买方时，货物财产权转移到买方：①当买方向卖方表示同意或接受或做任何其他行为接受；②如果买方没有对卖方表示同意或接受，但是在没有给出拒绝通知情况下仍持有货物，而如果退货时间已经确定，在规定期间届满时，或者没有确定时间，在合理的期间届满时，买方在没有向卖方作出拒绝通知情况下仍持有货物。

(5)在合同标的为不确定物或已说明确定是将来的货物时，按照合同说明的货物处于可交付状态，且根据合同无条件地被占有，要么经买方同意由卖方占有，要么经卖方同意被买方占有，随后货物财产权转移到买方。同意可以是明示也可以是默示，可以在占有发生之前也可以在占有发生之后。

在履行合同中，为了实现把财产权转移给买方，卖方将货物发送给买方或运输者或受委托人（无论是否是买方指定的）后，卖方就不再保留处理货物的权利，同时，卖方就丧失无条件地占用货物的权利。

2. 卖方的货物处置权的保留

在符合法律规定的特殊情况下，货物的所有权不一定转移给买方，而是由卖方丧失对货物的处置权。

文莱《货物买卖法》规定，当一项契约是买卖特定货物，或在缔约之后货物已被指定属于该项契约时，卖方可根据契约条款或根据指定行为保留对货物的处置权。直至某些条件被履行完毕。在此情况下，不论货物是交付给买方，或是交付给承运人、其他受托人或保管人以便转给买方，货物的财产权都不随之移转，直至卖方所提条件得到履行时为止。

在货物已被装船，但是按照提单的指示，货物可根据卖方的命令交付，或交付给卖方的委托人处，在此情况下，表面上就显示出卖方丧失了对货物的处置权。

当卖方开出汇票向买方收取货款，并将汇票和提单一并交付买方，要求其偿付或承兑汇票时，如买方不愿偿付或承兑汇票，则买方必须将提单退还卖方；如果买方错误地留下提单，则货物所有权并不随之移转给买方。

（二）货物风险转移

在货物买卖中，货物风险主要指货物在高温、水浸、火灾、严寒、盗窃等非正常情况下发生的短少、变质、灭失等损失。划分风险的目的，在于确定这些损失应当由谁来承担。

在文莱《货物买卖法》中，货物风险转移与所有权的转移时间基本是一致的，即除非有其他约定，卖方仍然保留货物风险直到财产权转移到买方；当财产权转移到买方时，货物的风险就由买方承担，而无论是否交付。然而，如果是由于卖方或买方的过失使货物交付延迟，对于由过错造成的可能发生但还未发生的任何损失的风险则由过错方承担。

(三)特殊情形下货物所有权转移

1. 出售者并非货物所有人的情形

根据文莱《货物买卖法》的规定,在货物的出售者不是货物所有人,而且他并非根据货物所有人的授权或同意出售货物时,买方所取得的权利不能超过该出售人原来所有的权利,但如货物所有人通过其行为表明并不否定出售人出售该货物除外。但是,该规定也有例外:如果任何有关货物表面上的所有人(实际非货物所有人)可以像真正的所有人一样处理货物的话,买方则能取得货物完好的所有权;如果根据任何普通法的特别规定或法定的销售权利,或根据有法定管辖权的法庭的命令确定的任何买卖合同的有效性,那么,买方取得的所有权也是完好的。

2. 货物在公开市场上买卖的情形

当货物在市场公开出售,如果买方主观上是善意的,并且没有发现卖方所有权的任何瑕疵和缺陷,按照市场习惯,买方就获得对货物完好的所有权。

3. 根据可撤销的所有权进行买卖的情形

当货物的卖方对货物的所有权是可撤销的,但他的所有权在货物出售时还没有被撤销,如果买方主观上是善意的并且没有发现所有权存在缺陷,买方就能够取得货物完好的所有权。

4. 卖方在买卖之后对货物的占有的情形

例如,某人在出售货物之后继续占有该项货物,或者继续占有该项货物的所有权权利文件,而他本人或其商业上的代理人,又再通过出售、抵押或其他处置行为,将货物交付或将所有权权利文件移转给其他人,只要后者接受货物或权利文件时是善意的,而且对以前的买卖并不知情,那么卖方的交付和转让具有和卖方已经获得所有权人明示的授权而进行的交付和转让相同的效力。

5. 买方在买卖之后对货物的占有的情形

例如,某人已经购买或同意购买一批货物,但在购买的价款全部或其部分采取的是分期付款方式,而货物的所有权仍然属于卖方(尽管买方占有货物),买方只有到协议中约定分期付款或其他的条件完成后才能取得所有权。如果买方经过卖方的同意,取得了对该批货物或其权利文件的占有,则由他本人或其商业上的代理人可以通过出卖、抵押或其他处置行为，将货物交付或将权利文件移转给其他人。只要后者接受货物或权利文件时是诚实的，而且对原来的卖方对货物享有的留置权或其他权利并不知情，那么这种交付和转让具有由货物所有权人同意或由其商业上的代理人占有货物或者权利文件而进行的交付和转让相同的效力。

四、货物买卖合同履行

(一)买卖合同履行含义

合同双方当事人各自履行其义务，就是在履行合同。合同于得到完满履行后即告终止，当事人因合同形成的关系亦随之消灭。倘若当事人一方不履行合同，或者履行合同不符合合同约定的或法律规定的条件，即为违反合同，该当事人应负相应的法律责任。

货物买卖合同是双务合同，买方和卖方互为权利和义务。文莱《货物买卖法》规定，按照买卖合同条款，交付货物是卖方的义务，接受货物和付款是买方的义务。除非有其他约定，交付货物与付款应当是同时进行的，也就是说，卖方必须准备并愿意将货物所有权转移给买方以交换货款，买方必须准备并愿意付款以换取货物所有权。

(二)卖方履行合同规则

在货物如何由卖方交付买方这一问题上，法律尊重当事人的意思自治，当事人有约定的，就依照当事人的约定，如果没有约定，文莱《货物买卖法》规定了相应规则。

1. 交付货物的规则

按照文莱《货物买卖法》的规定，是否由买方去提取货物或由卖方把货送到买方处，在每个案件中是一个由双方之间通过合同中明示或默示的条款决定的问题。如果对如何交货约定不明确，可以按照下列规则进行处理。

(1)关于交货地点。对于交货地点，如果卖方有一家经营场所，交付地点是他的经营场所所在地；如果没有，那么就在他的住所地。除此之外，如果合同标的是交易各方知道的特定物，合同双方在订立合同时都已了解该货物存放在其他某地，在此情况下，交货地点应该是在货物存放地点。

（2）关于交货时间。在买卖合同下，卖方必须把货物送到买方处，但交货时间没有确定，卖方应当在合理时间内送货。

（3）关于买卖时货物由第三者控制。例如，在出售时货物由第三方所占有或控制，除非等到该第三者向买方承认他是代表买方保管货物时，否则不能认为卖方已经交货。但是，这种情况不影响对争端的解决和任何所有权文件转让规定的效力。

（4）关于合理时间的确定。除非在合理时间进行，否则对交付的要求或提出可以被看成无效的，而什么是合理时间则只是一个事实问题。

（5）关于货物杂费的承担。除非有其他约定，使货物处于可交付状态的费用和杂费必须由卖方承担。

2. 交货数量与合同不符的规则

按照文莱《货物买卖法》的规定，一般来说，卖方应当按照双方订立的合同标的数量交付货物，但如果卖方交货数量与合同约定不符，那么，就应遵循如下的规则。

（1）当卖方发送货物的数量少于合同约定时，买方可以拒绝接受；但是如果买方接受了卖方发送来的货物，他必须按合同价格向卖方付款。

（2）当卖方发送货物多于合同规定，买方就有一个选择的权利，即既可以接受合同规定的数量而拒绝剩余部分，也可以拒绝所有货物，而拒绝所有货物就意味着买方解除合同。

（3）当卖方发送货物多于合同规定而且买方接受了所有发来的货物，买方必须按合理价格付款，这种情况，意味着通过买方接受货物的行为推定双方达成了变更货物数量的协议。.

（4）当卖方发给买方的货中既有合同规定的货，也混杂没有包括在合同中不同类型的货，买方可以接受合同中约定的货而拒绝其余的或拒绝所有的货物，而拒绝所有货物就意味着买方解除合同。

（5）如果有贸易习惯、特殊约定或当事人在处理过程中意旨，那么，上述规则可能就不能适用，而当事人就应当服从于贸易习惯、特别约定或缔约双方在交易中的意旨。

3. 分期交货的规则

按照文莱《货物买卖法》的规定，如果双方在买卖合同中约定的是一次交货，除非有特殊的其他规定，对于卖方分期进行的交货，买方可以不必接受。

当买卖合同规定货物按约定办法分期交付并分期付款时，如果卖方一次或多次的交付有瑕疵，或买方一次或多次拒绝接受交付或付款，这样的违约行为究竟应被视作对整个契约的破坏，抑或只应被视作对原契约中一个可分割部分的违反，在每个案件中应当依据合同条款和案件情况加以认定或确定，如属于后一种性质，则只能提出损害赔偿的要求，而无权宣称整个合同失效。

4. 将货物交给承运人的规则

按照文莱《货物买卖法》的规定，在履行买卖合同中，卖方被授权或要求送货到买方，卖方为了完成将货物移交给买方而将货物交付给承运人，承运人无论是否是由买方指定，一般来说应视为已经将货物交付给买方。

除非买方有其他授权，卖方必须代表买方与承运人签订对于货物特性和其他情况来说是合理的合同，如果卖方没有这样做，货物在转运过程中丢失或损伤，买方可能拒绝把交付给承运人的货物看成交付给自己，也可以坚持卖方承担损害赔偿责任。

除非有其他约定，如果货物由卖方交付买方过程中必须经过海上运输而按照一般惯例应予保险的，则卖方须将有关情况通知买方以便其能办理海洋运输保险。如果卖方未能这样做，则货物在海运途中的风险应被视为由卖方承担。

5. 货物在非出售地交付的风险规则

按照文莱《货物买卖法》的规定，当卖方承担风险，卖方同意或货物适合在某个地方交付而不是在出售地方交付，买方就必须承担(除非有其他约定)货物在运输过程中由于不可抗力而损坏的风险。

(三) 买方履行合同规则

1. 买方检验货物的权利

按照文莱《货物买卖法》的规定，当卖方将货物交付买方而事前没有检查货物，此时并不认为买方接受货物，直到买方有合理的机会检查以确定货物与合同规定相一致，才认为其已经接受货物。

除非有其他约定，当卖方提出交付货物给买方时，他必须按要求给买方提供合理机会去检查货物，以确定是否与合同规定相一致。

2. 买方接受货物的规则

按照文莱《货物买卖法》的规定，当买方通知卖方他已经接受货物时，或当货物已经被交付给买方（除了买方需要检查货物是否与合同规定一致的情形之外），并且买方对货物做出任何与卖方所有权相抵触的行为时，或当买方持有货物的合理时间届满而没有通知卖方他已经拒绝货物时，则应认为买方已经接受了货物。除非有其他约定，如果买方有权利拒绝接受卖方交付的货物，他不必将货物退还卖方，但买方应当通知卖方他拒绝接受货物。

3. 买方疏忽或拒绝提取货物的责任

根据文莱《货物买卖法》的规定，当卖方准备好并愿意交付货物，要求买方接受交付时，买方没有在接到要求后的合理时间之内接受交付，买方应对由其疏忽或拒收引起的损失向卖方负责，还应承担货物的管理和仓储的合理费用。

五、未收货款卖方权利

（一）未收货款卖方权利含义

在文莱《货物买卖法》中，未收货款的卖方是指，当全部价金尚未被支付或偿还，或者用汇票或其他可流通的支付工具作有条件的支付虽然已被承兑，但由于支付被拒绝或者其他原因，使得原来据以承兑的条件不能实现的一方当事人。

作为买方，收到货物就取得了货物财产权，所以，他应当按照合同的规定向卖方支付价金，否则就是违约。对此，为了保障卖方的利益，就应当赋予其相应的权利。

根据文莱《货物买卖法》及有关法令的规定，尽管货物的财产权可能已经移转给买方，但未收货款的卖方仍依法享有：（1）如货物仍在他的占有下，卖方对货物享有留置权，以待买方向其清偿价金；（2）如货物已经发出而买方失去偿付能力，则卖方对正在运输过程中的货物可行使停止运输权；（3）在法定的限制范围内，卖方对货物享有重新出售权。

如果货物财产权已经移转给买方，则未收货款的卖方对货物享有留置权和运输过程中的停止运输权。如果货物财产权尚未移转给买方，则除了采取其他补救措施和享有上述留置权和运输过程中的停止运输权之外，卖方还同时有权撤回货物而不对买方实施交付。

(二)未收货款卖方留置权

买方未向卖方支付货物价金，如果货物仍在卖方的占有和控制之下，卖方对货物享有留置权。

根据文莱《货物买卖法》，在下列情形下，未收货款的卖方有权一直占有货物直到被付款或清偿：(1)货物出售时并未规定赊销者；(2)货物按赊销条件出售，而付款期限已经届满；(3)买方破产而失去偿付能力，即使卖方是作为买方的代理人、受托人或保管人而占有货物，他仍可行使留置权。

如果未收货款的卖方已经交付了部分货物，他仍然可以行使留置权或扣押其余部分货物的权利，但如他在接受部分交货时已表明同意放弃此种留置权，留置权也就消灭。

在下列情形下，未收货款的卖方失去留置权和保留权：(1)卖方把货物交付给运送人或其他受委托人时已把所有权转移到买方而没有保留货物的处置权；(2)买方或其代理人合法地取得货物的占有；(3)卖方主动放弃留置权或保留权。

(三)未收货款卖方停止运输权

1. 行使停止运输权的条件

买方未向卖方支付货物价金，如果货物仍在运输过程之中而未被买方实际占有，在这种情况下，卖方对货物享有停止运输权。

根据文莱《货物买卖法》的规定，当货物的买方无力偿付货款已经与货物分离但未收货款的卖方有权停止货物运输，即是说，只要货物是在运输过程中，卖方可以恢复对货物的占有，并且可以持续占有直到付款或清偿价款。

2. 货物是否在运输过程中的情形

至于何谓"货物在运输中"，文莱《货物买卖法》列举的情形包括：(1)从货物以交付给买方为目的而被交给运送人或买方的受委托人处的时候开始，货物被认为处于运输过程中，直到买方或他的代理人从运送人或其他受委托人处取货为止。(2)如果买方或他的代理人在货物到达指定的地点前已经取到发送的货物，运输过程应视为已经结束。(3)如果在货物到达指定的目的地之后，承运人或其他受委托人通知卖方或其代理人，他是代表买方或其代理人持有货物，并将作为买方或其代理人的受托人或保管人而继续占有该货物，则此时运输过程结束。此时，如果买方指定货物更远的目的地也是没有意义的。(4)如果货物被买方拒绝，承运人或其他受委托人继续占有货物，即使卖方表示拒绝退货，也不认为运输过程结束。(5)当货物送到买方包租的船时，究竟船东是作为承运人抑或作为买方的代理人而占有货物，那是一个依据案件特定情况决定的问题。(6)当承运人或其他受委托人错误地拒绝交付货物给买方或其代理人，运输过程被认为结束。(7)当部分货物被交付给买方或其代理人，剩余部分可以停止运输，但如在部分交货时有证据表明卖方已同意放弃对全部货物的占有者除外。

3. 停止运输权的行使

货物在运输过程中，未收货款的卖方享有货物的停止运输权，该项权利行使以卖方向有关人员发出"通知"为要件，至于应如何通知，文莱《货物运输法》作了下列规定：(1)未收货款的卖方可能通过实际占有货物或把他的要求通知承运人或占有货物的其他受委托人，从而实现其停止运输的权利。(2)通知可以发给货物实际占有者和他的委托人。如果是发给其委托人，除非在一定的时间和条件下，委托人尽到了合理的勤勉义务，及时联系其雇员或代理人阻止把货物发送给买方，否则，通知就会是无效的。(3)当运输过程的通知是由卖方发给占有该货的承运人或其他受托人时，收到通知的承运人或其他受托人应该将货运回给卖方，或者按照卖方指示行事，而且再次发送货物的费用必须由卖方承担。

(四) 买方未向卖方付款而出售货物效力

买方在买卖后取得货物的财产权，或在收货后实际占有该货物，有可能在没有付款给卖方的情况下就将货物出售。在这种情况下，买方出售该货物的效力如何？未收货款的卖方和买方出售货物的相对方，即第三方的权利如何行使是一个值得重视的问题。对此，文莱《货物买卖法》基于物权规则和保护"善意第三方"原则做了规定。(1)如果货物尚在运输过程中而还未交付第三方，除非卖方已经同意，未收货款的卖方的留置权或停止运输的权利不受任何出售或买方可能已经对货物的其他处置的影响。（2）在货物的权利文件由卖方合法地移交给买方或物主，而该人把此文件转给善意的第三方且这种转让是有对价的，那么：①如果上面提及的转让是通过出售的方式，那么未被付款的卖方的留置权或停止运输权就无效了；②如果上面提及的转让是通过抵押或其他有偿行为实现的，未收货款的卖方在行使留置权或停止运输权时，不能违反被转让人的权利。

（五）未收货款的卖方其他权利

按照文莱《货物买卖法》的规定，买卖合同一般不因未收货款的卖方行使留置权或停止运输权而取消或废除。

当未收货款的卖方为实现其留置权、保留权或停止运输权，而将货物再次出售，有关的买方在对抗原来的买方时享有优先权。

当货物具有容易灭失的特性，或未收货款的卖方将他准备再次出售的意图通知买方，而买方没有在合理时间内付款或清偿价款，未收货款的卖方可以重新出售该货物，并可以要求原买方赔偿其违约引起的任何损失。

如卖方曾明白表示，在买方违约的情况下，他保留另行销售货物的权利，则当买方实际发生违约行为时，卖方可以将货物另行处理，原来的买卖合同即告废除，但不应影响卖方可能享有的索赔权。

六、违反货物买卖合同救济办法

（一）买方违约

买方违约包括买方不按合同规定支付货款和不按合同规定收取货物。这种情况发生时，文莱《货物买卖法》规定，卖方可以采取如下的救济办法。

1. 向买方提出主张价金的诉讼

在买卖合同下，货物所有权已经转移到买方，然而他错误地忽视或拒绝按照合同条款付款，卖方可以对买方提起货款清偿之诉。

在一项买卖合同下，如果规定价金的支付应在某一具体日期为之，而不问交货时间的早晚，则当买方错误地疏忽或拒绝按期支付价金时，即使货物所有权尚未转移，货物也尚未被指定给有关契约项下，卖方仍可提出索取价金的诉讼。

根据买卖合同，买方应当在确定的某一天付款，而不考虑货物的交付时间，但买方却错误地忽视或拒绝按期支付价金时，尽管货物所有权还没有转移而且货物还没有按合同约定被买方占有，卖方也能够为取得货款而对买方提起诉讼。

2. 向买方提出因其拒绝受领货物而产生的损害赔偿诉讼

如果买方不按合同约定，错误地忽视或拒绝接受货物和付款，卖方可以对买方不接受货物而产生的损失提起诉讼。

主张损害赔偿，就需要对损害的金额进行评估，以保障赔偿数额的合理性。根据《货物买卖法》，一般来说，损害赔偿的金额，应当是经评估的由于买方的违约行为在一般正常情况下直接或必然会引起的损失。但是，如果当货物有可以销售的市场存在，损害评估一般需要确定合同价格与市场价格之间的差额，确定市场价格的时间应当以货物已经被接受时，或（如果没有确定接受时间）在货物被拒绝接受时为准。

3. 向买方要求补偿利息或特殊损害

按照文莱《货物买卖法》的规定，即使买方向卖方承担了相应的违约责任，如果法律规定利息和特殊损害也是可以补偿的，在任何情况下都不应影响卖方向买方要求补偿利息或特殊损害的权利。

(二) 卖方违约

卖方违约是指卖方不交付货物或交付迟延，交货不符合合同规定以及第三者对交付的货物存在权利或权利主张。当发生卖方违约的情况下，《货物买卖法》规定，买方可以采取如下的救济办法。

1. 向卖方提起因其不能交货的损害赔偿的诉讼

如果卖方不按合同约定，错误地忽视或拒绝发送货物给买方的时候，买方可以对卖方不交付而产生的损害提起诉讼。

如同买方违约一样，卖方主张损害赔偿需要对损害的金额进行评估，以保障赔偿数额的合理性。根据文莱《货物买卖法》，一般来说，买方发生损害的金额，应当是经评估的由于卖方的违约行为在一般正常情况下直接或必然会引起的损失。但是，如果当货物有可以销售的市场存在，损害评估一般需要确定合同价格与市场价格之间的差额，确定市场价格的时间应当以货物已经被接受时，或（如果没有确定接受时间）货物被拒绝接受时为准。

2. 要求卖方履行

根据文莱《货物买卖法》，在任何针对违约的诉讼中，如果合同需要交付的标的物是特定物或已经确定的物，如果法庭认为合适，可以根据作为原告的买方的申请，通过判决或裁定命令合同特别履行，而不给作为被告的卖方对赔偿损害后保留货物的选择权。而且，在判决或裁定作出前，作为原告的买方在任何时候都可以提出申请要求作为被告的卖方实际履行。

法庭的判决或裁定可以是无条件的，如果法庭认为合理，也可以包括有关赔偿、价金支付等方面的条件。

3. 要求卖方采取违反担保的补救措施

根据文莱《货物买卖法》，当存在卖方违反担保，或买方选择（或被迫）把卖方违反条件看成是违反担保，买方不能仅因为这种违反担保而有权拒绝货物，但是他可以：（1）由于卖方违反担保而提出减少或不支付价款；（2）对卖方违反担保而产生的损害提起诉讼。

违反担保的损害赔偿金额，应指由于一项违约行为在一般正常情况下直接或必然会引起的评估的损失。在违反质量担保的案件中，这种损失一般是按照货物交付给买方时的价值和他们如果达到担保条件应有价值的差额来计算。

如果买方又进一步遭受了更大损害，虽然买方已经对违反担保的行为提出减少或不支付货款的要求，仍不会妨碍他对卖方同一违反担保的行为提起损害赔偿诉讼的权利。

4. 向卖方要求补偿利息或特殊损害

按照文莱《货物买卖法》的规定，即使卖方向买方承担了相应的违约责任，但是，如果法律规定利息和特殊损害是可以补偿的，在任何情况下都不应影响买方向卖方要求补偿利息或特殊损害的权利，也不应影响买方因卖方不能履约而要求索还已付款项的权利。

第四节　合　同　法

一、合同法概述

（一）合同概念

关于合同的概念有各种理论和立法例，大陆法系中有"合意之债"和"私法合同"之学说，它认为合同是基于双方当事人的一种合意之协议而产生的法律关系。这种"合意之债"实际上就是狭义的债权合同。而英美法系则主张"合同是一种允诺"的学说，并不像大陆法系特别强调双方的合意，而只是注重合同是一个或一组许诺，是单方意思表示，这种许诺如果具备一定条件，通常是另一方承诺且至少具有象征性对价时，法律将给予救济。因此，英美法系中合同的概念仅强调一方对另一方的允诺，而没有将双方当事人的合意置于重要位置。

根据文莱《合同法》，合同是指通过要约和承诺，同时具备按照要约人的意愿，被要约人或者其他任何人已经作为或放弃某事，或者承诺作为或放弃某事，这种作为或放弃或者承诺被称为对承诺的对价，每个承诺和一系列的承诺彼此构成对价，这时构成一个协议，而且这一协议应是根据法律可执行的协议，这一协议就被称为合同。

（二）合同法概况

合同法是指调整合同法律关系的法律规范的总和。文莱《合同法》于1939年4月17日正式生效，并于1984年进行了修订。文莱《合同法》是以英国普通法为基础并被包含在文莱公司法中，根据该法的解释：（1）这部法律可以援引为合同法；（2）这部法律的规定不会影响与本法规定不一致的任何法律中的规定和任何商业惯例，或者任何合同中的附属事务。因此，文莱《合同法》是一部统一有关合同法律的法典，是文莱合同法律制度的主要法律渊源。

二、合同订立

(一)合同订立程序

合同订立一般经过要约和承诺两个步骤，文莱《合同法》对此做了规定。

1. 要约和承诺

根据文莱《合同法》的规定，要约和承诺是有效合同的基本要素。要约，是为了获得他人对他实施或放弃某一行为的同意，某人对他人表示将做或放弃做某事的意愿；也就是指一方以缔结合同为目的，向另一方发出签订合同的意思表示。承诺，是指当接受要约的人表示同意接受，要约被接受即变成承诺。做出要约的人叫要约人，接受要约的人叫被要约人。

2. 要约的通知、接受和撤销

根据文莱《合同法》的规定，要约是某人为了获得他人对其实施或放弃的某一行为的同意，而对他人作出将做或放弃某一行为的意思表示；接受要约的人表示同意接受，要约从被接受时其变成承诺。做出要约的人叫要约人，接受要约的人叫被要约人。

要约的通知、接受和撤销以及承诺分别被认为是一方当事人通过作为或不作为方式而实施的提议、接受、撤销的行为，通过这种行为该当事人意图通知这种要约、接受或撤销，或者具有通知的效力。

(1)要约的通知。一方当事人以缔结合同为目的，向另一方发出签订合同的意思表示后，当被通知人认识到通知的到来，则要约的通知完成。

文莱《合同法》对要约的形式没有特别的要求，可以以文字方式作出，这种许诺属于明示方式；也可以以书面方式以外的其他方式作出，称为默示。因此，要约人提出的建议可以是口头的，也可以是书面的，或者以行为推定来表示。

(2)要约的接受。要约的接受即承诺完成，承诺完成意味着合同成立。根据文莱《合同法》，为了能将一个要约变为一个承诺，承诺必须要是绝对的和无条件的；承诺应当以通常的和合理的方式表示，除非要约规定了承诺的方式。要约什么时候被接受，即承诺什么时候完成，在合同订立中是具有决定意义的事情。

(3)要约的撤销。要约人发出要约以后，如果符合法定情形要约可以被撤销。要约被撤销，要约的效力即被终止，不能再发生合同成立的效果。根据文莱《合同法》的规定，要约被撤销的法定条件：①通过由要约人将撤销通知交给另一方；②通过在要约中规定承诺的期间，或者没有规定时间，经过一段合理期间后没有承诺的通知；③由于承诺人在承诺前没有完成一定的条件；④由于承诺人在承诺前知道了要约人死亡或精神失常的事实。

对于要约人来说，要约的通知可以在承诺通知完成之前的任何时候被撤销，而不是在此之后。对于发出撤销通知的人来说，当通知投入给被接收人的过程中，也就是脱离发出通知的人的控制时完成；对于被通知的人来说，当他知道通知时通知完成。

（4）承诺的撤销。承诺的撤销是承诺人阻止承诺发生法律效力的意思表示。承诺到达要约人时发生效力，双方当事人有履行合同的义务。所以，受约人撤销承诺的通知必须先于承诺到达要约人，才发生撤销的效力。因此，文莱《合同法》规定："对于承诺人来说承诺可以在承诺通知完成之前而不是在此之后的任何时候被撤销。"

（二）合同有效要件

合同订立之后，是否能达到当事人订立合同之时追求的后果，必须看合同是否符合法定条件。根据文莱《合同法》的规定，所有的协议都是合同，如果它是由有权利能力的当事人的自由意思决定的，并且有合法的对价和合法的标的，没有被该法明确规定为无效，则合同有效。综合该法的有关规定，合同的有效要件包括下列四项。

1. 有订约的意图

订约意图是指双方当事人有意建立合同法律关系，即当事人有订立合同的意思表示。根据文莱《合同法》的规定，合同必须是由有权利能力的当事人的自由意思决定的，而且要由两个或两个以上的人对同一事务基于同样意义的达成一致，表示同意。如果违背当事人的自由意思或定约意图，或者当事人之间没有形成一致意见，合同就不能成立。

2. 有合法的对价

合同的对价是合法的，就意味着：（1）未被法律所禁止；（2）未造成对法律的规避；（3）不是欺诈性的；（4）没有卷入或隐含着对他人或他人财产的侵害；（5）没有被法庭认为不道德或违反公共政策。

3. 有合法的标的。所谓合法标的就是要求合同所涉及的财产或权利不是被法律所禁止，而且应当是当事人有权进行处分的财产或权利，并且该标的不存在对他人权利的侵害。

4. 当事人有订约的能力

根据文莱《合同法》的规定，合同订立人应当是成年人并且心智正常，同时没有任何法律规定其没有订立合同的资格。只有这样，才能说该人具有订立合同的权能。

三、合同效力

（一）可撤销合同

可撤销合同是指合同欠缺一定的生效要件，其有效与否，取决于有撤销权的一方当事人是否行使撤销权。这一点，正是可撤销合同的基本特征。文莱《合同法》规定，当对协议的同意是由胁迫、欺诈、误传及不正当影响诱导造成的，这个协议构成一个可撤销的合同。

1. 可撤销合同的事由

根据文莱《合同法》的规定，合同是当事人同意的结果，如果同意是在受胁迫、不正当影响、欺诈、误传和错误的情形下做出的，同意的效力就会受影响。

（1）胁迫，是指为了使某人订立合同而实施或威胁实施刑法所禁止的行为，或者非法扣留，或威胁扣留财产，以致对人不利的行为。

（2）不正当影响，包括两种情况：①当合同各方持续存在一方当事人处于对另一方意志有支配作用的地位，并且利用这种地位获得对另一方不公平的优势关系，合同被称为是由不正当影响诱导而成的。②在特别情况下，当一个人对他人具有真正的或明显的权威，或者这个人对他人属于信托的关系，或者当一个人与他人订立合同时他人的意识能力暂时或永久地受到年龄、疾病、精神或身体上的不幸的影响，那么这个人被认为处于能够支配他人意志的地位。

（3）欺诈，根据文莱《合同法》的规定，是指具有欺骗合同相对方或其代理人的意图，或者具有引诱相对方订立合同的意图的行为。具体包括下列各种情形：①根据有关事实提议，并且是由并不相信这个事实真实性的人提出的，事实也不真实；②由知道或者相信事实的人实施的积极的隐瞒(行为)；③毫无履行的意图而作出的承诺；④其他任何符合欺骗的行为；⑤任何法律特别宣布为欺诈行为的作为或不作为。

（4）误传，在文莱《合同法》中：①虽然一个人相信某种事情是真的，但他积极地以没有得到发布消息的人确认的方式断言某事不真实；②任何违反义务但并没有欺骗意图的行为，这一行为给实施它的人或由此而主张权利的人带来了好处，通过误导他人的方式使他人受到实施这一行为或由此主张权利的人的损害；③无辜地使合同一方对有关合同标的的实质性事务犯了一个错误。

2. 撤销权的行使

合同存在可撤销事由，但谁行使撤销权，在什么情形下可以行使撤销权，在什么情形下不能行使撤销权？对此，文莱《合同法》作了下列规定。

（1）由胁迫、欺诈、误传形成的合同。当对协议的同意是由胁迫、欺诈、误传造成的，这个协议构成一个可撤销的合同，同意是由上述原因导致的一方当事人具有撤销选择权。享有撤销权的一方如何行使撤销权有以下情况：①合同一方的同意是由欺诈或误传造成的，但他认为履行合同对他是合适的，而坚持合同应当被履行，那么他就可以不行使撤销权，双方当事人就应按有效合同履行自己的合同义务；②如果这样的同意不是法律规定而是由对方采取积极的隐瞒误传或欺诈性的行为导致或是通过沉默行为导致，并且做出同意的一方要通过正常的勤勉才能发现真相的，该合同不可撤销；③虽然合同的一方受到了欺诈和误传，但这并没有导致一方当事人对合同的同意，这时并不能使合同成为可撤销合同。

（2）由不正当影响形成的合同。当对一个协议的同意是由不正当影响导致的，这个协议是一个可撤销合同，由被导致同意的一方享有选择权。任何这样的合同可以被绝对撤销，但如果有撤销权一方从合同的某些条款获得了利益以至于法院认为合同是公平的，那么，这个合同就可以不被撤销。

（3）双方都存在误解的合同。如果协议双方对协议的有关主要事实都有误解，合同是无效的。对协议标的物的价值有错误的认识不认为是对事实的误解。由于对在文莱生效的法律的误解而订立的合同是不可撤销的，但对文莱以外生效法律的误解同样构成对事实的误解。如果仅仅由于合同是由合同一方对事实的误解而造成的，合同是不可撤销的。

（二）无效协议

无效协议是指因欠缺一定生效要件而致协议当然不发生效力的协议。换言之，该类协议绝对无效、自始无效。这里所称之无效是狭义的无效，不包括合同事后被撤销导致的无效。根据文莱《合同法》规定，导致无效协议的原因主要有下列两个。

1. 协议对价违法

对于一个或一个以上标的的唯一对价的任何部分，或者对于唯一标的的几个对价中的任何一个或任何一个中的任何部分是违法的，则协议无效。

2. 协议没有对价

有合法的对价是合同有效的一个条件，一般来说，没有对价的协议是无效的。但是，如果存在以下三种情形，协议则可能有效：（1）如果协议是书面形式，并且按照法律对生效时间和文件登记的规定进行登记，或者合同的订立是基于关系密切的双方彼此的爱和情感；（2）成立一个补偿性的承诺，即某人已经自愿地完全或部分为承诺人做了一些事，或者这些事是法律强制承诺人应当做的；（3）一个由被指控的人，或者他的一般或特别授权的代理人书面签订的承诺，承诺的内容是全部或部分偿付债权人的债务，而这一债务由于法律对诉讼时效的规定，债权人已经不能得到强制执行。

3. 限制他人从事合法职业、贸易、生意的协议

任何限制他人从事合法的任何一种职业、贸易、生意的合同是无效的。但是，有以下的例外：（1）卖方出售的是某种生意的商誉，卖方可以和买方达成协议制止卖方在限制的区域从事与买方相同的生意，只要买方或者任何从买方商誉获得权利的人在那里从事类似的生意，并且根据这种生意的性质法庭认为这种限制是合理的；（2）合伙人可以在对合伙的解散的预期时约定所有或部分合伙人在限制的区域内，不能从事和合伙相同的生意，限制可参照上条例外的规定；（3）合伙人可以约定在合伙存续期间，所有或部分合伙人不得从事除合伙事业以外的其他生意。

4. 限制通过正常的法律程序行使权利和限制行使权利的时间的协议

任何协议，如果它绝对限制协议的任何一方通过正常法庭的法律程序强制执行自己与合同有关的权利，或者限制其可以强制执行自己权利的时间，这种协议是无效的。但是，下列两种情况例外：（1）两个或两个以上的人约定，他们之间由任何标的或一类标的的可能引起的纠纷将被提交仲裁，并且仲裁对有关纠纷所裁判的金额是可追索的；（2）两个或两个以上的人达成书面协议将他们之间已经产生的任何问题提交仲裁，或者影响任何生效法律的有关提交仲裁的时间的规定。

5. 内容不确定

内容不确定或不能被确定的合同是无效的。

6. 赌博协议

赌博协议无效。因此，为了收回赌博中所获得的赌资，或为了收回委托他人遵守投有赌注的游戏的赌资或为了因不确定事件结果而获得的财产所提起的诉讼，法院不会受理。

7. 其他原因

主要包括：（1）约定实施不可能的行为的协议本身是无效的；（2）约定实施某一行为的合同在合同订立后该行为变为不可能，或者由于承诺人无法控制的事件的原因成为违法，当该行为成为不可能或违法时合同成为无效合同。

无效协议分为全部无效和部分无效两类。部分无效又有两种：（1）相互承诺的人们，首先承诺做的事情是合法的，之后在特定的条件下承诺做的事情是非法的，那么，先做出的承诺有效而构成合同，之后的承诺则是无效的；（2）对于可选择的承诺的情况，有的是合法的而另外的是非法的，合法的那种情况可以被执行，而非法的则因为无效而不能被执行。

（三）不确定合同

根据文莱《合同法》的规定，不确定的合同是指做或不做某事取决于附属于合同的某些事件发生或不发生的合同。不确定合同实质上就是附条件的合同，即当事人对合同的效力可以约定附条件。

民法理论上认为，合同当事人可约定一定的条件来作为法律行为生效或效力消灭的根据。前者为附生效条件的合同，后者为附解除条件的合同。附生效条件的合同，自条件成就时生效；附解除条件的合同，自条件成就时失效。不确定合同有以下几种。

1. 以将来可能发生不确定的事件作为条件

根据文莱《合同法》规定，由将来不确定的事件的发生来决定做或不做某事的不确定合同不能根据法律得到执行，除非且直到该事件发生；如果这个事件变成不可能的，则这个合同也变成无效合同。

2. 以将来不可能发生不确定的事件作为条件

根据文莱《合同法》规定，由将来不确定的事件的不发生来决定做或不做某事的不确定合同，当该事件的发生成为不可能时才能被履行。如果不确定的合同所附的条件是确定的不可能事件的发生，那么不管所附事件的不可能性在合同订立时是否为合同双方所知，该合同无效。

3. 以在固定的时间内不确定的特定事件的发生作为条件

根据文莱《合同法》规定，不确定合同所附条件是在固定时间内不确定的特定事件的发生，那么如果在期限届满前这一事件没有发生，或者在此之前该事件成为不可能，则该合同无效。

4. 以在固定的时间内不确定的特定事件的不发生作为条件

根据文莱《合同法》规定，不确定合同所附条件是在固定的时间内不确定的特定事件将不会发生，那么该合同可以在期间届满该事件没有发生，或者在期间届满前该事件已经确定将不会发生时被依法履行。

当事人为自己的利益不正当地阻止条件成就的，视为条件已成就；不正当地促成条件成就的，视为条件不成就。根据文莱《合同法》规定，不确定合同所附的将来发生的事件是指某人在不特定的时间实施某种行为，如果该人实施一定行为使他在确定的时间内不能实施合同所附条件，除非有进一步的将来的不确定事件，否则合同所附事件被认为是不可能的。

四、合同履行

合同订立后就必须履行，这是合同当事人的义务。文莱《合同法》规定："合同的双方必须履行各自的承诺或提供履行各自的承诺，除非根据本法或其他法律可以免除或豁免。"

(一)合同履行主要规则

根据文莱《合同法》的相关规定，合同履行的主要规则有四项。

1. 履行的主体

合同需要当事人亲自履行。亲自履行是指合同义务要由承诺人向被承诺人履行，不得由第三方代替。如果从案件的性质上看，合同双方的意思是合同中包含的任何承诺都应当由承诺人亲自履行，那么这种承诺必须由承诺人履行。在除此之外的另外一些案件中，承诺人或他的代理人可以雇佣一个完全行为能力人履行合同。如果一个被承诺人从第三方那里接受了对承诺的履行，在此之后他不能据此反对承诺人。

2. 履行的时间和地点

合同的履行要求当事人必须正确按照各自承诺约定的地点和时间执行合同义务。

(1)需被承诺人申请的履行。文莱《合同法》明确规定，当一个承诺是在确定的某一天履行，承诺人并不承担没有被承诺人请求就履行的义务，申请在适当的地点并且在当天的工作时间内履行是被承诺人的义务，任何承诺可以以被承诺人指示或认可的任何方式或任何时间被履行。

(2)合同约定不需被承诺人申请的履行。这存在三种情形：①当根据合同承诺人履行承诺不需要被承诺人的请求，并且履行时间也不特定，那么，承诺就必须在合理的时间内被履行；②当承诺应当在确定的某一天履行并且承诺人承诺该履行不需要被承诺人的请求，承诺人可以在这一天通常的工作时间的任何时候履行，在承诺应当履行的地点履行；③当一个承诺是在确定的某一天履行，承诺人并不承担没有被承诺人请求就履行承诺的义务，对在适当的地点并且在当天的工作时间内履行提出申请是被承诺人的义务；④履行地点不明确的履行，当承诺应当在没有被申请人申请的条件下履行，履行地点也没有固定，承诺人有义务请求被承诺人指定一个合理的地点履行承诺，并且在这个地点履行。

3. 对有连带关系的履行

承诺人按照合同义务向几个有连带关系的被承诺人履行时，根据文莱《合同法》的规定：

（1）对有连带关系的被承诺人的履行。对几个有连带关系的被承诺人中的其中一人提供的履行和对所有被承诺人提供的履行有相同的法律后果。

（2）有连带关系承诺人的履行。两个或两个以上的人做出有连带关系的承诺，除非在合同中出现相反意思，则所有这些人在他们生前，或者在他们中的任何一人死亡以后，他的继承人连带其他所有幸存者，或者在所有承诺人都死后，所有有连带关系的承诺人的继承人都必须履行承诺。

当两个或两个以上的承诺人做出有连带关系的承诺，承诺人在没有明示的相反约定时，可以强制做出有连带关系的承诺人中的一人或几人履行所有的承诺内容。两个或两个以上有连带关系的承诺人中的每一个人都可以强制其他有连带关系的承诺人公平地和他分担对承诺的履行，除非从合同中可以看出相反的意思。如果两个或两个以上有连带关系的承诺人中的任何一人在上述对承诺履行的分配中违约，那么剩下的有连带关系的承诺人必须对由他违约而产生的损失平均分担违约责任。但是，这些要求不会影响保证人由于代表主债务人支付了主债务而向其要求追偿，也不会授予主债务人由于清偿了债务而向保证人追偿的权利。

（3）有连带关系的承诺人被免除责任。当两个或两个以上有连带关系的承诺人中的一人被承诺人免除责任，并不免除其他连带关系承诺人的责任，也不能由已经被免除责任的承诺人对其他连带关系承诺人免除责任。

4. 互惠性承诺的履行

下列为文莱《合同法》规定的互惠性承诺的履行规则。

（1）互惠性承诺履行的一般规则。当合同中包含同时履行的互惠性的承诺，承诺人只有在被承诺人准备并且愿意履行他的互惠性承诺时才需要履行自己的承诺。当包含互惠性承诺的顺序被合同所明示，承诺将根据顺序被履行，当这个顺序并没有被合同所明示，承诺应当根据交易性质要求的顺序履行。

（2）互惠性承诺履行的特殊规则。①当合同中包含互惠性的承诺，合同的一方阻止合同另一方履行他的承诺，合同成为可撤销合同，被阻止履行承诺的一方有选择权，并且被阻止履行承诺的一方可以要求对方对由于合同的不履行而使其蒙受的损失进行损害赔偿。②当一个合同包含互惠性承诺，如果这些承诺不能单独被履行，或者直到另一个承诺被履行时它才能被主张履行，在这样的情况下，承诺人如果没有先履行自己的承诺，就不能要求对方履行互惠性承诺，并且必须对对方因合同不能履行而蒙受的损失承担损害赔偿责任。③当合同一方承诺在某个特定时间或时间之前做一个确定的事，或者在某些特定的时间或时间之前做某些确定的事，而他并没有在特定的时间或时间之前做这个特定的事，合同就如同没有被履行，此时如果合同双方的意思体现出时间应当是合同的必须要素。

(二) 不需要履行的合同

任何双方所订立的合同都应该按照上述履行规则去执行。但是，根据文莱《合同法》规定，如果出现下列情形，当事人将不需要按原合同义务履行合同。(1)如果合同当事人同意用新合同代替旧合同，或者废除或是变更合同，原来的合同不需要履行。(2)每一个被承诺人都可以全部或部分免除对其承诺的履行，或者延长履行时间，或者可以接受他认为满意的替代履行。(3)当对合同有撤销权的一方撤销了合同，另外一方不再需要履行他作为承诺人做出的承诺。撤销合同一方如果根据合同从对方获得了任何利益，应当返还给对方。(4)当一个协议被发现是无效合同，或者当合同成为无效的，就不需要履行。根据协议或合同而获得利益的人有义务返还，或者向对他给予利益的人赔偿损失。如果任何被承诺人疏忽或拒绝为承诺人提供合理的履行承诺的条件，承诺人对由于这种疏忽或拒绝而导致的不履行可以免责。

五、合同补偿和担保

(一) 合同补偿

文莱《合同法》规定，为了挽回对方(被承诺方)由于承诺方自身或其他任何人的行为造成的损失的合同叫做"补偿合同"。补偿合同中的被承诺人在他的权限范围内有权从承诺人那里获得因下列情形的赔偿：(1)涉及适用承诺赔偿的事务的任何诉讼中被承诺人被强制支付的所有损失。(2)由于提起诉讼或在诉讼中提出答辩而可能被强制支付的费用，如果这种行为不违背承诺人的指令，并且在实施这些行为时被承诺人尽到了就如同没有赔偿合同一样的谨慎义务，或者是由于承诺人授权他提起诉讼或做出答辩，而使被承诺人产生的费用。(3)诉讼中基于和解条款被承诺人已经支付的所有款项，如果这种和解不违反承诺人的指令，并且被承诺人尽到了就好像没有损害赔偿合同一样的谨慎义务，或者承诺人授权他在诉讼中和解，而使被承诺人产生的费用。

(二)合同担保

根据文莱《合同法》的解释，"担保合同"是由于某一个人的违约而使第三方履行承诺或承担责任的合同。提供担保的人叫保证人，由于违约而得到担保的人叫做主债务人，被提供担保的人叫债权人。担保可以是口头形式，也可以是书面形式。

1. 担保责任

(1)保证人的担保责任范围。为主债务人做的任何事情或任何承诺都可以是担保人提供担保的充分对价。保证人的责任与主债务人的责任是同时延伸的，除非合同有其他约定。

(2)连续的担保。能够适用于一系列交易的担保叫做"连续的担保"。对于未来的交易，保证人可以随时撤销连续的担保，只要通知债权人。如果没有相反的约定，保证人的死亡对于未来的交易来说相当于对连续担保的撤销。

(3)担保责任的免除。根据文莱《合同法》的规定，保证人存在下列情况时，担保责任免除：①如果没有保证人的同意，主债务人和债权人之间任何条款的变化将导致担保人免除对变化之后的交易的担保责任；②如果任何主债务人与债权人之间的合同使主债务人的债务免除，或者通过债权人的作为或不作为的法律后果是免除主债务人的债务，那么保证人的责任因此而免除；③债权人与主债务人之间的和解协议，或者债权人承诺给主债务人延续履行期限或不起诉，除非保证人同意这种合同，否则担保人免除担保责任；④如果债权人做了任何与担保人权利不一致的行为，或者由于疏忽而没有履行担保人要求他履行义务，最后使保证人能够对主债务人采取的救济措施受到损害，保证人免除责任；⑤保证人享有保证合同成立时因债权人对主债务人所享有的所有担保而产生的利益，无论保证人是否知道这种担保的存在，如果债权人失去，或者没有保证人的同意而断绝了这种担保，保证人在这种担保的价值范围内免除保证责任。

2. 共同保证

共同保证是指有两个或两个以上保证人的保证。对于共同保证，法律规定了如下相应的规则。(1)当存在共同保证人时，债权人对其中一个保证人责任的免除并不意味着对其他保证人责任的免除，也不使被免除责任的担保人免除对其他担保人的责任。(2)当存在两个或两个以上对同一债务的共同保证人时，保证责任或者是联合的或者是分别的，无论是否在同一合同还是在不同的合同下，也不论是否相互知道，只要合同没有相反约定的条件，共同保证人之间对整个债务或者对于主债务人履行剩下的债务要承担责任，他们之间的责任应平均分配。约定了不同担保数额的共同保证人，在他们各自承担义务允许的范围内平均分担。

3. 担保人权利

当担保债务到期，或者由于主债务人违约而使担保义务发生时，如果担保人清偿了债务或履行了他的义务时，就被赋予了债权人能够对抗主债务人的所有权利。在每一个担保合同中都有一个主债务人对保证人赔偿的默示承诺，保证人有权要求主债务人支付根据担保合同他正确支付的金额，但不包括他错误支付的款项。

4. 担保的无效

根据文莱《合同法》规定，下列担保合同是无效的：由于债权人对有关交易的实质性部分的错误陈述，或者在他知道或同意条件下而做出的错误陈述而成立的担保无效。债权人通过对实质性条件保持沉默的方式而获得的担保是无效的。当一个人对合同提供担保，需要另一个人加入成为共同保证人时债权人才遵守该合同，那么如果另一个人不加入，这个担保是无效的。

(三) 质押寄托

根据文莱《合同法》规定，寄托是指为了一定的目的，货物由一个人交付给另一个人，当目的实现时，根据合同货物将交还交付货物的人，或者根据交付货物的人的指示处置货物。交付货物的人是委托人，接受货物的人是受托人。如果寄托的货物是作为清偿债务或履行承诺的担保，这种货物被称为"质押物"，委托人在这种情况下被称为"质押人"，受托人称为"质权人"。

1. 可用于质押的财产

根据文莱《合同法》的规定，占有任何货物或任何提单、仓单、仓库管理员收货证书、码头管理员证书，或者交付的许可证和命令，或者货物所有权的其他文件的人可以用这些货物或文件设立有效的质押。但是，用于质押的这些货物和权利证书不能以侵权或欺诈的方式从它的合法所有人或合法管理人处获得的。

2. 质权人的权利和义务

根据文莱《合同法》的规定，质权人的权利和义务主要有以下几个方面。

（1）质权人可以保留或出卖质押物。如果质押人在规定的时间对质押物所提供担保的债务和承诺未履行责任，质权人可以对质押人提起诉讼要求履行债务和承诺，还可以保留质押物作为担保，或者可以卖掉质押物，但要给质押人出卖质押物的合理通知。

（2）用质押物清偿债权。质权人不仅有权将出卖质押物的所得用于清偿质押人所欠自己的债务和履行相应的承诺，还可用于清偿债务的利息和质权人占有和保存质押物而发生的所有必要费用，并且有权向质押人收取为保管质押物而发生的特别费用。如果出卖质押物的所得少于应付债务或承诺的数额，质押人仍有责任承担剩余的责任。如果出卖质押物所得多于应付数额，质押权人应将多余的数额返还给质押人。

3. 质押人的权利和义务

（1）赎回质押物。如果质权人和质押人确定了清偿债务或履行承诺的时间，也根据这个时间设定了质押，质押人在按照确定时间清偿债务或履行承诺时违约，他可以在质押物被实际出卖前赎回质押物，但在这种情况下他必须支付由于违约而产生的所有费用。

（2）不允许质权人保留质押物。如果合同没有约定上述情形的效力，那么，质权人不应为了被担保的债务或承诺以外的任何债务或承诺而保留质押物。

（3）质押利益范围的有限性。当一个人以他只具有有限的利益的货物作为质押时，质押在他的利益范围内才是有效的。

第五节　婚姻家庭法

一、婚姻法概述

文莱于 2013 年重新修改了婚姻法案，该法案共有 41 条，分为五个部分，第一部分是前言，主要介绍了该法案的适用范围；第二部分是宗教婚姻的规定，主要介绍了宗教婚姻的生效和举行；第三部分是民事婚姻，主要介绍民事婚姻的登记与生效；第四部分是违反婚姻法案的处罚规定；第五部分是一般其他事项的规定，主要介绍了婚姻无效、到高院的请愿等内容。文莱婚姻法适用于文莱国土范围内的一切婚姻关系，但是对于信仰穆斯林教、印度教、佛教等宗教并根据其信仰的宗教规定而设立的婚姻，只要与文莱婚姻法不冲突，即可获得文莱国家的有效认可。另外，文莱施行一夫一妻制，只承认异性婚姻，不承认同性婚姻的效力。

（一）婚姻缔结

1. 文莱婚姻缔结的实质要件

婚姻缔结的实质要件包括：（1）婚姻缔结年龄必须达到 14 周岁；（2）缔结婚姻双方不得具有亲属、血缘关系；（3）缔结婚姻的人不得与第三人存在有效的婚姻（禁止重婚）；（4）缔结婚姻者不得为精神病患者；（5）缔结婚姻者自愿缔结婚姻，不得受他人强迫。

2. 婚姻缔结的形式要件

婚姻缔结的形式包括民事登记结婚和宗教仪式结婚两种。民事登记结婚是指缔结双方按照婚姻登记机关的规定登记结婚。民事登记结婚要除登记机关的登记人员和缔结双方之外，还需要两名可信度较高的证人在场，见证缔结双方的宣誓。宗教结婚是指在教堂等场所按照宗教的规定、习惯习俗、礼仪、典礼进行的神圣的结婚仪式。如果缔结婚姻一方为未满 18 岁的少女，那么在举行民事或宗教结婚仪式的时候，必须经过其父亲的同意，如果其父亲已去世，则由其祖父或类似祖父辈的长者作出是否同意的表示，如果没有这样的长者则经其母亲同意即可。同时法律又规定，若这些长者作出不同意的决定具有不合理性，那么法院仍可作出同意该少女结婚的决定。

3. 宗教婚姻

在婚姻缔结双方决定缔结婚姻之前，需要将其缔结意思通知牧师，通知内容包括缔结双方的姓名和国籍、职业情况、住址、居住时间、年龄、举行婚姻的教堂、举行时间。宗教结婚的意愿需经过教堂进行结婚预告公示之后 3 个月内，由有资质的牧师主持婚礼。缔结双方必须向牧师以书面或者口头作出承诺，承诺自己与对方符合法律规定的婚姻缔结条件。当牧师举行婚礼结束后，牧师、缔结双方以及至少两名现场证人在婚姻申请书上签字，并到官方婚姻登记处进行登记。登记之后，该宗教婚姻便可受到法律的保护。

民事婚姻与宗教婚姻类似，民事婚姻的程序要求婚姻缔结双方递交通知书给婚姻登记处。民事婚姻的通知书内容与宗教婚姻的通知书内容一致。登记机关应当将婚姻缔结双方的结婚通知书进行公示，公示期满后缔结双方应当在 3 个月内举行结婚典礼。但是，不举办婚礼典礼并不必然导致该民事婚姻无效。缔结双方应当在登记机关工作人员面前宣誓之后方可获得婚姻登记。倘若婚姻缔结双方具有不符合结婚条件的情形，登记机关有权拒绝登记。

二、违反婚姻法的处罚

任何人为了获得婚姻登记而实施虚假宣誓、提供虚假信息或者虚假签字等行为，是犯罪行为，将被处以罚款和 5 年监禁的处罚。为了达到登记结婚的目的，而违法作出同意缔结双方结婚的决定的，将被判处罚款和 3 年监禁。缺乏主持婚礼资格的人，故意主持或蓄意主持婚礼的，是犯罪行为，将被判处罚款和 10 年监禁。当有资格主持婚礼的主持人明知或故意在缺乏两位可信任的证人在场而主持婚礼的，该主持人行为是犯罪行为，将被判处罚款和 3 年监禁。故意毁损婚姻登记簿、故意给不符合法律规定的当事人进行婚姻登记、故意不给予符合法律规定的当事人进行婚姻登记等行为均是犯罪行为，将被处以不同数额的罚款或监禁。当然，如果仅仅是因为地址、结婚通知书、婚姻证书翻译、婚姻典礼举办地点、婚姻的登记存在瑕疵，那么婚姻并不必然无效。

第七章　越南民事法律

第一节　民法典概述

越南由于长期战乱及战争结束后实行计划经济，认为社会主义建设不需要民法典，民事关系多用行政法令来进行调整。1986 年以来，由于实行社会主义市场经济改革，民法典的编纂工作被提上立法日程。1995 年 5 月，民法典第十草案向国民公布并征求意见后又形成公开公布的第十二草案。同年 10 月 28 日，越南社会主义共和国第九届国会第八次会议就越南社会主义共和国民法典最终草案进行表决并通过，同日公布了其历史上第一部社会主义民法典，《越南社会主义共和国民法典》从 1996 年 7 月 1 日施行。2005 年越南国会对民法典进行了重大修订，2015 年又分布了新的民法典。

一、民法概述

殖民地时期的越南，直接参照适用法国民事法律，如《1804 年法国民法典》和《1807 年贸易法典》，故而越南民法典受旧宗主国法国民法典的影响较大。结束殖民历史以后，越南曾经历了以政策代替法律的阶段，如 1950 年 5 月 22 日颁布的第 97 号《关于修改旧民法的意见》教令对当代越南民法的发展具有十分重要的意义。这个教令，一方面废止了旧民法中带有封建性、殖民性的内容；另一方面补充了新的内容，确立了新环境下的民法原则。但是，仍然改变不了这个阶段越南民事规范以政府决议、总理决定、最高法院的通知指示等政策性规范为主的立法停滞状态。

二、立法进程

《越南民法典》的立法动议始于 1980 年，并在国会恢复司法部以后专门成立了民法起草委员会，最终于 1991 年正式着手越南民法起草工作，委员会组织翻译并参照了多国民法，如《法国民法典》《德国民法典》《日本民法典》《中国民法通则》《苏联民法纲要》《俄罗斯新民法典》《泰国民法典》《瑞士债务法典》等。在立法过程中，聘请了日本民法学者森岛昭夫教授参与起草。森岛昭夫研究方向为侵权行为法、环境法，越南民法典关于侵权行为法的规定颇为先进。根据越南国会关于施行民法典的决议，从民法典施行之日起，原《民事合同法令》（1991 年 4 月 29 日）、《住宅法令》（1991 年 3 月 26 日）、《继承法令》（1990 年 8 月 30 日）、《工业所有权保护法令》（1989 年 1 月 28 日）、《著作权保护法令》（1994 年 12 月 2 日）、《关于越南的外国技术转移法令》（1988 年 12 月 5 日）失效。

越南民法典使用的语句通俗易懂，并设前文，法典以财产法为中心，这些方面颇像法国民法典。越南民法典的前文是关于立法目的的规定，不分条而只设三段，分别规定立法目的。《民法典》是越南原来的民事法律的继续和发展，是《1992 年宪法》中关于民事法律规定的具体化，在国家法律体系中占有重要地位。全文的规定表明，越南的改革将继续坚持社会主义方向并实行与自由市场经济不同的国家管理的市场经济。

经过近 10 年的实施，越南法学家们发现这部当代唯一的民法典存在着许多问题，有一些规定与实际不符；有一些规定不具体，如第二编"财产和所有权"太笼统，未能涵盖具体财产权的内容，特别是未规定他物权；带有行政色彩，有一些调整国家与公民之间关系的条款，如户籍登记条款，用行政制裁的方式来解决无效合同的问题；对于一些合同规定了登记、许可、审批等手续，许多与世贸规则相矛盾的地方，特别是关于合同、知识产权等领域更为突出。为此，对 1995 年民法典作重大修改成为必要。2003 年，全面修改民法典提上了议事日程。经过两年的时间，新的越南民法典草案起草完毕并于 2005 年获得通过，从 2006 年起施行。2015 年 11 月 24 日，越南社会主义共和国第十三届国会第十次会议通过了新的民法典，于 2017 年 1 月 1 日起正式生效，包括"总则""财产所有权和其他权利""义务与合同""继承""适用于涉外民事关系的法律""执行条款"六编，共

689 条。

三、立法目的

越南民法典前文中"为促进民事交易"的表述，鲜明地表明了越南民法典的立法目的。越南民法典是以调整民事交易关系为核心的，是规定交易主体的法律的地位、权利义务和交易规则的法典。为促进交易，法典直接使用"民事交易"的章名规范民事行为，各条文均从民事交易角度加以规定，包括民事交易的定义（指民事债权、债务发生、变更、终止的主体一方的法律行为和合同）、效力及条件、目的、形式、解释、无效的种类、无效的后果等。而且，法典调整的身份关系，明文规定仅限于民事交易的身份关系，不包括婚姻家庭方面的身份关系。

越南民法典第一条规定"民法典规定个人、法人和其他主体的法律地位，规定各主体相应的法准则"。这项规定有三点内容：（1）规定主体的法的地位；（2）规定各主体的权利义务；（3）规定各主体的行为准则。其中，第二点为核心，表明民法调整财产关系和交易上的身份关系此种立法目的与一般民事立法以保障财产安全的目的不同。

四、法典结构

大多数国家和地区编撰的民法典都采取在首部使用序编的形式，像德国民法典那样的范式现在只有少数国家，而越南就是少数采用总则立法体例的其中之一，在结构上将序编性条文置于总则的最前部，总则内容继而展开。1995 越南民法典的结构为：前文；第一编总则；第二编财产与所有权；第三编债务与民事合同；第四编继承；第五编转移土地使用权；第六编知识产权及技术转让；第七编海外要素民事关系。2005 年越南民法典将一些行政管理性质的规定从民法典中删除后，共七编 36777 条，比 1995 年越南民法典减少了 61 条，一些内容归民事特别法。2015 年越南民法典不仅在结构和内容上进行了优化和精简，还将越南传统的道德价值、交易习惯与现代社会的新事物、新观念相结合，既保留了传统法律文化的基础，又移植了西方国家先进法律制度的内容，体现了传承和创新，具有较大的进步性。

第二节　总　　则

一、关于序编

大多数国家和地区编撰的民法典都采取了在首部使用序编的形式，像德国民法典那样的范式现在只有少数国家在追随了，而越南就是采用总则立法体例的少数国家之一，在结构上将序编性条文置于总则的最前部，总则内容继而展开。越南民法典总则的第一章为"民法典任务和效力"，即实质上的序编。序编规定了民法典的任务及调整范围，尊重国家、公众、他人的权益；遵守法律，尊重公德与良俗，尊重和保护人身权、财产权自愿，平等，善意诚实，承担民事责任，和解，保护民事权利；适用习惯与类推诸原则，并规定了民事权利与义务的根据及民法典的效力，此规定多为民法典的价值宣示。

二、基本原则

越南民法典所规定的基本原则比较多，规定了 11 项基本原则，表述不同于其他国家的民法，较有特色。具体包括：（1）"尊重国家利益、公共利益、他人的合法的权利与利益的原则"，即确立、履行民事债权、债务，不得侵犯国家、公共、他人的合法利益和他人的合法权利；（2）"遵守法律的原则"，即当事人应当依法履行民事债权、债务，法无规定下依照合意，但合意不得违反民法的基本原则；（3）"尊重道德、传统的原则"；（4）"尊重与保护身份权的原则"；（5）"尊重与保护对财产的所有权及其他权利的原则"；（6）"根据自由，自主约束和合意的原则"；（7）"平等原则"；（8）"信义、诚实原则"；（9）"负担民事责任的原则"，即当事人不履行或不完全履行民事债务必须依法承担责任，但还欠缺一些完善，该规定并未以过错为要件；（10）"和解原则"，即国家鼓励当事人合法的进行民事和解，民事纠纷的解决不允许使用武力或以武力相威胁；（11）"适用习惯和法律类似规定的原则"，即无法律明文规定下当事人达成合意时适用习惯，或适用法律类似规定，但不得违反民法的基本原则。

三、民事主体——个人

这部分内容包括涉及个人的民事权利能力和民事行为能力、人身权、住所、监护、公告寻找下落不明人、宣告失踪、宣告死亡等内容。

行为能力的规定从民法原理上看，越南有关行为能力的规定与中国的规定没有太大差别，例如越南民法典规定，年满18周岁的人为成年人，除法律特别规定的情况外，均为完全的民事行为能力人，不满6周岁的人为无民事行为能力人，年满6周岁的未成年人为限制行为能力人。心智存在缺陷或因其他疾病完全或部分不能认识自己行为时，经利益关系人申请，法院宣告其丧失全部或部分行为能力。因注射或吸食麻药或其他刺激物而散失家庭财产的人，经利益关系人申请，法院作出宣告限制其行为能力。当决定以上宣告事由消失，法院取消宣告。

格权的范围关于人格权部分越南民法典作了专节（第二节）规定，包括姓名权，姓名变更权，确定民族的权利，保障生命、健康、身体安全的权利，保护名誉、人格、威信的权利，肖像权，隐私权，婚姻权，夫妻平等权，离婚权，收养养子的权利及被确认养子的权利，对国籍的权利，保障居住安全的权利，信仰的自由权与宗教的自由权，迁徙居住的自由权，劳动权，经营的自由权，创造的自由权。

四、民事主体——法人

这部分内容包括涉及法人的规定，包含法人的一般规定和法人的类型较之中国有特点的是越南国内法人的种类。(1)国家机关、武装力量单位，它们实行国家管理机能、社会活动与文化，非以经营为目的，参加民事法律关系时为法人，用从国家获得的经费对外承担民事责任（而非占有、使用的一切国家财产），在参加有收益活动的情况下，用收益活动所得对相关的活动承担民事责任。(2)政治组织，政治社会组织，是为实现政治社会目标管理、使用、处分属于自己所有财产的组织，参加民事法律关系时是法人，其组织内的成员不得分割其财产，除法律规定不能用来承担民事责任的财产外，用自己所有的财产对外承担民事责任。(3)经济组织，包括国有企业、合作社、有限公司、股份公司、外资企业及具备法人条件的其他企业经济组织法人，必须经国家有关机关认可通过并具有章程，用自己的财产对外承担民事责任。(4)社会组织，社会职业组织，该组织必须根据国家机关的许可而设立，须有章程，为会员的一般需要和组织目的作为会员的个人、组织交付财产或会费，参加民事关系时是法人，用自己的财产承担民事责任。(5)社会基金、慈善基金法人。(6)符合法人条件的其他组织，越南民法典关于法人的规定，均限于参加民事法律关系，明确区分了公法领域与私法领域，在社会主义民法史中具有进步性。

五、合作组

依据越南民法典，户可作为独立的民事法律主体：(1)限于基于土地使用关系，农、林、渔业生产活动及法律规定的其他生产、经营活动，具有共有财产进行共同经济活动的家庭，为相关民事法律关系的主体；(2)与宅基地相关的户是与宅地相关的民事法律关系的主体，户主为户的代表，以用户的共有财产对外承担民事责任，不足的部分，其成员用自己的财产承担连带责任。本法规定合作组是为一定事业，共同出资、共同劳动、共享收益、共担风险的3人以上的个人组成的组织，是相应民事法律关系的民事法律主体，可以理解为合伙合作组用其共有财产承担民事责任，不足部分，由其成员按相应出资负连带责任。

第三节　所有权及其相关规定

一、所有权概述

财产包括实物、现金、可兑现为现金的有价证券及各种财产权。所有权包括所有权人依照法律规定所享有的占有权、使用权和处分权。公民、法人及其他主体的所有权受法律承认和保护，任何人不得违反法律的规定侵犯、限制他人的财产权。

所有权的取得方式主要有以下几种：(1)因劳动、合法生产、合法经营所得；(2)依照协议或国家主管部门的决定接受移交的财产；(3)收益、孳息；(4)由合并、混合、加工而产生的新制成品；(5)继承所得的财产；(6)在法律规定的条件下对无主财产、遗失物、遗弃物、埋藏物、走失的家畜、家禽、自然转移的养殖水生物的占有；(7)占有没有法律依据但符合情理且连续、公开占有的时间符合民法典第255条第1款关于时效的规定等情况下取得的财产。

所有权在所有权人将所有权转让给他人，所有权人放弃其所有权，被销毁的财产，用以履行所有人的义务而被处分的财产，被征购的财产，被没收的财产，已被他人依照法律规定的条件确立了所有权的遗失物遗弃物、埋藏物、走失的家畜、家禽、自然转移的养殖水生物的占有，已被他人依照民法典第 255 条第 1 款的规定确立财产所有权的财产等情况下终止。

二、所有权内容

（1）占有权。占有权是所有权人自己控制、管理属于自己所有的财产的权利。在经所有权人转移或法律规定的情况下，非所有权人也可以占有财产。（2）使用权。使用权是所有权人对其所有的财产进行开发、使用并享有孳息、收益的权利，所有权人有权根据自己的意志对所有的财产的用途进行开发使用并享受孳息、收益，但不得损害国家利益、公共利益和他人的合法权利。在接受所有权人转移的财产或法律规定的情况下，非所有权人也可以享有使用权。（3）处分权。处分权是所有权人转移财产所有权或放弃财产所有权的权利。所有权人对自己所有的财产，有权进行出售、交换、赠与、租赁、设立遗嘱、放弃所有权等形式的处分。处分财产必须由有民事行为能力人依照法律的规定进行，法律对财产的处分规定了程序、手续的，按照法律的规定进行。所有权人可以授权他人处分自己的财产，被授权的人实施处分行为必须符合所有权人的意志与利益。限制处分的财产有限制流通的财产、典押的财产、抵押的财产及法律规定的其他财产。当出售的财产是历史文物、文化遗迹时，国家有优先购买权。当法律规定某些公民、组织对一定的财产享有优先购买权时，所出售的财产必须让其优先购买。

三、所有权形式

（1）全民所有。土地、山林、河流、湖泊、地下资源、海洋资源、大陆架以及空中资源，国家投资于企业、工程、行业、经济领域、文化、社会、科学技术、外交、国防安全方面的财产和资金及法律规定的其他属于国家的财产都属于全民所有的财产。（2）政治组织、政治社会组织所有。政治组织、政治社会组织所有的财产的管理、开发使用和处分必须遵守法律的规定。（3）集体所有。对集体所有的财产的占有、使用、处分须遵守法律的规定。集体组织的成员有权优先购买、租用、承包。(4)私人所有。公民的合法收入、储蓄存款、住宅、生活资料、生产资料、资本、孳息、收益及其他合法财产属于私人所有的财产，对于法律规定不能由私人所有的财产，公民不能享有所有权。(5)社会组织、社会行业组织所有。社会组织、社会行业组织依照法律的规定对其所有的财产在符合本组织章程中规定的活动目的的前提下行使占有、使用、处分的权利。(6)混合所有。不同的经济成分的所有权人为了生产、经营以获得利润为目的而集资的所有财产。(7)共同所有。共同所有分为按份共有和共同共有两种形式。(8)群体所有。群体所有是宗族、村、邑、乡等群众群体用以满足这个群体的合法共同利益目的的按习惯形成的所有财产。

四、相关规定

(一)与所有权有关的义务

所有权人在享有权利的同时，还负有紧急避险时的义务，保护环境的义务，尊重、维护社会秩序、公共安全的义务，尊重不动产界限的义务，尊重建筑规则的义务，对相邻的建筑工程的安全保障义务，等等。

(二)与所有权有关的其他权利

所有权人除享有前述的权利外，还享有要求修理、拆除相邻不动产的权利，对相邻不动产使用权的限制，相邻不动产的通行权，相邻不动产架设电线路、通信线路权，通过相邻不动产供水、排水的权利。

第四节　合　同　法

一、合同法概述、原则与渊源

(一)合同法基本原则

1. 意思自治原则

意思自治原则，也称合同自愿原则。越南民法典第 395 条规定当事人可以

"自愿、自由订立合同"，这是关于意思自治原则的规定，具体内容包括以下各项。(1)缔结合同的自愿和自由。当事人自愿缔结合同，不受他人的非法干涉。缔结合同的自由，是其他一切自由的前提和基础。若当事人在缔约时没有享有充分的自由，处于不自愿的状态，合同的效力就受到影响。(2)选择缔约相对人的自愿和自由。当事人有按照自己的意愿，决定与何人订立合同及决定与何人不订立合同的权利，不受任何人的非法干涉。(3)决定合同内容的自愿和自由。决定合同的内容的自愿和自由，是意思自治原则的核心。合同自由，并不意味着当事人对合同内容的决定可以违背现行法律的强制性规定。(4)变更和解除合同的自愿和自由。在合同有效成立后，可以通过协商，对合同的内容进行变更，甚至将合同完全解除。

2. 诚实信用及正直原则诚实信用原则是合同法的基本原则，简称诚信原则

诚信原则是民法的基本原则之一，是指合同当事人在从事与合同有关的行为时，应当诚实守信，以善意、合作的方式行使其权利、履行其义务，不得有欺诈行为，并以此为标准，维持当事人之间的利益、当事人的利益与社会利益之间的平衡。

3. 守法原则和遵守社会道德原则

合同不得违背法律和社会道德，这一条规定了两个原则，一是守法原则，二是遵守社会道德原则。

4. 平等原则。合同当事人的地位是平等的，适用同样的法律，进行有关合同的民事活动须平等协商，不得将自己的意志强加于对方当事人，合同双方当事人的民事权利平等地受法律保护。

5. 善意合作原则

合同的当事人应善意地从事合同活动，不得有欺诈、蒙骗的行为，按照合作的原则从事合同活动，对于合同活动中出现的问题，应互相协商、相互谅解和有利合同的履行进行解决。

(二)合同法主要渊源

在越南，合同法律最主要的渊源是越南民法典。越南民法典规定了合同的原则，合同种类，合同的缔结与履行，合同的效力与无效处理，违约与救济措施。

越南中央政府制定的民事交易方面规制、实施细则。越南中央政府所属各部委根据宪法、法律的规定发布的关于民事方面的规定指示，越南各级地方政府和各级地方议会发布的有关民事方面的地方性法规、决议、命令，越南最高法院有关民事方面的司法解释对地方各级法院有约束力，经越南国家认可的习惯，也可以作为民事活动的准则等也是合同法律的重要渊源。

二、合同缔结、订立与形式

(一)合同缔结

1. 缔约主体

合同的主体是合同的当事人，即订立合同的自然人、法人和其他组织。在合同关系中，无民事行为能力的人或限制民事行为能力人订立的合同的效力受到影响。

2. 要约

要约要发生法律效力，应当符合下列构成要件。(1)要约必须是特定人的意思表示。要约是要约人意图与他人订立合同，而由要约人向受要约人发出的意思表示。所以，要约必须是特定人的意思表示，只有要约人特定，受要约人才具有承诺对象。(2)要约的内容须具体、确定。要约的内容具体，是指要约的内容必须具有足以确定合同成立的内容。要约必须包含将来合同的主要条款。要约内容的确定，是指要约的内容必须明确，不能含糊不清，应当达到一般人能够理解其真实意思的水平。(3)经受要约人承诺，要约人即受该要约意思表示的约束。要约被承诺后即具有法律效力。(4)要约必须发给的是要约人希望与之订立合同的受要约人。当一方当事人向另一方当事人发出要约规定了合同的主要内容和答复期限的，要约人在该期限未满之前不得以同一内容再向第三人发出要约，并要对自己的要约负责。在被要约人未收到要约的，或要约人在要约中规定了变更、撤回要约的条件时，要约可以变更、撤回。要约人变更要约内容的，变更后的要约视为新要约。被要约人同意订立合同但提出新的条件或建议修改要约的，被要约人提出的条件或建议视为新的要约。要约可以在被要约人不予承诺或承诺延迟，承诺期限已过的等情况时终止。

3. 承诺

承诺是以接受要约的全部条件为内容的，其目的在于同意与要约人订立合同。承诺应当符合下列条件。(1)承诺必须由受要约人或其代理人做出。非受要约人向要约人发出的"承诺"，应视为要约，对要约人和受要约人不发生法律效力。(2)承诺是受要约人同意全部要约内容的意思表示。承诺必须全部接受要约的内容，不得改变要约的内容。被要约人同意订立合同但提出新的条件或建议修改要约的，被要约人提出的条件或建议视为新的要约。(3)承诺应在要约人规定时间、地点和方式做出。当要约人规定了答复期限时，承诺只有在该期限内表示才有效力。如果要约人在答复期届满后才收到承诺答复的，则该承诺视为被要约人(延迟答复方)的要约，不发生承诺的效力。当各方直接进行洽谈，包括通过电话及其他通信工具进行洽谈时，收到要约的一方应当场表示作出承诺或不予承诺，但另有约定的除外。承诺通过邮局寄送的，承诺时间以邮戳为准。

(二)合同订立

合同在要约人收到有效承诺或各方协商确定合同的主要内容时订立。当双方当事人事先约定被要约人在答复期限届满未做答复即视为认可的，在答复期限届满而被要约人保持沉默的，答复期限届满时即为合同订立的时间。口头形式的合同的订立时间为当事人就合同的主要内容直接协商并确定的时间，书面合同在最后的当事人在合同文本上签字时订立。对于必须经确认、登记、批准或经国家公证机关公证的合同，在确认、登记、批准或公证时订立。订立合同的地点为发生订立合同要约的公民或法人的住所，但另有约定的除外。

(三)合同形式

合同的形式，是当事人达成合意的表现形式，是合同内容的外在表现，是合同内容的载体。合同的形式分为两种：一是法定形式，二是约定形式。合同的法定形式是指法律规定了某种合同应采取的特定形式。合同的法定形式必须基于法律的规定，其形式不允许当事人进行选择、变更或废止，其效力直接基于法律的规定。越南民法典第400条规定"法律规定必须以书面形式订立并须经国家公证机关公证的、必须确认、登记、批准的，应当遵守法律规定的形式"。合同的约定形式是指当事人对于没有法定形式要求的合同，所共同合意采取的合同形式。合同的约定形式充分尊重合同当事人的意思自由，允许当事人自由选择、变更或废止合同形式，自由决定合同形式的效力。《越南民法典》第 400 条规定"当法律没有规定合同的订立形式时，民事合同可以采取口头形式、书面形式、具体行为形式订立，当各方约定以某种形式订立合同时，依照该形式进行的即视为合同已经订立。"因此，也可以将合同的具体形式可以分为三种：一是书面形式，二是口头形式，三是其他形式。

三、合同内容、履行与修改

（一）合同内容

合同的内容，就是合同当事人所约定的权利义务，包括合同的权利和合同的义务，简称债权和债务。合同条款就是合同内容的表现形式，是合同内容的载体。

1. 合同主要内容

合同的主要内容是合同所必须具备的条款，当缺乏这些条款时，合同不得订立。合同的主要内容由法律规定，在法律未作规定时，按照当事人的协议确定。（1）标的。标的，是合同的权利与义务所指向的对象，包括给付一定的财产、完成一定的工作或不得作出一定的行为。在一切合同中，都必须具备标的条款。制定合同的标的条款时，需要明确写明物品或服务的名称，注意不同地区、国家、语言对同一标的的不同称谓，使合同的标的特定化，使合同的履行有明确确定的目标。（2）数量。数量是度量标的的基本条件。数量条款是合同的必备条款，没有约定或约定不明的，合同将无法履行。标的的数量应当确切，应选择双方当事人共同接受的计量单位，确认双方认可的计量方法。（3）质量。质量也是度量标的的条件。合同双方应约定明确的质量标准，以便于履行和避免发生质量争议。（4）价款或报酬及结算方式。价款或报酬是取得标的所必须支付的对价。价款一般对于取得物而言，报酬相对于取得服务而言。在有偿合同中，价款和报酬应明确规定或者规定价款和报酬计算方法等。但要注意的是，价款和报酬属于合同标的本身的对价，一般不包括运费、装卸费、保管费、仓储费、保险费等费用，这些费用应在条款中一一列明，以避免发生争议。但是，在无偿合同中，不存在价款和报酬条款，这一点笔者认为是越南民法典立法的不严密之处。(5)履行地点、期限和方式。这些都是合同的主要条款，都应当在合同中尽量地予以明确约定，以避免发生争议。(6)各方的权利与义务。应在合同中约定当事人的权利与义务，但不得违背法律的强制性规定。(7)违约责任。违约责任是当事人在违反合同约定的义务后应当承担的合同法上的不利后果。违约责任也是合同必备的条款。

2. 各类合同特殊条款

具体的合同对合同的内容要求不同，表现为合同的条款有差异，每类合同都有其与其他合同不同的条款，即特殊条款。

3. 合同解释

合同不清楚的条款，应根据当事人的真实意思进行解释，而不能仅仅按照字面的意思进行理解：①当对合同条款的理解发生歧义时，应按照在实施时对各方当事人最为有利的理解进行解释；②当对合同中的某个词语有多种不同的含义时，按照最符合合同性质的那种含义进行解释；③当合同的某些条款或词语难以理解时，应根据订立合同地的习惯进行解释；④当合同缺少一些不属于必备的条款时，可以在订立合同地按该类合同的惯例进行补充。对合同的解释应互相联系，以便对某些条款的解释含义与整个合同的内容相吻合。

4. 其他规范

合同书可以附以附录，以规定合同某些条款的细则，合同附录的内容不得与合同内容相冲突。合同附录与合同具有同等的效力。

(二) 合同履行

合同的履行，指合同的债务人全面地、适当地完成其合同义务，债权人的合同债权得到完全实现。在一般情况下，合同的履行是实施履行合同标的的行为，如交付货物，完成工作，提供劳务及支付价款等。合同的履行是合同过程的中心环节。合同的成立是合同履行的前提，合同的履行是合同债权实现的必经过程。

1. 合同履行的原则

合同的履行应当遵守诚实守信原则、遵守约定原则及不得侵犯国家利益、公共利益和他人合法权利、利益的原则。(1)诚实守信原则。合同关系依其性质，要求双方当事人讲究诚实信用，不容许欺诈、蒙骗、任意毁约等行为。在合同履行过程中遵守诚实信用原则，是指履行合同应当根据合同的性质、目的及交易习惯，履行虽然没有约定或可能没有约定的诸如通知、协助及保密等合同当事人附随的义务。(2)遵守约定原则。遵守约定原则是指合同当事人应当按照合同的约定履行自己的合同义务。遵守约定原则包括两个方面：一是适当履行，二是全面履行。适当履行是指合同的当事人按照合同约定的履行主体、标的、时间、地点以及方式等均须适当，完全符合合同约定的要求的原则。任何一方当事人不经对方当事人的同意，不得变更合同约定的内容。凡是以物作为标的的合同，要按照约定的标的物的质量和数量履行。如标的物为特定物，不得以种类物代替履行。凡是以行为为合同的标的物，要依照约定的行为履行。全面履行，是要求合同当事人按照合同所约定的各项条款，全部而完整地完成合同义务。(3)不得侵犯国家利益、公共利益和他人合法权利、利益的原则。当事人在履行合同的过程中，应遵守法律的规定和社会公共道德，尊重他人的合法利益。

2. 单务合同的履行

对于单务合同，负有义务的一方应根据协议的约定履行，非经权利人的同意，不能提前或延迟履行。

3. 双务合同的履行

对于双务合同，当事人双方应严格按照合同的约定履行各自的义务，合同约定了先后履行顺序的，按照合同约定的顺序履行；合同没有约定履行的先后顺序的，应同时履行。当事人不得主张对方未对自己履行义务为由延缓履行自己的义务，但在行使暂缓履行义务权时除外。双务合同中的暂缓履行义务权。当后履行义务的一方当事人财产严重减少导致不能履行合同中规定的义务时，合同约定的应先履行义务的一方当事人有权暂缓履行义务，直至对方有能力履行其义务或提供担保。当一方当事人由于对方的过错而造成不能履行其义务时，有权要求对自己继续履行义务或撤销合同，并有权要求赔偿损失。

4. 为第三人的利益订立的合同的履行

在履行为第三人的利益订立的合同时，第三人享有直接要求负有义务的当事人对其履行义务的权利，但当当事人之间对合同的履行存在争议未解决之前，第三人无权要求义务方履行义务。有权利的一方当事人也可以要求负有义务的一方履行其义务。第三人可以在义务方履行之前拒绝接受为其设立利益的合同，在这种情况下，负有义务的一方可以不履行其义务，但应通知享有权利的一方。此时，合同视为被撤销，各方应相互返还已经交付的财产。当第三人在负有义务的一方已经履行完毕义务后拒绝接受为其设立利益的合同的，此时合同视为已经履行完毕，有权利的一方仍应履行其对负有义务的一方的义务。当第三人同意接受为其设立的利益的合同的，未经第三人的同意，订立合同的各方当事人不得修改或撤销合同，即使合同尚未履行。

5. 单方停止履行合同

合同约定或法律规定一方违约是停止合同履行的条件，当一方违反合同的约定时，另一方可以按照合同的约定或法律的规定，单方停止合同的履行并不负担损失的赔偿责任，并且违约方应承担赔偿对方的损失。单方决定停止合同履行的，应立即通知对方。对于未通一知而给对方造成的损失，应负赔偿损失的责任。当合同被单方停止履行时，合同自通知送达对方时终止，已经履行义务的一方当事人有权要求对方给予清偿。

(三) 合同修改

合同的当事人可以协商修改合同并解决因合同修改造成的后果，但法律另有规定的除外。合同以书面形式订立并有国家公证机关公证或经过确认、登记、批准的合同，在修改时也应按照订立合同时的程序办理有关修改手续。

四、合同撤销、终止与担保

(一) 合同撤销

合同约定或法律规定一方违约是停止合同履行的条件的，当一方当事人违反合同的约定，另一方当事人可以按照合同的约定或法律的规定，有权撤销合同并不负赔偿损失的责任。撤销合同的一方当事人应立即将撤销合同的决定通知对方，对因未通知对方而给对方造成的损失，应承担赔偿损失的责任。合同被撤销的，视为自订立时起就不具有任何效力，当事人应相互归还从合同中获得的财产，能够归还原物的，应归还原物；不能归还原物的，应以现金偿付。在合同撤销中有过错的一方承担赔偿损失的责任。

(二)合同终止

民事合同在下列情况下终止：(1)合同已经履行；(2)各方协议终止；(3)订立合同的公民死亡而该合同必须由已经死亡的该公民亲自履行的，订立合同的法人或其他主体终止而该合同只能由该法人或该主体履行的；(4)合同被撤销、被停止的；(5)因合同的标的不存在而造成合同不能履行时，各方商定以别的标的替代或赔偿损失的；(6)法律规定的其他情况。

(三)合同担保

合同的担保，是指对于已经成立的合同关系，为了促使义务人履行其义务，确保权利人实现其权利的法律制度。合同的担保有财产质押、财产抵押(包括动产抵押和不动产抵押)、典押、保证、订金、押金、违约处罚、留置八种。财产质押、财产抵押(包括动产抵押和不动产抵押)、典押、保证、订金、押金、违约处罚，是依据当事人之间的约定设立，留置是直接根据法律的规定而设立。

第五节　继　承　法

一、继承权

越南民法典第 631 条规定："个人有权立遗嘱处分自己的财产，可依法将自己的财产留给继承人，个人可按遗嘱或法律继承财产。"第 632 条规定："个人生前对遗产的处分权和个人依照遗嘱或法律享有的继承权平等。"这是关于继承权的法律规定。

继承是自然人死亡后其近亲属按照有效遗嘱或者法律直接规定，无偿取得其个人遗留的合法财产的法律制度。在继承法律关系中，遗留财产的死者称被继承人，依法承受死者财产的人称继承人，死者遗留的财产称遗产。继承权是继承人按遗嘱或法律继承被继承人遗产的权利。

按越南民法典规定，遗产包括死者的个人财产、死者生前与他人的共同财产中属于死者的份额。继承人必须是继承开始时还活着的个人，或刚出生的在被继承人死亡之前就怀孕且继承开始后还活着的个人，根据遗嘱，继承人为机关、组织时，必须是到继承开始时仍然存在的机关或组织。

二、继承开始时间和地点

继承从被继承人死亡时开始。法院宣告死亡时，继承开始的时间为本法典第81条第2款规定的确定死亡日。继承地点为被继承人的最后居住地；如果不能确定最后居住地时，全部或大部分遗产的所在地为继承地点。当相互享有继承权的人同时死亡或因不能确定死亡顺序而推定同时死亡时，不得相互继承遗产，而由各自的继承人分别继承各自的遗产，代位继承情况除外。

三、被继承人财产义务履行

自继承开始时，各继承人就承受了被继承人遗留下的财产权利和义务。继承人有责任履行被继承人留下的财产义务；当遗产尚未分割时，被继承人留下的财产义务由遗产管理人依照各继承人的协议履行；当遗产已经分割时，被继承人的财产义务由各继承人按照各自享受遗产的份额承担相应比例；当国家机关、组织按遗嘱继承遗产时，也必须像个人继承人一样履行被继承人留下的财产义务。

四、遗产管理人

遗产管理人为遗嘱中指定管理财产的人或各继承人共同推举管理遗产的人。当遗嘱未指定遗产管理人且各继承人也未推举遗产管理人时，由正在占有、使用、管理遗产的人继续管理遗产直至各继承人推举出遗产管理人时止，当未能确定继承人且遗产没有人管理时，遗产由国家有管理权的机关管理。

五、放弃继承遗产

继承人有权放弃继承遗产，为了逃避对他人履行财产义务而放弃继承的情况除外。放弃继承遗产必须立下书面凭据。放弃继承遗产者必须将放弃继承遗产的情况及时通报给其他继承人、遗产分割负责人、国家公证机关或遗产继承地的乡、坊、镇人民政府。放弃继承遗产的期限为 6 个月，自继承开始日起算。从继承之日起 6 个月内，如果没有放弃继承，视为接受继承。

六、继承权丧失

继承权的丧失是指由于出现法定事由后，依照法律规定程序取消继承人继承被继承人遗产的资格。越南民法典规定了下列人不得享有继承权：（1）故意侵害被继承人生命、健康的人，严重虐待被继承人的人，严重侵犯被继承人的名誉、人格的人；（2）长期不履行对被继承人的供养义务的人；（3）其他享有继承权的为了获得全部或部分遗产而故意侵害被继承人生命的继承人；（4）欺骗、强迫或阻止被继承人立遗嘱的人，为了获得全部或部分遗产而违背被继承人意志伪造遗嘱、修改遗嘱、销毁遗嘱的人。如果被继承人生前已知道上述的人有不得享有继承权的行为而仍立遗嘱让其继承遗产时，则该人仍可继承遗产。

七、提起继承诉讼时效

继承人请求分割遗产、确认自己的继承权或排除他人的继承权的时效期间为 10 年，自继承开始时起计算。被继承人留下来的需要继承人履行财产义务的诉讼时效期间为 10 年，自继承开始时计算。

第六节　涉外民事关系

涉外民事关系在越南民法典中是指有外国公民、法人参加的民事关系，确立、变更、终止民事关系的根据是发生在国外或涉及民事关系的财产在国外。

越南民事法律的规定也适用涉外民事关系。当越南参加或签订的国际条约的规定与越南国内法的规定相不一致时，适用国际条约的规定。当越南法律规定可以适用外国的法律，或越南参加或签订的国际条约援引外国法律时，涉外民事关系可以适用外国法律。如果各方在合同中约定适用外国法律，且该法律不违背越南法律的规定的，也可以适用外国法律。当涉外民事关系不能用越南法律和越南签订或参加的国际条约调整时，可以适用国际惯例，但不得与越南法律的基本原则相冲突。

当适用外国法律时，对无国籍人适用其常住国的法律；没有常住国的，适用越南的法律。对拥有多个国籍的外国人，适用民事关系发生时，该外国人常住并拥有该国国籍的国家的法律；若该外国人不在其拥有的国籍的国家常住的，适用与其所拥有国籍的国家中联系最密切的国家的法律。

外国人的民事行为能力依照其国籍国的法律确定，当其在越南确立、实现民事交易时，其民事行为能力依照越南的法律确定。外国法人的民事权利能力依照其注册国的法律确定，当其在越南确立、实现民事交易时，其民事行为能力依照越南的法律确定。财产所有权的确立、终止、内容依照财产所在国的法律确定。对处在运输中的动产的所有权依照动产到达国的法律确定，但另有约定的除外。

涉外民事合同的订立形式应遵守合同订立地所属国的法律。如果订立的合同形式不符合该国关于合同形式的规定，但不违背越南的法律规定的，在越南仍有效力。民事合同在越南订立并完全在越南履行时，应遵守越南的法律。合同未规定履行地的，应依照越南法律确定履行地。涉及在越南的不动产的合同必须遵守越南的法律。

合同外的损害赔偿依照损害行为地或损害行为引起的后果发生地所属国的法律确定。因飞机、船舶在国际空域或公海上引起的损害赔偿，依照飞机、船舶注册国的法律确定，但越南航空法、航海法另有规定的除外。

第八章 老挝民事法律

第一节 民法概述

老挝没有民法典，老挝民法相关规范散见于不同的单行立法中。1990 年的《家庭法》规定，夫妻财产分为固有财产和婚后取得财产。固有财产是丈夫或妻子所有带入共同财产的财产部分，或由配偶一方特别继承的财产。夫妻婚姻持续期间所取得的财产是婚后取得财产。对共有财产进行分配时，只能对婚后取得财产进行分配。夫妻如果离婚，对离婚负有责任的一方只能取得婚后财产的一小部分。

1990 年的《继承法》规定，直系继承人(配偶、子女、养子女、继子女)有权继承财产。如果既没有配偶，又没有子女的话，法律有权决定财产的继承人。继承法对耕地、森林及农场等财产的继承规定了特别的分配规则，并对遗嘱继承进行了规定。如同大多数国家一样，遗嘱继承并没有完全的处分自由，按照法律规定，遗嘱继承必须给子女留有相应的部分。

第二节 土地法

为了规范对土地的管理工作，老挝于 1997 年 4 月 12 日颁布了《土地法》，其主要内容如下。

一、土地管理原则

土地是国家的主要资源，属于整个社会所有，由国家进行统一协调管理，国家保护土地使用权所有人的合法权益，如使用权、收益权、转让权和继承权等。所有个人和组织、企业在使用土地的时候必须遵守环境保护的原则。

二、土地管理

国家对全国的土地进行统一协调的管理，具体负责的部门是农业与林业部。同时，财政部根据国家的经济社会发展计划，负责通过土地登记、土地使用权证书、土地租赁等方式对土地进行集中管理，以确保对建设用地的直接管理。国家对土地进行分类管理，老挝将土地分成农业用地、林业用地、建设用地、工业用地、交通用地、文化用地、国防和维护和平用地以及水源地。国家严格控制用地性质的改变，由老挝政府的具体职能部门进行日常管理工作。土地的使用权限最长为 30 年，但可以根据具体的情况进行延长。而公民之间相互租赁土地的使用权限不能超过 20 年，经有关部门批准后，可以延长。土地实际使用时间的确定应根据使用的具体情况和性质来定。

三、土地登记

土地登记是个人或组织取得土地合法使用权的证明。土地登记分为两种：(1)国家出于管理的需要而进行的系统性土地登记；(2)应个人和组织的请求所进行的登记。该法对土地登记的有关程序进行了具体的规定。

四、土地使用者权利和义务

个人或组织取得土地的使用权有三种方式：国家的分配、转让和继承。土地使用者的权利包括土地保护权、土地使用权、土地用益权、土地使用权的转让及土地使用权的继承。但是，国家机构、政治组织及经济社会组织只有管理、使用和保护土地的权利，没有权利转让、租赁土地、将土地入股或用土地作为担保的权利。

土地使用者的主要义务包括：(1)按照土地的用途使用土地；(2)不能对土地的质量、自然环境和社会环境造成损害；(3)不能侵害他人的权利和利益；(4)遵守有关不动产的法律规定；(5)按时履行与土地有关的义务，如支付土地税、转让税、租赁所得税、继承税以及其他有关的管理费用。土地使用权会由下列原因而丧失：(1)没有按照土地的用途使用土地；(2)连续 3 年没有交土地税；(3)没有按照合同和《土地法》的规定使用土地；(4)法院裁决。

土地使用权会由于下列原因而终止：(1)自愿放弃土地的使用权；(2)国家为公共设施而征用土地。

五、外国人租赁土地权利和义务

外国的个人(包括无国籍人)或组织由于需要可以在老挝租赁土地，租赁的时间根据具体的情况确定。外国人向国家租赁土地的时间最长为 30 年，但可以根据情况延长。外国人向老挝公民租赁土地的时间最长为 20 年，经有关部门批准后可以延长。外国人到老挝进行投资的，根据投资的特点、规模及项目的条件确定土地租赁的时间，但最长不能超过 50 年，根据政府的决定可以延长。在经济特区内，土地租赁的时间最长可以为 70 年，根据国民大会的决定可以延长。租用土地面积超过 1 万公顷的，须经国民大会批准。国使馆或国际组织租赁的时间最长不能超过 90 年。

外国人租赁土地的义务包括：(1)根据土地的用途使用土地；(2)不能对土地的质量造成损害，不能对自然环境和社会环境造成负面影响；(3)不能侵害他人的权利和利益；(4)遵守有关不动产的法律规定；缴纳租金和其他有关费用；(5)遵守其他有关土地的规定。

六、土地使用纠纷处理

土地使用纠纷的处理分为具有行政管理特点和民事案件特点的纠纷。具有行政管理特点的纠纷主要包括：(1)没有经授权就使用土地；(2)没有按照土地的用途使用土地；(3)获得土地的分配后没有在确定的时间内使用土地；(4)没有按照有关规定交纳税费。这类纠纷首先由土地所在地的土地管理部门进行处理，如果对其处理决定不服，可以向上一级土地管理部门请求处理。具有民事案件特点的纠纷包括土地的继承、土地使用权的转让以及其他有关土地的民事合同。对于这类纠纷，首先要由土地所在地的土地管理部门进行调解；达不成协议的，可向法院起诉，由法院根据法律程序对纠纷进行审理和裁决。

第三节　合　同　法

1990 年老挝颁布了《老挝人民民主共和国合同条文法》，成为调整老挝国内合同问题的重要法律依据。合同是指组织机构之间、组织机构与个人之间或者个人之间发生、变更或者终止民事法律方面的权利或者义务的协议。

一、合同订立

合同必须经过发价与承诺的过程才能订立。接受发价人接受发价内容的意思表示到达对方，合同即订立。发价方未规定期限的书面合同，当接受发价人接到发价后，须在接到发价后 30 天之内承诺发价方。如果发价方规定了承诺期限，并在该期限内得到肯定答复，该合同将被视为自接到承诺之日起订立，发价方无权撤销合同。如果承诺在规定期限内完成，但超过 30 天后发价方才收到承诺，在此情况下，合同也视为订立。如果承诺有内容变更，且发价方也同意，合同也视为订立。

二、合同内容

合同内容主要包括标的、价格、履行的期限、结算、运输、地点、数量、质量、场所、相互通报义务、违约责任、调解纠纷的机关、变更的条件、提前解除合同等。

三、合同效力

符合法律规定的合同订立后即生效。但是，违反合同法规定的条件的合同为无效合同。无效合同分为相对和绝对无效合同、全部和部分无效合同。

（一）相对无效合同

以下合同为相对无效合同：（1）以欺诈、胁迫和一方利益受损的形式订立的合同；（2）无行为能力人订立的合同；（3）精神失常的人订立的合同；（4）代理人恶意订立的合同；（5）在特别严重的情况下不得不订立的合同。相对无效合同经失去权利的一方同意认可后，合同仍是可用的合同。

(二)绝对无效合同

下列合同为绝对无效合同：(1)以违背国家和社会利益的形式订立的合同；(2)法人以违背自己组织和活动规定的形式订立的合同；(3)以隐瞒形式订立的合同；(4)以违反合同形式的方法订立的合同。合同双方当事人有权决定合同为绝对无效合同。

(三)全部和部分无效合同

在导致无效的原因涉及合同各方的情况下，合同无效并且不能使用。如果导致无效的原因只涉及合同的一方，则该合同仅对合同当事方无效，其余方面内容仍可使用。

(四)无效合同解除

相对无效合同只有合同当事人有权解除。绝对无效合同，各方利益关系人都有权解除合同。如果合同符合法定的无效合同要求，则一方及时通知另一方即可解除合同，若被通知方不同意解除合同，通知方可向法院起诉请求解除合同。未成年人或精神失常者的父母和监护人，有权申请解除无效合同。

四、合同履行

合同双方必须根据约定的或法定的时间、地点、结算办法等内容履行合同。合同保障履行的措施主要包括抵押、流动资产担保、固定资产担保、个人担保、契约担保和个人、法人担保和处罚等。

五、合同变更、撤销和终止

经过合同当事人的一致同意，合同可变更或撤销。在符合法定的情况下，合同非违约方可以单方面变更或撤销合同。合同一经撤销，合同双方的合同义务即终止。如果一方已经履行了其义务，另一方也必须履行其义务。若双方均未相互履行各自的义务，合同的义务即终止，双方均不用继续履行合同。合同在以下情

167

况即终止：（1）合同正确履行完毕后；（2）合同双方合并；（3）合同双方共同决定终止后；（4）无法履行的合同；（5）合同一方死亡的；（6）他人无法继续履行；（7）合同双方是法人并在被解散或破产等情况发生时终止。

六、违约责任

一方不完全或不履行合同义务，将对对方承担赔偿责任，但因不可抗力造成的损失除外。非违约方既可通过诉讼也可通过仲裁维护权利。

七、有名合同

老挝合同法规定了以下几种主要有名合同：买卖和易货合同、典当合同、借贷合同、租赁合同、寄存合同、委托合同、服务合同、工程承包合同、运输合同以及股份合同。

买卖合同卖方负有交付货物、所有权担保和质量担保义务。买方有付款和接收货物的义务。典当合同是指合同双方中的卖方有权在 3 年的时间内，以自己卖出去的价格赎回财产物品的约定。若在订立合同前双方已有商定，合同满 3 年后，卖方有权延续合同期限，但不得超过 1 年。如果到期后卖方不赎回财产物品，买方将成为财产物品的所有人。在特殊情况下，已付全款的买方可获得典当物的所有权。买方收到典当物之后，有妥善保管义务。股份合同是指两人或多人以财产共同投资经营、分配利润的约定。

第四节　担　保　法

老挝通过《履约担保法》调整国内担保法律关系。担保是指当债务人不能够履约时，按照合同履行义务的保证或代为清偿债务的保证。老挝履约担保的概念具有以下三方面的含义：（1）担保是保障特定债权人债权实现的法律制度，其目的是为强化债务人的清偿能力和打破债权地位平等的原则，使特定债权人优先于其他普通债权人受偿；（2）担保必须于债务已到清偿期而债务人未履行约定时始能发生，未履行是指债务履行期限已经届满，债务人拒绝履行，迟延履行和不适当履行；（3）担保是规定以债务人或第三人的特定财产为履行义务的保证（物的担保),也可以仅以第三人的保证(人的担保)来保证约定的履行。

一、担保种类

老挝将担保分为按合同担保、按法律担保和按法院担保。

(一)按合同担保

按合同担保是指债权人和债务人之间签订的合同约定,如果债务人不能清偿债务时,由第三人保证代替债务人清偿债务的约定。按合同担保是最主要的担保方式。

(二)按法律担保

按法律担保是指出于人道主义和国家总体利益考虑,列入法律规定的清偿债务的保证。按法律担保是对按合同担保的补充,国家通过其权力将特殊案件的担保列入强制担保事项,从而保证弱势群体的利益。

(三)按法院担保

按法院担保是指按记入法院判决或获得法院裁定确认的经济纠纷仲裁委员会的决定所作出的清偿债务保证。此种担保依据是法院的判决或仲裁机构的仲裁决定。

二、担保登记和优先权

只有经过登记的担保才具有优先受偿权。担保债权的优先顺序为:按法律担保的债权优先于按法院担保的债权,按法院担保的债权优先于按合同担保的债权。当债务人不能清偿全部债务或者破产时,享有优先权的债权人在自己的债权范围内,可以将自己的优先权让给同意对债务人享有担保权的其他债权人。

三、担保转让

享有担保权的债权人为了他人的利益,可将自己的担保债权范围内的担保转让给对同一债务人无担保的其他债权人。债权人也可将自己的担保债权转让给第三人。同一债务人的各债权人，无论其是否享有担保债权，均可通过意思自治达成一致由债务人对各债权人平均清偿债务。

四、无效担保

有以下情形之一的，担保无效：非法订立的担保；用来担保的财产的所有权不属于担保人且未得到授权而订立的担保；用胁迫和欺诈手段订立的担保。

五、担保终止

有以下情形之一的，担保终止：当债务已经按合同清偿完毕；追偿期满；债权人放弃有关的担保权。

六、注销担保登记

有以下情形之一的，担保登记将予以注销：债权人提请注销登记；财产所有人提请注销登记；法院裁定注销登记。

七、流动资产担保

流动资产担保是一种动产抵押担保，是指为了保证债的履行，债务人或第三人将其动产或权利移交给债权人占有，当债务人不履行债务时，债权人可就占有的动产或权利享有优先受偿权的担保形式。

流动资产担保分为三种：(1)以物品抵押，是指为了保证债的履行，债务人将其财产抵押物交给债权人占有，当债务人不履行债务时，债权人可就占有的抵押物品享有优先受偿权的担保形式。以物品抵押的担保权经登记才生效。(2)以文件抵押，是指为了保证债的履行，债务人将流动资产所有权的证明文件交给债权人占有，当债务人不履行债务时，债权人可就占有的权利享有优先受偿权的担保形式。该类担保债务人只需移交文件给债权人，债务人仍然可以占有并使用该流动资产。以文件抵押的担保不需要经过登记即可生效。(3)以库存物抵押，是指为了保证债的履行，债务人将库存商品的汇票交给债权人占有，当债务人不履行债务时，债权人可就占有的汇票享有优先受偿权的担保形式。

八、固定资产担保

固定资产担保是指用债务人的固定资产或固定资产使用权向债权人提供清偿债务的保证，当债务人不履行债务时，债权人有权就该固定资产或固定资产使用权优先受偿的担保方式。固定资产主要是指不能移动的或者移动后将会损害其价值的物。固定资产担保不需要转移担保物的占有，只需债务人将担保物的相关证明文件交给债权人或得到授权的其他人进行保管即可。固定资产担保与以文件抵押的担保最大区别在于抵押的标的不同。

固定资产担保必须签订担保合同，且合同只有在两种情况下对签订方有效：(1)公证员或者村长及3名证人在场时签订的合同；(2)缔约双方签订合同时有3名证人在场，随后得到公证员或村长签字的合同。除法律另有规定外，在国外订立的固定资产担保合同无效。债务人对固定资产进行修缮或改造，使得固定资产增加的，那么增加部分的价值列入该固定资产的担保价值中。

债权人的优先权包括两方面：(1)有担保权的债权人优先于没有担保权的债权人受偿；(2)在有担保权的债权人之间，按担保先后顺序决定优先权的顺序。但是，不得违反法定的优先受偿顺序，即按法律担保的债权优先于按法院判决的担保，按法院判决的担保优先于按合同的担保。

债务人在担保期间擅自将担保物出售或转让他人的，债权人可凭借其占有的固定资产的使用权证明文件和担保合同追回该财产，由此产生的费用由债务人承担。如果第三人受让该财产是善意的，那么因为债权人追讨财产产生的费用和损失同样由债务人承担。

九、个人担保

个人担保是指当主债务人不能够清偿到期债务或不能履行约定的义务时，任何一个个人或法人同债权人达成代债务人清偿债务或代为履行义务的约定，个人担保又叫保证担保。

(一)保证人的责任范围

保证人的责任范围是通过债权人与保证人共同签订合同来确定的。保证人可以担保全部债务也可以担保部分债务。保证人必须保证在将来主债务人无法履行合同时，由其履行主债务人未履行的全部或部分债务。一旦合同注明的履行期限届满，主债务人没有履行债务的，债权人必须先向债务人追偿，如果债务人已无清偿能力，债权人才有权向保证人追偿。也就是，在未对债务人的全部财产追偿并未实行破产清算前，保证人没有代主债务人清偿债务的责任。保证人代主债务人向债权人清偿主债务之后，主债务消灭，保证人成为主债务人的普通债权人，有权向主债务人追偿已支付的本金和利息。

（二）共同担保

保证人有两名或两名以上的担保称为共同担保。共同担保人对主债务人的债务共同承担保证责任。当债权人向其中一个保证人追偿后，该保证人可向主债务人和其他保证人追偿，其他保证人有支付的义务。主债务人与保证人可约定保证人承担全部债务担保或部分债务担保。在全部债务担保情况下，任何保证人均有义务清偿主债务人的全部债务；在部分债务担保情况下，保证人对自己保证的债务部分承担清偿责任。

（三）保证责任的免除

下列情况保证人责任免除：（1）未经保证人同意，债务人和债权人增加或变更合同内容的；（2）主债务内容已清偿。

第五节　家　庭　法

老挝《宪法》第 22 条和第 24 条规定：老挝公民不论性别、社会地位受教育程度、信仰和民族，在法律面前一律平等；老挝男女公民在政治、经济、文化、社会和家庭等方面具有平等权利。但是，由于历史原因，妇女依然难以和男子获得事实上的平等。老挝政府号召全面提升妇女在国家生活中的地位，并于 1990 年颁布《家庭法》，赋予妇女平等的继承权和婚姻权，并且鼓励女孩走进学校读书。

老挝是一个多民族国家，有着悠久的历史和文化传统。在长期的社会发展过程中，形成了自己独特的生活习俗。在婚姻家庭方面，基于传统多实行一夫一妻制，且表亲不能结婚。按风俗，男子婚前必须先经过剃度为僧或已有职业。婚姻由恋爱、订婚和结婚三部曲组成。男子长到十六七岁以后，便可以和本村或外村的姑娘自由恋爱，姑娘的父母也十分欢迎小伙子前来。恋爱成熟以后，男女青年双方将此事告诉各自的父母，获得同意后，男方便请媒人或长辈携带礼物前往女方家订婚。在订婚的同时，媒人还要与女方父母谈妥结婚的日期及彩礼的数量等。这些风俗传统一直保留至今，并在 1990 年《家庭法》中得到很好的体现。1990 年老挝颁布《家庭法》，目的在于：(1)保护和巩固家庭关系；(2)建立男女之间平等和谐的婚姻家庭关系；(3)教育儿童热爱家庭和祖国，将来积极参与国家建设；(4)保护妇女和儿童在家庭生活和离婚之后的合法权益；(5)继承和发扬优良的国家传统。

一、结婚

(一)结婚概念和特征

结婚，又称婚姻的成立，是指男女双方按照法律规定的条件和程序，确立夫妻关系的法律行为。结婚具有以下四个特征：(1)结婚行为的主体必须是男女双方，同性别的人之间不能结婚；(2)婚姻关系中，男女平等，婚姻关系独立于出身、社会地位、国籍、种族、教育水平、职业、信仰和住所等；(3)婚姻行为必须依照法律规定的条件和方式进行，即符合家庭法所规定的实质要件和形式要件，否则不具有合法婚姻的效力；(4)结婚行为的法律后果是确立夫妻关系。

(二)结婚条件

结婚的条件，包括结婚的实质要件和形式要件。

1. 结婚的实质要件包括法定条件、禁止性条件和任意性条件

(1)结婚法定条件。根据《家庭法》规定，结婚必须要符合以下三个条件。①必须当事人双方意思自由。《家庭法》第 3 条规定，达到法定年龄的男女有自由恋爱并结婚的权利，禁止任何强迫或阻止他人结婚的行为。是否结婚最终应由当事人自己决定。②必须符合一夫一妻制。《家庭法》第 4 条对此做了规定，明确禁止重婚行为。③必须达到法定结婚年龄。法定结婚年龄即法律规定准予结婚的最低

年龄。依据《家庭法》第 9 条的规定，原则上 18 周岁是法定结婚的最低年龄，即只有年满 18 周岁的男女才有结婚的权利。但同时也规定了例外情况，在特殊和必要的条件下，这个限制可以低于 18 周岁，但是不能小于 15 周岁。这里主要是基于老挝国内不同民族、地区、宗教和风俗习惯等实际情况，对法定结婚年龄所作的变通性规定。

（2）结婚禁止性条件。根据《家庭法》第 10 条的规定，法定禁止性条件包括以下两种。①一方有心理或身体方面缺陷，将威胁或可能威胁到配偶或其后代的生命或健康的，禁止结婚。此规定与中国婚姻法第 6 条的规定相类似。这里所指的心理或身体上的缺陷主要是指传染病、精神病和严重的遗传性疾病。②禁止一定范围内亲属之间的结婚。《家庭法》第 10 条采用列举的形式规定了禁止亲属间结婚的具体范围。主要包括以下几类：一是直系血亲。不论是婚生还是非婚生的，均禁止结婚。具体包括：父母、祖父母、外祖父母、子女、孙子女和外孙子女，包括养父母和养子女，及继父母和继子女之间均禁止结婚。二是旁系血亲。包括同源于父母的兄弟姐妹，包括同父母、同父异母或同母异父的兄弟姐妹，养子女和婚生子女；堂兄弟姐妹、姑表兄弟姐妹、舅表和姨表兄弟姐妹；同源于祖父母或外祖父母的辈分不同又性别相异的亲属。

（3）结婚任意性条件。《家庭法》第 6 条以"建议"的形式作出了以下规定，当男女双方决定结婚，基于传统，男方应经其父母和长辈向女方的父母和长辈提出结婚请求，并由双方家长共同商议结婚事宜。该条规定对双方当事人没有法律强制性，即当事人可选择采用也可选择不采用。这是基于当地社会的风俗习惯等因素的考虑。

《家庭法》第 7 条同时规定，如果一方承诺采用该建议但又不执行该建议，或者由于婚礼的筹备，使得女方或男方的名誉受损或遭受经济损失，不执行该建议方负有赔偿对方损失的责任。

2. 结婚的形式要件

结婚的形式要件即确立夫妻关系的程序要件，包括法定条件和任意性条件。

（1）结婚登记是法定程序条件。男女双方必须经过结婚登记才能确立夫妻关系。依据《家庭法》第 11 条的规定，结婚登记可以分为以下三个步骤：①申请，有结婚意愿的男女必须向婚姻登记管理机关递交书面的结婚登记申请书；②审查，婚姻登记管理机关要在收到婚姻登记申请书之日起的1个月内对当事人的有关申请和相关证件进行全面的审查；③登记，如果经审查，当事人符合结婚条件的，婚姻登记管理机关应当予以登记，并且应有至少3个见证人在场。

（2）任意性条件，即《家庭法》第11条关于结婚仪式的规定。基于传统，老挝民族向来十分重视婚姻，结婚的仪式也是相当的隆重。但是，在家庭法中，结婚仪式仅为婚姻关系成立的任意性条件，基于当事人的自由选择，并没有法律效力。婚姻的正式生效时间是获得婚姻登记之日。

（三）婚前性行为

《家庭法》第8条所规定的婚前性行为是指未办理结婚登记手续的男女之间所产生的同居关系，包括非法同居，即男女双方，一方有配偶，未办理结婚登记手续，不以夫妻名义持续或稳定的共同居住行为。婚前性行为的处理，《家庭法》第8条只针对发生婚前性行为后男方不迎娶女方的情况做了规定：（1）如果发生了婚前性行为后男方不迎娶女方，男方应基于传统和习惯给予女方或其家庭精神损害赔偿；（2）如果由于婚前性行为导致女方怀孕，除了精神损害赔偿，男方还应承担孩子出生所产生的一系列相关费用；（3）从孩子出生到成年期间，男方对孩子有抚养义务。

二、婚姻关系解除

《家庭法》第16条规定，婚姻关系的解除包括三种法定情形：无效婚姻；离婚；夫妻一方死亡或被宣告死亡。

（一）无效婚姻

1. 概念和范围

无效婚姻是指违反《家庭法》第9条和第10条的规定，即违反结婚法定条件和禁止性条件，在法律上不具有合法效力的婚姻。包括：违反一夫一妻制的重婚，有禁止结婚的亲属关系的婚姻，患有禁止结婚疾病的婚姻，未达到法定婚龄的婚姻。

2. 确认婚姻无效的程序

婚姻无效的确认必须经过司法程序。检察机关、婚姻登记管理机关婚姻当事人和双方父母均有权就已经办理结婚登记的婚姻提起确认之诉。

3. 无效婚姻的法律后果

《家庭法》第 19 条规定，婚姻一经确认无效，婚姻关系即告结束。双方当事人在婚姻期间怀孕或出生的子女享有合法的权利和地位。双方当事人在婚姻确认无效之前所获得的财产，依照家庭法和财产法的有关规定处理。

(二) 离婚

离婚是指夫妻双方依照法定的条件和程序解除婚姻关系的法律行为。

1. 离婚的条件

依据《家庭法》第 20 条的规定，离婚的条件包括：(1)通奸；(2)实施家庭暴力或虐待家庭成员，或有酗酒或赌博等恶习使双方难以共同生活；(3)遗弃家庭成员或没有消息或没有供给家庭所需超过 3 年；(4)男方明确是和尚或出家的或女方明确是尼姑的；(5)一方被判处 5 年以上限制人身自由的刑罚；(6)一方患有危险且严重的疾病致使无法共同生活；(7)一方患精神疾病致使无法共同生活；(8)一方或双方无性能力；(9)其他无法使夫妻双方共同居住生活的原因。

2. 离婚程序

法院审理离婚案件时应当进行调解，调解最长不能超过 3 个月。如果感情确已破裂，调解无效的，应当准予离婚。但是，必须照顾未成年子女和没有工作能力的一方的利益。法院宣告离婚后，应将两份离婚决定书复印件交予婚姻登记管理机关，同时离婚双方当事人也应人手一份。

3. 禁止离婚的情形

《家庭法》第 22 条规定了在离婚中对女方的特殊保护，在女方怀孕期间或分娩后一年以内，男方不得请求离婚。离婚的法律后果：(1)离婚后的子女抚养。依据《家庭法》第 23 条的规定，如果离婚双方因抚养问题达不成协议，法院应从有利于子女的合法利益出发，结合双方的抚养能力和抚养条件等具体情况进行判决。离婚双方对离婚后的子女负有抚养和教育的义务。由双方协议子女抚养的负担，双方协议不成由法院判决。(2)赡养费的请求权。离婚后，患病或生活有困难的一方有权请求法院判决有经济实力的一方给予赡养费，但支付赡养费的时间不得超过 1 年。(3)离婚时的财产处理。依据《家庭法》第 28 条的规定,夫妻离婚时应当对婚后共同财产进行分割,除非夫妻一方以不正当意图秘密使用或分割共同财产,在这种情况下可以在离婚前进行财产分割。同时,分割共同财产时要照顾无过错方和抚养孩子一方的利益,对离婚有过错的一方只能获得 1/3 的共同财产,并且基于法庭的判决,抚养孩子一方可获得较大份额。(4)复婚。如果离婚了的双方当事人想复婚,必须重新办理结婚登记手续。

三、夫妻关系

夫妻关系包括夫妻人身和财产权利义务关系。

(一)夫妻人身关系

依据《家庭法》第 13、14、15 条规定:(1)夫妻双方在家庭中的地位平等,夫妻之间负有忠实和爱护对方的义务,夫妻双方有养育子女和维持家庭的权利和义务;(2)夫妻双方有参加生产、工作、学习和社会活动的自由和权利;(3)夫妻双方享有住所选定权;(4)夫妻双方都享有姓名权,在婚姻家庭中,夫妻双方可合法、自愿地行使、处分自己的姓名权。

(二)夫妻财产关系

依据《家庭法》第 26 条的规定,夫妻财产分为原始财产和婚后财产。原始财产即夫妻个人财产,包括夫妻双方婚前获得的财产和婚后基于继承或赠与专门给予夫妻一方的财产。婚后共同财产是指夫妻在婚姻关系存续期间所获得的财产,归夫妻共同所有,不包括一方专用的、低价的物品。夫妻双方对婚后共同财产享有平等的处分权,无论该财产是由哪一方获得的,只要是在尊重双方共同财产的前提下使用,另一方都应当同意。关于夫妻间财产的分配,《家庭法》第 28 条作了如下规定:(1)原始财产归夫妻各自所有;(2)婚后共同财产由夫妻双方平均分配,在离婚的情况下有特殊规定,前面已作了相关介绍。

四、父母子女关系

父母子女关系是指父母、子女间在法律上的权利义务关系,又称亲子关系。

可以分为自然血亲和拟制血亲的关系。

（一）自然血亲的父母子女关系

1. 子女出生的法律事实

自然血亲父母子女之间的权利义务关系是基于子女出生的法律事实，由法律所赋予的。依据《家庭法》第29条的规定，子女包括：（1）婚生子女，即在婚姻存续期间受孕或出生的子女；（2）非婚生子女，仅指未婚父母基于父亲一方的主动承认或法庭的判决所确立的父母子女关系中的子女。

2. 私生子父亲认定制度

《家庭法》第30条规定，私生子父亲认定只发生在男女双方未婚但又生育了子女的情况，包括两种情况：（1）父亲主动认定。要求父母双方共同递交认定申请书，说明父亲一方提出承认申请和母亲一方同意该申请的理由。如果母亲一方已故，该申请只需父亲一方的单方意思表示即可；如果子女已成年，该申请必须经过子女一方同意；父亲一方的婚姻状况不影响该认定的申请。（2）父亲拒绝认定。孩子的母亲、监护人和照看人可以向法院申请，符合下列条件之一的，法院可以作出认定父亲子女关系的裁决：①父母双方正共同居住生活，并且共同拥有财产；②父母正共同抚养和教育子女；③有其他证据证明该被申请人和子女之间存在亲子关系。

3. 父母对子女的权利义务

（1）姓名权。父母有权基于自己的喜好和双方协商同意给子女取名。（2）教育子女的权利和义务。如果父母不履行教育子女的义务，或虐待子女，对子女使用暴力，法院可以撤销父母对子女的权利，但父母必须继续履行抚养子女的义务。在法院行使撤销权后，该父母如果对此作了补偿，则可恢复其原有权利。（3）保护子女的权利和利益不受侵害的权利和义务。父母是未成年子女的法定代理人，并代理子女的各种行为。（4）抚养未成年子女和不能独立生活的子女的权利和义务。如果父母经济困难，可以向法院提出减少子女抚养费的申请。（5）父母对子女的财产有代为管理的权利，但对子女的财产不享有所有权。

4. 子女对父母的权利和义务

（1）子女年满18周岁以后，有依据特别规定更改自己名字的权利；（2）未成年子女或不能独立生活的子女，当父母不履行抚养义务时，有权请求父母给付抚养费；(3)在父母年老、生病、无劳动能力或生活困难时，子女有义务给付赡养费。该费用的数额由父母子女共同协商确定，如果无法协商一致，法院应该根据子女的经济情况作出判决。

(二)拟制血亲的父母子女关系

这里所指的拟制血亲的父母子女关系是指养父母子女关系，即通过收养行为在收养人和被收养人之间形成的权利义务关系。《家庭法》的第二章对此作了详细规定。

1. 收养关系的成立条件

收养关系的成立条件，包括实质要件和形式要件。(1)实质要件：①被收养人为未成年人；②收养人为成年人，并且未被剥夺作为父母的权利。(2)形式要件，即程序要件：①收养人和被收养人(包括未满10周岁的未成年人)的亲生父母达成书面协议，除非被收养人的亲生父母被剥夺作为父母的权利、是无行为能力人或限制行为能力人，失踪或死亡；②收养人应当将收养申请递交给所在村的村长(或领导机构)进行审查，审查的期限不超过1个月；如果审查通过，收养协议应当进行公告，并且应当在3日内递交给家庭登记管理部门进行登记并交还收养人。

2. 收养保密制度

任何个人在未经过收养人或家庭登记管理机关(收养人死亡或失踪的情况)的同意，擅自泄露该收养事实的，依据刑法的规定要承担刑事责任。

3. 收养的法律效力

收养关系自登记之日生效，该效力与自然血亲的父母子女关系相同，养父母子女间的权利义务关系适用法律关于父母子女关系的规定。

4. 收养关系的解除

解除收养关系是指对拟制的父母子女关系通过一定程序解除父母子女间的权利义务关系的行为。《家庭法》第42条规定，被收养人的亲生父母、收养人或其他利害关系人都可以向法院申请解除收养关系，法院一旦作出解除判决，该收养关系即宣告结束。通过伪造的证件申请确立收养关系或收养人不符合法定条件的，收养关系无效；不是基于收养人或被收养人的利益而确立的收养关系或违反了《家庭法》第38条所规定的收养关系成立条件的，即以上介绍的收养关系成立实质要件和形式要件的第1款，该收养关系应该被撤销。

五、监护

《家庭法》第三章规定了针对未成年人和无民事行为能力人的监护人指定制度。这里的监护人指定制度和中国的指定监护相类似，是指在满足法定条件的情况下，由权力机关为未成年人和无民事行为能力人指定监护人的制度。

（一）适用前提

未成年人和无民事行为能力人的父母死亡被剥夺作为父母的权利、生病或由于其他原因确实需要照顾的情况。

（二）指定监护人

村长或村里的领导机关在收到出现以上情况的通知的1个月内，必须在该未成年人或无民事行为能力人的近亲属中为其指定一个或几个监护人。如果被指定人拒绝接受该指定的，其他近亲属将可能被选定担任监护人。指定机关有义务监督该监护人的行为。

（三）监护人资格

《家庭法》第44条第3款规定，以下几种人不能被指定为监护人：（1）未成年人；（2）限制民事行为能力人；（3）被剥夺担任父母的权利的人；（4）其他不适合被指定为监护人的人。

（四）监护人权利和义务

监护人有权代理被监护人进行签订合同等民事活动。监护人有义务保护被监护人的身体健康、照顾被监护人的生活、对被监护人进行管教和保护被监护人的合法利益不受侵害。

（五）监护的终止

（1）未成年人成年并取得完全民事行为能力、无民事行为能力人恢复行为能力。（2）监护人无法履行监护义务。（3）监护人不合理履行监护职责，损害被监护人利益的。符合以上条件之一，监护即告终止。

六、家庭法域外人员适用

依据《家庭法》第四章的规定，在婚姻家庭方面，老挝境内的外国人和无国籍人与其公民一样享有同等的权利，承担同等的义务。

（一）结婚

外国人和无国籍人在老挝境内结婚的，适用婚姻缔结地法，即必须遵守老挝家庭法的规定。在老挝境内，外国人、无国籍人结婚的，可以到有关国家驻老挝大使馆或领事馆办理申请登记手续；老挝公民和外国人或无国籍人结婚的，应到老挝家庭登记主管机关办理申请登记手续。老挝公民在老挝境外结婚的，适用当事人的属人法，即应当取得老挝驻该国的大使馆或领事馆的承认，并且应以老挝家庭法为依据。只有符合老挝家庭法的婚姻，老挝民主共和国才承认其法律效力，否则为无效婚姻。

（二）离婚

在老挝境内离婚，无论一方还是双方都是外国人或无国籍人，都应适用老挝《家庭法》。在老挝境外离婚，一方为老挝公民的，适用离婚行为地国法律。在老挝境外离婚且双方都为老挝公民的，适用当事人居住国法律；如果其中一方居住在老挝境内的，应该适用老挝《家庭法》。

（三）收养

依据《家庭法》第51条的规定，在境外的老挝公民如果想收养老挝籍儿童并要定居国外的，应该依据老挝家庭法到老挝驻该国大使馆或领事馆办理收养手续；如果收养人不是老挝公民的，必须首先获得老挝国内相关主管部门的许可。

外国人或无国籍人想收养老挝籍儿童并定居在老挝国内的、老挝公民想收养外国籍或无国籍儿童并定居老挝国内的，都应当适用老挝《家庭法》的规定。

第六节　继　承　法

继承是指自然人死亡后，由法律规定的一定范围内的人或遗嘱指定的人依法取得死者遗留的个人合法财产的法律制度。在继承法律关系中，死者为被继承人，被继承人死亡时遗留的合法财产为遗产，依法承受遗产的人为继承人。老挝1990年《继承法》分为四章，对老挝的继承制度作了详细的规定。

一、遗产和继承概述

(一)遗产范围

《继承法》第1条规定，遗产包括各种形式的财产，可以分为两大类：(1)原始财产，即夫妻个人财产，包括夫妻双方婚前获得的财产和婚后基于继承或赠与专门给予夫妻一方的财产；(2)婚后夫妻共同财产，即夫妻在婚姻关系存续期间所获得的财产，归夫妻共同所有，不包括一方专用的、低价的物品。

(二)继承开始

1. 开始时间
被继承人死亡之时即是继承程序开始之时。被继承人的死亡分为自然死亡和宣告死亡。在宣告死亡的情况下，被继承人的死亡时间即法庭作出死亡宣告判决的时间。

2. 管辖权
以被继承人生前的最后居住地法院管辖为原则，如果该居住地不明的话，由主要遗产所在地法院管辖。

(三)继承人

1. 范围
被继承人的子女，包括孙子女、外孙子女、收养的子女和继子女；被继承人的配偶；被继承人的其他关系人。

2. 继承顺序

只有在被继承人没有子女和配偶的前提下，其他关系人才享有继承权，并且这些关系人必须按照以下顺序享有继承权。（1）第一顺序为被继承人的直系血亲，包括父母祖父母和外祖父母；（2）第二顺序为具有与被继承人平行血亲关系的亲属，包括兄弟、姐妹、伯父、伯母、舅妈、阿姨、侄子和侄女；（3）第三顺序为国家、法人和法律规定的其他自然人。在以上继承人中，近亲属有优先继承遗产的权利，并且只有在没有近亲属的前提下，远亲才能享有继承权。

（四）继承权取得、放弃和丧失

1. 继承权的取得

自然人取得继承权主要有两种方式：法律的直接规定和合法有效的遗嘱的指定，前者称为法定继承，后者称为遗嘱继承和遗赠。依据《继承法》第 10 条的规定，不管是以哪种方式，继承人或受赠人都必须以明示的方式向法院或有关管理部门作出接受被继承人遗产的意思表示才能依法享有继承权。而且，该接受的意思表示须在继承程序开始后的 6 个月内作出才有效。继承人未在有效期 6 个月内作出接受该遗产的表示的，即失去该继承权，但其他继承人一致同意保留该继承人份额的除外。如果在继承程序开始后的 6 个月内继承人未作出接受表示前就死亡的，其应继承的遗产转由他的合法继承人继承。这里类似于中国的转继承制度，但它的权利主体更宽，既包括法定继承人，也包括遗嘱继承人。在有效期内，该权利主体作出接受遗产的意思表示的即获得继承权。

2. 继承权的放弃

继承人有放弃或让与继承权的自由，但必须在继承程序开始后的 6 个月有效期内以书面形式向法院或有关管理部门作出该意思表示，同时还应提供被让与继承权的个人或组织的身份文件。如果没有被让与人的，该继承人放弃的遗产份额由其他继承人享有。未成年人、限制民事行为能力人和无民事行为能力人在未获得监护人的同意的情况下，不享有继承权的放弃权。

3. 继承权的丧失

在此，继承权的丧失是指继承人被依法或依被继承人的意思剥夺继承权的制度。

（1）依法剥夺继承权。即只要符合以下情况之一法院即可作出剥夺继承权的判决，无须被继承人作出意思表示。①继承人擅自隐瞒、挪用或转移超出自己继承份额的遗产的，完全丧失继承权；如果继承人擅自隐瞒、挪用或转移少于自己继承份额的遗产的，将丧失继承自己应得份额的剩余部分遗产的权利；②父母被剥夺充当父母的权利的，父母不享有对子女财产的继承权，同时子女也不享有对父母财产的继承权。③父母没有尽抚养子女的义务，或成年子女未尽赡养父母的义务的。

（2）依被继承人的意思剥夺继承权。必须在具有以下情形之一的同时被继承人以书面形式明确表示剥夺该继承人的继承权，除非出现以下第一、第三和第五种情况后被继承人死亡。具体情形包括：①为争夺遗产杀害或伤害其他继承人，或明确表明有杀害、伤害其他继承人的意图的；②伪造、隐藏或销毁全部或部分遗嘱的；③与被继承人在同一地方居住，在被继承人死亡后，无正当理由不参加其葬礼的；④威胁被继承人废除或更改其全部或部分遗嘱的；⑤隐瞒或隐藏生活困难、患病或残疾的遗产所有人的；⑥对被继承人或其他继承人有诽谤行为的。如果被继承人想撤销对该继承人继承权的剥夺，也必须通过书面形式作出。

二、法定继承

（一）法定继承适用情形

法定继承适用于如下情形：（1）没有遗嘱的；（2）遗嘱无效的；（3）继承程序开始前遗嘱继承人死亡的；（4）遗嘱继承人放弃继承权的；（5）遗嘱继承人分割遗产后还有遗产剩余的。

（二）法定继承中遗产分配

1. 配偶和子女之间

如果被继承人的配偶健在，配偶享有对该遗产 1/2 份额的继承权，剩余的 1/2 份额在子女间进行平均分配。未成年的子女获得的遗产由其监护人代为管理。

2. 配偶和直系亲属之间

此种遗产分配只发生在被继承人没有子女，其死后只有配偶和直系亲属的情况。被继承人的直系亲属只享有对其原始财产，即被继承人的个人财产的继承权。此部分遗产在直系亲属间进行等额分配，按照与被继承人的亲疏关系顺序依次继承；被继承人的配偶仅享有对夫妻共有财产中属于被继承人的那部分财产的继承权。

3. 具有与被继承人平行血亲关系的亲属间

此种遗产分配发生在被继承人死后无子女和直系亲属的情况。被继承人的配偶享有对夫妻共有财产中属于被继承人的那部分财产和被继承人原始财产的 1/2 份额的继承权。剩余的被继承人原始财产的 1/2 份额在平行血亲关系亲属间进行平均分配。

4. 子女之间

(1)如果被继承人死后仅有亲生子女的，遗产在子女间进行平均分配。如果被继承人死后既有亲生子女又有养子女、继子女的，这些继承人之间享有平等的继承权，但是《继承法》第 19 条仍对继子女的继承权作了限制，即继子女仅享有对夫妻共有财产中属于被继承人的那部分财产的继承权。同时，养子女将丧失对其亲生父母财产的继承权。(3)如果这些继承人没有尽到主要赡养义务，拒绝接受父母的指导和教育，或有不正当行为的，将有可能被剥夺对其父母遗产的继承权。

5. "特留份"制度

养老育幼是人类文明的体现，也是家庭的一项重要职能。《继承法》第 20 条就规定了"特留份"制度，即保留胎儿的继承权。

6. 法定继承人以外的人分配遗产问题

《继承法》第 21 条赋予一些符合一定条件但又没有继承权的人取得遗产的权利。如果被继承人死亡后没有继承人，其家里的佣人在同时符合以下条件时可以享有继承权：(1)在被继承人家中工作至少 3 年；(2)在被继承人患病时，帮助看管房子同时照顾被继承人。相反，如果佣人死后没有继承人的，其生前服务的家庭的主人也可以享有对其遗产的继承权。

7. 被继承人在没有继承人的时候，即以上所提及的情况都没有出现时，其遗产先由国家代为管理如果自被继承人死亡后 3 年内都没有继承人申报权利的，该遗产归国家所有。由于老挝是一个宗教色彩很浓厚的国家，所以其继承法对僧人的遗产也做了专门的规定。如果僧人死亡后没有继承人的，不适用前面的规定，其遗产归寺院所有。

(三)代位继承

1. 概念

依据老挝《继承法》第 25 条的规定，代位继承是指被继承人的法定继承人先于被继承人死亡时，本应由该法定继承人继承的遗产，由其晚辈直系血亲代位继承的法律制度。其中，先于被继承人死亡的继承人称为被代位继承人，代替被代位继承人继承遗产的人被称为代位继承人。如果，此时该代位继承人也先于被继承人死亡的，由其晚辈直系血亲获得代位继承权，以此往下类推。

2. 代位继承人的资格

《继承法》第 26 条规定了作为代位继承人所必须具备的条件。(1)代位继承只适用于法定继承，即其不适用于遗嘱继承，所以代位继承人必须为被代位继承人的法定继承人。(2)代位继承人必须是被代位继承人的晚辈直系血亲，即必须是被代位继承人的子女。这两个条件必须同时具备，才能成为合格的代位继承人。

(四)遗产分割

除非另有约定，任何合法继承人都有权要求分割遗产，并获得相应的遗产份额。如果该继承人是未成年人的，其享有遗产份额的权利要延期至其成年时才能获得，但是法院必须对此进行监督。如果一方配偶死亡，另一方再婚的，不受以上规定的限制，其子女在任何情况下都有要求享有该遗产份额的权利。

另外，在分割遗产之前必须设立遗产清单，遗产清单中应列明被继承人生前所负的债务，和其葬礼所花费的费用。在清偿了相关的债务和费用之后，继承人才能够分别享有各自的遗产份额。

关于遗产分割的纠纷，其诉讼时效为 3 年，从被继承人死亡或继承人获得或应当获得被继承人死亡通知之日起计算。如果超过该诉讼时效提起诉讼的，除非有足够充分的理由，法院都不予受理。

三、遗嘱继承和遗赠

(一)遗嘱设立

老挝公民可以立遗嘱将个人财产指定由法定继承人的一人或数人继承，老挝公民也可以立遗嘱将个人财产赠给国家、集体或法定继承人以外的人。遗嘱是种单方的民事法律行为，同时必须在立遗嘱人死亡后才发生法律效力。在老挝《继承法》中并没有对遗嘱继承和遗赠做严格的区分，遗嘱继承人和受遗赠人都是通过合法有效的遗嘱无条件获得立遗嘱人的遗产。但是，立遗嘱人的设立遗嘱的行为要受到以下限制：如果立遗嘱人生前有子女的，不能通过遗嘱的形式使得其他人获得其全部财产。如果其有一个子女，遗嘱涉及的财产不能超过其全部财产的 1/2；如果其有 2 个子女，遗嘱涉及的财产不能超过其全部财产的 1/3；如果其有 3 个或 3 个以上子女，遗嘱涉及的财产不能超过其全部财产的 1/4。

(二)遗嘱形式

遗嘱形式是指立遗嘱人处分财产的意思表示方式。老挝《继承法》中规定了两种形式：书面遗嘱和口头遗嘱。

1. 书面遗嘱

书面遗嘱包括自书遗嘱和代书遗嘱。自书遗嘱是立遗嘱人亲笔书写制作的遗嘱。代书遗嘱是由立遗嘱人口述遗嘱内容，他人代为书写而制作的遗嘱。在代书遗嘱的情况下，必须要有 3 个以上见证人在场见证。见证人在遗嘱生效前负有保密义务。同时，书面遗嘱的代书人和见证人及他们的配偶不能是该遗嘱的继承人或受遗赠人。

有效的书面遗嘱必须写明遗嘱设立的时间和地点，遗嘱处理的财产的数量和类型，立遗嘱人、遗嘱继承人或受遗赠人、代书人和见证人的姓名。立遗嘱人和见证人必须在遗嘱上签名或按手印。在遗嘱设立完成后，该遗嘱必须在法院登记机关或立遗嘱人所在的村的行政管理部门进行登记并且封存。

2. 口头遗嘱

口头遗嘱是指立遗嘱人口头表述的，而不以任何方式记载的遗嘱。其适用的前提是立遗嘱人即将死亡、得严重疾病或有其他危急情况。为保证遗嘱的真实性必须至少有 3 个见证人在场见证。立遗嘱人恢复健康 1 个月后，该口头遗嘱自动失效。

(三)立遗嘱人权利

立遗嘱人除了享有设立遗嘱的权利外，还享有以下权利：(1)有预先指定预备遗嘱继承人的权利。如果遗嘱继承人在遗嘱生效前死亡或拒绝接受该遗嘱的，预备遗嘱继承人即取代他(她)的位置。(2)有变更或撤销遗嘱的权利。在遗嘱发生效力前，立遗嘱人可以通过设立新遗嘱的形式随时变更或撤销原来所立的遗嘱。在新旧遗嘱内容部分或全部冲突的情况下，新遗嘱将取代旧遗嘱的部分或全部。

(四)遗嘱撤销或解除

除了立遗嘱人撤销遗嘱外，以下原因也可以导致遗嘱的撤销或解除：(1)遗嘱继承人或受遗赠人先于立遗嘱人死亡；(2)遗嘱继承人或受遗赠人放弃继承其遗产的；(3)遗嘱所处分的财产由于立遗嘱人的原因丧失或受损坏的；(4)该遗嘱被确认为无效的。

(五)遗嘱无效

遗嘱的无效是指遗嘱不符合法律规定的条件而不能发生法律效力。《继承法》第 42 条规定了遗嘱无效的四种情形：(1)无行为能力人或限制行为能力人立的遗嘱；(2)遗嘱继承人或受遗赠人的身份无法确定；(3)受胁迫、欺骗所立的遗嘱和伪造篡改的遗嘱；(4)书面遗嘱的代书人和见证人及他们的配偶是该遗嘱的继承人或受遗赠人的。

(六)遗嘱执行

遗嘱的执行是为了实现遗嘱内容和被继承人的意愿，保护继承关系当事人利益的重要措施。遗嘱执行人是实现遗嘱内容的人。依据《继承法》第 43 条的规定，遗嘱执行人包括：立遗嘱人，遗嘱所确立的遗嘱执行人或其他享有遗产权利的人。如果立遗嘱人死亡，遗嘱中又未指定遗嘱执行人，或指定的遗嘱执行人不能执行遗嘱的，由法院来指定遗嘱执行人。

遗嘱的执行在被继承人死亡后、遗嘱生效时开始。遗嘱执行人的执行行为必须是必要的和适当的。同时，除了执行遗嘱所需的必要费用之外，执行遗嘱人没有因执行遗嘱而获得报酬的权利。此外，执行遗嘱人有向继承人汇报执行情况的义务。

四、遗产管理和债务清偿

(一)遗产管理

为了更好地保护国家、继承人和其他利害关系人的合法权益，在有关行政管理部门的要求下或必要情形下，继承程序启动所在地的法院或村的行政管理部门必须为保存和管理遗产确定管理措施或指定管理人。

1. 遗产管理人的范围

《继承法》第46条规定了三类不能被指定为管理人的人，既包括自然人，也包括法人：(1)未成年人；(2)除了未成年人外的无行为能力人和限制行为能力人；(3)被宣告破产的人。

2. 遗产管理人的权利和义务

(1)设立遗产清单。必须有继承人在场见证，如果继承人为数人，则要求至少有两个继承人在场。此遗产清单必须在遗产管理人被任命后的1个月内制作完成。(2)在继承人继承遗产之前，处理好被继承人生前的债权、债务关系。(3)依照各继承人应继承的份额分割遗产。如果遗产管理人不履行或怠于履行管理遗产的职责的，有关法院有权撤销对其指定，在作出撤销决定后的7日内重新任命其他人作为新的遗产管理人。

(二)债务清偿

在被继承人死亡的情况下，取得遗产的人应该在取得的遗产份额实际价值之内清偿被继承人的债务。

1. 继承人的义务

在被继承人死亡后，遗产分割之前，此时遗产原则上属于各继承人共有，债权人有权基于被继承人的所有遗产或向遗产管理人主张权利。在遗产分割之后，债权人可以向任何一个或几个继承人主张债权，其他继承人承担连带责任。履行清偿义务的人有权就超出其应该承担份额的部分向其他继承人要求承担连带责任。如果有继承人无法履行清偿义务的，其他任何继承人都有在其继承遗产的份额内代为履行清偿的义务。

如果有继承人不履行清偿被继承人债务的义务的，遗产管理人有权将其应获得的遗产的部分或全部转移给其他继承人。

2. 债权人的权利和义务

在继承程序启动后的 6 个月内，债权人有向继承人、遗产管理人或执行人主张权利，或向继承程序启动地的法院或村的行政管理部门提出清偿债务的请求。超过 6 个月的，除非有充足的理由，债权人将丧失主张债权的权利。

第九章 缅甸民事法律

第一节 民 法 概 述

缅甸民法被称为缅甸人民的"社会生活百科全书"，是民事权利的宣言书和保障书，如果说宪法重在限制公权力，那么民法典就重在保护私权利，几乎所有的民事活动大到合同签订、公司设立，小到缴纳物业费、离婚，都能在民法典中找到依据。

第二节 农业土地法

一、《缅甸农村土地法》

《缅甸农业土地法》于 2012 年 3 月 30 日颁布。该法主要包含以下几个部分：农业土地使用权的审批、农业土地使用权人的权利义务、各级农地管理机构的组成和职责、对违反规定的追究、土地争议解决、损失与赔偿、农地使用及管理、犯罪和处罚等。

（一）农业土地使用权

根据《农业土地法》的规定，符合本法规定条件的自然人和组织均可依申请享有农业土地使用权。农业土地使用权人应当通过相关区或村农地管理机构进行申请，向乡镇土地档案部门办公室申领土地使用证。

（二）农地使用权人权利与义务

根据《农业土地法》第9条至第14条规定，农业土地使用权人主要享有以下权利：（1）对农业土地持有权、使用权，从使用权衍生出的受益权；（2）按照规定对整个农业土地或部分农业土地的出售权、抵押权、租赁权、交换权和赠送权；（3）与乡村合作社投资者和私人投资者互利合作；（4）有权以农业土地与外国人或有外国人参加的公司互利合作。农业土地使用权人主要承担下列义务：（1）按照本法规定经营农业土地；（2）依法缴纳农业土地税和其他税收；（3）出售、抵押、租赁、交换和赠送农业土地使用权，须缴纳地产税务局规定的印花税和登记费，并在有关镇区主管部门登记，接受农业土地使用权遗产继承时，须在有关镇区主管部门登记；（4）基于农业生产投资目的抵押农业土地使用权的，必须向政府银行或者政府认可的银行抵押；（5）未经允许不得将农业土地挪作他用、不得将原农业土地上种植的农作物换种其他农作物；（6）无正当理由不得将农业土地闲置。

（三）农地管理机构的组成

根据《农业土地法》第16条规定，缅甸共分为省或邦、县、镇区、区或村四级农业土地管理机构。中央农地管理机构负责全国农业土地管理工作，负责农业土地使用权登记、农业土地使用权证的发放工作，负责对农业土地使用权的出售、租赁、交换、赠送等事项进行指导监督。根据《农业土地法》第18条规定，中央农业土地管理机构可以授权适当的农业土地管理机构对在出售、抵押、租赁、交换及赠送农业土地使用权过程中，买卖双方在区乡农业土地管理部门当面签订合同时对土地价格作出规定。

（四）处罚

根据《农业土地法》第19条规定，对于不符合本法第12条规定的行为，农地管理机构在调查后可做出以下一项或多项处罚决定：（1）缴纳规定罚款；（2）按规定方式经营农地；（3）驱逐出农地；（4）拆除未经许可在农地上建造的建筑物。农业土地使用权人如果不缴纳税款的，将依照现行法律按照未完成土地税予以征收。

农业土地使用权人如果违反农地管理机构依据第 19 条作出的决定，情节严重的，将被处以六个月至两年的监禁，同时还要处以最少 30 万缅元最高 50 万元缅元的罚金。如果属于再犯，将被处以最高年限的监禁。

根据《农业土地法》第 37 条规定，农业土地使用权人未经国家政府批准而将全部或部分农业土地使用权出售、抵押、租赁、交换或赠送给任何外国人或有外国人参与的公司，情节严重的，将被处以一年至三年的有期徒刑，同时处以不低于 100 万缅元的罚金，与罪行相关的财物还要被没收充公。

(五) 土地争议解决方式

关于土地纠纷，应由区/村土地管理机构在审查案件文件并进行调查、听证后作出决定。当事人对区/村土地管理机构作出的决定不服的，可以在 30 天内按规定向镇区农业土地管理机构提出上诉。当事人对镇区农业土地管理机构作出的决定不服的，可以在 30 天内按规定向县农业土地管理机构提出上诉。当事人对县农业土地管理机构作出的决定不服的，可以在 30 天内按规定向省/邦农业土地管理机构提出上诉。省/邦农地管理机构的决定是最终决定。

(六) 农地使用和管理

根据申请，中央农地管理机构在审查查明符合规定的条件后，可以允许申请人更改土地用途，从常规作物转为种植其他作物。对于为了公共利益而将农地用于其他目的的申请，中央农地管理机构或省/邦政府应当根据其省/邦农地管理机构的建议，许可或拒绝将农地用于其他用途。

申请人自批准之日起六个月内未按规定开始使用农地，或未在规定期限内完成的情况下，中央农地管理机构有权没收农地，且无须做任何补偿。有关部门在为了国家利益征用农地时，应按照最小需求量征用，且应在规定的期限内尽快实施项目。如果项目终止，农地将会归还有权经营使用的原合法农地使用权人。联邦政府或联邦政府指定的相关部门，除有另外的命令外，均不得破坏牧场和乡村公用土地。为农业、畜禽养殖和水产养殖目的使用空地、闲地以及经中央委员会许可的空地、闲地以及荒地，在农业种植稳定的时候应当被视为《农业土地法》

规定的农地。

二、农业土地法实施细则

《农业土地法实施细则》(以下简称"农地法实施细则")是在农地法的基础上制定并颁布实施的,该细则于 2012 年 8 月 31 日颁布实施。该法主要包含以下内容:农地权、租赁和抵押农地使用权、监督和引导、纠纷解决、申诉和赔偿、农地的使用及管理、起诉以及冲积土地使用权等。

(一)农地权

1. 当前经营使用土地的农地权

年满 18 周岁并符合相应条件的公民,应当通过向区/村农地管理机构申请领取农地使用权申请表并填写完毕提交申请。而有权从事农业经营的组织则应当通过区/村农地管理机构向乡镇部门办公室申请相应办理农地使用权的表格并填写完毕。

2. 再利用征用农地的农地权

想要获得被征用农地再利用机会的,应向乡镇部门办公室获取表格,填写完毕并提交给区/村农地管理机构。

3. 通过转让、继承以及从空闲荒地开发获得的农地权

(1)通过转让获得的农业土地。出售、交换或转让农地使用权的,其转让人和受让人应当办理相应登记并缴纳印花税。变更农地使用权人应当填写申请表向乡镇部门办公室提出申请,并提交原有农地使用许可证和登记销售契据。(2)因继承取得的农业土地。农地使用权继承人应当通过附上遗产证书和原始的农地使用权证明及申请文件向乡镇部门办公室申请更改农地使用权人的姓名。(3)从空地、闲地以及荒地变更为农业用地。任何享有空地、闲地以及荒地经营权的人,可申请将该地用于农作物种植,并在收获后形成稳定的种植条件,中央农地管理委员会有权将该地指定为农业用地。享有种植作物权利的农民家庭,在完成空地、闲地以及荒地的工作后,可通过附上描述作物收获完成和栽培种植条件的照片以申请将空地、闲地以及荒地指定为农地。

(二)监督和纠纷解决

1. 监督

区/村农地管理机构负责登记农地使用权,以保证和许可权利人能够在农地上保持经营。区/村农地管理机构主要负责对农地的经营使用进行监督管理。各级农地管理机构应当监督享有农地使用权人不得未经政府批准出售、抵押、出租、交换或者给予所有或部分农地给外国人或外国组织。

2. 纠纷解决

农地权纠纷应当由区/村土地管理机构对案件进行审理,并根据农地法规定切实解决农地使用权上的争议。地区/州农地管理机构应在对争议上诉进行汇编和审查或逐级处理,并完成对农地管理机构级别平衡案件的审理,向中央农地管理机构提交月度报表。

(三)申诉和赔偿以及农地使用和管理

1. 申诉和赔偿

为了国家利益或公共利益,农地被依法征收,农地经营权人在农田土地上改建农地上的建筑物的,有权提起申诉和赔偿,中央农地管理委员会应当及时进行处理。

2. 农地的使用和管理

(1)农地的使用。享有农地使用权的人可以申请从农地的原始农作物种植变更为种植多年生农作物。任何人若想将农地用于建设住房综合体或其他城乡发展项目,如医院、图书馆、街道、桥梁、农村集市、宗教、建筑、公墓等其他必要建筑的,以及米厂、仓库、库房等必要基础设施,都应当提交申请。(2)农地的管理。国家或地方计划将农地改造为现代机械化示范农场时,若影响了农地边界的增减,则乡镇农地管理机构应在15天内对农地进行实地考察,并重新指定农地使用权或转变农地,以使作物种植可以由农地使用权人在农业季节内完成。执行国家长期利益规划的有关部门应向中央农地管理委员会提出征收实际需要的地区以实施规划的申请。

（四）冲积土地使用权

由于沿海岸线冲积土地的地域、位置和形状形式每年都有变化，冲积土地使用权应每年授予一次。而且，应当预先在淹水期前安排给予一年以上经营使用冲积土地的权利，以适应年度夏季犁耕作业的时间。获得冲积土地使用权的人应当进行登记。冲积土地经营权人一年内享有一个季度的使用权，只须缴纳土地税，无须缴纳登记费，但应当遵循关于冲积土地权利的相关规定。

三、空地、闲地以及荒地管理法

《空地、闲地以及荒地管理法》于 2012 年 3 月 30 日颁布，该法主要针对与空地、闲地以及荒地相关的一系列问题进行规定，主要包含以下内容：（1）空地、闲地以及荒地中央委员会；（2）空地、闲地以及荒地使用权；（3）保证金和土地税；（4）空地、闲地以及荒地使用权的义务；（5）监督管理；（6）向空地、闲地以及荒地使用权人提供帮助、惩罚。

（一）空地、闲地以及荒地中央委员会的组成

中央委员会主要包含秘书长、秘书以及有关政府部门和组织的合适人员和其他合适人员，以确保依法办理有关商业农业、畜牧养殖、采矿和政府允许的其他用途的空地、闲地以及荒地用于国家经济发展的管理。

（二）空地、闲地以及荒地使用权

中央委员会可以对空地、闲地以及荒地的开发使用于种植业、养殖业、矿产开采业、政府批准的符合法律规定的其他项目发放许可证。中央委员会应当按照缅甸投资委员会的外商投资协议，准予授予空地、闲地以及荒地使用权。

根据《空地、闲地以及荒地管理法》第 10 条至第 12 条规定，对于种植业以及养殖业的具体不同项目，申请人有权获得不同面积和年限的土地使用权。使用年限原则上不超过三十年，但可多次获得这样的许可。同时，中央委员会对于根据外国投资法获批的外国投资人的企业，如提出空地、闲地和荒地开发使用申请，只能审批公民无法进行土地开发经营项目的投资许可。

（三）保证金和土地税

根据《空地、闲地以及荒地管理法》第 13 条至第 15 条规定，中央委员会可以根据企业的种类，确定享有空地、闲地以及荒地使用权人缴纳保证金的额度。中央委员会可以根据项目类别以及作物种类，做出缴纳土地税的税率和适当的土地税免征期限。有关部门应从免税期届满之日开始，对空地、闲地以及荒地使用权人的纳税情况进行监督。

（四）空地、闲地以及荒地使用权人义务

获得空地、闲地以及荒地使用权的人应遵守相应条件：（1）用于授予的用途进行；（2）除非有自然灾害及不稳定的安全条件，应当自批准之日起四年内完成开发；（3）未经联邦政府许可，不得抵押、出售、出租、转让或分拆；（4）土地收入应全部支付给授权土地；（5）遵守法律法规的规定；（6）按照审批许可的使用目的进行土地的开发利用，禁止从事地上地下的其他资源开发项目；（7）如在授权土地上发现自然资源，应当交回土地。

（五）监督管理

中央委员会对关于空地、闲地以及荒地使用权的申请资料应尽审查和协调的职责。中央委员会可会同有关部门设立特别委员会，检查空地、闲地以及荒地使用权人遵守规定条件和履行开发义务的情况。例如，中央委员会经审查发现权利人违反本法规定条件，将会被没收其保证金，并被吊销土地使用权。

（六）向空地、闲地以及荒地使用权人提供帮助

空地、闲地以及荒地使用权人如就农业或畜牧业目的请求技术、优质种子或其他援助，中央委员会应采取行动提供帮助；如权利人请求投资资本、物资或服务援助，或者遭遇自然灾害造成巨大损失而请求特别贷款，中央委员会应当向有关部门或组织提出相应建议。空地、闲地以及荒地使用权人与当地农民存在争议时，中央委员会或有关部门和组织应进行相应的协调，促使其达成一致意见；不能协调的，按法律规定处理。

四、空地、闲地以及荒地管理法实施细则

《空地、闲地以及荒地管理法实施细则》于 2012 年 8 月 31 日颁布实施。该实施细则主要在《空地、闲地以及荒地管理法》的基础上对相关规定做了更进一步的细化，主要包含以下内容：（1）空地、闲地以及荒地使用权；（2）获得空地、闲地以及荒地使用权的条件；（3）保证金和土地税；（4）空地、闲地以及荒地使用权人的义务；（5）监督管理；（6）对空地、闲地以及荒地使用权人的保护帮助；（7）返还保证金。

（一）空地、闲地以及荒地使用权

以下主体可以向中央委员会申请在空地、闲地以及荒地上开展农业项目、畜牧养殖、采矿以及其他政府批准的合法项目：（1）缅甸公民投资者；（2）政府部门、政府组织和非政府组织；（3）根据有关规定享有豁免权的外交团体、联合国组织、其他组织及人士；（4）依法获准与政府部门或政府机构开展合作的投资者；（5）依法有权与缅甸公民投资者开展合作的投资者；（6）拟开展农业种植项目的农民和家庭。申请人应当进行登记并缴纳保证金。

（二）获得空地、闲地以及荒地使用权条件

《空地、闲地以及荒地管理法实施细则》是对《空地、闲地以及荒地管理法》的进一步细化。特别是规定了申请后进行实地调查核实、提交申请的方式、审批流程等，为申请人如何申请获得及延长使用权提供了较为明确的指引。空地、闲地以及荒地使用权人在完成批准项目的情况下，可以向中央委员会申请扩大农业活动，并提交种植相关作物的申请表。中央委员会可以根据是否有利于创造就业、促进经济发展等因素，作出是否许可的决定。对于矿业开采面积，中央委员会可以根据省/邦政府的意见并与联邦政府矿业部协调后颁发许可。对于经政府依法批准的项目，中央委员会可以根据项目种类，在与有关联邦政府部门协调后颁发许可。为国家利益开展的专项工程，经联邦政府正式批准，中央委员会可以批准超出相应规定的土地面积。

（三）保证金和土地税

享有空地、闲地以及荒地经营和使用权利的人，应当根据本实施细则规定，在该土地所在地或者离该土地最近的缅甸农业开发银行缴纳保证金。中央委员会可以自授予权利之日起，根据项目或作物的种类，并依照本实施细则规定给予土地税一定的免税期限。为了实现国家的税收和收入，中央委员会应根据作物或项目的种类规定权利人的纳税税率，并安排有关部门对使用上述土地的税收进行监督和征收。若发现存在未缴税之人，或正在避税或违反规定的，乡镇部门办公室有权采取相应措施追缴税款并作出处理。

（四）空地、闲地以及荒地使用权人义务

被授予使用空地、闲地以及荒地的权利人，应当遵守相关规定：（1）在授予之日起四年内进行项目，每年完成一定比例，最后达到100%；（2）对于农民或农村家庭，应在两年内完成许可地区的农业项目；（3）只能开展审批许可的项目用途以及与之相关的业务活动；（4）禁止提取或开采该土地表面上下的任何其他资源；（5）全额缴纳土地税；（6）遵守中央委员会的规定。

颁布空地、闲地以及荒地管理法之前被授予使用空地、闲地以及荒地的权利的人在原许可期内未遵守或违反规定的，将被没收保证金，撤销土地使用权。

（五）监督管理

在颁布《空地、闲地以及荒地管理法》之前，通过空地、闲地以及荒地中央管理组织获得土地授权的人，必须向中央委员会提交有关该项目实际执行情况的报告，同时提供被授予土地使用权证明文件的日期和文件编号，以及实际使用土地面积的照片记录的证明文件。中央委员会应进行调查并根据调查结果、材料和意见依法做出相应决定。中央委员会应促成空地、闲地以及荒地上的争议双方进行协商谈判，并作出公平正当的处理。

中央委员会在空地、闲地以及荒地上发现历史文物或其他自然资源，或为国家利益必须建设基础设施项目或特殊项目时，有权收回已批准的空地、闲地以及荒地，但应当按照最低面积进行收回且应对权利人进行相应赔偿。中央委员会认

定空地、闲地以及荒地使用权人违反了《空地、闲地以及荒地管理法》的规定，将没收其保证金，并撤销土地使用权。

（六）对空地、闲地以及荒地使用权人保护帮助

权利人就现代技术、健康种子及其他农业项目和畜牧业、水产养殖方面请求援助的，中央委员会可联系各相关部门，并与该土地最近的有关部门或组织协调，提供保护和帮助。在收到权利人关于贷款、物资、服务方面的请求协助后，中央委员会应根据有关部门实地考察后的意见对申请人提供相应帮助。在受到自然灾害或重大损失的情况下，中央委员会可根据实地考察结果和有关部门或组织的建议，向有关政府部门申请国家特别贷款。

（七）返还保证金

按照规定在期限内完成空地、闲地以及荒地土地开发项目的，中央委员会应当返还保证金。中央委员会收到申请后将转发给内比都委员会或者省/邦工作组进行处理，内比都委员会或者省/邦工作组将通过县主管部门转交到镇区主管部门，由镇区主管部门在七天内到现场进行实地考察，内比都委员会或者省/邦工作组可以视情况到实地核实情况。最终由中央委员会根据调查情况以及调查工作报告情况决定是否存在应当没收保证金的情形，如不存在，应当作出退还保证金的决定。

第三节　商品销售法

缅甸《商品销售法》通过对货物销售合同的规定，调整买卖双方货物销售关系。该法一共七章65条，规定了货物销售合同的订立、效力、履行、货款未收到时卖方对货物的权利、违反合同的救济途径等内容。

一、货物销售合同

同英美法系国家的法律规定一样，缅甸的《商品销售法》对货物销售合同和货物销售协议做了区分。前者是指卖方以某一价格将货物的所有权转让或同意转

让，并在合同订立时就交付的销售合同；后者则是将货物所有权的转让附条件或者期限，而不是在订立合同时就交付的销售协议。然而，当所附期限届满或为转让货物所有权的条件已经完成，则销售协议就转化为销售合同。

销售合同和销售协议的当事人包括买方和卖方。买方指购买货物或者指同意购买货物的人，卖方是指出售或者同意出售货物的人。

销售合同和销售协议的标的是货物，包括现货和期货。现货是指买方根据合同可提取的处于"可交付状态"的货物。期货是指签订合同后，卖方要制造、生产所要取得的货物。能够作为销售合同和协议的货物主要是各种动产，除此之外，还包括股票、股份、青苗、青草、和出售前或按销售合同的约定附属于土地上、能够采取的物品。

二、合同成立

(一)合同订立

买方或卖方购买或销售货物的要约被接受时便订立了销售合同。合同可以约定当即交货或付款，也可约定分期交货或付款。订立销售合同可以采取全部书面的形式或口头的形式，也可采取部分的书面形式或口头形式，还可以由买卖双方的行为默示。

(二)合同价款

销售合同的价格可以在合同中确定，也可以在合同订立以后确定，还可以由买卖双方在现场交易过程中确定。如果未按这几种方式确定买卖货物的价格，买方则应向卖方支付合理的价款，合理的价款取决于每一次具体的销售活动的时间、地点和市场行情等因素。

(三)合同附条件

销售合同中与货物有关的规定可以附条件或保证。条件是指事关合同主旨必不可少的规定，违反该规定则可以解除合同。保证是指与合同的主旨间接有关的规定，违反了该规定只能要求赔偿损失，不能拒绝履行或解除合同。合同规定的是条件还是保证不是看某一规定本身是条件或保证，而是取决于规定的事项在合同中的性质。

如果合同的履行有待于某项条件出现时，买方可以放弃该条件，或视为是违反保证的规定，而不将因违反条件规定而解除合同。如果是不能分开履行的合同，而买方已经全部或部分接受了货物，或销售的是特定物，那么货物所有权转移给买方，而卖方有待履行的条件只能按照是否违反保证处理，买方不能将此作为解除合同的理由，除非合同中做了明确或暗示的规定。

（四）质量约定

买卖双方可以在合同中就货物的质量和适应性作出约定，如果没有约定，不存在对保证与条件的默示，但下列情况除外：（1）如果买方以明示或暗示的方式使卖方了解对货物的特殊要求，以表明买方对卖方能力或判断力的信任，而且所应的货物与货物说明一致，就合情合理地存在货物符合所要求的默示条件；（2）在以经营凭样说明的货物的情况下，卖方无论是货物的制造者还是生产者，如果其是以该样品说明购进货物的情况下，那么就可以认定该货物符合可以交易的默示条件；（3）根据商业惯例对特殊要求货物的质量和适应性确认符合默示的保证和条件。

三、合同履行

（一）履行内容

根据销售合同的约定，卖方应当履行的合同义务是交货，买方的合同义务是付款。除非买卖双方另有约定，交货与付款互为条件，如果买方未交付货款，卖方有权利留置或拒交货物。

（二）履行地点

买卖双方可以在合同中约定是买方在卖方处提货还是卖方向买方处送货。如果合同中没有履行地点的约定，那就分不同情况：（1）销售为现货的，就在货物销售地点履行交货义务；（2）销售为协议有待销售的货物，则在协议的地点交货；（3）销售当时尚未有货的，则在货物的生产地或制造地交货。

（三）履行时间

买卖双方可以在合同中约定交货的时间。除非合同有明确规定，否则买方提出交货要求之前，卖方没有交货义务。如果卖方根据销售合同有义务向买方送货，如果双方没有约定交货时间，卖方有义务在合理时间内向买方交送货物，除非另有协议，买方可不接受卖方分期交货。

（四）履行数量

卖方向买方交货的数量应与合同或协议的约定一致。如果卖方交货少于合同约定，买方可以拒收，但如果买方接受了货物，就应当按照接受的数量付款。如果卖方交货多于合同约定，买方可接受合同约定的部分并拒收其余部分，若买方接受了全部货物，则应按照合同的约定支付货款。如果卖方交货时混入了合同没有约定的货物，买方可以接受合同约定的货物而拒收其余货物或全部拒收。上述规则的适用以遵从商业惯例、特殊协议和双方的交易程序。

四、争议起诉

根据销售合同，如果货物所有权已经移交买方，而买方不按照合同约定支付货款，卖方可以就货款起诉买方。如果根据销售合同买方应先付货款，而买方无理由不付或拒付，那么卖方无论是否向买方交货，也可就货款起诉买方。如果买方对于卖方的交货不予理会或拒绝接受，卖方可以买方不接受货物而起诉买方。

根据销售合同，如果卖方无理由不交货或拒绝交货，买方可以起诉卖方要求其赔偿。如果合同对卖方交付的货物有特殊的要求，但卖方履行合同不符合合同的约定，那么法院可以根据原告的请求，作出其认为公正合理的，由卖方支付赔偿金、返还货款或采取其他办法的判决。如果卖方违反保证或买方将卖方违反条件视为违反保证时，买方就不能以违反保证为由拒绝收货物，但可以起诉卖方要求卖方承担减免货款、支付赔偿金等责任。

第四节　婚姻家庭和继承法

在缅甸婚姻家庭和继承法第 13 条中规定，有关婚姻案应该按照当事人所信仰的宗教来判决。2015 年缅甸明确规定了一夫一妻制，不允许缅甸人与外国人通婚。涉外婚姻，需由缅甸律师公证、缅外交部认证后才视为合法。

提前了解缅甸婚姻法律、法规，尊重当地风俗习惯，必须做到以下五点：(1)了解和遵守缅甸公民与外国人结婚的法律，避免涉嫌人口拐卖；(2)准确核实女方身份信息，年龄为重点，缅甸法定结婚年龄为 18 周岁，要核对其身份证，必须年满 18 周岁；(3)必须保证当事人在自愿的前提下交往，并征得当事人家长同意；(4)向县级法院申请注册结婚，成为合法夫妻；(5)不要认为女方或其家庭接受金钱(彩礼)可以作为认可交往的证据，金钱彩礼通常是法官判定拐卖人口的重要依据。

第十章　柬埔寨民事法律

第一节　民法概述

柬埔寨是一个拥有 20 多个民族和部落、多种宗教并存，并且有着悠久历史和灿烂文化的国家。在 19 世纪中叶，柬埔寨曾经沦为法国殖民地。经历了将近一个世纪的时间，柬埔寨终于在 1953 年宣告独立。1993 年，在联合国的监督和组织下，建立了现在的柬埔寨，并且制定了宪法，实行君主立宪制的多党政治体制。柬埔寨的法律体系受到多重法律文化的影响，主要是受法国法的影响，也受习惯法和残存的共产主义法学理论的影响，而且习惯法对柬埔寨法律的影响正在不断加强。

由于历史原因，柬埔寨的法律体系还不太健全和完善，整个法律体系缺乏系统性，缺少必要的部门法。现行法律制度包括 20 世纪 60 年代民盟时期、金边政权时期和 1993 年王国政府成立以来三个不同历史时期制定的法律法规，在实际执行的过程中并没有明确的界限，因而在法律适用、执行过程中会出现一些冲突、混乱的局面。同时，由于缺乏必要的部门法，关于经济、商业、贸易等方面的法律法规尤其欠缺。至今柬埔寨尚无《公司法》，而商业活动中较常适用的是 1988 年金边政权时期制定的合同法。

国会是柬埔寨国家最高权力机构和立法机构，实行两院制，法案须经国会、参议院、宪法理事会逐级审议通过，最后呈国王签署生效。司法权由司法机构独立行使。柬埔寨司法体系分为三级，即各省市的初级法院、设在首都金边的一个中级法院和一个高级法院。无经济法庭等专业法庭，经济纠纷、民事、刑事等都由同一法庭受理。在实际司法过程中，由于欠缺相关的法律法规，不同历史时期的法律混用，造成了司法标准不统一，以至于法官的执法空间很大，对各类案件的裁决有很强的随意性。

柬埔寨是继越南之后的东南亚第二个在日本的支持下引入民法典的国家。自1994年越南以来，日本一直在向包括柬埔寨、印度尼西亚和缅甸在内的东南亚国家提供法律咨询。日本帮助柬埔寨起草立法法案并教育司法专家。柬埔寨新《民法典》于2007年12月8日颁布并于2011年12月生效。民法典共分为九个部分：总则、自然人、权利、义务、特定类型的合同与侵权、担保、婚姻、继承和最后的规定，总共1305条。

第二节　土　地　法

在内战时期，柬埔寨土地制度受到严重破坏，造成很多土地权属证明和注册资料丢失。至今在柬埔寨仍存在大量的关于土地权属的争议。因此，对于投资者来说，在签订关于土地使用、租赁或者通过柬埔寨公司按份享有土地所有权利益的合同时，核查土地的所有者的权属情况就显得尤为重要。柬埔寨民族历史悠久，又曾经历坎坷。土地既关系国家主权和公民切身利益，又对吸引外国投资具有重要影响。《柬埔寨王国土地法》既体现了柬埔寨农业社会传统、佛教传统，又吸收了西方物权法理论和立法技术，成为柬埔寨王国一部重要的基础性法律。

一、相关土地法律

柬埔寨相关土地主要法律：（1）1993年《柬埔寨王国宪法》；（2）1994年《柬埔寨王国土地管理、城市规划和建筑法》；（3）2001年《柬埔寨王国土地法》（修订了1992年土地法）；（4）2007年《柬埔寨王国民法典》；（5）2009年《柬埔寨王国勘探法》；（6）2010年《柬埔寨王国外国人共有建筑物内单位产权所有权法》；（7）2011年《柬埔寨王国民法典实施法》。其他关于土地的法律，如《柬埔寨王国森林法》《柬埔寨王国渔业法》《柬埔寨王国自然保护区法》等

二、土地法律沿革

柬埔寨政府废除了1979年之前登记全部私有土地所有权和相关权利。自

1989 年开始，政府开始对土地、建筑物进行重新登记。1992 年柬埔寨按照 1920 年旧民法典颁布了土地法，2001 年对土地法进行修订并沿用至今。

三、现行土地法主要原则

柬埔寨实行土地登记制，法律规定未经合法登记的土地均为国有。法律对属于土著民族集体所有的土地和佛教寺庙所有的土地，规定了特别保护，任何人不能通过受让取得这两类土地。另外，柬埔寨法律有关于实际占有和使用土地，达到法定年限和满足法定条件时，取得可以产生物权权利，并可以对抗经登记的私有土地所有权的规定。应当注意这与完全以登记为准的中国法律不同，与中国物权法规定的原始取得和继受取得有重要区别。柬埔寨法律将土地和不动产出租分为短期和长期出租，其中长期出租(民法典称为永久租赁)的法律规定，对所有权人解除租赁合同有严格限制，更侧重保护承租人的权利。

四、土地组成部分

民法典规定土地上附着物或者组成物，尤其是像建筑物或者设置在土地上的不可移动的结构是土地的组成部分，除非该附着物从土地上被切断开或者法律另有规定，其权利有别于土地的权利(民法典第 122 条)。然而，作为除外原则，民法典同时也规定了在另一土地建造建筑或者结构等权利享有者的权利(占有或者使用)。在行使此类权利的过程中比如建造所产生的物体则不得归属于土地的组成部分。此规则同样适用于因暂时目的而附属在土地上的物体(民法典第 123 条)，并且在权利享有者所建造的建筑或者其他结构的情况下也被视为是土地的组成部分(占有或使用)(民法典第 124 条)。

五、土地租赁

永久租赁期不超过 50 年。如一份永久租约超过 50 年的期限，其将被缩短至 50 年。永久租约在续期之日起不超过 50 年的租期的前提下可再次续约(民法典第 247 条)。例如，永久租约的承租人未能支付三年租金，则出租人可解除永久租约(民法典第 250 条)。

永久租约可通过或者不通过对价进行分配或者处置。永久租约的承租人可将永久租约项下的租赁物进行转租以及用于被继承(民法典第 252 条)。永久租约租期届满时，除非永久租约的承租人破坏了不动产或者根本性地改变其性质，否则出租人不得要求承租人将不动产恢复至其原有状态。永久租约租期届满时，出租人有权获得架设在不动产上的任何改进或者结构的所有权，且无须对永久租约的承租人支付任何补偿(民法典第 254 条)。

关于 2001 年土地法实施前产生的长期租约，当剩余的租期自民法典实施后计算超过了 50 年，则此类权利将在协议明确约定的期限内继续有效，虽然民法典第 247 条做了不同的规定(永久租约期限)。然而，长期租约的剩余租期超过 90 年的，则此类权利的存续期将被视为自适用法律(民法典第 41 条)开始实施之日起的 99 年。

如果使用权或者居住权是基于 2001 年土地法所产生的，且根据 2001 年土地法第 120 条第 3 款所规定的条款登记，则该条款同样调整基于 2001 年土地法第 139 条所规定的登记，即使民法典第 277 条明确规定除非使用权人或者居住权人行使其权利，甚至事实上权利人没有使用或者获得利益，不得对抗第三人。该权利能够被主张以对抗第三人(民法典第 43 条)。

六、抵押

抵押权的本质：抵押权人享有基于义务人或者其他第三人所提供的不转移占有且为保证义务履行的不动产，比其他债权人优先获得受偿义务人履行的权利。永久租赁权或者用益权均可称为抵押权的对象(民法典第 843 条)。主张抵押权：除非抵押权的文书被公证及在土地登记机构注册，否则抵押权人不得向非抵押义务人的第三人主张抵押权(民法典第 845 条)。抵押权的效力范围：抵押权的效力范围及于在抵押权设立之时成为抵押权对象的土地的附属的一切东西(民法典第 846 条)。抵押权的优先顺序：当不动产上设定多个抵押权以担保多个债务时，则其按照注册的顺序的先后确定其先后(民法典第 851 条)。

七、外国人取得土地权利及其他不动产相关规定

柬埔寨禁止任何外国人，不管是自然人或者是法人，拥有土地的所有权。柬埔寨宪法第 44 条规定："所有人，个人或者集体，均享有所有权。只有高棉法人

和具备高棉国籍人士才有权享有土地的所有权。"2001 年土地法第 8 条同样规定，只有具有高棉国籍的自然人或者法人才有权享有柬埔寨土地的所有权，任何伪造柬埔寨国籍而获得土地所有权的外国人均会受到惩罚。有鉴于此，所谓的柬埔寨籍的法人就是指公司的 51% 或者以上的股份应当由柬埔寨人或者柬埔寨公司持有。此外，2001 年土地法第 5 条规定："除非公共利益，否则任何人不得剥夺其所有权。所有权的剥夺必须经过符合法律的规定和程序，并且只有在提前给予合理的补偿的情况下方可进行。"

只有柬埔寨自然人和柬埔寨法人(柬埔寨自然人或柬埔寨法人占超过 51% 拥有投票权的股权 voting shares)可以取得土地所有权。外国人以取得柬埔寨土地为目的，而取得柬埔寨国籍的，将受到刑罚处罚。所有为规避"外国人不得取得土地所有权"法律，外国人和柬埔寨人之间的代持协议等协议，均被认为合同无效。除不能取得土地所有权外，外国人取得土地租赁权、特许权、使用权等均不受法律限制。外国人可以取得多产权人建筑(co-owned building)除一层和地下室以外的分户产权。

中国企业或个人来柬埔寨投资，大多数要签订与土地有关的合同。柬埔寨由于历史原因，各历史时期形成的土地权利存在交叉，同时与中国土地法律又有很大差异。建议：(1)不要盲目用非正规方法购买土地，以免土地价格上涨后出现纠纷，陷入被动；(2)聘请专业律师起草和审查合同，并按照柬埔寨程序法律规定完善手续。

八、投资者感兴趣的所有权相关规定

(一)2001 年土地法关于不动产所有权的主要条款

土地法第 7 条规定，1979 年以前的不动产所有权的政治制度不予以承认。以下行为无论以何形式均无效、非法：(1)占有国家和公共法人的公共财产，在将国家私人财产的占有转化为所有权之前未依法定格式和程序进行，无论其占有和转化的日期；(2)将土地受让转化为所有权，无论其转化是否在本法生效前，除非受让符合社会目的；(3)未遵守第五章的土地受让；(4)本法生效后，以任何形式占有国家私人财产。

1975 年至 1979 年危机后，在柬对不动产所有权的另取得及不属不动产一般法令管辖的例外情况：自 1989 年起承认对不动产的占有可以构成不动产的权利并可由财产持有者依本法取得所有权。本法生效后，应停止任何开始占有，即自 1989 年后被承认的持有不动产的行为，则构成了对不动产物权享有以及导致财产的占有者获得所有权的结果。

任何人在本法生效前和平地、无争议地占有私人可合法占有的不动产不短于 5 年，有权申请明确所有权的权属证明。如果授予所有权的权属证明有人反对，其必须证明他和平地、无争议地占有争议的不动产不短于 5 年，或证明其从该不动产原始持有人或其法定收益人或所有权受让人或他们的继承人处购得，即在法律实施前，无争议地占有不动产不少于 5 年的任何人，均可合法私人持有该不动产，并且享有请求确认其所有权的权利。

本法生效后，任何对属于公共机构或私人的不动产无权属证明的新占有者应被视为非法占有者并应以本法第 259 条受到惩罚，即法律生效后，任何未经确认所有权的不动产占有者均会被视为非法占有者。

为转化成不动产所有权，应无疑义、非暴力、公开、继续并善意地占有。在等待重建规划和土地注册过程中，主管机构应继续颁发不动产的占有权属证明，该权属证明是占有的证据，但其本身不是所有权的权属证明，因而不是不可争议的。只有在土地注册时对土地所有权无争议，占有权属证明才构成明确的无争议的财产所有权证明。如有争议，应根据对所有相关证据的额外调查确定该不动产的合法占有人。不动产的占有权属证明是一种证据，但本身不具有决定性。

(二)民法典对土地所有权的明确规定

任何人均能以持有所有权的意图，通过和平及公开地占有不动产超过 20 年而获得不动产所有权。不动产所有权可在善意且无过失的情况下，通过和平及公开地持有不动产 10 年后获得。民法典同时规定了共有权。共有权被定义为多人持有一物的所有权。共有人的权利限于其自有份额。当土地或建筑邻近处有分割物如墙、壕沟或者藩篱区分所有权的情况下，或者双方当事人同时共有分割物时，不可分割的联合所有权就出现了。共有人在履行其限于自身份额的共有义务，如保护、维护和修复共有分割物时，其同时享有使用权。关于占有的有关权利在民法典第 227 条至 243 条中均有规定。

九、土地特许

(一)土地特许概况

土地特许是根据土地法第 48 条所规定的,给予任何自然人或者法人或者集体占有土地和行使其权利,由有权当局决定签发的法律文件所创设的一种权利。在柬埔寨,存在三种类型的特许土地:社会特许土地、经济特许土地和使用、开发或者开采特许土地。关于社会特许土地,受益者可以建造居所或者为生存而耕种国家土地。关于经济特许土地,受益者可平整土地以做工业或者农业开发之用。使用、开发或者开采特许土地包括了采矿特许,建造港口特许,机场用地特许、工业发展特许和渔业特许用地,但不受 2001 年土地法调整。使用、开发或者开采的特许土地是由 2007 年 10 月 19 日颁布的特许法律所规范调整的。

土地特许仅仅是因特许合同而创设的权利而不能基于占有土地的事实而产生。土地特许必须是在占有土地前由有权当局,如国家或者公共的土地集体或者已获特许的土地所有权人的公共机构所签发的在特定的法律文件上所创设的。特许必须在土地管理、城市规划和建设部(MLMUPC)处登记。土地特许可在不符合法律要求的情况下由政府决定予以撤回。特许的土地面积不得超过 1 万公顷,最长存续期在 99 年内。除非法律另有规定,否则,民法典的关于永久租赁的特许土地权利的条款的适用在特许范围内已做必要的修正。

(二)经济土地特许

1. 调整经济土地特许的法律框架

调整经济土地特许的编号 146 二级法令在 2005 年 12 月 27 日签署生效,规定了标准、程序、机制以及开启和授予新的经济土地特许的管理机构,以监管所有经济土地特许合同的履行和审查在该二次法令生效前的经济土地特许,以符合 2001 年土地法的规定。

2. 经济土地特许的目的

经济土地特许是基于以下目的而授予:(1)为发展需要高效和一定水平的启

动资金投资的农业和农业产业化活动；（2）为满足特定的一系列的以适当和永久的方式开发土地的投资者协议以实施地区土地使用计划；（3）基于恰当的生态环境自然资源统筹框架下，为改善农村地区生活水平及生活多样化而增加就业的目的；（4）为鼓励在经济土地特许项目上的大小投资；（5）通过使用经济土地特许项目以费用、税收和其他相关服务收费的方式增加国家、省级或者公共收入。

3. 经济土地特许的条件

土地只有在满足以下 5 个标准时候方可被授予为特许的经济土地：（1）土地必须根据国家土地管理的二级法令的规定注册及分类为国家私有土地，以及遵循地图造册和土地注册程序的二级法令或者零星注册的二级法令；（2）土地利用计划已经获得省市级土地管理委员会的批准且土地的利用必须与该计划保持一致；（3）关于经济土地特许的土地利用和发展计划已经完成了环境和社会影响评估；（4）根据现有的法律框架和程序，已经解决了土地的搬迁安置事宜。契约当局将保障合法土地持有人受到非强迫性的安置和获得私有土地的尊重；（5）作为经济土地特许项目或者计划的土地已经接受了包括土地当局和当地居民在内的公众咨询。

评估经济土地特许方案应当遵循以下标准：（1）通过使用现代技术提高农业产品和农业产业化；（2）就业增长；（3）提高人民的生活水平；（4）持续的环境保护和自然资源管理；（5）避免或者减少社会不良影响；（6）特许社会土地和特许经济土地之间的任何联系和相互支持；（7）特许合同中所明确约定的农业原料的处理过程。农业、林业和渔业部是管理和授予总投资价值不超过 10000000 瑞尔或者面积超过 1000 公顷的经济土地特许事宜的部门。

4. 特许经济土地的抵押和权利转让

《关于长期租赁或者特许经济土地的抵押和权利转让的二次法令》在 2007 年 8 月 29 日签署实施，其规定了投资者获取转让长期租赁或特许经济土地权利的原则、条款和条件。仅仅在土地登记官处登记的不动产才可能成为特许的对象。土地特许必须在土地管理、城市规划和建设部颁布的土地权利证书上记载。土地管理、城市规划和建设部必须签发"土地特许证书"。除非经济土地特许合同另有规定或者法律限制外，受益人有权对其获得特许土地及其建筑或者架设的其他不动产设定抵押或者转让其权利。任何情况下，债权人均无权对保障其债权履行的特许土地主张任何所有权。债权人也无权主张处置其债务人经特许而获得的不动产。特许经济土地证书上必须明确记载不动产的类型、面积、位置，土地所有人的身份信息，受益人的身份信息以及特许的期限。

但是，2012 年柬埔寨政府暂停批准经济特许地。2012 年 5 月 7 日，柬埔寨首相洪森签发《提高经济特许地管理效率》的政府令，宣布自即日起暂停批准经济特许地。政府各部门、各有关单位必须认真执行政府关于提供经济特许地的合同规定，不影响社区和当地居民的生活环境。对于已经获得经济特许地，但未按法律原则和合同规定进行开发，或者利用特许地经营权开拓更大土地，转售空闲土地，违背合同，侵犯社区人民土地的公司，政府将收回其经济特许地。对于之前已获政府批准的经济特许地，政府将继续依照法律原则和合同执行。2012 年 9 月底，洪森首相宣布将从投资开发的第六年起对经济特许土地征收租金，每公顷 5 美元，并逐年增加 1%，并再次表示不再新批经济特许地，直至其政治生涯结束。2014 年，柬埔寨政府开始对现有经济特许地开发情况进行清查，对于不按计划进行开发的公司，政府将收回其经济特许地。

第三节　合　同　法

柬埔寨于 1988 年 10 月 28 日正式颁布和实施第 38 号有关合同和其他债务的法令。该部法令共有 138 条，分为四章，分别为合同内容、常用合同内容、其他责任内容和附则。在该部法令中，还可看到关于侵权制度的规定。

一、合同概念、特征和原则

合同在不同的法律部门都有所应用，在这里我们所指的合同，仅限于民法意义上的合同，即《38D 号法令》中所调整的合同，比如销售合同、贷款合同、个人财产担保合同、承包合同和保证合同等。

《38D 号法令》第 1 条规定：合同是指两名或多名个人之间创设、变更或终止约束他们的一个或多个义务的自愿协议。其中，个人既可以是自然人也可以是法人。合同当事人应当诚实信用，尊重社会道德，特别要消除一方合同当事人对另一方合同当事人的剥削。从上述的概念，我们可以看出合同具有以下法律特征：

（1）合同是一种民事法律行为。它以意思表示为要素，并且按照意思表示的内容发生法律效果。（2）合同的目的为设立、变更、终止民事权利、义务关系。（3）合同是当事人意思表示一致的协议。它必须具有双方或多方当事人，各方当事人必须相互为意思表示，并且当事人的意思表示达成一致。

《38D 号法令》第 2 条规定了当事人在订立合同时应当遵循的几项原则，包括：诚实信用，尊重社会公德，消除"一方对另一方剥削"的观念。我们只有具体结合柬埔寨王国的历史、文化，才能准确地理解这些原则的内涵。

二、合同订立

柬埔寨合同法规定，合同必须具备如下要件方为有效：（1）当事人双方自愿订立合同，并签订真实协议；（2）合同当事人具有订立合同的行为能力；（3）合同内容确定，能够履行，并符合公序良俗；（4）合同有对价。此外，根据《38D 号法令》第 4 条的规定，合同分为两种形式：口头形式和书面形式。法律规定要采取书面形式的，合同必须采用书面形式，否则无效。如果合同涉及金钱，或任何超过 5000 瑞尔的项目都必须采用书面格式，除非双方当事人另有约定。与中国合同法相比，内容具有相似之处。中国合同法规定合同的订立必须经过要约与承诺的过程，其实就是合同当事人真实意思自治的结果。承诺一旦生效，合同便成立。当双方订立的合同没有违反相关法律规定时，合同即生效。

（一）当事人双方自愿订立合同，并签订真实协议

在合同法中，意思自治原则堪称霸王原则，只有当事人在自愿基础之上订立合同，所订立的合同才是有效合同。除此之外，合同内容必须是合同双方真实的表达意图，也即法律否定任何受胁迫的、欺诈或者重大误解等原因而订立的合同效力。

（二）合同当事人具有订立合同的行为能力

除非法律另有规定，年满 18 周岁的自然人具有完全订立合同的行为能力。未满 18 周岁的自然人非经其监护人同意不得订立合同，但事后监护人可对该合同效力进行追认。未成年人因其日常生活需要订立的合同不需要获得监护人同意

即为有效。当事人与不具有订立合同行为能力的未成年人订立合同的，不能以合同另一方不具有订约能力为由，主张解除自己的合同义务。

(三)合同内容禁则

订立的合同内容不得违背公序良俗的内容，不得违反社会利益和社会道德。

(四)合同有对价

合同标的必须有商业价值，合同标的物的类型、质量和数量必须清楚地描述，处分标的物的当事人应当对标的物享有处分的权利。同时，未来事件也可能成为合同的标的物，但出卖活着的人的遗产的合同是绝对禁止的，即便征得该人的同意。合同标的的对价应当公平、适当。

三、无效和可撤销合同

柬埔寨合同法规定合同在特殊情况下可以被依法认定无效或可撤销。中国合同法中同样规定有无效和可撤销合同的情形，但是与柬埔寨的法律规定稍有不同。

(一)无效合同

合同是一种民事法律行为。无效民事法律行为是指欠缺法律行为发生根本生效要件，自始、确定和当然不发生行为人意思之预期效力的民事法律行为。根据柬埔寨合同法规定，若如下情形发生，合同无效：(1)合同违反法律，不遵守公序良俗；(2)合同与社会公共利益相悖，或者违反了社会道德规范；(3)合同内容无法履行。中国合同法中无效合同的法定情形较之更为复杂，还包括因为合法形式掩盖非法目的而订立的合同、恶意串通损害国家财产及利益等情形。

(二)可撤销合同

可撤销的法律行为是指因行为有法定的重大瑕疵而须通过诉讼予以变更或撤销的民事行为。根据柬埔寨合同法规定，若如下情形发生，合同可被撤销。

1. 不是双方自愿或真实订立的合同和不具有订立合同行为能力人订立的

合同

这里所指的不具有缔约能力的人主要是除未成年人以外的不具有缔约能力的人(未成年人所签订的为满足生活所需以外的合同为效力待定合同)。在中国，不具有订立合同行为能力人订立的合同不是可撤销合同而是效力待定的合同，若权利人不进行追认合同，合同无效。同时中国合同法更为具体和全面地规定了其他两种效力待定的合同，包括无权处分以及无权代理的合同。这一点与柬埔寨的规定有较大不同。

2. 在误解、欺诈或胁迫、暴力、乘人之危以及合同对价不公平的情形下订立的合同

(1)这里所指的误解即当事人的表意虽然是自愿的，但却违背其本意，则基于该错误认识所签订的合同可撤销。同时，这里所指的误解必须是关于合同标的物实质性的误解。如果是关于当事人主体身份的误解，除非该主体身份是关于合同标的物实质性的误解、是合同的基础根据，否则不能够作为废止合同的理由。《38D 号法令》第 16 条也做了相关规定，与不具有缔约合同能力的某人签订合同的一方当事人不能基于另一方当事人无缔约能力的理由而意图免除他(她)的合同义务。(2)欺诈是指欺骗、不诚实或虚假陈述的行为。该行为诱使对方当事人作出错误的意思表示。该欺诈行为必须与合同的签订存在直接的因果关系，即另一方当事人没有该方当事人的欺诈行为将不会签订合同。(3)这里的胁迫是指采用暴力，既可以是精神上也可以是针对肉体的。实施的对象不仅限于合同的对方当事人，还包括当事人的配偶、长辈或子孙。(4)乘人之危所产生的合同是指一方当事人利用对方当事人处于危难之际，为牟取不正当利益，迫使对方当事人违背真实意愿签订的合同。受损害方当事人享有对该合同的撤销权。(5)缺乏对价的合同——《38D 号法令》第 12 条规定，当签订合同时，如果一方当事人提供的标的物价值和作为回报的对价价值存在一个差额，受损害方当事人可以基于他(她)从未有把这一差额当作赠品的理由提出撤销合同的请求。

根据《38D 号法令》第 19 条的规定，具有以上情形的，受损害方当事人或任何与该请求有合法利益的人均可以行使对该合同的撤销权。在行使撤销权时应该注意以下几个方面：(1)撤销合同的请求必须以诉讼的形式提出；(2)受损害方当事人或任何与该请求有合法利益的人有通知义务，即必须将撤销合同的请求通

知对方当事人；（3）接收该通知的当事人必须不予迟延立刻答复；（4）受损害方当事人或任何与该请求有合法利益的人应在发出通知后的 12 个月内提起撤销合同的诉讼；（5）因误解、胁迫、欺诈而主要废除合同的当事人负有对误解、胁迫和欺诈情形的举证责任；（6）合同一旦被撤销就自始无效；（7）如果提起诉讼后，行使撤销权的当事人同意履行其义务或书面同意撤销该诉讼的，其将丧失对该合同的撤销权。

四、合同履行

（一）履行方式适当

合同履行应当诚实并符合合同双方当事人的意愿。合同履行方式的规定要求义务人按照合同约定的时间、地点、方式、质量等适当履行。但是，柬埔寨法院能够根据"善意精神"和基于承担义务当事人的特殊"经济状况"而延长或延迟履行期限。总而言之，当事人关于合同履行方式有约定时，依约定。无此约定时，按照有利于合同目的实现的方式履行。

（二）履行地点

合同的履行地点是指债务人应为履行行为的地点。双方当事人可以按照合同约定地点完成各自义务。合同对履行地点未约定的，以合同义务人所在地为合同履行地。

（三）履行时间和期限

双方当事人按照合同约定时间或期限完成各自义务。合同对履行时间未规定的，合同义务人可以在任何时间履行合同义务，而合同权利人则可以在任何时间要求履行合同义务。合同中未约定或法律没有规定具体的履行期限，依照法律承担义务的当事人只要是在一个合理的时间范围内，能够在任何时间履行或清偿义务。义务是支付价款的，合同权利人有权要求付款当事人在任何时间付款。法院可以考虑当事人的经济情况，允许延长或延迟合同履行期限，并可以作出一个暂停债权诉讼的命令。但是做出该决定的理由必须清楚说明，并且法院应当非常慎重地行使该权力。

（四）合同纠纷诉讼时效

依据《38D 号法令》第 25 条的规定，合同的诉讼时效期间为 5 年，法律另有规定的依特殊规定。合同的诉讼时效期间自合同约定的履行期限届满之日起计算；合同没有约定履行期限的，自合同签订之日起算。合同的诉讼时效具有强制适用的特点。根据《38D 号法令》规定，合同义务人或保证人有权主张诉讼时效已满，但如果没有及时主张，则法院可以以合同义务人或保证人的名义主张诉讼时效已过。

诉讼时效期间届满的后果是导致原告丧失胜诉权。但是，合同义务人或保证人在诉讼时效期间届满后，依然履行合同约定义务的，合同义务人或保证人不能以合同诉讼时效已过为由，提起诉讼请求返还已履行的金钱或物品。如果合同义务方在其居住地失踪，其失踪依法律规定经当地政府证实的，诉讼时效期间应当予以延长。

五、合同违约和赔偿

合同的违约和赔偿问题的制度与中国规定的较为接近。柬埔寨合同法同样规定不可抗力免责制度以及赔偿损失与实际损失相符的原则。

六、有名合同

柬埔寨规定了买卖合同、借款合同、个人财产担保合同、承揽合同、运输合同、寄托合同、借用合同、租赁合同、保证人合同。有名合同的相关规定与中国的规定相似，在此不再赘述。个人财产担保合同是指债务人把其个人财产交付债权人持有作为债务的安全担保的合同。拥有这种担保财产的债权人有权优先于其他债权人受偿。

借用合同是无偿的，出借人保留对其财产的所有权而出借给借用人使用。借用人未经出借人同意不得出售、互易或再次出借该财产，并且要以善意和适当的方式使用该财产。对借用财产的维修和保护费用由借用人承担。由于借用人过错导致借用财产受损或者丢失的，借用人应当向出借人承担赔偿责任，但因不可抗力原因导致借用财产受损或者丢失的，借用人无须承担赔偿责任。借用人必须按照合同规定的时间返还借用财产；如果合同中没有约定返还时间，出借人可以随时要求返还其出借的财产。如果借用人不适当使用借用财产，不按照借用财产的正常功能使用的，即使在合同约定的返还时间之前，出借人也可以立即要求返还其出借的财产。

第四节　婚姻家庭和继承法

一、婚姻家庭法

柬埔寨是一个有着悠久历史的文明古国，其婚俗制度受佛教和婆罗门教影响甚远。庄重、肃穆、虔诚便是柬埔寨高棉族传统婚俗的主要特点。

(一)婚姻习俗

在婚姻制度发展中，柬埔寨也曾出现"男嫁女"的传统习俗。儿女的婚姻也需要由父母定夺。由于妇女在家庭的地位相对比较高，儿女的婚姻尽管也是父母之命，但是家里的父亲要与母亲一同商量，并同时尊重儿女的意志，不会将父母的意志强加于子女，所以柬埔寨传统婚俗并不是父母之命不可违。在柬埔寨传统婚俗中父母为子女决定婚姻大事的时候，最首要的是看重对方的人品，其次是家庭、经济、门风等情况。同时又由于受佛教的影响，高棉族人特别看重"合八字"以确定子女婚姻是否相冲。

柬埔寨传统婚俗中婚姻必须经过四个步骤，即"说媒""提亲""定亲"和"亲迎"，类似于中国的六礼制度。通过媒人知晓对方家庭背景、经济实力、对方子女的人品性情等，然后再询得双方的生辰八字，经过合八字之后，男方家向女方家提亲。男方提亲的日子由女方父母来定。提亲分为三次，第一次和第二次都是由媒人带上男方家准备的礼物前往女方家，说明男方家的意图，第三次男方则与媒人一同前往女方家，获得同意方可订婚。在礼品准备过程中，象征爱情的槟榔必不可少。一旦女方家长认可男方之后，进入"定亲"阶段，男方准备槟榔、金银首饰等礼品与女方家定下婚期，最后完成婚礼。

婚礼的举行历时三天，第一天是"入棚日"，男方搭建"结婚棚"，第一层是灶台，第二层用来招待宾客，第三层是男方新郎的临时住所。棚内要摆放神台。第二天由男方带领"亲迎"队伍到女方家举行婚礼，由此可见，女性地位比较高。男方的"亲迎"队伍要带着各种礼盘到女方家，队伍越长，越隆重，女方也就越有面子。男方到达女方家之后，要先祭拜女方家的列祖列宗，表达自己愿意成为女方家庭一员的意愿。在第二天有一个非常重要的仪式，即"剪槟榔花仪式"。当槟榔花被锋利的剪刀一剪即断时，寓意着男女双方婚后能够幸福美满、白头偕老。"剪槟榔花仪式"结束后，男女双方举行"剪发礼"。"剪发礼"并不是真正的剪头发，而是将身上的汗毛等轻微剔除几根，意味着干净、美满。女方剪完才能轮到男方剪发。接着进行"诵经"仪式。男女双方均面朝东席地而坐，听僧人诵经念佛。最后，举行"绑手礼"，象征着新婚夫妇心连心。第三天，举行"拜堂礼"，一拜祖先，二拜父母，最后夫妻对拜。

现代婚俗发生变化。传统婚俗讲究"父母之命，媒妁之言"，而现代柬埔寨社会的男女有自由恋爱的权利。男子年满 18 岁可以结婚，女子年满 16 周岁可以结婚。结婚的礼俗也由原来的 3 天缩短至 1 天。

（二）夫妻关系

柬埔寨施行一夫一妻制。高棉族传统婚俗中，受母系氏族社会的观念影响，妇女在家庭的地位较高，男子婚后与女方家人一同生活，妇女负责相夫教子、家务等，男子主要是家庭的经济支柱，但家庭的财政大权却是掌握在妇女手中，妇女在家庭中有绝对的控制权，男子做任何决定都需要与妇女商议，方可定夺。

（三）婚姻的终止

高棉族受宗教信仰的观念影响，对婚姻持有非常谨慎的态度，一般不会轻易解除婚姻关系。因为婚姻关系的解除，对男女双方都会产生巨大的社会压力。但是，对于无法继续婚姻关系的情况，妇女与男子都具有主动解除婚姻的权利。

（四）涉外婚姻新规定

柬埔寨王国外交国家合作部照会各国驻柬埔寨王国外交、领事机构称，柬埔寨公民与外国公民结婚须执行新的规定，主要内容如下。(1)程序。外国申请者须通过本国驻柬埔寨外交或领事机构向柬埔寨外交国际合作部提交填写完整的申请表。如提交的申请合格，柬埔寨外交国际合作部将把申请材料转到内政部。内政部审核后，将申请转到当地有关注册部门，以建立完整的婚姻档案。(2)提交申请表时还须提供以下文件：①单身证明或原配偶死亡证明或离婚证明；②无犯罪记录；③职业及收入证明；④柬埔寨官方认可的医疗机构出具的体检证明；⑤护照及柬埔寨签证复印件。除体检证明外，所有上述文件须经申请人大使馆认证。

二、继承法

柬埔寨的继承主要有法定继承和遗嘱继承，继承应按照法律规定或死者的意愿进行。依照法律规定的继承称为法定继承，而根据被继承人的意愿则称为遗嘱继承。继承于被继承人死后开始。继承开始以后，继承人继承了与死者财产有关的所有权利和义务，但完全属于死者本人的除外。

只有在被继承人死后仍然活着并且不属于民法典第 1150~1152 条规定的丧失继承资格或继承资格被取消的人拥有继承权。

以下的人不能成为继承人或依据遗嘱获得财产：(1)直接或间接故意造成或试图造成被继承人或具有先后或同等继承地位的人死亡而被判刑的人；(2)知道被继承人是被谋杀而未提出指控或控诉的人；(3)以欺诈或胁迫手段阻止被继承人订立、更改或撤销与遗嘱有关的内容；(4)以欺诈或胁迫手段诱使被继承人订立、撤销或更改与遗嘱有关的内容；(5)伪造、更改、破坏或隐藏遗嘱的人。

如果能够合法合理推定继承人有下列行为，被继承人可以向法院申请取消该继承人的继承权：(1)残忍对待被继承人的；(2)蔑视被继承人；(3)当被继承人生病时没有对其尽到照顾义务；(4)犯有被判终身监禁的罪行；(5)从事其他严重的不当行为。如果根据第 1150 条被取消继承资格或获得财产的资格，或者根据第 1151 条、1152 条被取消继承权的人拥有任何继承财产，自继承之日起，该人即被视为恶意拥有财产。

关于外国人能否通过继承拥有土地的问题民法典也做了相关规定：(1)如果继承人或者根据遗嘱获得财产的人不持有柬埔寨国籍，则该人将无法继承土地，也无法以遗嘱赠与方式取得土地；（2）如果一个或多个共同继承人不具有柬埔寨国籍，则继承财产也遵守上述规定；（3）如果先后次序的继承人中没有一个具有柬埔寨国籍，则继承财产中包括的土地应构成法人，所有继承人应共同进行管理和处置；（4）如果所有具有优先继承权的继承人被完全接受，并且作为有权处置遗产的人在 3 个月内出售土地，其出售收益应构成遗产，而不需要构成前述的法人；（5）如果所有具有优先继承权的继承人没有在被接受之后 3 个月内出售土地，那么土地应由下一等级拥有柬埔寨国籍的继承人继承，在这种情况下，继承财产法人应被视为不存在。

下编

东盟各国商事法律

第一章　印度尼西亚商事法律

第一节　商法概述

印度尼西亚大致把公司分为国有制公司和非国有制公司两大类。对国有公司，印度尼西亚分门别类地制定了一些专门的法律和法规。这些法律和法规从内容上对本国的公司制度做出了较为全面和严格的规定，其目的在于一方面保证国家对国有公司的绝对控制，另一方面保证国有资产的保值和增值。对其他类型的公司和企业，大多在民商法律中加以规定，而且规定得较为宽松。对于规定严格的国有公司，印度尼西亚法律多不允许外资或民间资本介入，对于非国有公司虽然规定宽松，但是这也带来了管理不严、问题较多的弊端。比如，放债式股份公司实际上是有限合伙、隐名合伙或者股份两合公司，这类公司中存在隐名合伙人，隐名合伙人不参加经营活动，对于合伙债务仅承担有限责任，而且从外观上看不出其是隐名合伙人。因此，债式股份公司的经营风险较大，如何降低由此产生的风险是印度尼西亚法律亟待解决的问题。

第二节　公司法制定与修改

有限责任公司是印度尼西亚经济发展的支柱之一，基于这一重要地位，1995年印度尼西亚颁布了《印尼公司法》。该部法律从公司的设立、章程的修订、公司的登记和公告、资本和股份、工作规划、年度报告和利润分配等方面对有限责任公司的相关制度进行了详细的规定。为了对有限责任公司进行更为细化的规定与操作，印度尼西亚于1998年1月17日实施了《有限责任公司条例》，并在印度尼西亚共和国的国家公报上进行了公布。该条例规定，在本条例实施之日起3个月内，有限责任公司应当按照要求向财政部部长报送报表。另外，在条例实施之日起，此前颁布实施的1968年第12号行政法规令、1983年第3号行政法规令、1990年第55号行政法规令和其他法规中有违背本条例规定的内容同时废止。随着印度尼西亚经济和社会的发展，1995年制定的《印尼公司法》呈现出明显的规制不足。基于公平效率、可持续性、环保意识、保障平衡发展和经济民主的原则，国民经济需要更加强有力的经济实体支撑，印度尼西亚需要重新制定一部法律对有限责任公司进行规范，以保证实现良好的商业氛围，故印度尼西亚以2007年第40号法律颁布实施了新的《印尼公司法》。2007年的《印尼公司法》由14章共计161条组成，包括总则、公司设立、章程的制定及修订、公司登记和公告、资本和股份、年度报告和利润分配、社会和环境责任、股东大会、董事会和监事会、合并、解散、接管和分离、公司的检查、公司的解散和清算等内容。新公司法明确规定自该法生效之日起，关于有限责任公司的1995年第1号法令即1995年制定的《印尼公司法》废除，不再具有法律效力。

第三节　公司形式

一、有限责任公司

公司是以盈利为目的，开展商业活动的法人实体。有限责任公司是《印度尼西亚公司法》所规定的最重要的一类公司形式，本章将对其进行较为详尽的介绍，其他公司法的规定可以参照其规定执行。

有限责任公司是一个由资金的集合构成，以开展商业活动为目的，基于一项协议建立的法人实体。公司将法定资本划分为股份，股东以其出资额为限承担责任，公司以其全部资产对外承担责任，且全部资产或者51%以上的资产由国家所有。由此可见，国有资本在有限责任公司中占有支配地位和主导地位，这样的所有制形式就使得国家成为有限责任公司的最大股东。根据法律规定，由财政部部长代表国家作为有限责任公司中国家股的股东行使股东权利。基于有限责任公司所具有的国有制属性，印度尼西亚专门制定了法律或者政府法规对公司制度的多个方面进行了规定。有关国有资产参股设立有限责任公司的数额和目标、变更有限责任公司中国有资产份额包括增资与减资，均由行政法规加以规定。

印度尼西亚法律规定，国家设立有限责任公司的宗旨是为社会提供高质量的商品和服务，提升企业在国内外的竞争能力；创造利润，增加企业财富，促进企业发展。可见，有限责任公司虽然是国有公司，但其本身仍具有特定的商业性质，其主要目的还是为了获得商业利润，同时为社会提供尽可能多的社会财富，给社会生活带来更大的便利，提高国民经济水平，促进国家的经济富强。另外，《有限责任公司条例》特别规定有限责任公司可以从事一些社会公共事业方面的经营业务，这就赋予了有限责任公司一些管理公共事务和社会事务的职能，从而体现了国有公司与非国有公司的不同。

二、开放有限责任公司

开放有限责任公司是指资本和股份数符合特定标准或者依法在资本市场上公开募集资本的有限责任公司。开放有限责任公司可以依法通过资本市场公开募集资本，故而使得公司的资金来源更为广泛，并且顺应了现代社会有效利用各种资金作为公司资本来源的做法。这样既可以增加资金来源渠道，也可以增强企业竞争力。法律通过适当的规定以约束和控制资本和股份数的比例，使得国家对开放有限责任公司依然具有绝对的控制权。

印度尼西亚《有限责任公司条例》中规定，开放有限责任公司的国有资产管理权仍由代表国家股权的财政部部长行使。财政部部长在担任开放有限责任公司的股东时，可以委托国有公司管理局局长、个人等代表其出席股东大会。接受委托的人在股东大会上对有关改变资本总额、修改公司章程、利润的使用和分配方案、公司的兼并、合并、分立、投资和长期融资、与其他公司进行业务合作、分公司的设立、资产的转让等事宜作出决定时应当首先经财政部部长批准。开放有限责任公司资本可以通过资本市场公开募集的制度在带来上述益处的同时，也增加了国有资产的控制风险，因而法律针对开放有限责任公司的成立方面设置了更高的门槛，具体规制较有限责任公司的规定更为严苛，并以此降低实际运作中的风险。另外，有限责任公司如想要变为开放有限责任公司，在经营绩效方面也需要满足相应的要求，即有限责任公司的经营状况必须连续两年被确定为良好，方可按照法定条件申请变更为开放有限责任公司。

三、公共公司

公共公司，是指全部资本由国家所有，财产可以分开，但不能被划分为股份的公司。依照《公共公司条例》的规定，公共公司的经营目标是以公共利益为目标，从事商业活动，为公众提供高质量的商品和服务，同时实现公司利润的增长。公共公司并非将盈利作为首要目的，更多的是强调对社会大众的服务，因此公共利益是公共公司的第一位经营目标，这也是其与有限责任公司的最大区别。

四、服务公司

服务公司是指政府所有全部资本，财产不能分开，也不能划分为股份的公司。服务公司事实上是有特定服务职能的国有独资公司。服务公司是印度尼西亚政府为了推动政府服务机构改善和提高服务质量，将这些政府服务机构实行公司制改造，促进其自力更生和独立经营而成立的公司。按照《服务公司条例》的规定，服务公司的经营目标主要是以为大众谋取福利为主，提供高质量的服务，而不仅仅是追求利润。《服务公司条例》规定服务公司章程中应当包括服务公司的名称和所在地、经营目标、经营期限、董事会和监事会的人数及结构以及董事会和监事会的工作程序等内容。

五、合股股份公司

合股股份公司是指依据印度尼西亚商业法及破产法的规定而设立的一种公司形式，为经营在一个共同的名称之下的公司而建立的联合体。合股股份公司中的所有股东都有权采取行动，有权以合股股份公司的名义出资或者接受资金，有权代表合股股份公司与第三方缔约，即每一位股东都有权代表公司。对因公司产生的所有债务，股东之间应承担无限连带责任。这种公司形式类似于我国的普通合伙企业，即合伙人订立合伙协议，合伙经营、共同出资、共享收益、共担风险，并对合伙企业的债务承担无限连带责任。

六、放债式股份公司

放债式股份公司或称"合伙出资股份公司"，是指由一个或者多个股东负责组建，由一方完全负责，一人或多人向其他方放债的公司。其中，放债股东不允许参与经营和管理，也不得在放债式股份公司任职。当放债式股份公司出现亏空时，放债股东无须承担超过已投放或应当投放到放债式股份公司作为资本的亏损，同时他也无须退回已经通过放债投放所得到的全部赢利。由此看来，放债式股份公司大致上相当于我国民法理论中的有限合伙企业或者股份两合公司。在这两类公司中，部分合伙人或者股东承担有限责任，而这类合伙人或股东往往都带有隐形性。对于放债式股份公司，交易相对人应当了解股东的个人情况，如是否有代表公司行使权利的显性股东，股东的个人信用和资产状况如何等，这样将有利于降低因为组织结构复杂而导致的经营风险。作为合股股份公司的一种特殊形式，放债式股份公司的证书以及证书登记注册、解散事项适用合股股份公司的规定。

第四节　公司设立

《印尼公司法》第 7 条规定，公司应当由 2 个或者以上的人，基于一份以印尼语起草的经公证的凭证设立。公司的每个创办人有义务在公司设立时认购股份。公司在关于公司法人实体批准的部长令签发之日获得法律地位。如果在公司获得其法律地位之后并且股东人数减少至少于 2 人，那么自该情形发生时起 6 个月内，相关的股东有义务向其他人转让其部分股份或者公司应当向其他人增发新的股份。一旦超过 6 个月时间期限，并且少于 2 名股东，那么应利益相关方的请求，股东应当对所有的协议、法律关系和公司的损失承担个人责任，地区法院可以关闭公司。国有有限责任公司、经营证券交易、票据交易和保险业、监管和清算所等业务的公司，以及资本市场法律规定的其他机构不适用上述规定。

公司设立的凭证列示章程和其他公司设立相关的信息包括：（1）公司个人创办人的全名、出生地点和日期、职业、居住地和国籍，或者公司的法人实体创办人全称、住所、详细地址和批准该实体的部长令号码和签发日期；（2）首届董事会和指定的监事会的成员的全名、出生地点和日期、职业、居住地和国籍；（3）已经认购股份的股东的名称，股份数额的详细情况，已经认购和实缴的股份的票面价值等。在制作设立凭证的过程中，创办人可以依据授权委托书由其他人代理行事。

一、第一次股东大会的召开

《印尼公司法》第 13 条规定，第一次股东大会应当在公司获得法律主体资格后 60 日内召开。股东大会由所有具有投票权的股东代表参加。并且，全体一致通过才能达成有效决议。如果股东大会未在规定的时间内召开，或者股东大会未能按照规定达成有效决议，则每一个创办人应当承担其实施的法律行为的后果。如果这些法律行为是在公司成立之前经所有发起人书面同意或者共同实施，则无须经过股东大会的批准。

二、公司章程的内容与修改

公司章程是由公司股东共同制定的、规定公司重要事项的基本文件，是调整公司内部关系和经营行为的法律文件，是公司的宪章。具有法定性、真实性、自治性和公开性的基本特征。《印尼公司法》第 15 条规定，在公司的设立凭证上所应列明的公司章程主要包括以下内容：（1）公司的名称和地址；（2）公司设立的目标和经营范围；（3）公司成立的期限；（4）公司的法定资本、已发行资本和实收资本数额；（5）股份数额；（6）董事会成员和委员会成员的人数、各自的职位及其产生；（7）更换、撤销的程序；（8）股东大会召开的地点和程序；（9）分派股息理由和红利分配的程序。除上述内容外，公司章程还可以在不违反《印尼公司法》规定的前提下，列明所需的其他事项。但是，章程中不得对有关固定股息收入、给予发起人或其他人员个人利益的事项进行规定。

公司章程的修改必须经股东大会决定。修改公司章程的议题必须在股东大会的通知中予以明确说明。对已经宣告破产的公司的章程的修改必须经过破产管理人的许可，且管理人的许可必须附于向司法部部长递交的申请和修改章程的告示后面。对公司章程特定事项的修改必须获得司法部部长的审批，并在司法部部长的批准指令发布之日起生效。特定事项主要包括：（1）公司的名称和住所；

（2）公司设立的目标和经营范围；（3）公司成立的期限；（4）法定资本的数额；（5）已发行和实收资本的减少；（6）公司由非上市公司转变为上市公司。对上述特定事项以外的公司章程中其他事项的修改，只需通知司法部部长即可，并在发布司法部部长的通知回执之日起生效。

三、公司注册

《印尼公司法》第 29 条规定，公司注册工作由司法部部长负责执行。公司注册主要提交以下资料：（1）公司名称、公司宗旨和目标、营业范围、开发期限和资本金；（2）公司详细地址；（3）批准公司作为法人实体公司的部长令和设立凭证的号码和日期；（4）司法部部长的批准和章程修改凭证的号码和日期；（5）公司章程修改的文书号码和日期；（6）制作公司设立凭证和章程凭证的公证员的名称和住所；（7）公司股东、董事会成员和监事会成员的名称和地址；（8）公司作为法人实体的有效期；（9）公司相关年度审计要求的资产负债表、损益表。公司注册材料应向公众公开。司法部部长应在印度尼西亚共和国国家报纸增刊上公告如下主要内容：（1）公司设立的凭证和部长令；（2）公司章程修改的凭证和部长令；（3）公司章程修改的凭证。公告应在部长令签发后 14 天内进行。

第五节　公司组织机构

一、财政部部长

根据法律规定，国家派财政部部长担任有限责任公司里国家股的股东，由其代表国家行使股东权利。因此，在印度尼西亚的有限责任公司条例中专门规定了财政部部长的相关职责。财政部部长可授权国有公司管理局局长，必要时可以授权个人、法人代表本人出席股东大会。被委托的人在股东大会上就有关改变资本总额、修改公司章程、利润的使用和分配方案、公司的兼并、合并、分立；投资和长期融资、与其他公司进行业务合作、分公司的设立、资产的转让等重大事项作出决定前应当事先经财政部部长批准。由此可见，对于公司的一切重要事务的决定权都掌握在国家政府手中，这样一方面使得国家对有限责任公司具有绝对的控制权，另一方面也使得有限责任公司自主力下降，活力不足。

二、股东大会

股东大会享有决定公司的一切重大事项的权力，包括审查决定执行董事会提交的未来 5 年发展战略计划草案、年度工作计划和财务预算草案。《印尼公司法》第 76 条规定，公司股东大会的召开地点应当是公司章程确定的公司住所地，或在公司主营业务所在地。公开上市的公司股东大会召开地点应在公司上市的证券交易所的住所举行。股东大会的召开地点必须位于印度尼西亚境内举行。如果所有股东均出席或者委托代表出席股东大会，并且同意将要举行的股东大会具有特定的议程，股东大会可以任何地点召开。如果决议是全体一致性通过的话，股东大会可以通过决议。股东大会还可以以远程电话会议、视频会议或其他电子媒体方式举行，只要这种会议方式可以使得所有股东参会者可以看见、听见并且直接参加会议。股东大会应形成会议纪要，该会议纪要必须由股东大会全体与会者的签名和认可批准。

《印尼公司法》第 78 条规定，股东大会包括年度股东大会和其他股东大会。年度股东大会的召开应在每个会计年度结束后 6 个月内举行。公司年度报告中的所有文件应当提交年度股东会。基于公司利益的需要的情况下，其他股东大会可以在任何时间点召开。《印尼公司法》第 79 条规定，公司董事会应当负责召集年度股东大会，以及在事先通知的前提下负责召集其他股东大会。单独或者合计持有 10%（公司章程可以规定更小比例）以上法定表决权的 1 个或多个的股东、公司监事会可以要求召开股东大会，召开股东大会的请求应当以挂号信的形式向公司董事会提出，并同时说明请求的理由。公司董事会有义务在收到请求后的 15 天内发出召开股东大会的通知。如果公司董事会没有依前述规定，向股东发出召开股东大会的通知，前述请求应当再次提交给公司监事会。公司监事会在收到请求后 15 天内有义务召开股东大会。

除非公司章程有其他规定，公司发行的每份股份应有 1 个投票权。股东拥有亲自出席或授权代表出席股东大会的权利，并依据其所持有的股份数行使表决权。投票表决时，股东投下的投票应当代表他所持有的全部股份，不允许股东把他所持有的另一部分股份通过授权进行不同的投票。董事会成员、监事会成员、公司有关的雇员禁止作为股东的代理人进行投票。除非法律或公司章程另有规定，股东大会需享有表决权的股东过半数出席才为合法，若未满足出席人数要求，则需作出二次会议的通知。

《印尼公司法》对股东大会通过特别决议的规定如下。公司章程的修改，在经过不少于公司有表决权全体股东 2/3 出席的股东大会上，有超过 2/3 股东同意之后，即可以对于公司章程进行修改，公司章程另有规定的除外。公司的兼并、收购、并购或分立、破产、存续期的延长、公司的清算，必须有不少于3/4有表决权的股东出席股东大会上，且有超过 3/4 股东同意，公司章程另有规定的除外。此外《印尼公司法》第 91 条还规定，如果全体股东在相关议案中签名以表示同意，那么就可以不用召开股东大会，从而直接做出有约束力的决议。

三、董事会

《印尼公司法》第 92 条规定，董事会有义务为实现公司的目的和目标的基础上，为了公司利益对公司进行运营。根据相关法律和公司规章的规定，董事会有权根据合理的政策对公司进行运营。公司董事会应有 1 名以上成员组成。从事公共基金流转、信贷工具发行或单独作为发行人的公司董事会至少应有 2 名成员。如果公司董事会成员超过 2 名，其内部职权划分应根据股东大会决议进行。前述决议不能决定董事会成员职权的划分，最终的职权划分由董事会决议确定。

(一)董事会成员的任命

董事会成员由股东大会任命。公司章程应规定董事会成员的任命、接替、解雇的程序，且应对董事会成员的提名程序作出规定。股东大会关于董事会成员的任命、接替、解雇的决议同时应对任命、替换、解雇的生效期作出规定。董事会应向部长通告董事会成员的任命、接替、解雇的事实，在股东大会决议作出之日起最晚不超过 30 天内通知部长，由部长在公司登记簿上进行登记。如果公司未能履行上述通知义务，部长可以未在公司登记簿进行登记为由拒绝公司提交的报告和通知。董事会任期为 5 年，可以连任。

（二）董事会成员的职责

董事会负责公司的日常运营，董事会成员必须尽到忠诚和勤勉义务。司法程序内外，董事会所有成员都应代表公司，法律、公司章程或股东会决议另有规定除外，董事会成员代表公司的权利应当是无附加条件、无限制的。

董事会成员如果因为自身失误和疏忽未履行职责导致了公司的损失，则应对此损失完全承担个人责任。如果此时董事会有 2 名以上成员组成，则各董事会成员承担连带责任。但是，董事会成员能够证明以下事项时可以免责：（1）损失并非由其失误或疏忽造成；（2）为实现公司的目标和目的，为公司的利益忠诚、勤勉的履行自身职责；（3）在导致损失的管理上没有直接或间接的利益冲突且采取预防措施来避免此项损失。代表公司 1/10 以上有表决权的股东可以以公司的名义向法院起诉，控告因过错引起公司损失的董事会成员，前述免责条件不得视为阻碍其他董事会或监事会成员以公司名义向法院提出诉讼的权利。

如果公司和董事会成员之间存在尚未处理完毕的诉讼或利益冲突，则涉事的董事会成员无权代表公司行使权利。此时以下三类人员可以代表公司：（1）与公司无利益冲突的其他董事会成员；（2）在所有董事会成员均与公司有利益冲突时，由监事会代表公司；（3）在所有监事会和董事会成员均与公司有利益冲突时，由股东大会任命的第三方。

（三）董事会成员不得兼任的职务

董事会成员不得兼任以下职务：（1）执行董事会成员；（2）国有公司、地方政府公司、私营公司的总经理、经理以及其他管理人员；（3）法律或公司章程中规定的其他可能与公司利益相冲突的职位。

（四）董事会成员的免职与解雇

股东大会对有下列行为之一的董事会成员，在终止其任期前予以免职：（1）履行义务不力；（2）不执行法律或公司章程的规定；（3）实施损害公司利益的行为或者参与损害公司利益的活动；（4）在公司管理或其他方面实施犯罪行为被判处监禁。

股东大会可在明确原因之后以决议的形式随时解雇董事会的任何成员。解雇董事会成员之前，应给予相关人员自我辩护的机会。但是，自我辩护在相关人员对于解雇决议无异议时不视为必须程序。解雇董事会成员自股东大会结束之时开始生效。

（五）董事会职责义务

董事会主要履行下列职责：（1）向股东大会提出对年度工作计划和财务预算草案的建议和意见；（2）向股东大会提出对公司经营管理中存在的问题以及公司发展的建议和意见；（3）及时向股东大会报告公司经营状况；（4）向执行董事会提出经营管理建议；（5）实施公司章程规定的监督职能。董事会有义务建立和维护股东登记簿、特别登记簿、股东大会和董事会的会议纪要，根据法律规定准备与维护公司所有清单、纪要和财务文件。董事会成员有义务向公司提供报告，报告本人及家庭成员持有本公司和其他公司股票情况，此类情况应在特别登记簿中作出登记。任何董事会成员未能履行第1款规定之义务导致公司损失的，应对此损失承担责任。

（六）董事会的召开

董事会一般每月举行一次会议，必要时可以随时举行。董事会有权根据公司章程的规定批准或者协助执行董事会采取特定措施。根据公司章程或者股东大会决议，董事会可以在特定情况下在一定期限内采取相应的经营管理措施。董事会认为必要时，可以邀请执行董事会成员列席董事会。董事会可以聘请1名秘书处理董事会的日常事务，董事会认为必要时，可以聘请1名专家在一定期限内协助开展工作，秘书和专家的报酬由公司承担。董事会的所有业务经费均由公司承担，列入公司年度工作计划和财务预算中。

四、执行董事会

执行董事会是有限责任公司的法人机关，对内对外代表有限责任公司从事相关的事务。执行董事会也是有限责任公司的管理机构，其职责类似于我国公司组织机构中的董事会。

（一）执行董事会成员的任免

执行董事会通常由股东大会任免。财政部部长出席股东大会时，执行董事会的任免权由财政部部长行使。任命执行董事会成员时，应当根据其人品学识、领导水平、工作经验、举止表现、敬业精神等进行综合考量。任免执行董事会成员时，股东大会应当征求董事会的意见，必要时还可以征求其他方面的意见。执行董事会成员任期为 5 年，可以连任。执行董事会成员的人数可以根据公司的需要确定，其中一名成员应当被指定为执行董事长。

（二）执行董事会成员不得兼任的职务

执行董事会应当认真负责、恪尽职守地履行义务。为保证执行董事会成员的廉洁性和独立性，避免利益交错而产生的影响，使成员可以全身心性投入对公司的管理之中，法律规定执行董事会成员不得兼任国有公司、地方政府公司、私营公司的总经理、经理以及其他管理人员以及中央或地方政府机构中的职位及法律或公司章程中规定的不得兼任的其他职位。

（三）执行董事会成员的免职

有下列情形可以对执行董事会成员免职：（1）履行义务不力；（2）不执行法律或者公司章程的规定；（3）实施损害公司利益的行为或者参与损害公司利益的活动；（4）在公司管理或其他方面实施犯罪行为被判处监禁。

（四）执行董事会的职责

执行董事会负责提出公司未来 5 年内的发展战略规划草案。该草案至少包括以下内容：（1）前一个 5 年规划的实施情况总结；（2）本公司目前的经营形势；（3）未来 5 年规划的总体思路；（4）未来 5 年规划的目标、策略、政策措施以及实施方案。发展战略规划草案由执行董事会联合会签署后提交股东大会讨论通过。另外，执行董事会负责提出年度工作计划和财务预算草案，该年度工作计划和财务预算草案包括以下内容：（1）公司本年度的经营目标、任务、策略、方针、措施的详细计划；（2）公司本年度的详细财务预算；（3）投资项目；（4）其他

需要股东大会作出决议的事项。执行董事会应当至迟在下一财务年度来临前 60
天提交年度工作计划和财务预算方案。股东大会至迟应当在本财务年度结束前
30 天批准下年的年度工作计划和财务预算方案。股东大会未在上述时间期限内
批准年度工作计划和财务预算草案时，该草案视为合法有效，可以付诸实施。执
行董事会应当将经股东大会审查决定的年度财务报表报送国家财务与发展监督委
员会。

五、监事会

(一) 监事会的职责与任命

有限责任公司设立监事会，以保证公司内控机构的有效运作，在发现公司内
部可能存在问题的情况下而给予及时纠正，监事会直接向董事长报告工作。监事
会有权要求董事会对审查结果、评估结论作出解释。执行董事会应当对监事会的
审查评估结论予以充分重视，对提出的问题采取措施认真落实。监事的知情权应
被保障，公司要向监事提供重要信息资料，让监事会了解公司的基本财务状况和
经营状况，使监事会对公司进行有效的监督、检查和评价。监事会有权要求总裁
向其报告公司重要合同的签订、执行情况、资金运用情况和盈亏情况。监事会有
义务准备监事会会议纪要并保留其复本，向公司报告其亲属在本公司和其他公司
的股份持有状况，并向股东大会提交关于其在上一会计年度的监管职责履行情
况。监事会对股东大会负责。

《印尼公司法》第 108 条规定，监事会应对公司的运营政策、运营整体情况进
行监督，并向董事会提出建议。第 1 款提及的监督和建议应考虑公司利益，并应
与公司的目的和目标相一致。监事会应有 1 名以上成员。超过 1 名成员的监事会
应组成委员会，根据监事会的决议，监事会成员不得单独行事。从事公共基金流
转、信贷工具发行或单独作为发行人的公司监事会至少应有 2 名成员。

监事会成员由股东大会任命。监事会成员应有一段任期并可以被重新任命。
公司章程应规定监事会成员的任命、接替、解雇的程序，且应对监事会成员的提
名程序作出规定。股东大会在做出有关监事会成员任命、接替、解雇决议的同
时，还应当就任命、替换、解雇的生效期作出规定。如果未能对生效期作出规定

的，则在股东大会结束时生效。监事会应向部长通告监事会成员的任命、接替、解雇的事实，在股东大会决议做出之日起30日内通知部长，由部长在公司登记簿上进行登记。

(二) 监事会的责任

监事会负责对公司进行监督。为了公司的利益，各监事会成员应诚意、负责任的履行监管职责并提出建议。监事会成员如果因为自身失误和疏忽来履行职责导致了公司的损失，则应对此损失完全承担个人责任；如果监事会有2名以上成员组成，则各监事会成员承担连带责任。但是，如果监事会成员证明公司的损失是由以下情形引起，则不用承担责任：(1) 为实现公司的目标和目的，为公司的利益忠诚、勤勉的履行自身职责；(2) 在导致损失的管理上没有直接或间接的利益冲突，并且采取预防措施来避免此项损失。公司1/10以上有表决权的股东可以以公司名义向地方法院提起诉讼，控告因失误或疏忽引起公司损失的监事会成员。

若因监事会的失误或疏忽导致了公司破产，在公司破产后，资产不足以清偿所有债权人债务时，所有监事会成员对于未清偿的债务承担连带责任。前述责任同样适用于在公司发布破产声明前5天内，因为自身失误或疏忽仍然作为监事会成员的人。但是，监事会成员能证明存在以下情形的，不用承担破产后的责任：(1) 破产并非由其失误或疏忽引起；(2) 为了实现公司的目的和目标，忠诚、勤勉的履行自己的职责；(3) 在导致损失的管理上没有直接或间接的利益冲突并且此项损失发生前提出过建议。

第六节 公 司 解 散

《印尼公司法》第142条规定，公司满足下列条件之一的，将会被解散：(1) 股东会决议解散；(2) 公司章程规定的营业期限届满；(3) 法院裁决解散；(4) 根据商事法院的命令做出的破产声明被撤回，公司破产财产不够支付破产费用；(5) 根据破产法公司已经资不抵债，暂停偿还债务；(6) 公司被吊销营业执照。如果公司因解散产生了清算事由，则清算应当由一个清算人或者管理人进行，公司不得开展与清算无关的任何活动。

如果公司解散的原因是由于公司股东大会决议、章程规定的营业期限届满或者因法院裁决，股东大会没有指定清算人，则由董事会担任清算人。如果公司由于商事法院的命令作出的破产声明被撤回，公司破产财产不够支付破产费用而被解散，则商事法院应当决定终止管理人对破产法律法规和暂停偿还债务义务的遵守。

公司的解散并不导致公司失去法人资格，法人资格存在直到清算结束，清算报告获得股东大会或者法院的认可。自解散之日起，公司的对外文件都应注明"在清算中"的字样。《印尼公司法》第144条规定，董事会、委员会或者代表1/10以上投票权的股东可以向股东大会提出解散公司的提议。公司解散的决议自股东大会通过之日起生效。

自公司解散之日起30日内，清算人有义务通知与公司解散有关的所有债权人，通过报纸或者印度尼西亚共和国国家公报公告公司解散。公司清算人在报纸或者印度尼西亚共和国国家公报上登载的通知应当包括以下内容：（1）清算人的名称和地址；（2）申报债权的程序；（3）申报债权的期限；（4）公司解散及其法律原因。

公司需向部长提交将公司解散的通知，并在公司登记机关登记公司正在清算中。发给部长的通知应附有公司解散的法律基础与清算人在报纸上向债权人发布通知的证据。倘若清算人未按上述规定向债权人和部长发布通知，则公司解散对第三方不发生效力。因清算人的疏忽造成的第三人的损失，清算人与公司应共同承担赔偿责任。

地方法院可以应以下要求解散公司：（1）有理由认为公司违反了公共利益或者公司具有违反法律的行为的检察院；（2）发现公司设立的协议存在缺陷的相关方；（3）认为公司不具有运营可能的股东、董事会、委员会。法院在下令解散公司的同时应当指定清算人。

第七节 破 产 法

印度尼西亚的《破产法》由8部分共289条组成，1999年4月公布，同年8月生效实施。印度尼西亚的《破产法》和中国《破产法》有不少不同的地方，其中最典型的是：(1)适用主体范围不同，印度尼西亚《破产法》的破产适用主体不仅包括企业、公司等组织还适用于个人，而中国《破产法》不适用于个人；(2)优先受偿的范围不同，印度尼西亚的《破产法》除了担保债权优先受偿外，其他破产债权的分配顺序一致。

一、破产原因与条件

破产原因是指认定债务人丧失清偿能力，法院据以启动破产程序，宣告债务人破产的法律标准。根据印度尼西亚《破产法》规定，当债务人不能清偿到期债务且资产不足以清偿全部债务的，按规定的程序清理债务，进入破产程序。破产条件包括债务人有两个或两个以上的债权人且无力支付任意一个债权人的到期债务。

二、破产申请与受理

破产申请是破产申请人依法向法院提出，要求宣告债务人破产的请求。破产申请人包括债权人、债务人和检察官。印度尼西亚《破产法》规定，债务人有两个或两个以上的债权人且无力支付任意一个债权人的到期债务，债务人和债权人均可向法院提出破产申请，如果提出破产申请的是债务人，债务人应该提供债权、债务清单和财务报告等相关资料。此外，检察官为了维护社会公共利益，亦可向法院提出破产申请。

印度尼西亚《破产法》规定，破产案件的管辖以债务人住所地法院管辖为原则。值得注意的是，当债务人是法人等组织时，管辖法院应是其公司章程中规定法定住所地所在地区的法院。破产申请经法院受理后，才正式启动破产程序。法院应在接到申请人提交申请的当日受理此破产案件，且必须在受理之日起20日内开庭审理。

三、破产宣告

破产宣告是指法院受理破产案件后，经审查认定，宣告债务人破产的法律行为。法院应在受理破产案件之日起30日内作出判决且应当当庭宣布。法院作出判决后，无论当事人是否上诉，都不影响案件的执行。破产宣告的法院应是债务人所在地的法院。法院作出破产裁定后，清算人经法院通知，开始进行清算。

四、破产宣告的后果

(一)破产宣告后对债务人的效力

债务人被法院通知破产后，债务人的财产处于保护状态，此时债务人的权利也相应地受到了限制。

1. 债务人法律地位从此被剥夺

当债务人被宣告破产后，此时的债务人之前所拥有对财产管理以及处分的权利也丧失了。当债务人民事权利能力和民事行为能力被剥夺时，债务人的法律地位也由债务人转为破产人。债务人一旦被宣布破产，债务人对破产财产的支配权和管理权也不复存在。此时若有其他人向破产人行使权利，也仅能对清算人提出。清算人在发生案件纠纷时既能当原告也能当被告，并且能够以自己的名义起诉和应诉。

2. 债务人有说明的义务

如有以下几种情况出现债务人必须进行说明：(1)在以共同财产为基础而结婚的夫妻，双方中的一方破产，此时双方都有义务做出情况说明；(2)当各种类型法人团体或者基金会破产时，其董事有说明的义务，或者是管理者也有说明的义务；(3)是债务人一旦被传唤，债务人必须在法官、清算或债权人委员会的监督下对所了解全部事况进行阐述.

3. 债务人受到人身限制

一旦债务人未按要求履行在法律内所应当承担的责任，且是故意为之，那么在申请破产裁定过程中或裁定之后的任何时候，根据监督法官的建议，或者清算人或其中一位或更多债权人的要求，地方法院可以下令拘留债务人。债务人被拘留的地方应当是在监狱或者是在有关机构对债务人在指定区域进行监督，如家中或者酒店，且不能随意离开监督区域。30 日为拘留的一般时限，如果超过 30 日的可以再进行 30 日的延长，再超过的同样可以再延长且不受次数限制，但必须通过地方法院许可。如需正在被拘留中的债务人出席有关破产财产相关的场合，在检察部门的执行下，债务人可被带到该场合。

4. 债务人对财产的处分受到限制

破产宣告后的债务人，不可从破产财产中偿还他人的债务，除非偿还此债务可以为债务人的财产带来收益。比如说，撤销赠与他人的物品。在破产宣布之前40日内债务人如有赠与他人物品的行为，应被视为损害债权人的利益，应该对此赠与行为进行撤销，除非有其他相反的证据。如果受赠人与赠与人是亲属，则上述期限要延长为80日内。只要清算人能证实债务人在赠与物品时有损害债权人利益的意识，无论受赠人是否知情，清算人均可撤销该赠与行为。

(二) 破产宣告后其他民事诉讼的处理

1. 破产人作为原告的诉讼

若破产人提起诉讼的时间在破产宣告前，在破产人被宣告破产后，被告向法院提出延期审理，法院应当准许其要求，且被告可要求清算人代替破产人位置作为原告继续进行诉讼。若清算人无视被告的要求，被告可要求撤诉。无论被告是否要求清算人代替破产人的位置继续进行诉讼，清算人都可代替破产人作为诉讼当事人进行诉讼。

2. 破产人作为被告的诉讼

若债权人在破产人被宣告破产前起诉破产人，在破产人被宣告破产后，破产人向法院提出延期审理的要求，法院应当准许其要求，以便清算人在规定的时间内介入此诉讼。在这类案件开庭时，清算人出庭参与了诉讼，则视为清算人代替了破产人的位置。若在开庭时得到了清算人的认可，则这类案件的相关费用不再属于破产财产。

第二章　马来西亚商事法律

第一节　商法概述

马来西亚没有全国通行和系统的民法典，马来西亚民商法、经济法以英国的普通法和衡平法为基础，同时混合着伊斯兰法、印度法和原住民、中国以及印度的各种习惯法。理论上将民法分为财产法、合同法、婚姻家庭和继承法、侵权行为法等，各州民法均以英国法为依据。

第二节　公司的分类

马来西亚于1965年颁布了《马来西亚公司法》(由该法来调整公司设立、组织、运营或解散过程中所发生的社会关系)。马来西亚公司法以英国法为基础，融合了澳大利亚公司法特点，是一部详尽的和具有现代性的法典。

根据马来西亚《公司法》规定，公司的种类包括：(1)按照公司的责任形式划分，包括股份有限公司、担保有限公司、股份与保证有限公司或无限公司。股份有限公司指股东以其持有的公司股票面值或认购的公司股票份额对公司债务承担有限责任的公司。担保有限公司指在公司终止时，股东以公司章程规定的数额为限对公司债务承担有限责任的公司。股份担保有限公司是兼具以上两种公司形式的公司。无限责任公司指股东对公司债务承担无限责任的公司。(2)以公司股份是否可以自由转让和流通为标准，分为封闭式公司、开放式公司。封闭式公司指公司股东人数不超过50人，公司股份限制转让，禁止公众认购其股份或债券，并且禁止邀请公众在公司存款的公司。开放式公司又称上市公司，指封闭式公司以外的公司。(3)外国公司。根据马来西亚《公司法》规定，在马来西亚拥有个业务处或在马来西亚境内营业的称为外国公司，外国公司有权在马来西亚持有不动产。

第三节　公司的成立

依据马来西亚《公司法》规定，两名以上的人可以因合法目的，签署公司章程并遵照注册规定后，可以成立公司法人。据此，设立公司要制定公司章程和登记注册。

一、订立公司章程

公司章程是指公司所必备的，规定其名称、宗旨、资本、组织机构等对内对外事务的基本法律文件，是公司成立的必备条件之一。任何公司都必须由全体股东或发起人订立公司章程，并必须在公司设立登记时交公司登记机关进行登记。公司章程必须采取书面形式，全文划分为若干章节，有至少一个发起人以外的证人在场经全体发起人同意并签名盖章，公司章程才能生效。公司章程对公司和股东均具有强制约束力，股东根据公司章程享受权利和承担义务，在未经股东认可的情况下，公司不得通过修改公司章程的方式，让股东承担更多的公司义务。公司章程的修改必须严格依照《公司法》规定，(1)要在召开全体表决大会的 21 天前将修改公司章程的书面通知送达全体股东和债券持有人；(2)召开全体大会表决通过；(3)在表决通过后的 21 天内将该修改方案报公司登记管理部门。在此过程中，若有股东或债券持有人对此方案存在异议，可以申请法院取消该全部或部分方案。

二、公司设立登记

公司的设立登记是指公司设立人按法定程序向公司登记机关申请，经公司登记机关审核并记录在案，以供公众查阅的行为。马来西亚《公司法》第 16 条规定，公司的成立须经公司设立人向马来西亚公司委员会提出申请，在申请设立登记时，申请人递交的材料包括：(1)公司章程与规章；(2)由公司首任秘书递交、保证公司成立符合法定条件的声明；(3)发起人声明、其他相关文件。

公司登记机关。《公司法》第7条规定，公司的登记机构是马来西亚公司委员会，公司委员会的首席执行官由公司登记主任担任。公司登记注册主任拥有以下权力：(1)要求申请者在特定期限内以口头或书面形式通报任何与公司登记注册有关的信息。(2)对公司或公司职员的行为是否符合《公司法》的规定予以监督。公司登记主任可以通过视察、复印或摘录有关资料等方式行使监督权。公司登记主任在调查过程中，对有关人员和可作为法庭证据的资料，有权进行搜查、逮捕、扣押。三是对公司职员和其他有关人员进行传讯。

第四节　公司的解散

依照马来西亚《公司法》规定，公司符合了法定条件，经过股东或债权人的请求就可以解散。

一、解散条件

只要具备以下条件之一，公司即可主动解散：(1)公司章程确定的经营期限已届满；(2)公司章程规定的解散事由出现，并经公司股东大会决议通过的；三是经公司特别决议通过。

二、解散程序

在公司解散之前，公司的董事会(两人以上董事的，须有半数以上董事)可在主动解散表决会议召开的通知发出之前，制作一份公司偿债能力的书面声明，说明对公司清算程序开始后的12个月内公司清偿能力的情况。此外，公司还须在7天内将决议的书面文本交登记机关登记，并于解散议案通过的10天内在马来西亚的全国性报纸上予以通告。

公司通过解散决议之时，或公司在通过解散的决议之前已指定了临时清算人的，公司董事会将法定声明交登记部门登记之时，公司主动解散的清算程序即开始。此后，公司应停止其一切经营行为，除非清算人基于有利于清算的角度做出例外决定。公司的法律地位、权利能力及行为能力在公司最终解散前不受影响。

任何未经清算人同意的股份转让行为，任何在公司清算程序开始之后改变股东身份的行为都是无效行为。

公司解散的种类及其要求。按照提议主体的不同公司解散可分为股东请求的解散和债权人请求的解散。在股东请求解散的情况下：（1）公司股东大会须任命一个人，并确定他们的报酬。在清算人任命之后，董事会的职务即停止。在连带责任人召集的股东大会上经特殊决议通过的，公司可以解除任何清算人的职务。如果有清算人的位置空缺，公司股东大会应及时填补，并确定新清算人的报酬。（2）清算人认为公司无法偿还债务的情况时，必须马上召集一次债权人会议。此时，债权人可以另外指定清算人。如果债权人另外指定清算人的，原来的清算程序则转变为债权人主动解散的清算程序。（3）债权人会议召开后的 7 天内，清算人或另行指定的清算人应向登记主管部门和官方接管人报告相关情况。

债权人请求解散的情况下，（1）公司必须召开一次债权人会议来讨论主动解散的提议。（2）公司当任命一清算人，债权人会议也可以自己任命一清算人处理公司的清算事务和分配公司的财产。如果两者任命的清算人不同，则以债权人会议任命的为准。任何一董事、股东和债权人对债权人会议集体任命的清算人有异议的，都可在 7 天内向法院提出申请，要求任用公司提名的清算人，并由检查委员会或董事会确定清算人的报酬。在任命清算人之后，除非经过检查委员会或董事会的许可，董事的一切职务即刻停止。如果清算人位置空缺的，任何两位债权人都可召集债权人会议以填补这一空缺。（3）债权人可以设立检查委员会，检查委员会的成员不超过 5 人。检查委员会的成员也可以由公司来任命。（4）在债权人主动解散的程序开始之后，对于公司财产的任何查封、没收、扣押或强制执行的行为都是无效行为。清算开始后，未经法院许可，一切针对公司的诉讼和程序都应停止。

第五节　清　盘

公司清盘有两种形式：法院清盘和自动清盘。公司清盘时，现任股东和前任股东均应按其所占股份或所负有的责任承担公司债务、清盘开销等费用，但下列情况除外：（1）清盘开始时已停止股东身份一年以上的前任股东；（2）前任股东无须分担其停止股东身份后公司产生的债务；(3)当现任股东足以承担时，前任股东则不必分担；(4)股份有限公司的股东只按其缴付的股份承担；(5)担保有限公司的股东只承担他所担保的责任。在有限公司的清盘中，负有无限责任的现任或者前任董事，除了承担其作为普通股东的责任外，还应如同无限责任公司的股东那样进一步承担公司的无限连带责任，除非该董事在清盘开始时已停职一年以上，或者公司规章有无须承担责任的明确规定的(法院认为有必要承担的除外)。此外，前任董事也无须分担其停职后公司产生的债。

一、法院清盘

1965年《马来西亚公司法》规定，当公司出现下列情况时，法院可以训令清盘：(1)公司通过特别决议案申请由法院清盘的；(2)公司未呈报法定报告或者举行法定会议；(3)公司注册后一年内未开业或全年未营业的；(4)公司股东人数降至两人以下的；(5)公司已无偿还债务能力的；(6)董事会不顾股东利益处理公司事务或不能公平、公正对待股东的；(7)检察官依法认定需要清盘的；(8)公司章程或规章规定公司期限到期或者公司解散情况发生的；(9)法院认为应当清盘的；(10)公司根据有关银行法取得的执照已被取消、交回或有违反银行法行为的；(11)公司从事伊斯兰教有关业务的；(12)公司根据保险法取得的执照被取消或清盘的；(13)公司被用作非法目的的。其中，公司无偿债能力情况主要是：(1)公司欠款500万林吉特以上的到期债务，且在债权人催还后三个星期内依旧未偿还该债务；(2)公司不执行法院有关该公司债务的判决；(3)法院确定公司已无偿还债务能力。

法院的一般权力在公司清盘过程中，法院有权行使下列权力：(1)暂停清盘的权力。在清算师或债权人、负连带偿还责任人的申请下，法院可以对有关证据或报告进行审查后决定暂停清盘。(2)确定负连带偿还责任人名单。法院应在清盘令下达后确定负连带偿还责任人名单，并督促接管人等集中公司所有资产用于偿还其负债。(3)训令负连带偿还责任人偿付债务。法院可以训令负连带偿还责任人偿还所欠公司的款项，或者允许用公司欠他的款项进行抵消。(4)催告权力。法院可以向负连带偿还责任人发出催告令，催告其支付需要承担的公司债务及清盘费等开销。(5)指定交付银行。法院可以命令应付公司款项的负连带偿还责任人、买者或其他人，将应付款项交指定的清算师银行户口。（6）委任特别经理。法院可以在清算师的申请下，委任一名管理公司资产或业务的特别经理，并赋予其具备接管人或者经理的任何权利。（7）确定债权人的债权及资产分配原则。法院可以决定一个供债权人证目其债务或索债的最后日期。法院必须调整负连带偿还责任人之间的权利，将清算后的剩余资产合理分配。当公司资产不足以偿还负债时，法院可以命令从资产口优先支付清盘费用。（8）债权人、负连带偿还责任人查阅账簿。法院可以发布合令让债权人及负连带偿还责任人查阅公司的账簿及文件。（9）传唤权。法院可以传唤下列人员到庭：公司的任何高级职员、持有公司产业或负有公司债务的人员、法院认为可以提供公司有关资讯的人员。法院可以对以上人员进行讯问，要求他们出示其保管的公司账簿及文件。（10）公开查询。当清算师报告中认为公司的高级职员犯有欺诈、隐瞒等违法行为时，法院可以命令涉嫌违法的职员或其也相关人员在指定的日期内出庭接受公开查询。（11）拘捕潜逃的负连带偿还责任人。

清盘中的主体有公司、公司的直权人、负连带偿还责任人、清算师、财部长、银行以及登记官员。从清盘申请提出到清盘令作出之前，公司、任何债权人或负连带偿还责任人都可以向法院申请暂停或者制止任何针对清盘公司而采取的行动成者提起的诉讼。法院清盘时，应同时考虑公司所有债权人和负连带偿还责任人的利益。法院开始清盘后，公司不得出售其产业或改变股东的地位，对公司产业的任何查封和扣押均属无效。当清算师已最大限度套现公司的所有产业并分配各债权，而且对负连带偿还责任人之间的权利做了最后一次调整后，可以向法院申请命令以解除其清算师职位及解散公司。当法院的解散命令下达后，公司即从接到命令之日起解散。

法院应委任一名或多名清算师负责公司清盘，在尚未委任专门的清算师之前，以及在清算师职位出现空缺的任何时候，官方接管人应作为公司的临时清算师，并组织召开债权人会议及公司负连带偿还责任人会议，以决定是否有必要向法院申请委任一名清算师接替官方接管人。如果法院委任多名清算师的，则法院应授权或者按照1965年《马来西亚公司法》的规定对各清算师的工作范围予以明确。接受法院委任的清算师应在就任前通知登记官员，并向官方接管人提供保证金。部长对官方接管人及涉及公司清盘的助理官方接管人进行监督，官方接管人对清算师履行职责的行为进行监督。清算师应在清盘中为官方接管人履行公职提供协助，官方接管人有权要求清算师回答任何有关清盘的事宜，并对清算师的账簿及发票进行调查。清盘令下达后，清算师必须按照法定程序保管或者控制公司的全部财产以及诉讼中的产业。法院可以根据清算师的申请，要求将公司或者受托人所持有的任何产业交予清算师。

公司的董事或其他高级职员必须以规定的格式向官方接管人或清算师提交清盘时的公司状况说明书。该说明书应包括以下内容：（1）公司资产、债务及责任详情；（2）债权人名称及地址；（3）持有的担保及提供担保的日期；（4）法律规定以及官方接管人、清算师需要的其他资讯材料。清算师在收到状况说明书后应向法院提交初步清算报告，说明公司有关资本、资产及债务，分析公司失败的原因，并报告公司及其高级职员的违法行为。清算师在管理公司资产及分配资产给股东时，应当考虑债权人及负连带偿还责任人的意愿，其在清算中所取得的款项必须按法定的时间和方式存入法定的银行。

清算师在法院或监察委员会的监督下，有权采取以下行动：（1）为有利于清盘而使公司继续营业；（2）在保证优先权的前提下对债权人履行支付义务；（3）与债权人妥协以达成有关协议；（4）委任律师协助其工作；（5）以公司名义抗辩其他机构或个人针对公司而采取的行动或提起的诉讼；（6）对他方拖欠公司的债务进行让步；（7）拍卖或出售公司资产；（8）以公司名义执行所有契据和收据；（9）从负连带偿还责任人或者债务人的资产中索偿结余；（10）以公司名义出具票据或期票；（11）提升公司资产保证金；（12）为清算目的取得已死亡负连带偿还责任人或者债务人的遗产管理权；（13）委任代理人经营清算师本身无法经营的业务；（14）其他法定清盘事项。清算师行使上述权利时受法院的控制和约束，债权人或者负部署偿还责任人可以就清算师行使上述权利的合法性或适当性请求法院作出裁决，清算师也可以就清盘时引起的争议向法院提出请示。

清算师、债权人、负连带偿还责任人均可提议召开债权人及负连带偿还责任人会议，以决定是否成立监察委员会以配合清算师工作，并确定人选。如果债权人会议或负连带偿还责任人会议的决定不同，应提交法院进行裁决。监察委员会应按法定时间和地点，或者应清算师、委员的要求召开委员会议，委员会依据多数委员的意见处理清盘事宜。监察委员会的委员因以下情况丧失其委员职位：

（1）向清算师提出辞职；（2）破产或者其他财产已转让给他的债权人；（3）连续五次缺席委员会议；（4）经债权人和负连带偿还责任人会议的决议案解职。

二、自动清盘

除法院清盘以外，公司也可以因下列原因进行自动清盘：（1）公司章程、规章规定公司期限已满或者公司必须解散的情形发生；（2）公司大会通过决议案决定公司自动清盘；（3）公司的特别决议案决定清盘。

公司若决定自动清盘的，应在清盘决议案通过后的七日内向注册官进行报告，并在马来西亚的全国性报刊中公告。当公司因负债无法继续经营而决定清盘时，应在向注册官及官方接管人报告后，立即委任一名临时清算师履行清盘职责，该临时清算师的任职至正式的清算师被委任时止。自动清盘从清盘决议案通过之日起，或者宣誓书呈报注册官之日起开始计算。否则，公司必须从开始清盘的时候起停止营业，除非清算师认为有利于清盘，即使公司规章有任何相反的规定，公司的企业地位及权力必须继续至解散。公司及股东的任何股份的转让行为以及改变股东地位的行为均属无效。决定自动清盘的公司，其董事会（或大多数董事）可以在清盘决议案讨论会前发表一篇书面宣誓，说明公司在开始清盘后12个月内具有偿还其全部债务的能力。宣誓书后必须附上载有公司资产、负债、清盘预算等内容的公司状况说明书。如果宣誓书中没有合理的理由而认定公司能按时偿还其全部债务，或者到了宣誓书载明的时间公司仍不能完全偿还债务的，则作出该宣誓的董事将被追究刑事责任。

（一）适用于所有自动清盘的规定

无论任何一种形式的自动清盘，公司的所有产业都应遵循平等、公平的原则清偿公司各类债务，并根据每位股东所拥有的权益进行分配。在无清算师的情况下，法院可以委任清算师，也可以解除清算师的职务。清算师做出的清算行为（如出售、转让或抵押公司产业的行为）均属有效行为，即使在公司清盘后发现清算师的资格或对其任命存在瑕疵，也不影响其行为的有效性。清算师可以行使在上述法院清盘模式中的所有权利及法院赋予的其他权利，可以行使法院催告权，可以为清算目的召开公司大会。因清算师接管了公司的所有产业，因此清算师必须负责公司债务的清偿工作及负连带偿还责任人之间的权利调整工作，清算师可以在公司特别授权的情况下，将公司的产业或业务转让、出售给其他机构成者个人，并接受该机构或个人的股份、债券成保单等权益作为补偿，但如果公司任何股东有异议的，可以要求清算师放弃执行该决定，或者要求清算师收购其利益。如果清算师决定购买该股东利益，则购买款项应在公司解散前支付该股东。如果清盘持续一年以上，清算师应在第一年终结时召开一次公司大会（债权人清盘则为公司及债权人会议），此后每年召开一次公司年会。

清算师完成清盘公司的事务后应列出账目，注明清盘情况以及出售公司的产业情况，并召开一次公司大会（债权人清盘则为公司及债权人会议），会议的时间、地点、目的等事项应在报刊上进行公告，会议结束后七日内，清算师必须将会议情况形成报告并附上账目提交给登记官员和官方接管人。公司会议有效召开的法定参加人数为至少两人以上，而公司及债权人会议的法定参加人数为两名以上的股东或债权人。当公司以无偿还能力为由而申请法院清盘时，该公司不得在未获得法院准许的情况下通过自动清盘的决议案。公司在清算师向登记官员及官方接管人提交报告后的三个月之后解散。

(二)只适用于股东自动清盘的规定

公司必须在大会上委任一名以上的清算师，并可在负连带偿还责任人召开的大会上，以特别决议案解除清算师的职务（法院命令不得解除的外），董事会的所有权利在委任清算师时停止（清算师同意其继续行使权利者除外）。如果清算师认为公司将不可能按照所载明的时间偿还全部债务，则必须立即召开债权人会议，并提交公司的资产及负债说明书，债权人可以在会上委任其他清算师以取代公司清算师进行清盘。清算师应在会后七日内向登记官员及官方接管人报告会议情况。

(三)只适用于债权人自动清盘的规定

公司召开债权人会议的程序为：(1)在建议召开自动清盘决议案会议的同时召开一个公司债权人会议；(2)通知全体债权人召开自动清盘决议案会议，并随通知寄发全体债权人名单和索偿额说明书；(3)在会议召开七日前在报刊上发布公告；（4）公司董事会应当把有关公司完整状况的说明书及全体债权人名单及索偿额清单提交会议；（5）委任一名董事出席会议，该董事及秘书必须向会议如实报告公司状况及导致清盘的原因；（6）债权人可以委任其中一人或者公司指派的董事主持会议；（7）会议主席首先应当确认会议召开的时间和地点是否符合大多数债权人的利益，如果不符合，会议必须终止而尽快择日重新召开。

公司必须在会议上委任一名清算师，债权人也可以同时在债权人会议上委任一名清算师。如果公司与债权人委任的清算师不是同一人，则应使用债权人委任的清算师，但如果有董事、股东或债权人对债权人委任的清算师有异议的，也可以在该清算师委任后七日内，向法院提出申请，要求使用公司委任的清算师。除非得到监察委员会或者债权人批准，清算师被委任后，董事会必须停止行使其所有权利。如果清算师职位临时空缺，可以由债权人临时顶替。债权人还可以委任一个监察委员会，但是如果债权人委任的人不具有担任委员的资格，则法院将根据债权人的申请委任其他人出任委员。当自动清盘开始后，除非得到法院的批准，否则，任何机构对公司资产的任何查封、扣押或执行的行为均属无效。清盘行为可以对抗任何机构或个人针对公司所采取的任何行动或者诉讼。

三、各种模式的清盘

（一）一般性规定

各种模式下负责清盘的清算师都应保管好各种账目、会议记录及其他有关的清盘材料，债权人或者负连带偿还责任人可以在法院的约束下进行查阅，公司及清算师在清盘中所有有关公司状况的账簿及文件是公司清盘的主要证据，清算师必须自公司解散之日起保存该账簿及文件达5年。法院必须（登记官员或官方接管人可以）对清算师的行为进行监督，若发现清算师有不忠实履行职责或者滥用权利的行为，法院应进行调查，并责令该清算师负责公司因此而遭受的损失。法院可以规定公司的负连带偿还责任人、高级职员等相关人员将其保管或拥有的公司款项、产业、账簿等交给清算师。任何人不满清算师的行为或决定，均可向法院提出申请，而法院可以确认、推翻或者修改该行为或者决定。清算师必须在他停止任职后一个月内，按规定将收支账目及清盘情况说明书等材料呈报登记官员及官方接管人，官方接管人可以安排审计师进行审计。当清盘公司无监察委员会时，官方接管人应履行监察委员所拥有的权利。当清盘公司的现金结余超过需要应付的公司资产时，监察委员会或清算师可以将该现金结余投入政府发行的证券或存入银行，所收取的利息为公司资产。当监察委员会或者清算师认为需要应付的公司资产不足时，可以安排出售或套现所需要的证券。当清算师在通知领取股息或其他付款以及作出最后分配后，尚有未被认取的未索偿股息或其他款项的，清算师应立即交付官方接管人存入公司清盘户口。法院可以随时在官方接管人的申请下训令清算师提供其控制的未索偿或未分配基金、股息或其他款项。该款项及利息必须在存入户口之日起六年后划入国家统一基金。如果索偿者对已存入公司清盘户口的款项提出索偿，官方接管人应当从户口中予以付款，如果已经存入国家统一基金的，可以授权从国家为此类情况特别设立的款项中支付。当其他人再就同一索偿款项提出索偿要求时，则无权从该基金户口再取得付款，其只能通过诉讼渠道对前一索偿者进行索赔。

(二) 索偿证明和顺序的规定

在清盘无偿还能力的公司时，该公司所有的不确定债务均应首先被视为是对公司索债权利的证据，以保证该权利得到公正的评估。下列款项应当比其他无担保债务优先，并依次享有优先支付权：(1)清盘费及开销；(2)职工工资或薪金；(3)应支付给员工的有关赔偿费用；(4)清盘前应付的雇员的假期薪金；(5)清盘前12个月内应付的退休金、公积金；(6)清盘前应缴纳的联邦税务。如果公司投保第三方责任，该责任发生后公司所取得的保险金应当优先支付给发生责任的第三方后，方能执行上述六项优先权。

(三) 公司解散的规定

在公司被解散的两年内，清算师或其他利害关系人可以向法院提出申请，要求法院宣布公司的解散无效，并对公司提起诉讼。当登记官员确信某公司已不再继续营业或者运作，经通知该公司后一个月内未得到答复的，登记官员可以在刊登三个月的公告之后，将该公司的名字从名册中删除，而公司则必须解散。如果公司正在清盘，而登记官员确信公司未按清盘所应当遵守的有关规定执行，亦可以行使对公司的除名权。公司清盘后遗留下的任何未决动产或不动产，在公司解散的同时应交付给登记官员。登记官员有权以适当的方式出售或处置上述未决财产并领取报酬，所得的款项在支付有关处理费用后所剩余款应按未索偿款项资产处理。

四、未登记公司的清盘

1965 年《马来西亚公司法》所称的未登记公司是指外国公司及合股商行、社团或由五名以上股东组成的未经登记的公司。未登记公司清盘的情形为已解散或停业、在马来西亚已无业务、已无偿还债务的能力和法院责令。未登记公司不得自动清盘，在马来西亚境外登记的公司可以作为未登记公司进行清盘。未登记公司的清盘同样要执行登记公司清盘的有关规定。未登记公司的登记地或发源地在外国的，解散后的未决资产应当移交给公司登记地或发源地的有权人士；如果未登记公司的发源地在马来西亚的，则按有关登记公司未决资产的规定处理。

第六节　合　伙　法

在马来西亚从事商业活动主要有两种商业组织形式：注册公司和商事企业。其中，商事企业可以具体分为个体户和合伙企业。1961 年颁布的《马来西亚合伙法》对合伙企业作出规定。

一、合伙概念

依据《马来西亚合伙法》的规定，合伙是以营利为目的而共以商事活动的数个自然人之间的关系。任何依据 1965 年《公司法》所设立的公司、以其他法律设立的合作社、以任何规章设立的组织或以英国国会法案或皇室宪章设立的组织都不属合伙。

合伙具备以下特征：(1)两个以上的自然人共同出资而形成；(2)合伙是基于合伙人的意思表示，即合伙合同而产生；(3)合伙人共同经营、共担风险、共分利润，对外承担连带责任；(4)合伙以营利为目的。合伙不包括：(1)共同土地保有权、共同占有财产、共同财产、夫妻共同财产的部分所有权；(2)分享总收入，无论对此财产是否有共同权利或利益，都无法就其本身单独构成合伙；(3)分享利润是构成合伙的条件之一，但不能单独构成合伙，除非和其他条件相结合。

根据《马来西亚合伙法》规定，设立合伙企业须具备以下条件：(1)合伙人的人数为2人以上，对合伙人数并无上限要求；(2)有合伙协议，但并未对合伙的形式与内容作出强制性规定；(3)有合伙人实际缴付的出资，但未对出资的形式作出强制性规定。

二、合伙对外效力

根据《马来西亚合伙法》的规定，在合伙企业中，除非合伙人无处理合伙企业事务外，该合伙人均是该企业和其他合伙人的代理人，其处理合伙事务的行为对该合伙和其他合伙人均有约束力。如果该合伙人以合伙企业的信誉从事与该企业无关的行为的，其行为对合伙企业无约束力，除非经其他合伙人的共同授权。任何冒充特定合伙企业合伙人身份从事一定行为的人不能以此为由对抗善意第三人，依然要以其所冒充的合伙人身份对善意第三人承担责任。如果该合伙人对其他合伙人的权利进行限制并达成书面协议的，任何违反该协议的行为对合伙企业均无约束力。

《马来西亚合伙法》规定，任何有关合伙企业并以其商号行事的行为和手段，或合伙企业有受其约束的意思表示的行为和手段，对该合伙企业和其合伙人均有约束力。

《马来西亚合伙法》规定，任何一位合伙人对合伙企业在其作为合伙人期间所产生的债务和责任对外承担连带责任。合伙人对外承担连带责任，同时在合伙企业对外代为承担责任后，合伙人仍要承担单独责任。合伙人在从事合伙事务或经其他合伙人授权从事一定行为时，由于不法行为或疏忽给第三人带来损失或遭受处罚的，由合伙企业对外承担责任。合伙人在其职权范围内接受第三人的金钱或财产并挪用的，或合伙企业在从事商业活动过程中接受第三人的金钱或财产并予以保管，合伙人挪用这些财产的，由合伙企业对外承担赔偿责任。

作为受托人的合伙人在从事合伙事务时或因为合伙企业不正当的使用信托财产的，其他合伙人对此信托财产的利害关系人不承担责任。此时并不影响已经得到违反信托通知的合伙人的责任承担，也不能阻止在合伙企业占有或控制下的信托款项的流动和收回。给执行合伙事务的合伙人的通知，就如同给合伙企业的通知，除非该合伙人有欺诈行为。

新入伙的合伙人对其入伙前产生的公司债务不承担责任。合伙人对其退伙后产生的公司债务亦不承担责任。退伙的合伙人可以通过协议的形式免除其对在退伙前已产生的合伙债务的责任。对合伙企业或者有关合伙事务第三人的连续担保，在合伙企业章程中有关给合伙事务提供担保的事项发生变更时，对变更后产生的合伙事务的担保将无效。

三、合伙对内效力

合伙的对外效力主要体现为全体合伙人可以通过合议改变合伙人共有的权利和义务。

合伙人享有的权利包括：（1）合伙人平等地享有分配利润的权利，平等地承担合伙企业亏损的责任；（2）合伙企业以合伙人的出资份额来确定合伙人应承担的责任限额；（3）如果合伙人实际支付或预付的数额超过其出资份额所应承担的责任的，从其实际支付或预付之日起其有权获得每年8%的利息；（4）在确定利润数额之前，合伙人无权分配红利；（5）每一合伙人都应参与合伙事务的经营；（6）合伙人无从事合伙事务而获得报酬的权利；（7）未经全体合伙人的同意，其他人不能取得合伙人的资格；（8）对合伙企业的一般事务以合伙人过半数通过的表决方法处理，对关系合伙企业性质的事务须经全体合伙人一致同意才能做出有效决议；（9）合伙企业的账簿须保存于该合伙企业的营业地，若有多个营业地的，应保存于主要营业地，每个合伙人都有查阅或复制该账簿的权利。

同时，合伙人必须承担以下义务：（1）合伙人有义务向其他合伙人或代理人提供与合伙事务有关的一切真实账目和完整信息；（2）在未经其他合伙人同意的情况下，合伙人通过任何与合伙事务有关的交易或使用合伙财产、商号或与合伙有关的业务取得的一切利益都必须对合伙企业作如实的说明；（3）未经其他合伙人的许可，合伙人不得自营或与他人合作经营与本合伙企业相竞争的业务，否则，对因此而获得的利益，合伙企业享有归入权。

四、入伙与退伙

入伙和退伙会产生合伙变更的效果。（1）入伙。入伙是指在合伙企业存续期间，合伙人以外的第三人加入合伙企业并取得合伙人资格的行为，入伙须经其他合伙人的一致同意，新入伙的人对入伙前合伙企业的债务不承担连带责任。（2）退伙。退伙是在合伙企业存续期间，合伙人资格的丧失。包括以下几种情况：①除名退伙，经过半数的合伙人的一致同意可将一合伙人除名。②自愿退伙，如果并未约定合伙期限的，合伙人可以任意退伙。如果合伙企业是基于书面的合伙协议建立的，退伙人须递交一份有其签名的书面退伙通知。

五、合伙解散

合伙的解散是指合伙因某些法律事实的发生而使合伙归于消灭的行为。合伙解散的事由包括：（1）约定的经营期限届满、合伙约定的合伙目的实现或无法实现，或合伙人协议；（2）合伙人破产、死亡或被指控犯罪；（3）因违法经营而被吊销营业执照、责令关闭或被撤销；（4）法院命令解散。

另外，马来西亚法院可以依合伙人的申请或依职权责令合伙解散。具体情形包括：（1）合伙人被确认为精神病患者或有充分证据证明为永久性精神不健全的人；（2）合伙人永久性丧失履约能力；（3）合伙人的行为对合伙企业有实质性的损害；（4）合伙人故意违反合伙协议；（5）合伙企业持续性亏损；（6）法院认为合伙企业不解散显失公平的。

六、合伙变更和解散法律后果

《马来西亚合伙法》规定：（1）如果合伙企业发生变更，第三人可视变更前的合伙人依然为合伙人，直到第三人获得合伙企业变更的通知。（2）合伙企业解散或有合伙人退伙的，任何一个合伙人都可以向社会公众进行通报，并要求其他合伙人进行同样的行为。合伙宣布解散到最后终止有一个过程，这个中间过程就是要对合伙的债权、债务进行清算，在清算过程中，合伙人的权利依然对合伙企业有约束力。合伙人的权利和义务依旧继续，以确保清算事务的顺利进行和完成解散前已经开始但尚未完成的交易。（3）合伙企业解散时，每一个合伙人都有权用合伙财产来支付合伙债务和承担合伙责任，也有权用剩余的财产支付由此产生的相关费用。但是，已故或破产的合伙人，或者已退伙的合伙人对其死亡、破产或退伙后的合伙债务不承担责任。(4)合伙人及其代理人在合伙事务终止时，有权向法院申请清算。如果合伙人在加入合伙企业时已经向其他合伙人支付了费用，在合伙期限未到就解散的情况下，法院可要求返还这笔费用或者返还其认为合理的部分费用，除非支付这笔费用的合伙人对合伙企业解散负全部或主要责任，或者合伙是协议解散，该协议中未规定此笔费用的返还问题。(5)如果由于一方欺诈或不正当代理行为导致合伙合同被取消的，有权取消合同的一方可以对剩余的合伙财产行使留置权，成为合伙企业的债权人，并有权获得责任人的赔偿。(6)在合伙人死亡或退伙，其他合伙人未对其出资和财产进行结算，仍继续使用其出资或财产来从事合伙事务的情况下，已死亡或退伙的合伙人在没有相反约定时有权在合伙解散后参与利润的分配和获得其在合伙财产中所占份额每年8%的利息。(7)基于合伙协议，已退伙的合伙人或已故合伙人的代理人在合伙企业中所占有的财产份额在合伙解散后自然转化为合伙债务。

七、合伙财产清偿

根据《马来西亚合伙法》，清偿应遵循以下规则：(1)亏损首先由利润来弥补，如果不足的，用合伙人的出资财产来补偿，必要时可由合伙人的个人财产来承担；(2)合伙人出资用于弥补亏损或者企业资金不足的合伙资产，在使用时应按照以下顺序：①支付合伙人以外的第三人的债务；②作为合伙人的出资按比例返还给合伙人；③剩余的部分按照利润的分配比例在合伙人之间进行分配。

第七节　保　险　法

在20世纪70年代，马来西亚保险公司的数量较多，约有150家，但是规模都非常小，大多数公司的市场份额维持在1%~2%。鉴于这种情况，马来西亚中央银行冻结了保险公司执照的批准和签发。但是，从1993年到1999年的几年中，马来西亚中央银行对保险公司执照批准和签发地冻结有所松动，到1999年底为止共批准了8家专业的再保险公司。

从 1999 年全球经济形势好转以来，马来西亚保险业的发展也随之加快。根据这一情况，马来西亚中央银行又再次冻结了马来西亚保险公司执照的批准和签发。再加上马来西亚政府为了应对 WTO 的挑战，促进金融业的快速发展，从 2001 年起开始实施"马来西亚金融业十年发展规划"。对于保险业来说，这一规划的目的主要是为了增强国内保险公司的竞争力。因此，马来西亚中央银行提高了保险公司最低实收资本金数额，由原来的 5000 万马币增加到现在的 1 亿马币，并且通过推行保险公司的并购来增强其国内保险公司的国际竞争力。截止到 2002 年年底，马来西亚的保险机构总共有 129 家，其中直接保险公司有 44 家，专业再保险公司有 10 家，经纪公司有 35 家，公估公司有 40 家。其中，在直接保险公司中，人寿保险公司有 7 家，非人寿保险公司有 28 家，其他混合型保险公司有 9 家。

马来西亚保险产品的销售主要是通过保险代理人和保险经纪人来完成的，保险代理人主要办理个人保险业务，保险经纪人主要办理非个人的商业性保险业务。根据 1996 年马来西亚保险法令第四条的规定，马来西亚保险业务分为人寿保险业务、普通保险业务和再保险业务。人寿保险业务除了包括人寿保险所有的业务以外，还包括：（1）从属于人寿保险的其他类型的保险业务；（2）普通保险业务即除了人寿保险业务以外的其他保险业务；（3）再保险业务也就是再保险人签发的对原保险的再保险业务。

根据 1996 年《保险法》（修正）的规定，马来西亚的保险监管机关是马来西亚中央银行。马来西亚中央银行，（1）有权接受保险经纪人和公估人的申请并审批和签发保险经纪人和公估人的执照；（2）有权批准和签发从事保险经纪业务、保险赔偿理算业务和财务咨询业务的许可证；（3）同时马来西亚中央银行有权接受设立保险企业的申请，并进行初步审查，签署同意与否的意见书后，交由马来西亚财政部最终批准核发保险公司的执照。马来西亚中央银行内设有两个保险监管部门：检查部和管理部。（1）检查部负责监督保险业的健康运作和经营，对保险业务进行现场和非现场监督检查；（2）管理部负责规划保险业的总体发展，贯彻执行国家的保险产业政策和法律，并负责办理保险执照的审查和签发等有关事项。马来西亚中央银行对保险业的监管比较严格。

《1996 年保险法令》（修正）（An Act to Amend the Insurance Act 1996）马来西

亚继承了英国法律体系，属于判例法国家。1996 年马来西亚政府制定和颁布了《保险法》，该法是为了许可和规范保险业务、保险经纪业务、保险赔偿理算业务和财务咨询业务的。它是调整保险业的基本法，该法授权马来西亚中央银行颁布一些规定和命令以保证法律的实施。但是，《1996 年保险法》(修正)并不包括伊斯兰保险法，伊斯兰保险法将由另外的专门立法进行规范。

《马来西亚存款保险法》于 2005 年 9 月颁布生效。该法令的宗旨是管理存款保险制度，提供保障以避免存户损失在成员行机构部分或者全部的存款，提供奖励以促进金融业的风险管理，协助加强及维护马来西亚金融体系的稳定。该法还规定，存款保险是政府设立的保险制度，若成员银行机构无法对存户履行义务，此制度可保障存户，以避免存户损失存款。作为金融体系有效安全网必要的一分子，《马来西亚存款保险法》为存户提供了有力的法律保障，以维护消费者的合法权益。

第八节　破　产　法

一、破产法概述

破产法是规定在债务人不能清偿到期债务或负债超过资产时，由法院宣告其破产，并主持对其全部财产强行进行清算分配，公平清偿全体债权人，或者由债务人与债权人会议达成和解建议或协议计划，避免破产的法律规范的总称。

破产法的内容从性质上可以分为实体性法律规范、程序性法律规范和罚则。实体性法律规范主要有破产原因、破产财产、破产债权、取回权、抵消权、撤销权、破产费用等内容。

程序性法律规范主要有破产申请与受理、管辖、破产宣告、债权人会议、破产管理人、破产财产的清理、变价与分配、和解和整顿、破产程序的终结等内容。罚则部分主要规定破产犯罪行为等违法行为的处罚、债务人的免责与复权等内容。立法体例上各国的规定有所不同，1967 年《马来西亚破产法》将实体性规范、程序性规范、罚则等内容分编做了规定。

作为英联邦国家的成员，马来西亚法律制度深受英美法系的影响，但马来西亚又结合本国的实际情况，对相关的法律制度作了相应的调整和修改，因机遇1967年《马来西亚破产法》与该国的其他法律一样，带有浓厚的宗教色彩。

二、破产申请与受理

(一)申请破产条件

在破产案件中，首先遇到的法律问题就是债务人是否发生了依法可启动破产程序的原因，即是否达到法律规定的破产界限，这种破产界限在国内外通称为破产原因。1967年《马来西亚破产法》采用的是破产原因的列举主义，该法第1条列举了8种认定债务人破产的情形：(1)债务人将与全体债权人利益有关的财产交付、转让给一名或多名受托人；(2)债务人将其财产的全部或一部分以欺诈手段赠与、让与或转让他人；(3)在该债务人被判破产时，向其中的个别债权人优惠转移财产；(4)债务人为了拒付或拖延债权人的利益而离开马来西亚、迟不回国、逃离居所而隐匿、居家不出、关闭其业务地点，以及以串通、欺诈手段服从不利的付款判决或法院训令；(5)债务人作为一项诉讼或任何民事诉讼的被告，被法院判决支付款额及费用在1000林吉特以上，并经执行和查封其财产；(6)债务人向法院提出了一份要求宣判其无法偿还债务的宣誓书、或提成提出了破产申请；(7)债务人将已暂停或将会暂停偿还其债务的消息通知债权人；(8)债务人向两名以上并非股东的债权人提出和解协议或协议计划，而达成和解协议或协议计划后的14日内未依1967年《马来西亚破产法》的相关规定进行注册的。

(二)破产申请提出与受理

当债务人有上述破产行为时，债权人或债务人可以向法院提出破产申请，并以财产保全为目的申请接管令(Receiving Order)。债权人提出破产申请的条件为：(1)债务人拖欠该债权人，或者两名以上的债权人联合申请，拖欠各债权人的债务总额达10 000林吉特；(2)此项债务是项已确定的款额且必须立即或在日后某个时期偿还；(3)债务人在提出破产申请前六个月内发生的破产行为；(4)债务人原住、常住马来西亚或在马来西亚境内有固定居所或生意地点，或者在马来西亚经营生意，或者曾经以股东的身份在马来西亚经营商行或作为合股成员。如果提出破产申请的债权人是抵押担保债权人，则必须在破产申请书中说明该债务且被判破产时，愿意为各债权人的利益而放弃其担保物，或者说明其担保物的价值。扣除其担保物的价值后，方能享有与其他提出申请的债权人同等的权利。债权人的申请书必须由债权人或知悉案情的代表宣誓证实，并依据 1967 年《马来西亚破产法》的规定递交法院。

法院在受理申请时，会要求申请人提供债权人的债务情况、破产行为及相关人员情况的证明，如果法院对其证明表示满意，则可以依据该申请书作出接管令，如果法院对上述证明表示不满，或债务人能证明其具备还债能力，则法院不会作出任何训令。并可驳回或推迟受理该破产申请债务人的申请书应明确写明债务人无债务偿还能力，在这种情况下，债务人不用对其无偿还能力进行宣誓，而法院应根据该破产申请作出接管令。债权人、债务人在递交破产申请书后又决定撤回的，必须得到法院准许。法院作出接管令后，应委任破产管理官作为债务人财产的接管人，破产管理官必须接管有关债务人财产、业务的所有账簿、契据、文件、证件，并可接管债务人的财产。此后，除非得到法院准许并依据法定程序，否则，任何债权人不得就其债务对债务人或其财产采取任何行动或提起诉讼。

接管令不影响抵押权人套现或处置其担保物，但抵押权人若未在作出接管令之日起的六个月内套现其担保物，将无权在接管令作出之后享有有关其债务的任何利息。债务人在收到接管令后的 24 小时内应向破产管理官提呈一份宣誓书，内含债务人主要财产和负债情况，以及有关其生意的所有股东的名字、住址的真实声明。法院接管令作出以后，债务人必须向法院保证不离开马来西亚，否则，法院可以根据债权人或其他声称为债权人的任何人士的要求将该债务人扣押并判处其民事监禁。法院监禁债务人所产生的有关开销应由申请人支付。

破产管理官可以根据债务人的资产或生意的性质，以及债权人的利益需要而委任债务人或其他人士作为特别经理，并授权该特别经理行使破产管理官及接管人的有关权利。特别经理应根据破产管理官的命令，在法院的监督约束下提交相关保证及账目。接管令的通知书应在报刊上公告，注明债务人姓名、地址及负债情况、通知书日期以及申请日期。公告的意义在于，法院以公告的形式向社会不特定的人公开告知破产申请已受理的事项，告知无法通知的债权人以及其他利害关系人已经开始破产程序的事实和有关事项。

(三)咨询委员会

有资格投票的债权人、债权人的代表人或委托人可以在首次会议或之后的会议中，通过决议案委任一个由 1~3 人组成的委员会，就处置破产人财产的事宜向破产管理官提供意见。破产管理官可以在其认为需要的时候召开会议，而当委员会的全体或大多数成员提出书面要求时，破产管理官必须召开委员会会议。在任何债权人的会议上都可以普通决议案的形式罢免委员会的委员，但该会议通知及有关会议目的的说明应在会议召开七日之前发送债权人。如果委员会的一名委员破产、与其债权人和解或离开马来西亚两个月以上的，则视为其职位空缺。当委员会的委员职位空缺时，破产管理官应召开一个债权人会议以填补该空缺。会议可以通过决议案委任另一名债权人或其他有资格的人上填补该空缺。

(四)破产法院及破产管理官

在 1967 年《马来西亚的破产法》中，破产法院扮演一个非常重要的角色。破产管理官、副破产管理官、破产管理官高级助理、破产管理官助理、破产官及其他官员均由马来西亚管理破产事务的财政部部长委任，高等法院是对破产有管辖权的法院。破产法院全权决定所有优先问题以及其他在破产案件中可能出现的所有问题。当债务人或其他人士不遵照法院、破产管理官或任何其他法院官员所作出的训令、指示时，法院可以令其改正，并可以立即对其进行扣押。法院可以检查、取消或修改由其发出的任何训令。任何人对有关破产事务的训令感到不满，可以向法院提出上诉。法院可以将破产案件合并审理、延期审理或转交破产官员处理，有权确定破产申请人范围。法院对破产管理官有较强的控制权，表现在：(1)法院应对破产管理官在处理破产案件中所实施的各种行为进行掌控和监督，当破产管理官不忠诚、不适当履行其职责或有债权人就其履职缺陷向法院提出申诉时，法院应进行调查并作出相应处理；(2)法院可以在任何时候要求破产管理官就其所处理的破产案件的有关问题进行解释和答复，并可询问与该破产案件有关的任何人；(3)法院可以下令对破产官的记录簿及其办理破产案件的单据进行调查。

破产管理官应在财政部部长所指定的银行开设一个破产资产账户，并将破产管理官在破产诉讼中所取得的所有款项存入该账户。在财政部部长未指定银行之前，破产资产账户应开设在西马来西亚、沙巴或沙捞越三地的财政署，而所有从破产资产账户中按破产管理官的要求支付的款项，都应严格按相关规定支付。当破产管理官认为从破产资产账户中借支后的现金结余已超出应支付的破产索偿时，破产管理官应将该账户余额交给财政部部长。部长应将该余额投资于信托证券，所赚取的利润，应归入统一基金，而统一基金必须补足因出售该证券而蒙受的损失。破产管理官应按规定的方式做账，破产人、债权人或其他利害关系人在缴付规定的收费后可以对账目进行查阅，马来西亚总审计官每年应对该账目进行两次以上的审计。债权人有权要求破产管理官提供债权人名单。破产管理官应将处理破产案件中的所有会议以及其他相关事务进行认真记录，并按规定保存好该记录簿。债权人可以在法院的监督下查阅该记录簿。

三、对债务人公开审查

在法院作出接管令后，债务人必须宣誓，并以规定的格式向破产管理官提交一份说明书，该说明书应包括以下内容：(1)其资产、负债及债权详情；(2)债权人的名字、住址、职业以及债权人所持有的抵押物及抵押日期；(3)无偿还能力的原因；(4)在无偿债能力前最后的结账日期；(5)在结账日期时扣除所有债务及坏账或可疑账项准备金后的资本额；(6)法定或破产管理官所需要的其他资料。如果接管令是在债务人的申请下作出的，则该说明书应在接管令作出后7日内提交；如果接管令是在债权人的申请下作出的，则该说明书应在接管令作出后21日内提交。破产管理官也可以因为特殊理由而决定展延期限，但这样的决定必须存档并记录理由。如果债务人无合理的理由而不遵照本条规定，法院可以在破产管理官或任何债权人的申请下宣告其破产，该债务人还可能以藐视法院罪而受到处罚。债权人可以在合理的时间查阅说明书，并可取得说明书的任何副本或摘要。

如果任何人不诚实地声称本身为债权人，经破产管理官的控诉，将以藐视法院罪而受到处罚。法院作出接管令后，应在指定日期对债务人进行公开审查。债务人必须亲自出席(不得由律师代表其出席审查)并接受对其行为、生意及财产的审查。审查应在债务人状况说明书提交截止日期和债权人首次会议后尽快举行。法院可以决定延期审查。提交过证明的债权人或其代表可以质问债务人有关其债务及生意失败的原因。破产管理官应参与审查，并可在获得马来西亚律政司特别授权下聘请律师出席审查。法官可以向债务人询问他认为有利的问题，债务人必须在接受审查前宣誓，并如实回答法官、破产管理官以及获得法院许可的债权人向其提出的所有问题。法官可以在其认为适当的时候要求记录人员将审查的要点进行书面记录，并将记录向债务人宣读及签字认可。此记录将作为今后处理该破产案件的证据，并允许债权人在合理的时间进行查阅。当法官认为债务人的债务情况已基本清楚时，可以决定结束审查，此后，法院可以在任何适当的时候对债务人的行为、生意及做进一步的审查。

四、债权人和债务人之间和解建议或协议计划

在破产法律中，预防破产清算的发生、挽救债务人的和解占有重要位置。1967 年《马来西亚破产法》中规定了债权人和债务人之间的和解制度。第 18 条规定债权人可以在债权人首次会议或之后的债权人会议中决议接受债务人偿还其债务的和解建议或协议计划。和解建议或协议计划不得对债权人进行约束，除非这种约束规定在债权人会议中经拥有 3/4 以上债权的债权人决议通过，并由法院批准。任何债权人都可以在债权人会议前一天致函破产管理官表示赞成或不赞成该项和解协议，该致函的债权人将被视为出席了会议并参加了投票。债权人会议应在对债务人的公开审查完结之后举行，破产管理官应在债权人会议召开七日之前发送开会通知，通知书应说明和解建议或协议计划的条件，并须附上破产管理官的有关报告。

债务人或破产管理官可以在和解建议或协议计划获债权人接受后，向法院提出批准执行的申请，并依据规定向债权人发出通知，说明法院审查该申请的时间。法院在批准和解建议或协议计划之前，应审查破产管理官提交的有关该项和解建议或协议计划的条件以及债务人行为的报告，并听取债权人或其代表所提出的反对意见。如果法院认为该和解建议或协议计划的条件不合理或其计算方法并未考虑普通债权人的利益，则法院可以拒绝批准该和解建议或协议计划。如果法院批准该和解建议或协议计划的，应在和解建议或协议计划文件上加盖法院印章

以资证明。由破产管理官发出的证明和解建议或协议计划已被接受的证书，其有效性是终结性的。任何利害关系人都可以要求法院执行和解建议或协议计划的相关条款，如果债务人未按时支付和解建议或协议计划中的款项，或者法院有理由认为该和解建议或协议计划无法正常实施，或者查实该和解建议或协议计划是以欺诈方式而获得法院批准的，法院可以在债权人的申请下宣告债务人破产或取消该和解建议或协议计划。

五、宣告破产和清算

(一) 宣告破产

除非债务人能让法院相信其有能力与债权人签署一份令债权人满意的和解建议或协议计划，否则，法院在作出接管令时，应同时宣告债务人破产。在债务人的申请下法院可以在任何时候宣告其破产，同时对其作出接管令。对债务人作出接管令后，如果债权人在首次或之后的任何会议中，以普通决议案议决判定债务人破产或决议案未得到通过，以及在法定期间，债权人未举行会议、和解建议或协议计划未被接受的，法院必须宣告债务人破产。

债务人被宣告破产后，其财产将被交给破产管理官，由破产管理官组织债权人进行分配。宣告债务人破产的法院通知书应在法定的报刊上向公众公告，注明债务人的姓名、住址、被宣判破产的日期及其他相关情况。被宣告破产后，债权人仍然可以通过特别决议案接受债务人偿还债务的和解建议或协议计划，如果法院批准该和解建议或协议计划，可以决定取消破产令，并有条件地将破产人的财产交还债务人或法院指定的其他人士。如果债务人未按和解建议或协议计划规定的时间缴付债务，或者如果法院认为债务人未能公平快捷地实行和解建议或协议计划，或者法院查实债务人是以欺诈的方式获得法院批准的，法院可以在任何利害关系人的申请下宣判债务人破产并取消该和解建议或协议计划。债务人在如前所述的情况下被宣告破产的，其所有在宣告日期前已与债权人达成的协议均无效，协议中所涉及的债务依旧被视为破产债务。

法院作出接管令以后，债务人及其财产将受到严格控制，债务人必须履行下列义务：(1) 不得隐瞒或转移其财产。(2) 将其资产尽量套现并协助债权人分配套现财产所得的款项；（3）按照破产管理官的要求出席债权人的首次及之后的其他会议，接受破产管理官的审查，按规定提供会议所需要的资料；（4）提供其财产清单；（5）提供所有债权人、债务人的名单及债权债务情况；（6）回答破产管理官的提问；（7）在破产管理官指定的时间、地点行使委托权、转让权，履行合约或契据，以及应其他破产管理官的要求履行有关财产方面的事项；（8）服从医生对其进行的医药检查；（9）履行法院所规定或训令其作出的所有事项。如果债务人不履行上述的义务，或者不将其财产交给破产管理官或法院授权的其他人士，将被以藐视法庭罪受到处罚。

（二）破产清算

在宣告破产后，便进入了清算程序，即清算破产财产以偿还债务。1967年《马来西亚破产法》第60条规定破产管理官在处理破产财产时具有下列权力：（1）以公开拍卖或私人合约的方式出售破产人的全部或部分财产及债权，并有权将其债务人的全部或部分财产转让给任何机构或个人；（2）就所收取的款项出具收据；（3）对他人拖欠破产人的债务予以证明、分类并追偿；（4）行使1967年《马来西亚破产法》授予破产管理官的任何权力，为执行该法而行使任何委托权以及签署契约和其他文件的权力；（5）处置破产人的资产。破产管理官在法院的监督和约束下，还可以行使下列权力：（1）继续破产人的生意；（2）进行或抗辩有关破产人财产的任何诉讼；（3）经律政司书面许可后聘请律师进行任何诉讼或办理其他事务；（4）在有担保或其他合法规定的前提下，以接受预付款的方式出售产人的财产；（5）抵押或质押破产人的财产以筹措款项偿还债务；（6）就争议事项提起仲裁；（7）在收获应付的款项或得到付款的明确承诺后，和解债务人与拖欠债务人债务的人士之间的债务关系；（8）与债权人、债权人或其他提出索偿要求的人达成和解建议或协议计划；（9）将破产人的财产合理分配给各债权人。

（三）破产解除

破产人可以在被宣告破产后向法院申请解除破产，法院应予以受理，并根据受理情况，作出解除、不予解除、暂停解除破产令的决定。破产解除申请的受理日期应进行公告，并在受理日期14日前发送所有债权人。法院在受理解除破产的申请时，应充分考虑破产管理员作出的关于破产人行为及状况的报告。当破产人有下列情形时，除非破产人已偿还债权人50%以上的债务，否则，法院将不予解除或暂停解除破产令。

解除令是该破产案件及其审理结果的结论性证据。未获解除的破产人不得在没有获得破产管理员准许的情况下进行起诉。该未获解除的破产人每六个月必须向破产管理员报告一次其所收到的所有财务，并在扣除基本的生活开销以后，将其余款项交给破产管理官。未获解除的破产人若更改其住址，应立即通知破产管理官。在获得破产管理官的批准前，未获解除的破产人不得参与或从事任何生意，不论是单独或与人合股或成为任何公司董事或直接或间接参与任何公司的管理。未获解除的破产人若不诚实履行或遵守上述规定，将被视为藐视法院，并在破产管理官的申请下受到处罚。

六、小破产

为节省开支及简化程序，1967年《马来西亚破产法》专门规定了小破产（Small Bankruptcies）的处理原则和程序。所谓小破产，是指已被作出接管令的债务人的资产在扣除有关担保金后已不足10 000林吉特，经破产管理官向法院报告后，法院以简要方式处理的破产案件。法院在处理小破产案件时，程序相对简单：（1）除非由法院下令，小破产的破产人不得对法院作出的任何训令提出上诉；（2）如果在对债务人的公开审查后，法院认为债务人无意提出和解建议或协议计划，或者法院对和解建议或协议计划不予批准时，法院可以不再进一步审理而宣判债务人破产；（3）在可能的情况下，破产人的资产应一次分配完毕。

当小破产案件中的破产人为工薪人员时，法院可以不对破产人及其债务作出任何训令，而要求债务人将有关情况直接向破产管理官报告即可，此种小破产的破产人无须接受公开审查。

七、破产责任

1967年《马来西亚破产法》第七部分对在破产案件中负有责任的机构或个人的处罚做了规定。

第109条规定了对有欺诈行为的债务人的处罚。已被判破产或已被作出接管令的任何人士对其财产隐瞒不报、少报或有其他违反 1967 年《马来西亚破产法》的欺诈行为的，将被判处两年以下的监禁，并可处以罚款。

第 110 条规定了对破产人未解除账目的处罚。如果破产人在破产申请提出前两年内以及从破产申请提出到接管令作出期间内有过生意行为，而该破产人却未对其生意情况进行记录或未保存其账目的，将被判最高两年监禁，并可处以罚款。

第 111 条规定了对破产人不合理招致可预期债务的责任。被判破产或已被作出接管令的任何人土，在破产申请前的 12 个月内不合理招致可预期的债务时，将被判两年以下的监禁，并可处以罚款。

第 112 条规定了对破产人携款潜逃的处罚。如果破产人在提出破产申请以及在接到债务人传票之后或之前四个月内，或者在法院作出接管令后携带其财产离开马来西亚的，将被判两年以下的监禁，并可处以罚款。

第 113 条规定了破产人为避免破产或破产处理程序而潜逃的责任。在作出接管令之前或之后，破产人为了避免进入破产程序或阻碍破产处理程序的正常开展而逃离马来西亚。

第三章 菲律宾商事法律

第一节 公 司 设 立

一、公司设立概念

公司设立是指发起人按照《公司法》的规定，在公司成立之前开展的以获得法人资格为目的的一系列法律行为的总称。公司设立是一种法律行为，其实质在于使一个还未存在的公司逐渐取得相应条件并获得法律上商事主体资格，是公司从无到有的创立过程。

二、公司设立条件

(一) 发起人人数和资格

根据《菲律宾公司法》第10条的规定，公司发起人应是5~15个达到法定年龄的自然人，其中半数以上应是菲律宾公民。发起人可以任何合法目的设立私公司，每一个股份公司的发起人至少要认购股本的一份股票。与中国的《公司法》相比，《菲律宾公司法》对发起人的规定具有以下特点：(1)公司发起人的法定人数是5~15人，发起人为了成立公司可以寻找名誉发起人，名誉发起人不出资，只在发起人名单上签字即可；(2)发起人必须有签约能力，因而未成年人因不具备承诺能力而不能成为发起人组建公司；(3)发起人必须是股东；(4)若夫妻财产由丈夫管理或涉及家族共有财产，已婚妇女未经丈夫允许，不得成为发起人组建公司。

(二) 公司名称

公司应有自己的名称，证券和交易委员会不会通过任何与现存的公司相同、虚假的或让人产生混淆的公司名称或者与其他已受保护的或申请专利的公司名称相同或相混淆的公司名称。当一个公司修改名称后，证券和交易委员会将重新颁发许可证。

(三) 公司期限

根据《菲律宾公司法》第 11 条的规定，一个公司的存在期限自成立之日起不得超过 50 年，除非在期限到来之前延期。公司可以通过修改公司章程在到期日之前延续期限，除非有正当理由并有证券和交易委员会同意，公司不能早于到期日之前 5 年延展期限。

(四) 股份公司最低股本要求

根据《菲律宾公司法》第 12 条的规定，除特别法对此有要求，菲律宾公司法没有最低股本的要求。

(五) 股份公司认购资本数额

《菲律宾公司法》第 13 条规定，在公司成立时，公司章程中规定的最少 25% 的股本应该被认购，并且认购总额中至少 25% 的份额应在认购日期或认购合同中约定的日期前被认购，已交付资本不能少于 5000 比索。

(六) 提交公司章程

所有依据《菲律宾公司法》设立的公司都应当向证券和交易委员会提交一份使用官方语言并有所有发起人签名、承认的公司章程。证券和交易委员会只接受由认购人选举出的财务主管宣誓至少 25% 的股本已经以现金或实物形式被认购，且已付现金不少于 5000 比索的股份公司章程。

三、公司设立法律效力

私公司自获得证券和交易委员会签发并盖章的融资证明书，而且公司发起人和股东在规定时间内完成法律规定事项之日起成立，并具备法律人格。公司必须在其合法设立之日起 2 年内组织经营。公司从设立之日起 2 年内没有正式组成或没有开始任何经营活动，其公司的权利终止，该公司被认为解散。如果一家公司登记注册后连续 5 年没有营业，有关部门可以暂停或注销其经营特许权或营业执照。但是，如果一家公司未成立、未营业或不能归因于公司的原因而连续不营业的除外。

第二节　公司章程及其细则

一、公司章程

公司章程是公司依法制定的，具体规定公司名称、住所、经营范围、经营管理制度等重大事项的基本文件，是公司必备的规定公司组织及活动的基本规则的书面文件，是以书面形式固定下来的股东共同一致的意思表示。公司章程是公司组织和活动的基本准则，是公司的宪章。作为公司组织与行为的基本准则，公司章程对公司的成立及运营具有十分重要的意义，它是公司成立的基础。

（一）公司章程内容

所有依据《菲律宾公司法》设立的公司都应当向证券和交易委员会提交一份使用官方语言并有所有发起人签名、承认的公司章程。公司章程的内容包括：（1）公司名称。（2）公司成立的目的。公司成立目的必须合法、具体。若有多个目的，必须注明主要目的和次要目的。（3）公司在菲律宾境内的主营业地。（4）公司的存在年限。（5）发起人的姓名、国籍、地址。（6）董事的姓名、国籍、地址，董事人数不应少于 5 个并不多于 15 个。（7）在第一次正式选举董事之前，代理董事的姓名、国籍、地址。（8）如果是股份公司还需注明股本数额、股票数额、面值，发起人认购数额、认购股票有无面值。（9）如果是非股票公司还需注明资本数额、设立人姓名、国籍、住所和每个设立人的出资。(10)其他规定。

(二)公司章程修改

除非公司法或特别法有规定，并出于合法目的，修改任何公司章程条款或章程规定的事项应由董事会或财产托管人过半数投票通过，并由代表 2/3 以上的发行在外的有表决权股东的投票或书面同意。修改前后的公司章程都应当包含法律规定的章程的内容，修改后的公司章程应用下画线表示出来，并由公司秘书宣誓，过半数董事会陈述上述修改已被股东或成员通过，并上报证券和交易委员会。修改后的公司章程自证券和交易委员会审查通过之日起生效。如果由于不可归因于公司的理由而修改章程的，从向证券和交易委员会递交申请时起公司章程生效。

(三)公司章程不能通过审查的理由

公司章程或修订后的公司章程如果不符合法律规定的形式或内容，证券和交易委员会将拒绝通过该章程，但证券和交易委员会应给予创立人一段合理的时间来修改公司条款。证券和交易委员会不通过公司条款的原因主要包括：(1)不符合公司条款的形式；(2)公司成立目的违宪、违法、不道德或违反行政法规、命令；(3)财务报告涉及的认购资本不真实；(4)菲律宾公民拥有的资本份额比例不符合现行法律或宪法。

二、公司章程细则

(一)公司章程细则的制定

在收到证券和交易委员会发放证照正式通知的 1 个月内，由至少持半数以上的发行在外的股份的股东投票通过或非股份公司中半数以上成员通过，制定公司章程细则。公司章程细则制定出来后，由通过它的股东签名保存在公司主营业地，以备股东或成员在营业时间内察看。章程细则必须在公司成立以前制定，由所有发起人通过并签名，与公司章程一起提交证券和交易委员会。无论任何情况下，公司章程细则都必须在证券和交易委员会发布章程细则不违反《公司法》的证明书后生效。

（二）公司章程细则内容

公司章程细则一般应包括下列事项：（1）召集、举行董事或理事的常规会议、特别会议的时间、地点、方式；（2）召集、举行股东或成员常规会议、特别会议的时间、地点、方式；（3）股东会的法定人数和投票方式；（4）股东投票代理的形式和方式；（5）董事、经理和雇员的任职资格、责任和赔偿；（6）年度选举董事或理事的时间、地点、方式；（7）董事理事以外的管理人员的选举或任命方式、时间和任期；（8）违反公司规章的惩罚措施；（9）股份公司发布股权证明的方式；（10）其他公司经营业务需要规定的事项。

（三）公司章程细则修改

公司章程细则制定后经核准产生效力，其内容应保持相对稳定，不得随意变更。但是，如果确实因社会经济情况或者公司内部情况发生变化导致不得不变更公司章程细则时，应专门召集常规会议或专门会议，经至少持有半数以上发行在外的股本的股东投票通过或非股份公司中半数以上成员通过，公司董事会或理事会可以制定、修改或废除公司章程细则。2/3 以上股东或成员可以授权董事会修改公司章程细则。但是，当拥有或代表过半数的发行在外的股本的股东或非股份公司中半数以上成员在常规会议或特别会议上投反对票的，即可撤销公司董事会或理事会制定、修改或废除的公司章程细则的效力。修改后的公司章程细则要在证券和交易委员会发布，并取得章程细则不违反《公司法》的证明书后生效。

第三节　董　事　会

一、董事会概述

公司董事会是由公司董事组成的负责公司经营管理的决策机构。董事会由股东会选举产生，对股东会负责。公司的一切权利、经营、财产由董事会控制，董事会是对内执行公司业务，对外代表公司的常设机构。公司作为一个法人，只有通过它的管理者和代理机构享有权利和承担义务。经营管理权和管理人员的集中是任何大型组织高效性的保证。由于股东人数众多且比较分散、不熟悉商业运作，因而股东应选举董事负责公司的经营和管理。

二、董事任职资格

(一)《公司法》对董事任职资格的规定

任何公司董事在任职公司必须至少拥有公司的一份股份，并且该股份应在公司登记簿上以其本人的名义登记。若公司董事并不持有任职公司的股份时，该董事应当离职。公司董事会中过半数成员应是菲律宾公民。任何被终审判决超过6年徒刑，在选举日或被任命前5年内违反公司法者，不得当选为公司董事。

(二)特别法对董事任职资格的规定

除了《公司法》中的规定外，特别法对公司董事的任职资格也作出了特别规定：(1)银行金融机构董事会成员中至少2/3的董事应当是菲律宾公民；(2)农村信用社和注册投资公司的每一位董事会成员都应该是菲律宾公民；(3)国内航空运输公司董事长、至少2/3的董事会成员和其他管理人员应当是菲律宾公民；(4)投资机构的董事会半数以上董事应是菲律宾公民，并且除非得到货币委员会的允许，任何投资机构的董事不得兼任其他银行的董事；(5)大众传媒必须由菲律宾公民或菲律宾公司管理；(6)商业、电信及教育机构必须由菲律宾公民管理。

三、董事选举

按照公司章程规定的时间，半数以上的股东应亲自参加或以书面委托书形式授权代理人参加董事选举。在非股份公司中，应有半数以上的成员亲自或依书面委托书授权的代理人参加选举。如果股东或成员有要求，董事选举应采用投票方式进行。在股份公司，每个股东都有权亲自或以书面委托书授权的代理人，依其股份所代表出投票权在公司章程规定的时间依公司股权登记簿上登记的本人的名字参加选举。投票人数不得超过股票登记簿上的数量，除非公司条款或章程规定无股本的人也可参加投票。得票最多者按董事会成员的人数依次当选。董事选举后，由董事长召集董事会。董事长必须是董事，财务主管可以不是董事，秘书必须是菲律宾公民或居民，其他管理人员由公司章程规定。一个人可以在董事会中兼任两个或两个以上的职位，但是董事长不得兼任秘书和财务主管，董事长也不能委托他人代表自己出席董事会议或投票。

选举出的董事应依据法律或公司章程细则履行职务。过半数的董事应成立一个符合法定人数的小组来处理公司事务。当该小组成员出席会议时，至少过半数的董事作出的决定应为公司的合法决定。但是，公司高级管理者的选举，需要董事会所有成员过半数董事投票通过。董事会选举后30天后，董事会成员和高级管理人员、秘书或公司其他管理人员应向证券和交易委员会提交选出的董事、管理人员姓名、国籍和住所等信息。若上述人员在任期内死亡或不再任职，其继承人、其他管理人员、秘书或其本人应立即向证券和交易委员会报告。董事的任期为1年，期满后将召开董事会选举会议来选举下一任董事。

四、董事会职权、义务和责任

(一)董事会职权

董事会的职权是指董事会作为公司的最高决策和管理机构所拥有的业务经营范围以内的权利。董事会在行使权利时，不得超过公司授予的具体权限范围，这些权限一般是指：(1)管理公司日常事务，公司特征或公司组织的根本改变，例如修改公司章程、改变资本结构等事项应由股东决定；(2)董事会无权作出超越公司的经营范围的决定或签订合同，即时得到股东的同意也不可以；(3)董事会的其他职权应由股东订立的章程限定。

(二)董事义务

1. 注意义务

(1)董事有遵守《公司法》和其他制定法规定的注意义务。董事作为公司的管理人，在履行职责的过程中，负有遵守《公司法》和其他制定法规定的义务，否则，应当对公司因此而遭受的损害承担赔偿责任。(2)董事有遵守公司章程规定的注意义务。公司章程作为公司最重要的文件，对公司董事具有约束力，董事在

履行职责时负有遵守公司章程规定的义务，不得违反公司章程的规定，否则，应对公司承担法律责任

2. 勤勉义务

勤勉义务是指董事在担当公司董事职位之后，要认真地履行好董事的职责，要时常关注公司的事务，将大部分的时间和精力花费在管理公司事务方面，要加强对其他董事和公司高级管理人员的监控，并且要尽可能多地参加董事会会议。董事的勤勉义务主要表现为董事参加董事会会议，就公司所讨论和决议的事加以注意。对董事是否履行注意义务的判断应当以普遍谨慎、勤勉之人在同一类公司、同一类职务、同一种情形下所具有的注意程度、经验、技能和知识水平为判断标准。

3. 忠实义务

董事在履行职责时应当考虑公司的最大利益，不得将自己的利益与公司的利益相冲突，更不能攫取属于公司的利益。忠实义务的具体要求包括：（1）董事不得因自己的身份而受益；（2）董事不得收受贿赂、某种秘密利益或所允诺的其他好处；（3）董事不得同公司开展非法竞争；（4）董事不得与公司从事自我交易；（5）董事不得泄露公司秘密；（6）董事不得利用公司的财产信息和商事机会牟取私利。

（三）董事会的责任

董事必须依照法律和公司章程的规定忠实地履行自己的义务，任何自愿同意或在已知情况下投票同意公司违法活动的董事，或者违反基本的注意义务，或恶意管理公司事务，或为了与其利益相冲突的事务而获取任何金钱利益或其他个人利益的董事，应为由此给公司、股东和其他人造成的损失承担赔偿责任。董事或者公司高级管理人员违背其忠诚义务，为自己的利益而使公司利益受损的，应对公司的损失负责，并且其所获利益归公司所有。除非其行为经过了持有一个公司代表 2/3 以上的发行在外的股份的股东同意。

五、董事罢免

罢免公司的董事应由代表至少 2/3 的发行在外的股份的股东投票同意。在非

股份公司中，应由至少 2/3 以上成员投票同意。上述罢免应在公司的常规会议或专门为此召开的特别会议上投票，并对股东或成员提前发出为罢免公司董事而召开会议的通知。该会议通知必须由秘书按照董事长命令或按照股东的书面要求提前发出，在非股份公司中，按照过半数的有投票权的成员的书面要求提前发出。

第四节　公司权利和会议

一、公司权利

根据《菲律宾公司法》的规定，公司享有以下权利：(1)以公司名义起诉或应诉。(2)在章程规定的时间内使用公司名称。(3)使用公司印章。(4)依法修改公司章程。(5)在不违背法律、道德、公共政策的前提下制定公司章程细则。(6)股份公司有权发行股票、非股份公司有权接受新成员。(7)依法购买、接受、取得、拥有、转让、出卖、租赁、抵押或处分公司的动产、不动产，包括其他公司的有效证券和债券或通过合法方式获取的财产。(8)依法合并或分立。(9)为公共福利或医院、慈善、教育、文化、科研、民生或其他目的的捐赠，但不得捐助政治党派或候选人。(10)建立退休金、退休制度，或制定福利待遇方案。(11)其他为实现公司章程规定的目的所必要而基本的权利。(12)续展或缩短公司期限的权利。董事会过半数成员同意，经持有一个公司 2/3 的发行在外的股份的股东或 2/3 的成员签署，一个私公司可以续展或缩短公司章程规定的期限。(13)增加或减少公司股本、发行或增发债券的权利。董事会过半数的董事同意，并经持有一个公司 2/3 的发行在外的股份的股东同意，在专门的会议上可以增加或减少公司股本、发行或增发债券。(14)否定优先购买权的权利。除非公司章程或修改后的章程否定优先购买权，否则，任何股份有限公司的股东都有按其持股比例优先购买所有发行的各等级股票的权利。但是，即将发行上市的股票或要求公众持有的最低数目的股票及由持有一个公司 2/3 的发行在外的股份的股东善意发行的，为公司需要的财产交换发行的股票或为偿还先前的合同债务而发行的股票，不具有优先购买权。(15)出卖或以其他方式处置公司财产的权利。为了避免非法合并和垄断方面的影响，一个公司经过其董事会过半数成员的同意或在专门会议上，经过持有一个公司 2/3 的发行在外的股份的股东或至少 2/3 以上成员的同意，可以出卖出租、交换、抵押、公司动产和不动产或进行其他处分行为。(16)取得股票的权利。一个股份公司出于合法目的，有权购买或获得自己公司的股票。该权利主要适用于以下情况：①为了消灭零股；②为减少公司负债，购买本公司发行的未付股款的股票；③依照法律规定，为了赔付撤回股份或不同意公司已决事项而要求退股的股票。(17)向其他公司或其他公司投资的权利。一个私公司中，董事会过半数成员同意并在专门为此召开的会议上，经持有该公司 2/3 的发行在外的股份的股东或 2/3 的成员签署，该公司有权根据其组织成立基本目的以外的任何目的，向其他公司或其他组织投资。但若公司的投资符合其设立的基本目的，公司的投资行为无须经得股东或成员同意。(18)公告支付股利的权利。股份公司的董事会应公告支付股利，股利应根据股东持有的公开上市的股票以现金、实物或股票形式支付。(19)签订管理合同的权利。董事会过半数成员同意并在专门为此召开的会议上，经持有公司 2/3 的发行在外的股份的股东或 2/3 的成员同意，公司有权与其他公司缔结管理合同。管理合同的最长期限不得超过 5 年。

二、公司会议

(一)会议种类

公司会议可以分为股东或成员的常规会议或特别会议以及董事或理事的常规会议或特别会议。除公司章程细则另有规定外，股东会议或董事会议均由董事长主持。

(二)股东或成员的常规会议或特别会议

股东或成员的常规会议或特别会议应该按照公司章程细则设定的日期每年举行一次。若章程细则没有设定，那么有董事会或理事会决定在每年 4 月的某日召开。召开常规会议的书面通知应至少在会议召开前 2 个星期送达所有股东或成员，除非公司章程细则另有规定。股东或成员的特别会议应当在公司章程细则规定的时间内召开，但公司章程细则另有规定的除外。召开特别会议的书面通知应至少在会议召开前1个星期送达所有股东或成员。股东或成员会议除了在公司主要营业所召开，应在公司主营业地所在的市或自治市召开。召开时间和地点应当在召开会议的书面通知中予以注明。菲律宾《公司法》对出席会议的法定人数作出了明确规定，即会议必须由代表半数以上的发行在外的股份的股东或非股份公司半数以上的成员出席才有效，法律或公司章程细则另有规定的除外。

（三）董事或理事的常规会议或特别会议

董事或理事的常规会议除公司章程细则特别规定的以外，每月召开一次。董事或理事的特别会议应在公司章程细则规定的时间或任何董事长召集的时间召开。除非公司章程细则另有规定，公司董事会或理事会会议可以在菲律宾境内外任何地方召开。召开常规会议和特别会议的通知应写明会议时间和地点，并最迟在会议召开前1天送达每个董事或理事。任何董事或理事可以明示或默示放弃这些要求。

第五节　公司合并和股东评估权

一、公司合并

（一）合并概念

公司合并是指两个或两个以上的公司订立合并协议，依照《公司法》的规定，不经过清算程序，直接结合为一个公司的法律行为。公司合并可以是吸收合并，也可以是新设合并。吸收合并指一个公司吸收其他公司，吸收方继续存续，被吸收方解散。新设合并指两个以上公司合并组成一个新的公司，合并各方解散。

（二）合并程序

公司合并应当遵循以下程序：（1）制订合并计划。每个将要合并的公司董事会或理事会，应按照规定制定合并计划，计划内容包括：①合并的公司名称；②合并期限和方式；③存续的公司在合并过程中应修改章程中的相关规定；④合并过程中需要遵守的其他规定。(2)召开股东会议形成决议。公司合并属于公司重大事项，应以召开股东会特别会议的形式通过，即应由代表 2/3 以上表决权的股东通过才能生效。(3)合并章程的签名和证明。股东会议形成决议，通过了合并计划后，将要合并的公司应当遵守有公司董事长或副董事长签名并由公司秘书或助理秘书证明的合并章程。章程内容包括：①公司合并计划。②若是股份公司，应写明发行在外的股票份额。若是非股份公司，应写明成员人数。③每个公司分别投赞成票和反对票的股票份额。(4)合并的生效。经签名和证明的公司合并计划，应提交证券与交易委员会批准。但是，银行、信托公司、保险公司、公用事业公司和建屋互助会等其他由特别法规范的特殊公司，应由相关的政府机构提供有力推荐。证券和交易委员会批准合并计划的时间为合并生效的时间。

(三)合并效力

公司合并的法律效力主要体现在以下几个方面：(1)吸收合并的公司，存续的公司应为一个公司；(2)新设合并的公司，合并后的公司应为一个公司，除了吸收合并中的原公司和新设合并的新公司外，被合并的公司应当注销；(3)吸收合并中的原公司和新设合并的新公司拥有被合并公司所有的权利、义务和豁免；(4)吸收合并中的原公司和新设合并的新公司自动拥有被合并公司的特许权和所有财产，包括动产、不动产及认购股本金额；(5)吸收合并中的原公司和新设合并的新公司应承担被合并公司的所有责任，被合并公司的债权人和抵押权人的权利不因合并而受损。

二、股东评估权

(一)股东行使评估权情形

当公司出现下列情况时，任何股东均可以提出异议，并可以要求公司评估其股票的实际价值：(1)在公司章程中改变或限制股东权利或股票等级或延长、缩短公司的存在年限；(2)出卖租赁、交换、转移、抵押公司资本或向其他公司投资或以其他形式处理公司资产的行为；(3)公司合并；(4)公司结束。公司出现以上情况时，股东都有权要求公司收购其股票。

（二）股东行使评估权程序

任何对公司的上列行为投反对票的股东在投票日后 30 天内可以向公司提交一份书面申请要求公司评估其股票。未在此期限内提出请求的，视为自动放弃。如果公司决议已经生效或实施，公司将收回股东的股权证明并按选举日前的股票的实际价值予以评估，但可预期的股票升值或贬值不包括在内。从公司的行为被通过之后 60 天内，要求退股的股东无法和公司就股票的实际价值达成一致的，由三名无利害关系人对股票进行评估和决定。这种评估具有终局性，公司必须在 30 天内把股款交给退股人。这三人中由要退股的股东和公司各指定一人，第三人由双方共同指定。

从股东要求评估到公司放弃上述行为或公司购买了股东的股票，所有股票权利包括投票权和分红权应当停止，该股东只是有获得股票价款的权利。若投反对票的股东在上述就定后 30 天内没有获得股票价款，则其投票权和分红权立即恢复除非公司同意，否则退股要求不得撤回。但是，当上述请求经公司同意撤回或公司放弃上述公司行为，或如果必须由证券和交易委员会批准的上述行为被证券和交易委员会否决或证券和交易委员会认为要求退股的股东无评估权，股东退股要求停止，其股东地位和股东权利恢复评估费用一般由公司承担，如果股东同意公司出的最高价，那么评估费用由股东承担。投反对票的股东应在提出付款要求的 10 天内，向公司递交代表其股权的股权证书，公司将标记这些股票为投反对票的股票。若该股东违反法律规定，将丧失其法定权利。若带有上述标记的股票被转让，但股权证明被取消的，作为出让人的持反对票的所有权利将终止，股票的受让人享有所有普通股东的权利，该股票的红利归受让人所有。

第六节　特殊公司形式

一、非股份公司

（一）非股份公司与股份公司的区别

非股份公司是指依《公司法》成立，但不把公司收入作为红利分给其成员、理事和高级管理人员的公司。除非法律有特殊规定，约束股份公司的相关条款同样适用于非股份公司。与股份公司相比，非股份公司具有以下特点：（1）股份公司设立的目的是盈利，而非股份公司设立的目的是为了慈善、宗教、教育、职业、文化、文学、科技、社会、公共服务或为其他交易、工农业等事业；（2）股份公司的股票可以自由转让，而非股份公司的成员资格不得转让；（3）股份公司的收入应在股东中分红，而非股份公司不分红。

（二）证券和交易委员会对成立非股份公司的要求

要成立一个非股份公司，必须遵循证券和交易委员会的下列要求：（1）必须有一个记录成员姓名、地址并由其签名的簿册。公司章程应记载新成员加入的程序，新成员要向董事会提交一份同意加入的申请书，每个新成员的申请书都应记录在案。(2)公司必须有账簿和其他必要的记录：①现金账簿，详细记载每笔收入和支出的事项、款项、时间等事项；②非现金账簿，它是记载每笔非现金交易的账簿；③分类账簿，记录现金簿册和非现金账簿的交易纪要；④会议记录，记录每次董事会和成员会出席人员和会议程序、内容。上述簿册必须由证券和交易委员会证明属实并盖章。(3)任何要求成员缴纳的款项必须写明资金的使用目的、必要性和使用方式。(4)关于非股份公司的基金管理，必须遵循下列原则：①公司接到的任何一笔基金都必须出具合法收据；②任何超过100比索的收入应以公司名义存入银行；③每一笔收入都有来源和能证明款项目的和本质的证据。(5)公司应准备一份详细记录其活动的年度报告，包括其在上一年中收到的基金、基金的去向和目的。(6)没有证券和交易委员会的同意，非股份公司不得在郊区或其他省份开分公司。(7)在年度选举会议后15日内，应当选的经理、董事会成员应向证券和交易委员会提交其姓名、地址。如果经理或董事死亡、辞职的，或以其他方式不再担任职务，秘书和其他经理应继续履行其职务，直到证券和交易委员会收到其离开的通知。

（三）证券和交易委员会的职责

从上面的各种规定来看，证券和交易委员会代表可以在任何时候检查公司的账簿和其他簿册，还可以要求公司提交表明其公司业绩和实际状况的报告。

二、封闭公司

(一)封闭公司概念和特征

封闭公司是由符合法定人数的股东人数组成,发行除自持股票(Treasure Stock)以外的各种股票,并且股票不得随意转让和上市发行的公司。除了矿业、石油、股票交易、银行、保险公司、公用设施建设和教育机构外,任何公司都可以以封闭公司的形式存在。封闭公司的特点主要表现为:(1)股东人数有严格限制,一般不超过20人;(2)所有股票的转让都有严格限制;(3)封闭公司不得在任何股票交易市场上市;(4)公司董事无须举行股东会选举,一般来说,公司股东应被视为董事,承担董事的责任。公司章程可以规定公司高级管理人员或员工由股东会而非董事会选举或任命。

(二)封闭公司管理

一般来说,公司的经营和决策是由董事会作出,但考虑到封闭公司的本质,股东的人数受到限制,股票转移和上市也受到限制。封闭公司在下列情况下可由股东经营管理:(1)没有召开股东大会选举董事;(2)根据公司成立的目的,股东就是董事;(3)股东承担董事所有的责任和义务;(4)所有股东同意。公司股东管理、经营公司,股东承担董事所应承担的注意义务、勤勉义务和忠诚义务。

(三)股东协议范围和效力

股东可以就下列问题达成协议:(1)两个或两个以上的股东同意并经其他股东签字,可以规定投票权;(2)授权股东成为合伙人;(3)如果股东对自己的决定负责,协议可规定股东不遵守董事会决议;(4)即使股东协议是公司成立之前达成的,只要是股东真实的意思表示并不违背法律股东协议有效;(5)参加公司经营管理的股东可视为董事。

(四)董事会

在下列情况下封闭公司无须召开董事会:(1)行动之前或之后,董事会议对此事形成书面同意并签名；（2）有的股东已知此事并无书面反对；（3）采取股东默认的非正式行动；（4）有的董事已知此事并无书面反对。

（五）僵局

如果股东之间或董事之间在公司事务上意见分歧过大，不能达成共识，证券和交易委员会有权应任何股东的要求仲裁纠纷或作出下列命令：（1）取消、更正任何公司章程、章程细则或股东协议的条款；（2）取消、更正董事会、股东或高级管理人员的决定或行为；（3）指导或禁止公司董事会、股东或高级管理人员采取某种行为；（4）要求公司按股票的实际价值收购其他股东的股票；（5）任命临时董事长；（6）解散公司；（7）其他具体情况下的救济方式。

（六）股东撤股和封闭公司解散

只要公司有足够的资产，封闭公司的股东可以以任何条件要求公司实现其股票的实际价值。如果董事、经理或其他管理者有违法、欺诈、不诚实行为或对公司或股东有不公正的伤害，股东可以书面请求证券和交易委员会强迫解散公司。

三、教育公司

教育公司应由《公司法》一般规定和特别法加以规范。除非教育文化部推荐，证券和交易委员会不通过或接受任何教育公司的条款或章程。教育公司是非股份公司，其董事会应按照非股份公司的规定建立，人数为5~15人且应为5的倍数。除非公司章程或章程细则另有规定，正式成立的私立学校、大学或其他教育机构中1/5的董事每年应改选一次，董事的权限由公司章程规定，对于以股份公司形式组建的教育公司，董事人数和任期应由公司章程规定。

四、宗教公司

宗教公司可以由一人或多人组成，可以分为一人公司和宗教团体公司。宗教公司应遵循非股份公司的一般条款规定。

一人公司即由一个教派或教堂的大主教、主教、神父、牧师、拉比或长老组成，并由其管理和经营公司事务和财产并接受宗教教派的捐赠。任何一人宗教公司可以购买或拥有为其教堂、慈善或教育目的的动产或不动产，可以接受为上述目的的赠与或礼物。一人公司的主营业地必须在菲律宾境内。一人宗教公司通过向证券和交易委员会递交一份确定的解散声明后，可以自愿解散。

宗教团体公司即由任何教派、教区或教堂的宗教团体或宗教命令或教会法院或区域组织在不违背其所在的教派的规则、法规和原则的前提下，在专门为此召开的会议上 2/3 以上成员发起人投票赞成，可以向证券和交易委员会递交书面申请，并同时递交由教派或教堂的大主教、主教、神父、牧师、拉比或长老书面宣誓并证明的公司章程而成立的公司。宗教团体公司的主营业地必须在菲律宾境内，公司董事会成员为 5~15 人。

五、外国公司

外国公司是依外国法成立、组织或存在的公司，并且该外国法允许菲律宾公民在其境内经营公司。外国公司有权依菲律宾法律并取得政府机构的许可后获得营业执照，在菲律宾从事经营活动。外国公司申请营业执照，应向证券和交易委员会提交公司章程、章程细则副本，如有必要，应翻译成菲律宾官方语言。申请符合菲律宾公司法和其他法规及特别法的要求的，证券和交易委员会将颁发营业执照，除非执照依法被吊销或废除，该外国公司可以在其执照允许的范围内从事经营活动。外国公司可以在菲律宾国内成立代理机构，国内代理机构可以是菲律宾公民或菲律宾国内合法经营的公司。若是公民，必须是道德品质良好，经济状况良好的公民。任何合法在菲律宾经营的外国公司都应遵守其母公司所在国关于建立、成立、组织或解散公司的法律以及设定关系、责任、股东或成员、公司高级管理人员义务的法律。

有违反特别法的其他规定，在菲律宾取得营业执照的外国公司可因下列原因被撤销：（1）没有按照公司法要求提交年度报告或交费；（2）在菲律宾取得营业执照的公司没有指定或保持在菲律宾境内的代理机构；（3）在更换代理机构或代理机构的地址后，未向证券和交易委员会报告；（4）未向证券和交易委员会提交真实的公司章程或章程修订案或未在规定的时间内提交合并后的公司章程条款；（5）在申请报告、书面陈述或其他由公司提交的文件中有实质性错误；（6）未能缴纳税款、罚款或拖欠其他菲律宾政府及其地方政府的款项；（7）超过在菲律宾获得的营业执照的营业范围；(8)代表外国公司或实体在菲律宾经营而该外国公司或实体未在菲律宾获得营业执照；(9)其他违反菲律宾《公司法》的行为。一旦出现上述情况，证券和交易委员会可以颁发相关撤销其营业执照的证明，并把副本交给其他相关国家机关，同时将撤销通知和撤销书复印件挂号邮寄给该公司在菲律宾的注册处。

根据现行法律、法规，在菲律宾取得营业执照的外国公司可以向证券和交易委员会提出撤出申请书。但是，撤出应符合证券和交易委员会的下列要求：（1）外国公司在菲律宾所有的索赔已经支付、达成和解或解决；（2）外国公司在菲律宾的债务已经还清，纠纷已解决，税款、关税、罚金或欠其他菲律宾中央政府及其地方政府的款项已还清；（3）撤出申请书已在菲律宾全国发行的报纸上每周刊登一次，连续刊登了 3 个星期。

第七节　公司解散、清算和破产

一、公司解散

(一)公司解散概念

公司解散是指已成立的公司根据一定的合法事由而使公司消失的法律行为。公司解散标志着公司的营业期限届满，特许权消灭，公司事务清算，财产将在股东和债权人之间进行分配。

(二)公司解散分类

1. 自愿解散

只要出现了解散公司的事由公司即可解散。(1)无债权人受影响的解散。若一个公司的解散不侵犯任何债权人利益，公司便可以由监事会或理事会过半数成员投票通过，并经持有 2/3 的发行在外的股份的股东或成员在专门为此召开的会议上同意而解散。(2)有债权人受影响的解散。若一个公司的解散将侵犯其债权人的利益时，解散申请应递交安全和交换委员会。申请书应由过半数的公司董事会或理事会成员或公司高级管理人员签名，并由董事长或秘书或一位董事或理事证明。申请书还应阐明所有反对的理由和主张，连同公司解散决定在专门为此召开的会议上，经持有 2/3 代表发行在外的股份的股东或成员通过。（3）缩短公司期限的解散。通过修改公司章程中公司的存续期间也可以导致公司解散。

2. 强制解散

根据现行法律、法规或规则，经证实的申诉及合理的通知后，证券和交易委员会可以强制解散公司。

（三）公司解散的理由

公司解散的理由包括：（1）公司章程规定的营业期限届满或公司章程规定的其他事由出现；（2）股东会决议解散公司；（3）公司合并或分立。

（四）公司解散法律后果

公司解散后，产生的法律后果有：（1）公司宣告解散后，其权利能力即受到法律的特别限制即解散公司的权利能力仅局限于清算范围内，除为实现清算目的，由清算组代表公司处理未了结外，公司不开展新的经营活动；（2）公司解散后，还可以存续 3 年，处理有关公司的诉讼和结束公司的业务；（3）在存续的 3 年内，公司有权为股东、成员、债权人或其他有关人的利益转让其财产。

二、公司清算

公司清算是指公开解散后，为结算现存的财产和其他法律关系，依照法定程序，对公司的财产和债权债务关系进行清理、处分和分配，以了结其债权债务关系，从而消灭公司法人资格的法律行为。公司清算中，任何下落不明的股东或成员的可分配财产，其财产收归财产所在地的市或自治市所有。

三、公司破产

《菲律宾共和国破产法》（以下简称《破产法》）于 1909 年颁布，该法是通过吸收和借鉴《西班牙商法典》和 1895 年美国加州《破产法》而制定的。1976 年，菲律宾颁布了有关破产的《总统令》，并于 1981 年进行了修正。

(一)破产案件类型

《破产法》规定了三种类型的破产案件：迟延付款、自愿破产、非自愿破产或强制破产。

1. 迟延付款

迟延付款是指当企业或法人面临破产清偿压力时，可选择证券和交易委员会(SEC)依法给予推迟一定期限支付应付款项的一种制度。迟延付款不是减少付款额，只是付款时间的变更不论债务人此时是否拥有足够的资产来抵偿其债务，迟延付款请求的前提是债务人在申请时无力履行其应履行的清偿到期债务的责任。迟延付款的步骤是：(1)申请与受理。(2)通知债权人召集债权人会议。(3)公告受理通知。(4)债权人会议审议债务人请求。(5)当符合下列条件时可以认定为多数债权人同意债务人的请求：2/3投票权的债权人认可该申请；上述2/3投票权债权人中至少有3/5的多数债权被确定。(6)提出异议，这种异议必须在上述债务人会议的10天内提出。(7)当认定债务人请求有效时，法庭将根据达成的协议签发裁定。如果反之，那么将终止已启动的程序，债权人将有权行使其相应的权利。

2. 自愿破产

根据《破产法》的规定，自愿破产的程序如下：(1)债务人申请宣告破产；(2)受案法院签发申请人宣告破产的裁定；(3)裁定的公告和送达；(4)债权人会议推举代理人；(5)通过法院移交债务人的财产或财产证明书给债权人的代理人；(6)清理债务人的资产、债权与债务；(7)达成清偿协议。

3. 强制破产

按照《破产法》的规定，强制破产的步骤包括：(1)三个或以上的债权人向法院提出申请宣告债务人破产；(2)签发令状要求债务人证明不应宣布破产的理由；(3)送达令状；(4)立案；(5)案件审理；(6)作出宣布债务人破产的裁定或决定；(7)裁定的公告和送达；(8)债权人会议推举代理人；(9)通过法院移交债务人的财产或财产证明书给债权人的代理人；(10)清理债务人资产、债权与债务；(11)达成清偿协议。

(二)破产监管机构

证券交易委员会(SEC)是行政机关管辖破产问题的机构,管辖迟延付款的申请事宜。SEC 设立八个部门,分别是公司与法律部、稽查与评估部、证券与经纪部、金融市场业务部、证券投资与结算部、行政与财务部、受案与执行部以及监管部。SEC 有权指定重组接受人或管理委员会。对处于困境中的合伙、公司和社团等商业组织,一旦 SEC 做出了上述指定,则将终止其相应的一些活动。SEC 还有权评估这些企业是否可以继续经营、重组经营和恢复这些商业实体操作的可行性。如果超出 SEC 的权限,自愿破产和非自愿破产案件仍然由法院负责管辖。

(三)证券交易委员会(SEC)职权

《总统令》规定 SEC 拥有如下职权:(1)在其受理的纠纷中,有权签发临时和永久的、禁止性的或强制性的禁令,为此应适用相关的《法庭规则》。(2)根据相关规定和《法庭规则》的处罚规定,处罚藐视 SEC 的行为,无论这种行为是直接的还是间接的。(3)根据 SEC 的监管职权,命令公司高级职员召集股东会议或公司成员会议。(4)在公司股东或成员未出席股权委托协议投票的情况下,审核授权证书的使用和签发的有效性。(5)在 SEC 诉讼程序中,出于质证、收集获取证据的需要,SEC 可以签发传票,传唤证人出庭作证;可以收集和查封所有相关的文件资料、案卷卷宗、纳税申报表、财务账册以及存款、债券等有价证券。(6)对于任何违反本法、法规、规则和决定的行为处以罚款或惩处。(7)授权设立和运营证券交易所、商品交易所和其他类似机构和组织,监督管理和规范这些机构和组织的行为。(8)经与投资委、工业部、国家经济与发展部或其他相关下放部门协商后,批准、驳回或推迟有关公司注册申请。(9)具有下列情况者,经过适当的公告和审理后,吊销或废止公司注册证书或特许权:①在获得相关证书和特许权时弄虚作假的;②拒绝遵守或对抗 SEC 合法指令,拒交相关费用构成严重损害特许权的;③至少 5 年连续未经营的;④在法律规定的期间内未办理登记手续的;⑤未按规定的期间、要求和格式提交相关报告的。(10)行使其他法律赋予的职权。

第八节 证券法

一、证券法概述

菲律宾的证券交易有较久的历史。早在 1927 年，作为美国殖民地的菲律宾模仿纽约证交所的模式，建立了菲律宾第一家证交所——马尼拉证交所。开始时，菲律宾的证券市场是不受管制的。1936 年，菲律宾颁布了共和国法案 83 号（通称《证券法》），并建立了证券交易委员会对证券市场进行管理。

1940 年以前，菲律宾是黄金的主要生产国，因而证交所的交易活动受黄金价格的影响很大。1963 年，菲律宾建立了第二个证交所——马卡地证交所，该证交所于 1965 年 11 月 6 日开业。1973 年，菲律宾总统颁布的一项总统令规定在一家证交所上市的股票应自动在另一家证交所上市。为此，马尼拉证交所和马卡地证交所为争取委托而展开了激烈的竞争。竞争中，马卡地证交所发展较快。为促进菲律宾证券市场的发展，马尼拉证交所和马卡地证交所于 1992 年 12 月 23 日正式合并，即现在的菲律宾证券交易所。

1982 年 2 月 23 日，菲律宾通过了《证券法》（修正），该法的制定符合当时菲律宾证券市场的规范要求，确定了证券活动的基本规则。2000 菲律宾共和国经济贸易法律指南年 7 月 19 日，菲律宾国会通过了《证券管理法》，该法对菲律宾证券的登记、交易和证券机构等内容做出了最新的规定，也是研究当代菲律宾证券法律制度最重要的法律文本。

二、证券概念和范围

证券是参与公司、商业企业或其他以盈利为目的的企业的股份、投资或利益分配的凭证，该凭证可以是以书面或电子形式的证明书、契约或其他文书。

证券范围包括：(1)股票，债券，公司信用债券，负债的原始凭证，已经背书财产的证券；(2)投资契约，盈利分享协议下的权益证书或参与证书；(3)石油、煤气或其他矿产小额利息滚存权；(4)分配证书、参与证书、股权信托证书或其他类似文书；(5)证券交易委员会将来可能认可的其他文书。

三、证券交易委员会

证券交易委员会是对菲律宾证券市场实行监督管理的法定机构。委员会由菲律宾总统任命的一个主席和四个委员组成，每届任期七年。委员和主席都必须是出生在菲律宾的公民。委员会定期会议至少每星期一次，必要时主席可以召集至少三名委员召开特别会议。

证券交易委员会的职权包括：(1)制定政策指导管理证券市场，就证券市场相关事宜向国会和其他政府机构提供咨询或立法建议；(2)批准、拒绝、暂停和撤销证券注册申请；(3)监督、管理、暂停、接管证券交易所、证券结算机构及其他自律性证券机构的活动；(4)法律法规赋予的其他职权。

四、证券注册

菲律宾《证券管理法》第8条规定，证券未经证券交易委员会注册不得在菲律宾境内出售或发行。已经注册的证券在出售前，购买人有权获得所有委员会规定的与该证券相关的信息。按照菲律宾《证券管理法》第12条的规定，证券注册的程序大体如下：(1)发行人应在证券交易委员会的主办事处提交一份经宣誓过的注册申请书，其内容和形式必须符合委员会的规定；(2)所有证券发行人提交的申请书必须包括以下信息，即证券发行对所有权尤其是外国所有权和本国所有权组成的影响。(3)注册申请书必须要有以下相关人员的签署，即发行方的行政长官、经营主管人、首席财政官员、审计员、会计主管人和公司秘书长，并且要附有一份发行公司已审核的董事会决议；(4)注册申请的在审声明应立即由发行人在两种菲律宾公开发行的报纸上连续两星期内每星期公告一次；(5)证券交易委员会应在注册申请归档后的四十五天内做出核准或驳回决定除非委员会允许申请人修改注册申请。

五、信息公开

根据《证券管理法》第17条的规定，在证券交易委员会注册交易的或在证券交易所登记上市交易的证券发行人应于规定的期限内向证券交易委员会、证券交易所和股东提交发行公司企业的信息。具体规定如下：(1)发行人应在其每一财政年度结束之日起 135 天内，向证券交易委员会提交一份年度报告，内容应包括资产负债表、收益和亏损状况和资金流转状况等，并附有一份独立公共注册会计师的证明。委员会为及时了解发行人的经营状况和财政状况，必要时可要求发行人提供阶段报告和重大发展情况的临时报告。(2)证券交易所登记上市交易的发行人向委员会提交的以上所有报告都应向证券交易所提交一份副本。(3)每一年度股东大会之前，发行人应按委员会规定的期限和内容向所有有表决权的股东提交一份年度报告。

六、证券交易

(一)交易规范

菲律宾证券市场的参与者以个人为主，但机构投资者和外国投资者也发挥着重要作用。菲律宾居民可以自由地购买菲律宾公司的股份，但外国投资者拥有一家菲律宾公司的股份不能超过该公司股份总额的 40%。在菲律宾，投资者既可进行现金交易，也可进行保证金交易，在进行现金交易时，客户须在交割期内交付现金。而在进行保证金交易时，经纪人可以按照保证金协议向客户提供贷款，客户可以存入相当于买入价 50% 的现金。

证券交易所的交易必须通过证券经纪人进行，但有些银行也可以提供经纪服务。客户在发出买卖委托之前，须先在会员经纪人处开立一个账户。经纪人接到委托后，立即通知其场内代表进行交易。菲律宾的证券交菲律宾共和国经济贸易法律指南易所按双边竞价方法进行交易。

证券商和经纪商可以投资或套利的形式从事股票交易。但是，涉及非本国居民的交易，证券商或经纪商须于交易日前三天向中央银行申请，经中央银行审核批准并发放注册证明后，方可进行交易。经注册的外国投资，包括股票和利润，扣除税金和费用后，均可汇出境外。

为保护证券的发行公司企业、投资者及公众的利益，《证券管理法》第七章规定下列交易行为均属违法：(1)操纵证券市场价格行为；(2)交易所从业人员对证券的担保或保证行为；(3)欺诈交易行为；(4)内幕交易行为。

(二)证券结算机构

证券结算机构是为证券交易提供集中登记、托管和结算服务的机构。设立证券结算机构一般要经过证券交易委员会的批准登记。证券结算机构的注册应按委员会规定的内容和形式向委员会提交一份注册申请，其内容应包括：(1)一份遵守《证券管理法》及其相关法律和证券结算机构规则的承诺书；(2)交易所的组织表，管理人员和从业人员的名册；(3)证券结算机构规则的副本。

七、证券交易所

证券交易所是提供证券集中竞价交易的场所。证券交易所仅为买卖双方提供公开交易的场所和服务，并对证券交易进行管理。菲律宾《证券管理法》第32条规定，任何证券经纪人、证券商、证券销售人员等使用未经证券交易委员会注册的证券交易所进行证券交易均属违法。

证券交易所的注册应按委员会规定的内容和形式向委员会提交一份注册申请，其内容应包括：(1)一份遵守《证券管理法》及其相关法律和证券交易所规则的承诺书；(2)交易所的组织表、管理人员和从业人员的名册；(3)证券交易所规则的副本；(4)承诺当作为交易所成员的某一公司丧失偿付能力时，交易所将按照委员会的指令接管该公司的运行并立即进行公司债务的安置工作。证券交易委员会将依照以下原则审批证券交易所的申请：(1)申请人是股份公司；(2)申请人的业务仅限于证券经营；(3)作为股份公司的证券交易所，其个人控制有表决权的股份不得超过5%，单个工商集团控制有表决权的股份不得超过20%(4)拒绝欺诈性交易和操纵证券市场的行为，推行公平、公正交易原则，保护投资人和公众的利益；(5)证券清算交割的透明性、快捷性和准确性等。为保护投资人和公众的利益，证券交易委员会认为必要时可决定证券交易所暂停交易，但不得超过30天；在总统的批准下，委员会可决定30天以上90天以下的交易暂停。

第四章　新加坡商事法律

第一节　公司法概况

就法律制度而言，新加坡是英联邦国家，承袭了英国的法律传统，并在此基础上发展起了自己独特的法律制度，属于普通法系国家。就公司法律制度而言，新加坡借鉴了英国公司法的一些制度，并结合自己国家的实际情况，形成了自己的公司法律体系。新加坡没有统一的公司企业法，关于公司企业的法律规定体现在《企业注册法》《合伙企业法》《有限合伙企业法》《商业信托法》等一系列的法律法规之中。在新加坡，与公司有关的主要法律是 1994 年颁布实施的《公司法》。一些特殊类型的公司，如保险公司和银行，还要分别受《保险法》《银行法》的规制。有限责任合伙组织其实也是公司，受《有限责任合伙组织法》规制。在诸如《证券与期货法》等其他成文法中，也有一些与公司有关的条款。

新加坡国会于 2014 年 10 月 8 日通过了新加坡《公司法修正案》，该修正案分两个阶段实施。第一阶段的修正于 2015 年 7 月 1 日生效，第二阶段的修正于 2016 年第一季度生效。

修正案的主要内容有：（1）符合资格的小型企业可以免于审计的要求；（2）私营企业的审计师在任期结束之前可以提交辞职申请，使企业更换审计师变得更加容易；（3）取消禁止企业购买本企业或控股企业的股份以获得财政援助的规定，私营企业可以此为目的获得财政援助；（4）企业可以在无对价的基础上发行股份；（5）公司的代理董事只需要得到董事会的一般授权，便可以向股东披露自己所知的信息；（6）取消私营公司的秘书不得离开公司注册所在地的规定等。

第二节 公司设立

公司是依照《公司法》规定的条件和程序设立的、以营利为目的的企业法人。它本身具有独立于其股东以及管理人员的法律人格,因此公司可以以自己的名义拥有财产,可以提起诉讼或被诉。根据新加坡《公司法》第17条的规定,任何人单独或与他人在一起,为了合法的经营目的,可以依照新加坡《公司法》和相关成文法或特许证,在公司的组织大纲中签名并遵守登记的有关要求而设立的法人组织,即为公司。

一、公司设立条件

根据《公司法》第17(3)条的规定,拥有20名以上成员的经营组织都必须设立为公司。但是,该规定并不适用于那些遵照新加坡其他成文法设立的,由从事特定职业的个人组成的合伙组织。例如,法律职业的从业者受《法律职业法》的规制,他们可以设立成员超过20人的合伙组织。新加坡《公司法》第19条(1)规定,想设立公司的人应当:(1)向公司登记官递交拟组建公司的组织大纲和组织章程以及其他规定的文件;(2)向公司登记官提供规定的信息;(3)向公司登记官支付相应的费用。根据这一规定,只要提交相应的文件并缴纳规定的费用,任何人都可以在新加坡通过登记设立公司。

新加坡的公司登记机关是新加坡会计和商业注册局(简称ACRA),是新加坡唯一主管有关公司注册事务的机构。除了银行、金融、保险、证券、交通行业和对环境有影响的生产行业以向有关管理部门申请为要件外,商业机构和公司的设立只以向注册局注册为要件。设立公司时,必须提交的重要法律文件是公司章程和组织规章,《公司法》第19(1)条对此作出了强制性要求。公司章程和组织规章就是公司的宪章。公司章程必须载明公司名称、公司股本,并表明公司成员承担的是有限责任还是无限责任、出资人的姓名、住址和职业,并说明自己愿意成为公司成员,以自己的名义认购一定的公司股份。公司组织规章是公司的规章制度,应当遵守法定的要求,其中也包括与公司治理有关的规定。如果公司章程和组织规章有冲突,前者具有优先效力。除此之外,申请登记时还应当提交的文件包括备忘录、守法宣誓书、身份证明书、董事受任书、资格宣誓书、公司注册地址及办公时间报告表等。备忘录中必须注明公司成立的目的、公司授权的股本和股份申购者的名称、住址及职位等。公司章程一经登记，登记官便签发设立通知，宣布公司成立并在通知中载明成立的日期。该通知也会注明公司的类型，即成立的是有限责任公司还是无限责任公司，必要时还将表明成立的公司是私营公司。另外，依据《公司法》的规定，新加坡有限公司设立时，必须至少有一名 18 周岁的董事。如果是外国人，必须有一名新加坡公民或新加坡永久居民作为董事。

二、公司设立程序

公司设立一般要按照法定的要求和程序进行，依据《公司法》的规定，在新加坡设立公司应当经过五个步骤。

(一)公司名称预先核准

公司的设立人将想要注册的公司名称提供给新加坡会计和商业注册局(ACRA)进行名字查询，以确认该公司名称的可用性，每次最多可以提供 5 个名称。新加坡公司的名称必须是英文，有限公司的名称需要有"Iimited"（或 Ltd.），并置于末尾，有限责任的私人公司的名称需要有"Privte"（或 Pte.）并置于"Iimited"之前，如果是无限公司，则放在名字的末尾。这个拟注册的公司名称不能和现有已注册成立的公司名称相同或者近似。如果名称不符合上述规定，登记官将不予以登记。公司名称符合规定的，登记官将予以登记，该公司名称的保留期为登记日起 2 个月。该保留期内，任何主体不得以相同名称再次申请名称预先核准。

(二)填写注册表格

确定公司名称的可用性后，公司的设立人应当提供上文所提到的注册资料及文件，并下载新加坡公司注册表格，填写妥当。

(三)申请公司设立登记

注册申请文件必须在公司名称保留期内递交。(1)由申请人在组织备忘录和条款上写明注册公司成立的目的、公司授权的股本和股份申购者的名称、地址及职位等。(2)由拟组建公司的董事或在公司的组织章程中提名的人，向公司登记官声明，已经遵守了《公司法》中关于公司设立的所有要求，并且已经核实了公司组织章程中的出资人或提名的拟组建公司的管理人员的身份。(3)申请人需将有关法律文书在公司注册处存档，包括有关人员的身份证明书、宣誓书、在组织条款中注明的董事和秘书的姓名、已缴纳注册登记费用的凭证、公司的地址以及股份的分配等文件资料。

(四)受理与登记

根据新加坡《公司法》的规定，登记官一旦收到了公司设立申请及相应的文件、信息和付款后，应当通过公司的组织章程，并对公司予以登记。同时，登记官应以法定的方式签发设立通知，以法定的方式声明公司自通知中载明的日期起成立，并在通知中注明公司的组织形式。如果登记官根据《公司法》第19条，不确信关于登记的所有要求、所有先例以及附带事项已经得到遵守，公司登记官有权拒绝登记；如果登记官确信拟组建的公司可能用于非法目的或有损新加坡的公共安全和公共福祉或对该公司进行登记将违反国家的安全或利益时，登记官可以拒绝登记。

(五)后续工作

公司设立人在收到公司注册证书后，应当着手进行以下各项工作：(1)印制章程大纲和章程细则；(2)订造一个刻有公司名称的金属印章作为公司钢印，在签立契约时使用；(3)订造一个刻有公司名称和"代表公司"字样的胶印；(4)订印一本法定的记录册，该记录册用于记载董事和秘书的相关信息、公司其他成员的信息及公司的会议纪要等。

三、公司成立的法律效力

(一)公司独立身份原则

《公司法》第19(5)条规定了公司成立的一般效力，即公司作为一个法人组织，拥有此类实体的全部权利能力。公司可以自己的名义起诉或应诉，并且可以永久存续直至公司解散。公司还可以拥有土地，在公司解散时，其成员承担的是有限责任。公司作为法人组织，拥有法律承认的独立身份，该身份是独立于其成员之外的地位和身份，这一原则已经得到了判例法的确认。上述原则最重要的意义在于，公司承担的债务及义务都是属于其自身的债务及义务，其成员并不承担公司的责任。因此，公司债权人只能向公司主张清偿其债务。如果公司破产且无力清偿债务，无论公司成员个人是否具有清偿能力，债权人都不能向其主张债权，而只能自己承担损失。公司成员的全部义务仅为缴清其已经认购但尚未缴纳的股本，这是成员对公司的义务，而非对公司债权人的义务。因此，如果公司发行股份时股款已经缴清，或在其后缴清，公司成员则不再对公司负有责任。可见，在讲到有限责任时，必须注意的是，它并非指公司的责任是有限的，而是指公司成员的责任是有限的，即以其同意认购的股份所代表的资本总额为限。

（二）公司独立身份原则的例外规定

关于公司独立身份原则的例外情形在制定法中有多处体现，较为重要的限制之一规定在《公司法》第339条和第340条中。根据该两条的规定，当公司订约并承担债务时，如果不能合理地预估公司具有偿债能力，该公司的任何管理者都将被视为行为违法，在违法行为得到法院认定后其个人便可能要对上述债务的全部或部分承担责任。另一重要的例外规定出现在《公司法》第340条中，该条规定，在公司解散的过程中，有关主体处理公司事务时实施了欺骗公司债权人或任何其他债权人的行为，或者出于欺诈目的实施了相关行为，法院可以责令任何知情并参与此类行为者承担全部或者部分的公司债务及责任。第三个重要的例外规定出现在以下情形中，即司在缺乏可供分红的利润时进行了分红。根据《公司法》原理，公司分红必须具备两个要件：（1）公司存在充足利润；（2）公司分红不会对公司债权人利益产生不正当的损害。若公司董事或经理违反上述要件分红或许可分红，则在可分配利润范围之外对公司债权人担责。

在普通法国家，一般情况下公司独立身份原则上被认可，不能仅仅因为公司成员或管理者利用公司制度来避免个人责任便否定公司的独立身份。但是，如果公司成员或管理者为了不正当的目的而滥用公司形式，则又另当别论。如果个人已经负有法律义务，却企图利用公司制度来逃避此义务，法院将无视公司的独立身份。例如，法院曾判决认为，如果某人已与他人达成出售房屋的合意，则将房屋转让给公司不能成为其拒绝履行向他人转让房屋的义务之方式。此时，个人和公司都将被判令继续履行合同义务，尽管公司本身并非合同的当事人。同样，如果公司被用来从事欺诈行为，法院则会将公司及公司背后的人视为同一主体。因此，如果公司的设立是为了欺骗不知情的投资者，法院将责令公司的发起人承担责任，尽管发起人和公司具有各自独立的身份。

第三节　公 司 资 本

一、公司资本概述

公司资本是依照公司章程所确定的由股东出资构成的公司法人财产的总和。公司资本是公司赖以生存和开展生产经营活动的基础，是公司对外承担经济责任的基础。因此，公司资本制度是《公司法》的重要制度，它涉及了公司在资本的形成、资本的维持和资本的退出等方面的制度安排。世界各国的公司立法实践中形成了三种不同的公司资本制度：法定资本制、授权资本制和折中资本制。

法定资本制是指于公司章程中明定资本总额的制度，并且在公司设立时要求股东一次性缴足全部资本。在公司成立后，如果要增加资本，必须以股东大会决议的方式修改公司章程，并办理相应的增加资本数额的变更手续。法定资本制的三个核心原则为资本确定原则、资本维持原则和资本不变原则。法定资本制注重公司资本的真实性和可靠性，目的在于保障债权人利益、确保交易安全。

授权资本制同样要求在设立时将资本总额明定于公司章程之中，但不要求发起人一次性全部缴足，公司成立仅以认缴部分资本为要件。而对于剩余部分，董事会可依据相关授权，以公司发展状况为准决定是否发行，而无需经股东会决议或变更公司章程。授权资本制降低了公司设立的要求，简化了公司的设立条件，目的在于为投资者的投资提供便利条件。

折中资本制是前面两种资本制度的有机结合，指在设立公司时，公司章程确立的资本总额不需一次性全部发行完毕，但发起人在公司设立时认购的股份总额须符合法定最低比例的要求，其余资本可以授权董事会在公司成立后根据公司实际经营发展需要而随时发行，但全部公司股本的发行和筹集要在一定期限内完成。

《公司法》规定新加坡设立公司发行股票和缴足资本是新币1元起，可见新加坡成立公司无注册资本的限制。而且，新加坡实行的是授权资本制，即无须一次性缴清股款就可以成立公司，公司的资本实际上是名义资本，而非实有资本，可以通过发行股票来募集。

二、公司的股份

股份是以货币量计算的均等资本单位或单位资本，但其主要意义在于责任，其次则为股东利益。根据《公司法》第39条的规定，股份之意义还在于全体股东当中的一系列协议关系。如前文所述，公司成员或股东的责任仅在于向公司履行与其所认购的股份相应的出资义务，这也是有限责任的含义所在。持股者可以根据公司宪章性文件——公司章程及组织规章的规定以及《公司法》的规定参与公司事务的管理，股东的实际权利要视公司章程和组织规章的条款而定。一般来说，所有股东都有权按持股比例领取公司分红。当公司解散时，在清偿公司债务后，所有股东有权按持股比例分配公司的剩余资产。股东还有权任命或罢免公司董事。

一般来说，股份大致可分为两种：普通股和优先股。顾名思义，优先股能为持股者提供某些优待，这些优待可能表现在分红或者资本返还方面。例如，优先股条款可能规定，在普通股股东领取任何红利前，优先股股东有权领取特定数额的红利。而普通股是在公司的经营管理和盈利及财产的分配上享有普通权利的股份。普通股的投资收益（股息和分红）确定依据是购买普通股后其发行公司的经营业绩，而非购买时的协议。普通股的收益与公司经营业绩成正比，随业绩升高而升高，随业绩下降而下降。在股份公司资本构成中，普通股最重要、最基本，风险也最高。

三、公司资本维持原则及其例外

（一）公司资本维持原则

根据新加坡的法律，公司有维持资本的义务，即作为一般原则，公司不得向其成员退资，这一原则保护了债权人的利益。公司债权人之所以授信于公司，是因为其相信公司的资本将仅用于经营目的，因而债权人有权要求公司的资本得以维持，而不会退还给股东。但是，这并不意味着公司成员不能从其投资中获得任何回报。实际上，如果公司在一个特定年度有所盈利，公司有权按照法律的规定将利润分配给股东。资本维持原则也并非意味着公司因亏损而资本减少时，公司成员有义务继续出资。公司成员对公司的责任仅限于其认购公司股份时同意出资的数额。资本维持原则仅仅要求在公司没有盈利时，不能实施任何实质上向股东退资的行为。新加坡《公司法》第76条的规定即是资本维持原则的要求：(1)公司不得购买其自身或其母公司的股份；(2)公司不得进行以其自身股份或其母公司股份作担保的贷款行为；(3)公司不得向他人提供财务资助，以购买其自身或其母公司的股份；(4)除非有可分配利润，否则公司不得分配红利；(5)除非《公司法》另有规定，否则公司不得减少资本，或以其他方式将资产返还其成员。

(二)公司资本维持原则的例外

《公司法》虽然坚持资本维持原则，但也允许例外情形的发生，即在某些情况下，公司可以购买其自身的股份，但必须得到股东大会的同意。《公司法》第76条规定，如果股份回购得到公司组织规章的明确许可，并且回购资金来自公司的可分配利润，公司可以回购股份。这样的股份回购并不会损害公司债权人的利益，因为这些利润也可能以红利的形式分配给股东。如果公司董事和经理知道公司已经无力偿债，或一旦回购股份便会无力偿债，则不得同意公司回购股份。

第四节　公司治理

根据新加坡《公司法》第157条规定，公司经营由公司董事会负责进行或者根据公司董事会的指令进行。除了那些根据《公司法》或者公司章程规定应由股东大会行使的权力外，公司董事会几乎可以行使全部其他的公司管理权。可见，《公司法》规定的公司治理制度体现了一个最基本的特征，即所有权与经营权分离。

一、股东大会

公司的股东大会应该每年举行一次，股东大会包括年度股东大会及临时股东大会，除前者之外，其余均为临时股东大会。董事会可以在其认为合适时召集临时股东大会，还应根据股东的请求，依照《公司法》的规定召集临时股东大会。在临时股东大会上处理的事项都是特别事项，而且在年度股东大会上讨论的事项，除宣布分红、检查账目、资产负债表和审计师报告、选举新董事代替退休董事、委任审计师和确定审计师的报酬外，也都是特别事项。依据《公司法》的规定，接到股东大会通知且参会和投票的全体成员或者其代理人签署的书面决议，被认为是正当和有效的，只要该决议在公司合法召集和举行的股东大会上获得通过。

二、董事与董事会

（一）董事产生和资格

根据新加坡《公司法》的规定，董事可以以招聘或任命的方式产生，可以在文件中或者公司的董事、管理人员和秘书的登记簿登记的人员中指定或提议某人为董事。董事须满以下资格条件：（1）董事必须是具有完全民事行为能力的自然人，未成年人或无行为能力人、限制民事行为能力人不得担任公司的董事；（2）董事必须持有该公司的股份；（3）上市公司或其子公司的董事年龄不得超过70岁；（4）破产的人不得成为公司董事。

（二）董事职责和义务

在普通法上，董事被视为受托人，对公司负有信托义务。同样，《公司法》也为公司董事规定了与普通法相类似的义务。《公司法》重要的规定之一是其中的第157条，规定公司董事在任何时候都应忠实、勤勉地履行其职责。《公司法》第157条进一步规定，公司管理者或代理人，对基于其地位所获取的信息不得进行不正当的利用，以间接或直接的方式为自己或他人谋取利益，或者损害公司的利益。根据《公司法》第157条的规定，违反《公司法》第157条规定的公司管理者或代理人应对公司由此受到的损失承担赔偿责任。如果违法行为得到认定，公司管理者或代理人同时还将被处以 5000 新元以下的罚款或者 1 年以内的监禁。

在履行职责时，公司董事所进行的行为，都应是他们善意地认为能促使公司利益最大化的行为。当董事的行为受到质疑时，如果法院认为任何合理的董事都不会采取类似的行动，则公司董事的善意将受到严重的质疑。《公司法》第 159 条还规定，在行使职权时，董事也可以适当地考虑公司雇员以及公司成员的利益。如果公司董事将自身利益置于公司利益之上，则须对公司由此受到的一切损失承担赔偿责任。如果在未得到公司同意时，公司董事因其职位而获得利益，该董事须向公司就其获利做出解释。在董事与公司订立合同时，如将其资产出售给公司，如果该合同的订立违背了该董事对公司承担的受托义务，则公司可以撤销该合同。如果第三人在与公司订立合同时明知公司董事行为不当，公司也可撤销与该第三人之间的合同。

（三）董事任命和撤换

对于增减董事人数、免去董事职务之类的事项，仅需股东大会普通决议通过即可，任何时候董事会均有权任命董事，以填补正常空缺或作为新添董事，但董事数目应以章程规定为限。且通过此种途径任命的董事任职期限以下一届股东年会为止，届时可以连选连任。董事免职情形包括以下几种：(1)根据《公司法》规定终止董事的资格；(2)出现破产或与他的债权人签订了任何协议或和解协议的情形；(3)根据《公司法》所作出的命令被禁止作为董事；(4)患有精神疾病或其人身或财产应按有关精神错乱的法律予以处理；(5)向公司递交了辞职申请；(6)超过 6 个月未参与期间内的董事会议且未经获准；(7)被所有与其共事的董事书面要求辞职。

（四）董事会

董事会是公司的权利机构。公司成立与注册期间产生的所有费用由董事会承担，凡《公司法》和章程规定不属于公司股东大会的公司一切权力均可由董事会行使，但必须符合公司章程和《公司法》的规定以及在股东大会上做出的与任何上述规定一致的条款。董事会的具体职权主要包括：(1)董事会可以公司的名义贷款、抵押房产以及发行公司债券和其他类型的证券；（2）董事会可以运用公司的权利，在新加坡之外的地方使用公司的官方印章或登记公司的分支机构；（3）董事会可以通过委任书的形式聘用任何公司或个人为公司的代理人。所有的支票、本票、汇票、交换单和可议付工具，所有付给公司的钱款的接收，应由2名董事签字。如果公司只有1名董事，由该独任董事负责行使以上职权，当然，也可由董事会不定期的决定以其他方式来执行。

第五节　公司变更

一、公司变更概述

公司的变更是指和公司有关的主要事项发生改变，主要包括公司营业执照记载事项、公司的组织形式、公司管理人员、公司合并、分立等方面的变化。新加坡《公司法》规定的公司变更主要有公司名称、公司的组织章程、组织形式、资本的增减、董事、经理、秘书等管理人员的变化。

二、公司名称变更

根据新加坡《公司法》的规定，公司的名称变更包括指示变更和申请变更两种情形。指示变更是指已登记的公司名字不符合取名原则，登记官可以指示公司改变其名称。申请变更是指公司可以通过特别决议申请改变其名称。登记官收到公司申请和缴纳的费用之后，在确认新名称不违反取名原则的前提下，予以登记，并发出其签字和盖章确认的公司新名称成立的证明书。

三、公司组织大纲和组织章程变更

根据新加坡《公司法》第33条的规定，公司可以通过特别决议申请修改公司组织大纲中关于公司目标的条款。公司应当于特别决议作出前21天向公司的所有成员和所有持股人发出书面通知，说明特别决议的目的，并将特别决议在规定的日期提交公司大会讨论通过，讨论通过后将决议的副本在法定期限内抄送给登记官，改变公司的目标生效。同时，公司可以通过特别决议变公司章程，从特别决议通过之日或特别决议规定变更之日起，组织章程中改变的内容生效。

四、公司组织形式的变更

（一）有股份资本的担保有限公司转变为股份有限公司或担保有限公司

根据《公司法》第 17 条的规定，公司可以通过向登记官呈送特别决议的方式，将公司由有股份资本的担保有限公司转变为股份有限公司或担保有限公司。登记官一旦收到公司的申请和规定的费用后，应当发出由其签字和盖章的公司变更确认证书。

（二）无限责任公司转变为有限责任公司或有限责任公司转变为无限责任公司

根据《公司法》第 30 条的规定，公司可以申请将无限责任公司转变为有限责任公司或由有限责任公司转变为无限责任公司，但此种变更只能进行一次。公司首先应当将变更申请及有关的法定文件呈送给登记官，登记官一旦收到公司的变更申请和规定的费用之后，应当发出由其签字和盖章的公司变更确认证书，以确认公司以新的形式组成。公司的组织形式变更后，改变前已经开始或正在进行的诉讼可以以改变后形式组成。

（三）上市公司转变为私人公司或私人公司转变为上市公司

根据新加坡《公司法》第 31 条的规定，有股份资本的上市公司可以通过向登记官提交特别决议的副本的形式转变为私人公司，私人公司通过申请并向登记官呈送有关文件后，可以转变为上市公司。依法改变组织形式的通知发出 1 个月内，公司应当将公司股份持有人的名单以法定的形式呈送给登记官，登记官一旦收到公司的变更申请和规定的费用之后，应当发出由其签字和盖章的公司变更确认证书，以确认公司新的组织形式。根据《公司法》第 32 条的规定，当私人公司不符合其成立条件，即公司成员超过 50 人，公司股份出现自由转让，公司已没有股份资本时，登记官或法院可以向公司发出通知，该公司从通知规定之日起，不再是私人公司，而成为一个上市公司。

五、公司资本变更

公司资本的变更主要表现为公司股份资本的增加和减少。根据《公司法》第71条的规定，增加公司资本的主要方式有：（1）创设新股增加公司的股份资本；（2）公司股份重设；（3）股份与证券转换；（4）增加每股股份的票面值。根据《公司法》第73条的规定，减少公司资本的主要方式有：（1）减少清偿或减少未缴付股份资本的股份；（2）注销任何已灭失的或没有可获得资产代表的实收资本；（3）偿付任何超过公司需要的已支付的股份资本。总之，公司资本的变更，是公司组织大纲和组织章程内容的变更。

第六节　公司破产

破产是指债务人不能偿债或资不抵债时，依法将其全部财产抵偿其所欠的各种债务，并依法免除其无法偿还的债务，最终消灭其主体资格的过程。《破产法》是市场经济最基本的法律规范，它与《公司法》《企业法》等一系列法律共同构成一套企业设立、经营、重整与破产清算的法律制度。《破产法》是经营失败的企业重整自救或退出市场的保障法，也是有关破产企业的债权债务清理法。在新加坡，破产既可以是个人破产也可以是公司破产。

一、破产官方代理人

在新加坡，法院受理破产申请后，部长可以任命其认为合适的人选作为破产财产的官方代理人，该官方代理人在部长授权范围内活动，同时也是法院的工作人员。官方代理人负有以下和破产有关的义务：（1）负责调查破产事实和情况，并能使法院作出拒绝、停止、认定破产的行为；（2）向法院报告债务人的行为；（3）参加法院对债务人的公开审查。对于破产财产，官方代理人以债务人资产管理人的身份行事，召集并主持召开债权人会议，签发债权人会议上使用的代理委托书，向债权人报告债务人就清算方式所提出的建议，公告破产程序及其他有必要公告的事项。

二、破产程序

(一)破产申请提出

债权人申请破产的条件。债权人的债权已到清偿期,债务人无力清偿,也无相应的担保抵押权,且债务双方之间不存在和解协议,债务人也未向法院申请破产,此时,债权人可以单独或联合起来向法院要求宣告债务人破产以清偿债务的请求。

有抵押权的债权人的申请条件。对于享有抵押权的债权人,当破产宣告作出时,如果其陈述放弃优先权的意愿,愿意像普通债权人一样受偿,债权人也享有破产宣告申请权。

与债务人达成自愿协议的债权人的申请条件。对于此种债权人,如果债务人未履行其在自愿协议中的义务,债务人提供的声明或书面文件错误或具有误导性,债务人没有对债权人履行适当的陈述义务,此时,债权人同样享有破产宣告申请权。

(二)债务人申请破产

债务人可以是个人,也可以是公司,符合特定条件都可提出破产申请。当债务人是个人时,要求他的住所在新加坡或在新加坡有财产,或者在其申请破产前一年内是新加坡的常住居民或在新加坡有住所,或者在新加坡从事商业活动。当债务人是公司时,至少要求公司的合伙人之一在新加坡有住所或是新加坡的常住居民或该公司在新加坡境内营业。符合上述条件,且债务人无力履行其债务的情况下,可以向法院提出宣告债务人破产的申请。

(三)破产受理

关于受理的条件。任何破产申请,在向法院提出申请时债务的总额不得少于10000元,且债务人无力偿还债务或不能完全偿付每个债权人时,法院才能受理破产案件。

此外,在新加坡,高等法院享有对破产案件的司法管辖权。法院受理破产案件后享有很多权力，如决定优先权的问题、完整的财产分配方案、破产程序继续还是终止的问题。当债务人逃匿或即将逃匿或为逃避债务而转移财产、隐藏、毁损其财产或拒绝出庭、拖延、故意扰乱破产进程时，法院还享有逮捕和查封的权力。

三、债权人会议

债权人会议是全体登记在册的债权为保障破产程序参与权、意志表达权及其他共同利益，在破产程序中组成的议事机构，官方代理人可在破产宣告后的任何时间召集债权人会议，也可以根据法院的指令或经 1/4 债权人的书面请求，在任何时间召开债权人会议，在会议上，可以通过选举成立债权人委员会作为常设机构，债权人委员会可以建议官方代理人处理有关破产财产管理的相关事宜。

四、自愿协商

如果一些无法偿还债务的债务人想向他们的债权人提出建议，与之达成让其满意的债务协议，可以向法院申请临时命令。为了和解目的而提出建议的债务人可以委任一位代理人来处理有关自愿协议的相关事宜。法院作出临时命令必须具备下列条件：(1)债务人打算为自愿协商提出还款建议书；(2)在此之前没有人申请临时指令程序且债务人在此之前的 12 个月内也未提出该项申请；(3)代理人由债务人的建议任命且根据其建议确定资格和作出行为。另外，为了帮助执行债务人的还款建议书，法院在其认为合适时可以作出临时命令。如果债务人不按自愿协议的规定履行其义务的，债权人会议可以按相关的法律规定提出破产申请。

五、破产宣告

(一)破产宣告的后果

作出破产宣告后，破产人的财产将被授予官方代理人，而不需要任何让与证书、转让证书。官方代理人将代替破产管理人管理破产财产。

（二）破产宣告对破产人的限制

当一个人被判定为破产人时，其在破产请求权行使之日到作出破产宣告期间，除非经法院的认可或同意，对其财产的处分行为无效。破产程序开始后，债务人对银行或其他人发生的债务无效，除非银行或该第三人知道债务人已被宣告破产。

（三）对破产财产的处理

在破产宣告后，官方代理人应立即控制破产人所有或其他能支配的财产及财产的凭证、书证和相关文件以及所有可以现实交付的财产。官方代理人可以变卖破产人的财产，包括其产业的营业权、可以开具收条、可以证明、清查、主张与破产人的债务相关的收益。官方代理人为了破产人的利益，（1）可以进行必要的经营活动；（2）可以代理破产人进行任何和破产财产相关的诉讼程序；（3）可以雇佣律师参与破产人的诉讼活动；（4）可以依照关于抵押品的契约或其他合适的方法，出卖破产人的财产；（5）可以为了偿还债务，用破产财产提供保证；（6）可以将任何的争论提交仲裁或者和解。如果有足够的破产财产，除了保留必要的破产费用，官方代理人将在债权人中进行分配。

第五章　泰国商事法律

第一节　企　业　法　律

一、概述

(一)有关企业的主要法律

规定泰国企业法律制度方面的法律主要是《泰王国民商法典》,其中第三编"典型合同编"中的第22章"合伙和公司"规定了合伙和有限公司。有限公司是指公司股份由固定股东认购,不向社会公开募集股份的公司。该章的配套规章为《根据〈泰王国民商法典〉颁布的佛历2549年有关公司股份登记处设立、登记官任命、合伙和有限公司登记的规则与程序的部门规章》。

《泰王国大众公司法》于1992年3月29日颁布,先后于2001年和2008年进行了修订。该法的主要配套部门规章有《在调整公司债结构中有关发行清偿债务的股票与债变更的规则和程序的部门规章》(2001年)、《公司股份回购、回购股份出售与消除的规则与程序的部门规章》(2001年)。

(二)商事登记概述

泰国商事登记制度包含三方面内容:

(1)商业法人登记合伙法人、有限公司法人、大众公司的登记。有关合伙和有限公司登记方面的法律有《泰王国民商法典》,其中第三编"典型合同编"中的第22章"合伙和公司",以及《根据〈泰王国民商法典〉颁布的佛历2549年有关公司股份登记处设立、登记官任命、合伙和有限公司登记的规则与程序的部门规章》。有关大众公司的登记要根据《大众公司法》进行登记。(2)商业组织的登记商业组织的登记,如商会和商业团体,《商业团体法》和《商会法》规定了登记事项。(3)商业登记商业登记由《泰王国商业登记法》(1956年)进行规定,2006年少量修改,适用商业登记。此法是所有商业登记的基本法,以商业种类为标准,规定需要申请登记的商业种类,如买卖、运输、仓储、保险等。

(三)企业形式

泰国无论外商投资企业还是内资企业,都可以采取如下企业形式。(1)合伙泰国的合伙分为登记合伙和未登记合伙,只有登记合伙才具有法人资格,属于法人的一种类型,未登记合伙不具备法人资格。泰国合伙在立法上还分为普通合伙和有限合伙。普通合伙中有登记合伙和未登记合伙。有限合伙必须登记,所以是登记合伙,并具备法人资格。(2)有限公司有限公司,是指将资本分为等额股份,股东承担有限责任,仅对其认购股份中仍未缴足的金额承担责任的公司。有限公司的股东不能少于3人。泰国的有限公司类似于我国的有限责任公司和不公开募集股份的股份有限公司。在泰国,没有一人公司。(3)大众公司大众公司是指旨在向大众募集股份,持股人仅以其认购的股份金额为限承担责任,且在公司章程中载明该宗旨的公司。泰国大众公司类似于我国的公开募集股份的股份有限公司。

二、合伙

(一)合伙定义

合伙分为普通合伙和有限合伙。普通合伙,是指全部合伙人对合伙的全部责任承担无限连带责任的合伙。普通合伙可以分为未登记的普通合伙和登记的普通合伙。有限合伙,是指有下列两类合伙人的合伙:一类是仅以其承诺向合伙出资的金额承担有限责任的一名或数名合伙人;另一类是必须对合伙债务承担无限连带责任的一名或数名合伙人。

（二）普通合伙人内部关系

1. 合伙人之间的出资关系

每个合伙人必须向合伙出资。出资可是金钱或其他财产，也可以劳务出资。在存在疑义时，先推定所有出资都有同等的价值。某一合伙人没有交付出资，必须向该合伙人以挂号信方式发送通知，要求其在合理的期间内交付出资，否则，其他合伙人可根据协议条款达成一致决议或多数人决议，让该合伙人退伙。

2. 合伙事务执行中的内部关系

合伙人必须以与处理自己事务相同的注意义务处理合伙事务。任何合伙人无权为其处理合伙事务而获得报酬，但另有约定除外。（1）如果合伙人对合伙事务执行没有约定，每一合伙人可以执行合伙事务，但任何一位合伙人不得签订另一合伙人反对的合同。在上述情形中，视为每一合伙人是事务执行合伙人。（2）如果已约定让多位合伙人执行合伙事务，每一事务执行合伙人可处理合伙事务，但任何一位事务执行合伙人不得为另一事务执行合伙人反对的行为。事务执行合伙人可在其他事务执行合伙人达成一致意见时被免职，但另有约定的除外。（3）即使所有合伙人同意让其中一位或几位合伙人为事务执行合伙人，执行人以外的其他合伙人有权在任何时候询问已处理的合伙事务，也有权审查和复制合伙的登记簿、账簿和文书。（4）事务执行合伙人与其他合伙人之间的关系，适用《泰王国民商法典》中有关"代理"的法律规定。（5）如果不是执行人的合伙人执行合伙事务、或事务执行合伙人超出授权范围为行为，适用《泰王国民商法典》中有关"无因管理"的法律规定。

3. 合伙人的竞业禁止义务

如果没有得到其他合伙人的同意，禁止合伙人从事与合伙营业有相同性质或相竞争的营业，不管其是为个人利益还是他人利益为之。如果某一合伙人违反了该条规定，其他合伙人有权请求其交付所获得的所有利润，或请求赔偿合伙因此遭受的损失，但从违反行为之日起超过一年后不得起诉。

4. 合伙事务表决

如果已约定合伙事务按合伙人多数表决票处理，让每一合伙人有一票表决权，而无须考虑出资的多与少。变更合伙的原协议或营业种类的事项，必须全部合伙人达成一致协议，但另有约定的除外。

5. 合伙利润分配

每一合伙人的盈利分配比例或亏损分担比例，遵循其出资比例。如果某一合伙人的出资比例仅仅以利润分配数或亏损分担数的方式规定，推定为该人的出资比例与利润分配比例和亏损分担比例一致。

6. 其他规定

在没有得到所有合伙人的一致同意下，禁止让其他人加入合伙成为合伙人，但另有约定除外。如果一合伙人将其在合伙中的全部或部分利润转让给外部第三人，在没有得到其他合伙人的一致同意下，不得认为该第三人加入了合伙。如果退伙的合伙人的姓名仍在合伙名称中被使用，该合伙人有权请求让其停止使用自己的姓名。在隐名合伙中，隐名合伙人可以从其他合伙人处请求其份额，即使交易中未出现其姓名亦同。

（三）合伙人与外部第三人关系

合伙人不得在没有出现其姓名的交易中对外部第三人行使权利。某一合伙人在合伙正常经营过程中的事务处理行为，每一合伙人都必须受该行为的约束，且对处理事务中产生的债务清偿共同承担无限连带责任。已退伙的合伙人仍须对其退伙前所产生的合伙债务承担责任。入伙的合伙人必须对其入伙前所产生的合伙债务承担责任。没有登记的合伙，即使有限制某一合伙人权利且对其他合伙人有约束力的条款，该条款不得对外部第三人产生效力。某人通过口头、书面、行为形式表示其是合伙人，或通过同意让合伙使用自己姓名为合伙名称或知道后不表示反对继续放任其表示为合伙人，该人必须如同其是合伙人一样对合伙债务向外部第三人承担责任。如果某一合伙人死亡，合伙仍以合伙原来的名称营业，仅仅因使用原来的名称或仍使用含有死者姓名的合伙名称，不足以让死者的遗产对其死亡后所产生的合伙债务承担责任。

（四）普通合伙解散与清算

1. 普通合伙解散

普通合伙解散事由：（1）如果合伙协议中有约定的解散事由，当该事由出现时；（2）如果协议约定合伙期限，当期限届满时；（3）如果协议约定特定的经营业务，当该业务完成时；（4）如果合伙的设立没有终止期限，某一合伙人在合伙一个会计年度终止时可解散合伙，但该合伙人必须将解散意图提前不少于六个月通知，当某一合伙人按照该规定向其他合伙人发送通知时；（5）当某一合伙人死亡、破产或成为欠缺民事行为能力人。

2. 强制解散

在有下列任何一种情形时，如果合伙人申请，法院可裁定让合伙解散：（1）当申请人以外的合伙人，故意或有重大过失地违反合伙协议中规定的、其需履行的实质性义务时；（2）当合伙业务的继续只有亏损且没有扭亏为盈的希望时；（3）当有使合伙不能再存续的其他事由时。当强制解散事由是与某一合伙人有关的事由，其他合伙人申请强制解散时，法院可裁定强制导致事由的合伙人退出合伙，以代替解散合伙的裁定。在合伙与被强制退伙的合伙人之间分割财产中，合伙财产的估价以首次提交解散申请时的价格为准。

3. 合伙的清算

如果当约定的期限届满，所有合伙人或在期限内曾执行业务的合伙人仍继续经营合伙业务而未进行清算，视为全部合伙人一致同意合伙继续存续而没有期限限制。当合伙解散时必须进行清算，除非在合伙人之间一致约定了其他处理财产的方式或法院已判决其破产。如果合伙的解散是因某一合伙人的债权人的通知引起，或是因某一合伙人破产引起，合伙清算必须得到该债权人或财产管理人的同意才能实施。

清算，由全体合伙人为之，或由合伙人聘任的人为清算人。清算人的聘任，由合伙人的多数表决权决定。清算按下列顺序进行：（1）清偿外部第三人的所有债务；（2）补偿合伙人在执行合伙事务过程中自己垫付的金额和支出的费用；（3）返还每位合伙人作为出资的财产。如果还有剩余财产，在合伙人之间按利润进行分配。如果当清偿完对外部第三人的债务和补偿完垫付金额及支出费用后，剩余财产不足以返还合伙人的全部出资额，所缺部分为亏损，合伙人必须共同分担亏损。

三、有限公司

(一)有限公司设立程序

1. 发起人 3 人以上，并签订股东协议

发起人只能是自然人，持有公司股份至少一股，每股股价最低不低于 5 铢。在公司注册前，发起人对设立过程中产生的债务承担连带责任。发起人对公司成立会议没有认可的债务承担连带责任。在公司注册之前，订购人可以撤回订购书，但公司注册后，即使订购合同存在重大错误、欺诈、胁迫也不得主张撤销。

2. 发起人召集预订股份者召开公司设立大会

会议的表决方式为多数票表决原则，赞成的股东人数是所有有表决权的股东人数的一半以上，且其所代表的股份是有表决权股的一半以上。发起人和订购人与表决的事项有利益关系的，不得对该事项进行表决。

3. 产生第一届董事会

公司成立会议上产生第一届董事成员，由董事接手一切事务。在董事受领后，由其着手按照认购书、通知、广告或认购邀请书的规定，请求发起人和股份认购人以金钱支付的方式缴纳股份上金额，收缴的股份不得少于 25%。

第一届董事在公司设立大会召开后 3 个月内申请公司登记。登记申请书和登记内容，必须载明公司设立大会决议的内容，登记簿中还可有董事认为适合让公众知晓的其他事项。如果已制定了公司规章，在请求登记中，必须递交规章的复印件及公司设立大会议程复印件，且其复印件必须有至少一名董事签名认定。

如果公司设立大会召开后 3 个月内没有申请登记，必须全额退还订购人所缴纳的股份。发起人承担连带责任。如果不能按时返还所缴纳的股份给订购人是由于董事的过错导致，董事与发起人承担连带责任。且返还股本的年利息 7.5%，从公司设立大会召开时起满三个月开始计算。但是，如果某一董事证明，资金欠缺或退还迟延不是其自己的责任，该董事就不需对本金和利息承担责任。

(二)股份与股东

1. 股份

每一份股份的价格不得低于五泰铢。股份，不得被分割。如果有两人以上共同持有一份股份，必须选任其中一人以股东的身份行使权利。此外，同一股份的多个共同持有人，在交纳股份价金中共同对公司承担责任。股份的缴纳，在公司注册前，由董事负责收缴公司注册资本的25%。公司注册后，如果股东大会没有特别决议，董事可以自行决定如何收缴。泰国法律没有对注册资金的数额及资本的收缴方式有明确的规定。但董事收缴股本时必须提前21天以挂号信的方式通知股东。如果按照请求应交纳的股份是金钱，股东没有按照规定的日期交纳的，必须支付从应交纳日至交纳完毕日之间的利息。

2. 股份的没收

股份没收分三步走：董事发出收缴股份通知书，董事再次发出催告书，公司尽快地拍卖该股东的股份。如果被没收的股份不符合法律规定的程序，善意买方可以善意取得股份所有权。

3. 股票

(1)股票种类有两种：记名股票和不计名股票。无记名股票一定是交足股本的，并且由公司规章事先规定。但记名股票没有此限制。董事的股票一定是记名股票。(2)股票的转让与质押。禁止有限公司持有自己的股份或接受自己股份的出质。公司章程或规章可以对股票的转让进行限制。在政府公报中公示后可以对抗任何第三人。无记名股票可以随意转让而不受限制。

记名股票的转让要符合如下条件：(1)书面形式；(2)受让人和转让人的签名；(3)至少两个证人签名证明受让人和转让人的签名；(4)标明股票号；(5)在公司股东登记簿上登记受让人的名称和住所；不具备(1)至(3)的条件，股票转让无效。不具被(1)至(5)的条件，股票转让不得对抗公司和外部第三人。

转让合同与股票的转让是不同的。转让合同没有形式要件。股票的时效取得为5年。转让人在股票转让后的责任。公司可以在转让人没有交足股款时拒绝转让登记。公司允许在没有交足股款时的股票转让，转让人承担下列责任：在受让人不能交足股款时，转让人对转让前的公司债务承担股款补足义务，但此义务在登记转让后2年后免除。记名股票的质押，交付股票并书面通知公司。

4. 股东名册

有限公司必须有股东名册，载明如下事项：(1)股东的姓名、住所、职业，指明每位股东的股份，按股票编号分开，及每一股东股份中已交纳的、或同意视为交纳的金额；（2）登记某人为股东的年月日；（3）某人终止为股东的年月日；（4）不记名股票的编号和股票上记载的日期及在股票上记载的股份编号；（5）记名股票或不记名股票废除的日期。

（三）有限公司管理

1. 董事

有限公司，由一名或多名董事在股东大会的监管下按照公司章程进行管理。董事的数量多少、应支付报酬数额，由股东大会规定。董事是公司的法定代表人。只有股东大会有权聘任和解聘董事。

（1）董事的职责和义务。董事超出职权范围或公司宗旨的行为是否对公司有约束力。主要看政府公报中是否公示了上述内容。董事超出公示内容的行为对公司没有约束力，除非公司追认。在从事公司事务中，董事必须使用同商业人一样的注意和照顾义务。特别指明，董事必须共同对下列行为承担责任：①股份金额已着实交纳；②法律规定的各类账簿和文书，已备有并妥善保管；③按照法律规定正确的分配红利和利息；④正确的按照股东大会决议执行。此外，禁止董事从事与公司经营有相同性质或相竞争的业务，不管其是为个人利益还是他人利益为之。或者，入伙成为与公司营业有相同性质或相竞争的合伙的普通合伙人，除非得到了股东大会的同意。上述规定同样适用于董事的代理人。如果董事给公司造成损失，公司可以起诉董事承担责任，在公司不起诉的情形中，任何一名股东可以提起该诉讼。此外，上述诉讼请求，公司的债权人在其对公司的请求权范围内，可以申请执行。当任何董事所为的行为是在取得股东大会同意后为之，该董事不需对投赞成票的股东和公司承担责任。在股东大会同意后起届满六个月后，未投赞成票的股东不得再提起诉讼。

（2）董事会议事规则。董事可以规定，参加会议的董事数量须有几人才能达到处理事务的法定人数，但如果无此规定（当董事数量超过三人时），须有三名董事参加会议才达到法定人数。董事会上的议事，由多数票决定，如果票数相同，由董事会主席投决定票。任何一名董事可以在任何时候召集董事会。董事们可选任一名董事为董事会主席，也可规定主席任职期限，但如果没有选任主席或主席不能按约定的时间出席会议，到达会议的董事可选任一名董事为该次会议的主席。

2. 股东大会

普通股东大会。在公司登记后六个月内必须举行由股东组成的大会,其后每隔十二个月至少举行一次普通股东大会。

特别股东大会。普通股东大会之外的会议叫特别股东大会。召集特别股东大会的情形如下:(1)董事可以在任何认为合适的时间内召集特别股东大会;(2)如果公司亏损至资本的一半,董事必须召集特别股东大会,让股东知晓资本亏损;(3)当合计拥有的股份不少于公司股份总额1/5的股东们签名书面请求召集股东大会时,必须召集特别股东大会,在请求书中必须指明希望召集股东大会的时间,当股东提交召集股东大会的请求书后,董事必须及时召集会议,如果董事未能在提交申请书之日起三十日内召集大会,作为申请人的所有股东或合计达到上述金额的其他股东可以自行召集会议。

股东大会决议原则上以参加会议且有表决权的股东的全部表决权数的过半数通过,如果表决票数相等,不管是举手投票表决还是秘密投票表决,大会主席再有一次投票权作为最终表决权。但是,法律规定必须做出特别决议的事项,大会必须以参加会议且有表决权的股东的全部表决权数的3/4票数通过才能对该事项做出决议。特别决议的事项主要有公司登记后制定新的章程或增减更改章程或股东协议的内容,以扩增减公司资本情况。

(四)红利分配与储备金管理

1. 红利分配管理

分配公司红利,必须根据股份中股东已交纳的金额比例进行计算,除非在优先股上已另有约定,则优先股按照约定分配红利。公司红利分配方案,必须由股东大会作出决议,否则,禁止公布红利分配方案。当董事发现公司有利润适合分配红利时,董事可以按照股东大会审议通过的红利分配方案逐次地向股东分配红利。禁止用利润以外的金钱来分配红利。如果公司资本亏损,在未改变资本亏损状态前不得分配红利。红利,即使延期支付,股东也不可请求公司支付延期利息。

2. 储备金管理

每次分配红利，公司必须提取从公司营业中获得的盈利的 1/20 作为资本储备金，直至资本储备金达到或超出公司资本总额的 1/10，具体比例可由公司章程规定。如果以高出股票票面金额的价格出售股票，超额部分应加入资本储备金，直至资本储备金达到前款规定的金额。如果红利分配违反了上述规定，公司全体债权人有权请求将已分配的金额返还给公司。

(五) 公司监管

1. 公司账簿与登记簿管理

董事必须制作和保管如下所列账簿，保证账簿的正确、全面和完好：(1)公司取得和支出的金额，及每笔金额取得或支出的相关事由；(2)公司的财产和债务。

董事必须正确记录会议议程、股东大会和董事会的所有决议内容于记录簿，该记录簿必须保存于公司的登记住所。任何记录，当由做出决议或进行该议程的大会的主席签名或紧接此次会议后的会议的主席签名后，先推定其作为在记录簿上记载的所有内容的正确证据，并先推定记载的会议决议和程序是合法产生或进行的。

2. 审计员制度

审计员由下列两类人担任：(1)股东，且该股东不得在公司从事其他职务。(2)与公司运营没有利害关系的外部第三人。公司股东之外的其他与公司业务有利害关系的人，不得选任为审计员。董事、作为公司代理人的其他人或公司雇员，在其任职期间，亦不得选任为审计员。审计员由每年的普通股东大会上选任。

审计员的职责：(1)每位审计员在任何合理的时间内可以审查公司的各类账簿和账目，且就有关账簿和账目可以质询任何董事、作为代理人的其他人或公司雇员；(2)审计员必须制作账簿和账目报告，提交普通股东大会。审计员必须在该报告中表明，其认为该负债表是否正确可信、所阐明的公司业务是否真实和正确。

3. 公司监察制度

当不少于公司全部股东人数 1/5 的股东对公司运营存在质疑，可以共同向商业部有关机构提起书面申请，请求其任命一个或多个能力适合的监察员，监察有限公司的事务并制作报告。在任命上述监察员之前，商业部有关机构可要求所有提出申请的人提供担保，保证将支付在监察过程中支出的费用。商业部有关机构自行决定任命一名或多名监察员检查公司，向政府提交报告。

(六)有限公司增资减资

有限公司不得发行债券，许可减资或增资的特别决议，公司必须在做出决议之日起十四日内办理登记。

1. 有限公司的增资

有限公司可以通过股东大会特别决议以发售新股的方式增减公司资本。有限公司不得发售以金钱支付方式以外的支付方式交纳全部或部分股款的新股。新发售的股份，必须按现有股东所持股份比例向股东发出购股要约。该要约，必须做成书面形式通知每位股东，载明其有权购买的股份数额及规定日期，并表明如果不在该日期内承诺，视为不购买。当规定的日期届满、或股东已通知不购买，董事可以将该股份出售给其他股东或自己购买。让股东购买新股的要约通知书，必须载明年月日和有董事签名。

2. 有限公司的减资

有限公司可通过股东大会的特别决议，以降低每股价值或减少股份数量的方式减少公司资本。公司不得减少资本至全部资本的1/4以下。当公司打算减少资本，必须将该意愿在地方报纸上至少公告一次，并必须书面通知所有公司已知的债权人，告知其知晓打算减资的日程，并请求对减资有任何异议的债权人在通知之日起三十日内发送异议。如果在上述三十日内没有收到异议，视为没有异议。如果有债权人提出异议，公司在清偿完债务或为该债务提供担保之前，不得减资。如果有债权人在公司减资的过程中没有提出异议，是因为其不知道事由，且不知道的原因不是因为债权人的过错导致的，按减资比例收到退资的股东，从登记减资之日起二年内，必须以其获取的退回金额为限对该债权人承担责任。

(七)有限公司合并

有限公司合并，需要股东大会作出特别决议，否则不得合并。股东大会决定让公司合并的特别决议，公司必须在做出决议之日起十四日提交办理登记。公司合并决议，公司必须在地方报纸上至少公告一次，并书面通知所有公司已知的债权人，告知其知晓打算合并公司的日程，并请求对公司合并有任何异议的债权人在通知之日起六十日内发送异议。如果在上述期限内没有谁提出异议，视为没有异议。如果有债权人提出异议，公司在清偿完债务或为该债务提供担保之前，不得合并。公司合并后，必须在合并之日起十四日内办理登记，且因合并新设立的公司也必须登记为新公司。新公司的股份资本，必须等同于进行合并的所有原公司股本额之和。新公司必然取得进行合并的公司的全部权利并承担其全部责任。

（八）公司解散

1. 有限公司一般解散

有限公司一般解散事由：（1）如果公司章程规定解散事由的情形，当有该情形时；（2）如果公司设立，有特别存续期限，当该期限届满时；（3）如果公司设立是为了完成某一特定业务，当该业务办完时；（4）当有解散的特别决议时；（5）当公司破产时。

2. 有限公司的司法解散

除一般解散事由外，有限公司还可以被法院裁定解散。法院可因下列事由裁定解散公司：（1）如果在公司成立大会报告提交中有错、或公司成立大会举行有错；但无论如何，在公司成立大会报告提交中有错或公司成立大会举行有错的情形中，法院认为合适，可以裁定让提交公司成立大会报告或让举行公司成立大会，以代替裁定解散公司；（2）如果公司在登记日后一年内没有开展业务，或未开展业务已经届满一年；（3）如果继续公司营业只能是继续亏损，且没有希望扭亏；（4）如果股东人数减少至不足 3 人。

四、大众公司

大众公司设立的宗旨是向大众出售股份，发起人为自然人 15 人以上，一般以上在泰国有住所，发起人购买的股份总额不得低于注册资本的 5%，发起人不曾是破产人、不曾受过财产方面的恶意犯罪的刑事处罚。大众公司还须在证券市场注册，由商业部、证券和证券市场管理委员会统一管理。设立大众股份有限公司，工作程序及执行办法按法律规定进行。

1. 大众股份有限公司工作程序

组建发起人，应由 15 人以上的个人身份组合成组建公司发起人，共同负责筹办下列工作：编制公司组织大纲手册，并携手册到公司登记部门办理申请登记手续。公司组织大纲经公司登记部门主管审批予以登记后，发起人可以在下列两种作法中择一进行：(1)按证券与证券交易法有关规定，向广大民众或任何人发行公司股票；(2)购买公司全部股份。公司股票按规定数额被全部订购后两个月内，或最迟须于公司组织大纲经官方登记部门审批予以登记注册后六个月内召开组建公司会议。组建公司召开后七天内，须将公司业务及受有文件交予董事会管理。

2. 公司董事会负责办理事项

(1)负责通知订股人交付股款，若订购人以资产形式偿付股款，则须把资产所有权转让给公司。(2)公司股款全部交齐后即可申请办理登记手续，最迟应根据规定，在组建公司会议召开后三个月内提出申请。

第二节　票　　据

一、总则

本法所指票据有三种，一是汇票，二是本票，三是支票。本法此章中没有规定的内容，如果在票据上记载，该记载内容不对票据产生任何效力。在票据上亲笔签名的人，必须按票据上内容承担责任。如果仅仅是其他标志，如盖章或手指印，但被主张为在票据上签名，即使有两位证人证明，亦不产生在票据上签名的效果。如果某人在票据上签名，且没有写明是代替他人签名，该人是票据上内容的责任承担人。如果票据上有多个人签名，其中有人无法成为票据当事人、或无法成为完全有效的当事人，并不影响此外的其他人按照票据须承担的责任。按票据进行的支付不得要求延期。

持有人，是指以收款人或被背书人身份占有票据的人，如果是指示交付的票据，票据的占有人同样视为持有人。票据的占有人，如果通过未间断的连续性背书表明自己的权利，即使最后一次背书为空白背书，该人亦视为合法持有人。在空白背书后接着其他背书，最后一次背书签字的人视为通过空白背书取得票据的人。此外，当"背书"字句被撕去后，视为形同无此背书。如果某人必须丧失对票据的占有，按前款所述方式表明自己在票据上权利的持有人不需放弃票据，但通过恶意或重大过失取得票据的除外。此外，前述规定，同样适用见票即付的票据持有人。"在先当事人（前手）"一词，包括出票人和所有的前手背书人。当票据上没有可以背书的地方时，允许用一张纸紧贴于票据，被称为粘单。该粘单视为此票据的一部分。首次在粘单上的背书，必须书写跨于原票据一部分及粘单上一部分。

二、汇票

（一）汇票的出票与背书

1. 出票

出票人可记载"应支付金额须支付利息"的内容。在此情形中，如果没有另外的规定，利息从票据上记载日开始起算。可以出具按出票人指示付款的汇票。此外，可由出票人进行支付，也可由第三人进行支付。汇票的出票人或背书人必须承诺：（1）当该票据合法提示后，将有承兑人按该票据上内容付款；（2）该汇票被拒绝承兑或被拒绝付款后，出票人或背书人必须付款给持票人或按票据被强制付款的后手背书人，如果他们正确地按拒绝承兑或拒付后的规定方式为之。

2. 背书

背书字样必须记载于汇票或粘单上，且必须有背书人签名。背书即使没有载明受益人的姓名亦有效；或即使背书人仅仅只签名于汇票或粘单上，仍应认定为有效。该背书被称为"空白背书"。背书使汇票上所有权利发生转让。如果是空白背书，持票人可为如下任何一种行为：（1）在空白处填补自己的名字或他人的名字；（2）继续以空白背书的形式背书票据，或背书给其他人；（3）以在空白处不填补任何内容且不做任何背书的方式将票据转让给外部第三人。见票即付汇票的背书，应仅是为出票人提供保证（承保）。背书必须是不附条件的。任何所附条件，视同于未记载该条件。此外，部分转让的背书，无效。某一背书人记载禁止再背书的内容，该背书人不须对再后的汇票被背书人承担责任。如果汇票是在拒绝承兑或拒绝付款的期限结束后背书的，被背书人应取得仅对付款人要求承兑的权利及向该期限结束后背书票据中的当事人进行追偿的权利。如果该票据在背书前已经有不承兑或不付款的拒绝证书，被背书人仅取得向其背书的人所享有的对承兑人、出票人及从拒绝时向前溯及的背书人的权利。

（二）承兑

汇票，可在付款日期到来前的任何时候在付款人所在地提交给付款人要求承兑，持票人可是提示人，或仅是票据占有人亦可为提示人。在汇票上，出票人可载明提示须在规定提示期限内为之，或无规定期限亦可。出票人可禁止将汇票提示承兑，但票据出票时仅让在付款人住所地之外的处所付款或见票后一定期限内付款的情形除外。此外，出票人可载明，未至某一规定日期仍不得提示承兑。每一背书人可载明，须在规定提示期限内提示承兑票据、也可不规定期限，但出票人已禁止承兑的除外。

在见票后一定期限结束后付款的汇票的持有人，必须在票据上记载日起六个月内或根据出票人载明的其他期限内，提示票据要求承兑。见票即付的汇票，汇票持有人享有即时提示票据要求付款人承兑的权利。如果付款人在二十四小时内不承兑，持票人就享有拒绝权。

承兑应在汇票正面写明"已承兑"或其他同样意思的字句，且有付款人的签名。此外，仅有付款人在汇票正面签名，亦认为是已承兑。

（三）承保

汇票可由保证人保证支付全部金额或部分金额，此称"承保"。承保，外部第三人可为承保人，或即使是票据的当事人亦可为承保人。承保必须以记载于票据上或粘单上的方式为之。该行为应使用"用于承保"字句或其他同样意思的字句，且须有承保人的签名。此外，仅有承保人在票据正面的签名，就视为是承保字句，但是付款人或出票人签名的情形中除外。在承保中，必须载明为谁承保。如果没有载明，视为为出票人提供担保。承保人所受约束与提供保证的人一样。即使提供承保的承保人责任因不符合形式以外的任何原因而失效，承保合同中的条款仍然有效。

(四) 付款

汇票,应在到期日付款,且到期日时,持票人必须在此日提交汇票要求付款。不得让汇票持票人在到期日前请求强制执行获得付款。此外,付款人在票据到期日前付款的,必须自己承担所有风险方可为之。从见票日起算一定期限届满付款的汇票的到期日,规定从承兑日或拒绝日开始起算。如果没有拒绝证书且承兑未载明日期,视为承兑人在法律或合同规定日期的结束日做出了承兑。见票即付的汇票,应在提交票据的当日付款。见票后一定期间内付款的票据,必须在规定的提示承兑期限内提示付款。付款只有在返还汇票时才可请求。付款人也可让持票人在该票据上签名已收款。汇票,如果只是被部分支付,持票人可以拒绝接受。如果接受部分付款,持票人必须将内容记载于票据上,并将签收单交付给付款人。如果汇票没有在到期日内提示付款,承兑人可以通过提存票据上未支付金额的方式免除自己的责任。

(五) 未承兑或未付款追偿权

在下列情形中,汇票持票人可以向背书人、出票人及其他按票据承担责任的人行使追偿权:(1)在未付款情形中当票据到期时可进行追偿;(2)在下列情形中,即使票据未到期亦可以进行追偿:①如果被拒绝承兑;②不管出票人是否承兑,如果其成为破产人,或者中止清偿债务,即使该中止清偿债务没有法院判决为证据亦可,或者付款人被扣封财产但无效果;③如果不需要承兑人的票据出票人成为破产人。

三、本票

本票,是指一方当事人称出票人承诺将支付一笔金额给另一方当事人称收款人或按其指示支付的书面票据。欠缺法律规定应当记载事项的票据,无本票效力。但如下规定的情况除外:(1)未载付款日期的本票,视为见票即付;(2)如果在票据上未载明付款地,出票人住所地视为票据的付款地;(3)未载出票地的本票,视为该票据在出票人住所地出票;(4)如果未载明出票日期,任何合法持票人可善意地记载真实准确的时间。

有关汇票的法律规定中，在与本票性质不相冲突的前提下适用于本票。本票出票人应负之责，与汇票的承兑人相同。如果为见票后一定期限内付款的本票，必须在票据上记载日起六个月内或根据出票人载明的其他期限内，提示票据要求承兑。该期限从出票人在本票上的签见日起算。出票人拒绝签见并加注日期，该拒绝必须做成拒绝证书为证据，且拒绝证书日期视为见票后期间起算日。

四、支票

支票，是指一方当事人称出票人指示银行在请求时支付一笔金额给另一方当事人称收款人或按照其指示付款的书面票据。有关汇票的法律规定，如不与支票性质相冲突的前提下适用于支票。支票持有人必须向银行提示支票付款，如果支票的出票地和付款地在同一城市，必须在出票日起算的一个月内提示．如果在异地付款的支票，必须在三个月内提示。如果未按此规定，持票人丧失对所有背书人的追偿权，及在因其未能提示支票而给出票人导致的损失限度内，丧失对出票人的权利。此外，出票人已解除责任的支票持有人，得以代位行使出票人对银行的权利。

银行必须对客户向其开出的支票付款，法律规定的无须支付情形除外。如果银行在支票上记载内容并签名，如"已支付"一词、"可支付"一词或其他表达同样效果的词句，银行必须以按支票须付款给持票人的第一位债务人的身份受约束。如果是支票持票人让银行记载如上保证内容，出票人和所有背书人解除支票上责任。如果银行是基于出票人的请求记载如上保证内容，出票人和所有背书人不得解除责任。

支票上的普通或特殊划线，是支票的重要部分，任何人擦除都是不合法的。支票特殊划线给一个以上的银行，向其开出支票的银行应拒绝付款，但以请求收取款项的代理人身份划线给银行的除外。向其开出的银行按前述划线支票执意付款或按照普通划线支票付款给某一银行以外的客户，或者按照特殊划线支票付款给划线特别指明的银行或该银行委托收款的银行以外的客户，如上已付款的银行，必须对支票真实所有人因其按照支票付款而给所有人造成的损失承担责任。但如果支票提示付款，且当提示时没有出现划线或没有出现有法律允许以外的消除或更改变造的划线痕迹，如果银行已善意且无过失的付款，该银行不须承担任何责任或义务。

如果向其划线的银行已按照支票善意且无过失的付款，即如果是普通划线支票已付款给某一银行，如果是特殊划线支票已付款给划线特别指定的银行或支付给该银行委托收取款项的银行，已按该支票付款的银行一方，如果支票转入收款人之手的或出票人一方，都享有一样的权利和处于一样的状况，即如同该支票已付款给真实的所有人。

某人取得记载"禁止转手"词语的划线支票，该人不得享有超越该支票上记载的权利，且不能转让比其取得支票的人在支票上权利更好的权利。某银行为了其客户善意且无过失的按普通划线支票或向其特殊划线的支票收取了款项，但客户不享有权利或权利有瑕疵，银行除了对已收取款项承担责任外，不须对支票真正所有人承担任何其他责任。

五、时效

起诉汇票承兑人、或本票出票人的案件中，从该票据付款期限届满起算超过三年时，禁止起诉。在票据持有人起诉背书人或出票人的案件中，从按规定的正确时间内做成的拒绝证书上记载的日期起算，或者在有"不需要有拒绝证书"条款的情形中从票据到期日起算，超过一年时，禁止起诉。所有背书人之间起诉行使追偿权或向票据出票人行使追偿权的案件中，从背书人持有票据并付款之日起算，或者从该背书人被诉之日起算，超过六个月的，禁止起诉。当时效因某种原因对票据某一当事人中断，仅对该当事人发生中断的效力。如果基于某一债因，票据已做成或已转让或背书，且票据上权利因时效、或没有遵照应遵照的正确方式而丧失，原债仍按普通法律原则在债务人不因此遭受损失的限度内继续存在，但另有约定除外。

第三节 保 险 法

一、总则

(一)保险合同及相概念

保险合同是指在意外损失或合同中载明的事由发生时，一方当事人同意进行赔偿或支付一笔金额，为此，另一方当事人同意支付一笔金额称保险费的合同。"承保人"一词，意思是同意将进行赔偿或支付一笔金额的合同一方当事人。"投保人"一词，意思是同意支付保险费的合同一方当事人。"受益人"一词，意思是应接受赔偿或受领一笔金额的人。此外，投保人和受益人可以为同一人。

(二)保险合同效力

保险合同，如果投保人对保险标的无利益关系，对合同当事人没有任何约束力。当保险合同当事人考虑到某种特殊风险才约定交纳保险费金额，如果该风险消失不复存在的，在此之后，投保人有权请求按比例降低保险费。如果在签订保险合同时，投保人、或人寿保险中以其生存或死亡为据支付保险金额的人，知道后忽略公开可能引起承保人提高保险费或拒绝签订合同的事实或知道后做虚假陈述，该合同可撤销。如果承保人在知道可撤销事由之日起一个月内未行使撤销权，或者从签订合同之日起五年内未行使该权利，该权利消灭。

如果承保人已经知道的可能引起承保人提高保险费或拒绝签订合同的事实、或知道是虚假陈述、或如果履行了一般人应有的注意义务就应该知道的，该合同有效。保险合同，如果没有承担义务方或其代理人亲笔签名的书面凭证，不得请求法院强制执行。须向投保人交付一份记载保险合同必要内容的保险单。保险单，须有承保人的亲笔签名，并有如下记载事项：(1)保险标的；(2)承保人承包的风险；(3)可保利益的价格，如果已有规定的；(4)保险金额；(5)保险费金额及支付办法；(6)如果保险合同有期限，必须记载始期和终期；(7)承保人的姓名或商号；(8)投保人的姓名或商号；(9)受益人的姓名；(10)保险合同签订日期；(11)保险单签发的地点和时间。海上保险合同，适用于《海商法》的规定。

二、损失保险

(一)总述

"损失"一词在此节中包括可估算为金钱的各类损失。如果为同一损失同时签订两个以上的保险合同，采取重复保险比例分摊规则。如果两个以上的保险合同有先后顺序，第一顺序的承保人必须对损失先承担责任；如果第一顺序的承保人赔偿的金额仍不足以弥补损失，后顺序的承保人必须依次对不足部分承担赔偿责任，直至弥补完损失。同时或先后签订两个以上保险合同的，对其中一个承保人权利的同意放弃，不影响对其他承保人的权利和义务。

在风险开始前，投保人可以解除合同，但承保人有权获得保险费的一半金额。在保险合同期限内，可保利益严重减少的，投保人有权减少保险金额，并降低保险费。保险费的降低，仅对将来发生效力。约定可保利益的，承保人仅在证明按约定的可保利益价格金额严重过高，且按比例返还保险费部分金额及利息的前提下，才有权减少赔偿金额。承保人必须按如下规定进行赔偿：（1）实际损失金额；（2）为了制止损失而采取合理措施导致被保险财产的损坏；（3）为了保护被保险财产免受损失而支出的各类合理费用。损失赔偿的请求，从损失发生之日起超过两年的，不得向法院提起诉讼。保险费支付或返还的请求，从保险费支付或返还请求权期限届满之日起超过两年的，不得向法院提起诉讼。

（二）货物运输保险特殊规定

货物运输保险合同，对货物在承运人接收货物到交付给收货人期间发生的一切损失承保，赔偿金额应根据货物到达约定送货地时所在县的价格确定。如果承保的运输货物还在运输期间，计算该货物的可保利益应包括承运人接收货物时所在地的货物总价、再增加将货物送往送货地应支付给承运人的运费和因运输货物所需的其他费用。交付货物时的利润，只有在有明确约定时，才可计入可保利益范围。

货物运输保险合同，即使因运输过程中的合理事由导致运输必须暂时中止或必须变更运输路线或方式，该合同仍然有效，除非合同中有另外的约定。货物运输保险单，除记载保险单应当记载的事项外，还须增加如下记载事项：（1）明确运输方式和路线；（2）承运人的姓名或名称；（3）约定的接货和交货地点；（4）如果有运输期间，须载明。

（三）责任保险特殊规定

责任保险，是指投保人必须向第三人承担责任的损害，承保人同意其以投保人名义承担赔偿责任的合同。受损人有权直接从承保人获得自己应得的赔偿。但该赔偿不得以超过承保人按合同应当赔偿的数额进行计算。在受损人与承保人之间的诉讼，由受损人请求追加投保人参与诉讼。此外，承保人即使已向投保人赔偿损失，仍未解除其对受损人的赔偿责任，但其证明投保人已向受损人赔偿损失的除外。

如果承保人按法院判决进行赔偿后，仍不能弥补全部损失金额，投保人须对缺额部分进行赔偿，但证明受损人没有按照前条的规定请求追加投保人参与诉讼的除外。

三、人身保险

在人身保险合同中，金额是否支付取决于一个人的生存或死亡。应支付的金额，可为一次性清偿金额，也可为按年清偿金额，取决于双方当事人之间的约定。即使在投保人不是受益人的情形中，投保人仍享有将合同中的利益转让给第三人的权利，但已交付保险单于受益人且受益人已书面通知承保人表示其愿意受领该合同中利益的除外。如果保险单已做成按指示支付的形式，适用第 309 条的规定。

在保险合同被撤销的情形中，承保人必须将保险单的回赎金返还给投保人或其继承人。金额的支付取决于某人的生存或死亡时，即使陈述该人年龄不准确导致保险费金额规定过低，只能按比例相应减少承保人须支付的金额。但如果承保人证明，在合同签订时真实准确的年龄已超出其正常业务限制的年龄，该合同为可撤销。

投保人有权以不继续交付保险费的方式随时解除人身保险合同。如果已缴付的保险费不少于三年，投保人有权从承保人处获得保险单的返回价值或获得已支付保险单。以某人的死亡为支付金额的事由，承保人须在死亡发生时支付金额。但是如下的除外：（1）该人在合同签订日起一年内自杀死亡的；（2）该人被受益人故意杀害的。在此情形中，承保人必须向投保人或其继承人支付撤销保险单的回赎费。

如果死亡是由于外部第三人的过错导致的，承保人不得向该第三人请求损害赔偿，但死者的继承人向该第三人请求损害赔偿的权利并不丧失，即使按照人身保险合同应支付的全部金额已向其支付，亦同。

如果投保人在投保时已规定当其死亡时向其继承人支付，而没有指明某一继承人的姓名，应支付的金额视为投保人遗产的一部分，且债权人可用以受偿债务。如果投保时规定向某一特定继承人支付保险金额，仅仅投保人已缴付的保险费金额才视为债权人可用以受偿债务的投保人遗产部分。

第四节 证 券 法

一、证券从业许可

从事证券的主体须是依法设立的有限公司、上市公司或金融机构，并获得财政部部长的同意，符合财政部规定的条件，如稳定的金融情况、董事和经理不属于被禁止从业的人员、具备完好的风控系统、利益冲突协调机制、高效的内部检测和监管系统等。

证券公司应当根据证券市场管理委员会的要求设立分支机构以便于监管，金融机构则按照相关法律规定设立分支机构。在泰国设立的外国证券公司应当根据法律规定在泰国设立联络的分支机构，应当事先获得证券市场管理委员会办公室的许可。

二、证券市场管理委员会

泰国证券市场管理委员会会长根据泰国央行负责人、商务部常务次长、财政部部长和常务次长的举荐任命，根据第 31/7 规定由财政部部长任命其他委员，人数不少于 4 人不多于 6 人，法律、会计和金融方面的专家各一位，秘书兼任委员。证券市场管理委员会成立审查委员会，人数不少于 3 人不多于 5 人，至少 2 人为证券市场管理委员会委员。

三、对证券公司的监管

泰国《证券法》对证券公司的名称进行严格的限制，应当以"证券公司"命名，以"有限"结尾。证券公司的储备基金应当符合证券市场管理委员会办公室的规定，对证券公司的财报、利润表、资产负债表等经济状况每六个月进行披露。

选任中介或代理应当获得证券市场管理委员会许可，对证券公司和相关人员的从业禁止进行了明确的规定。如未经证券管理委员会允许进行减资，实施使得消费者对证券面值、性质产生误会的行为，实施使得消费者或相关人员受损的行为。

第五节 破 产 法

泰国《破产法》的宗旨在于通过分配债务人财产清偿债权人的债务，使得被破产的债务人有机会退出破产，重获新生。泰国《破产法》现行的版本为 1940 年施行的版本，是参照美国《破产法》制定的，现今已根据经济发展状况不断修订以适应时代的发展，总共经历了 10 次修订，2018 年为最后一次修订。

泰国《破产法》分为十编，其中第一到八编均为与破产有关的规定，其中第三/(一)和(二)编是与重整有关的规定。相比而言，较为特别的是关于个人破产的规定早已载入《破产法》中，但自然人被申请为破产人的条件设置得比较高，拖欠一位或多位债权人的债务金额达到 100 万泰铢方可立案，还设置了破产自然人死亡时以遗产清偿债务的规定，其他程序同法人破产一致。

一、破产案件相关人

破产案件主要涉及四方主体：(1)债务人，包括资不抵债的自然人和法人；(2)债权人，包括担保物权人、非担保物权人、普通债权人和其他债权人；(3)财产管理人；(4)破产法院。

二、破产程序

(一)提出申请

债权人申请破产的条件。根据《破产法》第 9、10、82、88 条的规定，债务人资不抵债，自然人为债务人的，债务总额不少于 100 万泰铢，法人债务总额不少于 200 万铢，债务数额是可确定的，债权人可向法院提出破产申请。自然人债务人死亡的，债权人可在债务人死亡之日起 1 年内提出破产申请，执行债务人的遗产。

(二)财产管理

法院认为申请理由属实的,可下令对债务人的财产进行管理,由财产管理人对债务人的票据、账户、占有的财产进行控制。

(三)债权人会议

法院作出财产管理的命令后,由财产管理人尽快召集债权人会议,首次债权人会议就债务人的和解方案进行讨论。之后的债权人会议则由不少于1/4的债务份额的债权人提出申请召开。每次债权人会议均由财产管理人为会议主席。

(四)破产宣告

法院作出财产管理的命令后,财产管理人向法院报告债权人会议情况后,无论债权人是否做出破产决议,是否同意和解协议,法院均可宣告债务人破产。由财产管理人在政府公报发布,在至少刊登于一份日报中。

(五)债务人财产处分

债权人自发出财产管理命令之日起两个月内向财产管理人提出申请。在法院作出财产管理的命令之前,担保物权人以外的债务人的到期债务,可获得清偿。担保物权人对财产管理前的担保物具有优先权,担保物权人为其他债权人利益在同意处分(拍卖、变卖等)担保物时可获得全部债务的清偿。

第六章 文莱商事法律

第一节 商法概述

文莱的商事法律主要包括《公司法》和《破产法》。狭义的公司法是指1957年1月1日生效的文莱《公司法》，其间经过多次修改。2010年根据文莱《宪法》第83条的规定再次对《公司法》进行修订，此次修订主要针对公司、债券、财政年度、会计准则等概念的法律含义进行准确的阐述。广义的公司法，既包括附属于狭义公司法中的一些"表格"，也包括规定融资业务的《金融公司法》，当然，还包括其他法律形式中有关公司的规定。

第二节 公司设立

一、公司及公司法概念

公司是社会经济高度发展的产物，是一种世界性的经济组织形式，由于各国文化、经济等的差异，各国法律中对公司的表述各不相同。从文莱1957年生效的《公司法》规定可以看出，公司是依法设立，由两个或两个以上具有任何合法目的的主体结合在一起，将他们的名称签署进组织简章，并且遵守《公司法》对公司登记的规定的组织①。

《公司法》是一部规定文莱的公司登记和公司规范的法律，其宗旨是控制和

---

① 邓蕊主编：《中国-东盟国家公司法律制度概论》，西南交通大学出版社2016年版。

规范公司成员和公司之间以及公司和它的贷款者、公司和公众之间的关系，规定文莱以外的公司在文莱开展业务的条件，总的目的在于控制文莱公司的运作。

二、公司特征

(一)公司必须依法设立

在文莱《公司法》中，严格规定了各种类型公司的设立要求，如要有合法的公司章程、名称和经过法定登记等。

(二)公司股东为两个或两个以上具有合法目的的人

文莱《公司法》中没有规定一人公司，设立公司必须要有两个或两个以上的主体。这些主体要设立共同的公司还必须以存在合法目的为必要条件，对"合法目的"的理解为只要不违背法律的禁止性规定，都可以认为属于"合法目的"。

(三)公司是一种组织体

公司与自然人不同，属于法律上"拟制"的人，具有独立的法律人格，依法取得和占有财物，依法享有权利和承担义务。

第三节　公司备忘录和章程

一、备忘录和章程概念

公司的"备忘录"是指公司的组织简章，涉及公司最初形成和根据任何成文法的目的所作的变更的法律文件。备忘录的内容必须符合《公司法》和一般法律的规定，如果备忘录与《公司法》和一般法律规定有矛盾或不一致时，应当无效。公司的"章程"是指适用于公司内部，涉及公司的结构或者通过特别决议发生的变更的法律文件。公司的章程从属于备忘录，受备忘录制约。

备忘录和章程的区别主要有：(1)两者记载的内容不同。备忘录涉及的是公司最初形成的记载，规定了公司被准予成为法人组织的基本条件，如公司名称、经营项目、股东责任等，而公司章程是公司内部的规章，涉及的是公司的结构，如公司的股份资本数额、股东数额等。（2）两者变更的依据不同。变更备忘录的要求严于变更章程。变更备忘录的主要依据是成文法的规定，没有成文法依据，公司一般不能变更其备忘录，如果具备法定事由，公司通过特殊决议的方式变更备忘录，且必须得到法院的确认。而公司章程是公司的内部规章，股东对其有完全的控制权，只要有公司的特别决议就可以变更。

二、公司备忘录要求

（一）备忘录内容

按照文莱《公司法》的规定，每个法人公司的备忘录应当记载以下内容：（1）公司的名称和经营项目。无论是私人公司还是股份有限公司、担保有限公司，或是无限公司，均应按照法定的要求确定公司的名称。（2）股东的责任。股份有限公司和担保有限公司的备忘录中必须声明其股东责任的有限性。（3）股东与公司的关系。担保有限公司的备忘录必须声明，每一个股东在公司清算时还是公司成员，应承担对公司的出资义务；或者不再是股东的一年内，他仍旧对公司所欠的债务承担清偿责任，而且应当承担清算的支出、费用等成本。为了调整公司清算时连带债务人的关系，备忘录可以规定他们在不超过法定的出资范围内承担责任。（4）股东认购的股份。当公司是股份资本公司时，除了无限公司以外，公司备忘录必须声明公司计划登记注册的资本数额和划分等额股份的股份数；备忘录中认购者认购的股份不能少于一股。

（二）备忘录变更

一般来说，公司不可以改变备忘录中包含的条款，但如果符合法定情形可以变更备忘录。文莱《公司法》规定变更公司备忘录的情形主要有两种，一种是根据成文法的规定，即成文法对有关公司的条件、模式做出了明确的规定，另外一种是公司通过特殊决议变更备忘录中有关公司经营项目的条款。

对于第二种变更情形，《公司法》规定了严格的条件：（1）实体条件。变更公司的经营项目条款应当能使公司实现以下一个要求：①更加经济有效地开展它的业务；②通过新的方式达到它的主要目的；③能够扩大或改变国内范围的经营；④开展一些在现有条件下方便和有益的业务，而这些业务和公司业务相关；⑤限制或禁止备忘录中制定的项目；⑥出售或处置公司的一部分或全部资本；⑦与其他公司或团体合并。（2）程序条件。这种变更必须向法院申请并得到法院的确认才能生效。而在法院确认变更之前，法院应当要审查：①是否已经对公司债券的持有人和法院认为其利益会受到公司变更影响的任何个人或某类人进行了充分的通知；②对于法院认为有权反对的债权人以法院指示的方式表明了其反对意见，或者该债权人对公司变更已经表示同意，或者他的债券已经被清偿或终止，或者已经获得法院满意的担保。文莱《公司法》里所指的法院，是指对公司的清算有管辖权的法院。

三、公司章程要求

（一）章程内容

按照文莱《公司法》的规定，股份有限公司、担保有限公司、无限公司登记备忘录时，认股人要签署社团章程，并为公司制定有关规章。如果是有股份资本的无限公司，章程中必须声明公司计划登记的股份资本数额；如果是没有股份资本的无限公司或者担保有限公司，章程中必须声明公司计划登记的股东数目。

（二）章程的订立

章程是公司的法律文件，必须依照法律规定订立：（1）章程必须打印；（2）章程应当分段，标上连续的页码；（3）如同合同一样，章程必须盖上印章；（4）备忘录中的出资人必须在至少一人以上的证人面前签字，由证人见证签字。

（三）章程的变更

章程的变更相对于备忘录的变更要略为简单。公司可以通过特殊决议变更或增加章程内容，只要是根据《公司法》的规定，对章程内容的任何变更或增加都是有效的；通过特殊决议方式变更的章程内容就如同原先包含在章程里的内容一样具有同等法律效力。

四、公司备忘录和章程登记

(一)一般登记

公司的备忘录和章程应当递交给登记官，登记官应当登记并保留。公司一经登记，便产生如下法律效力：(1)证明公司的资格。公司登记备忘录时，由登记官出具证明，证明公司是法人，当公司是有限公司时，证明股东承担的是有限责任。(2)证明公司的成立。从公司执照登记的日期起，备忘录中的认购人和之后相继成为公司股东的人一起以备忘录中登记的姓名组成一个法人团体，即时就可以行使公司的各项职能；该职能具有永久的继承性，各个股东根据《公司法》在公司清算时以投入公司的财产承担责任。(3)证明公司的合法性。登记官对公司登记后，向公司颁发执照，执照能够证明公司已经符合《公司法》的要求；登记时附属的事项和证据，可证明该法人是被授予登记的公司并且按照法律进行了适当的登记。(4)证明遵守了公司登记的要求。由公司的发起人或者登记在章程中的公司的董事和秘书作出公司已经遵守上述所有要求的书面声明应当出示给登记官，登记官可以把这个声明作为已经遵守相关要求的充分证据来接受。

(二)变更登记

在《公司法》规定的情形下，章程和备忘录的变更也应当进行登记，主要的规定有：(1)当没有股份资本的公司增加除了登记股东以外的股东时，它应当在作出增加决定的15天内通知登记官，登记官应当记录；如果公司和公司的负责人延迟登记的，对延迟登记要承担支付罚金的责任。(2)如果私人公司变更章程，以至于它的章程中不再包括《公司法》要求的私人公司章程中应当具备的条款，则该公司从变更之日起不再是私人公司。(3)确认变更命令的手书文本以及变更后的公司备忘录的打印文本，从法院发出命令之日起的15日内，应当由公司提交给登记官。登记官应当对公司提交的文本进行登记，并且保证是由他亲自登记的。变更后的备忘录是公司的备忘录的决定性证据，证明《公司法》对变更所要求的所有条件以及相关的确认都已被遵守。根据《公司法》规定，法院可以在任何时候命令延期提交文件给登记官，并可直到法院认为合适的时候再提交。

第四节 公司股份

一、公司股份招募

股份有限公司或者股份资本的担保有限公司可以公开向社会招募股份。一般情况下，公司招募股份应当符合法律的规定。

(一)招股说明书

招股说明书是公司向社会公众发出的认购股份或债券的章程、通知、通函、广告或其他形式的邀请。(1)招股说明书的要求是：①招股说明书应写明日期，并由公司或代表公司公布，否则登记官将不予登记。②招股说明书的每份副本要由作为公司董事或提议为董事的每一个人签署，或者由其书面授权的代理人签署，副本也应当写明日期。③招股说明书要求公开相关人员的信息。如董事、发起人和有关人员的信息。(2)招股说明书的效力。除非根据法定会议的同意，股份有限公司或者股份资本的担保有限公司不能在法定会议之前改变涉及招股说明或代替招股说明书所声明的合同的条款，否则要承担法律责任。

(二)公司股东

1. 股东的种类

公司股东有两种类型，一种是原始股东，即公司成立时就认购公司股份的认购人；另一种是非原始股东，即公司成立之后才加入公司成为公司股东的人。文莱《公司法》规定，公司备忘录中的认股人被认为已经同意成为公司股东，他的登记将被认为是公司股东的登记。除此之外的其他想要成为公司股东的人，一旦他的姓名登记在公司股东名册中，他就是公司的股东。

2. 股东的责任

股东承担的责任应当在备忘录中规定。为保护债权人的合法权益，文莱《公司法》对股东向公司承担的连带责任做了专门规定。任何时候，当私人公司股东的人数少于 2 人，对于其他公司少于 7 人时，公司仍然继续营业超过 6 个月，在此期间，公司股东如果已经认识到股东人数少于2人或7人的，那么他们对公司在此期间产生的债务要承担连带责任，也可以就此被债权人连带地提起诉讼。

二、股份变更或减少

(一)股份变更

在符合法律规定的条件、履行法定程序之后，公司可以变更其股份。《公司法》规定，如果有公司章程的授权，可以变更已经经过登记的备忘录中的条款：(1)发行其认为有益的新股数额以增加股份资本。(2)将所有的股份资本分为比现存股份更大数额的股份。(3)细分股份或股份中的一部分，将其分为比备忘录中规定的数额更小的股份数额。在细分中，已经付清股款的比例和对减少股份未付清部分的比例应当相同。(4)注销在通过决议之日还没有被任何人获得或同意获得的股份，并且根据被注销的股份数额减少股份资本的数额。变更公司股份必须由公司股东全体大会决议，股份资本变更后要进行登记。

(二)股份减少

在符合法律规定的条件和履行法律规定的程序之后，公司可以减少其股份资本。但是，为了保护债权人和其他相关人的合法权益，法律规定了严格的条件。在法院的确认下，股份有限公司或具有股份资本的担保有限公司如果有公司章程的授权，可以通过特别决议采取任何形式减少公司的股份资本。特别是，在不损害前述一般性权利的前提下可以：(1)消灭或减少对还未付清股款的股份的责任；(2)消灭或减少或者不消灭而减少对任何股份的责任，注销任何已经清偿的股份资本，而这些股份不再属于公司资本或不再属于公司可利用资本；(3)在消灭或者不消灭，或者减少对股份的责任的条件下，还清已经付清股款的股份资本，而这些股份是超出公司需要的。

(三)股份转让

股份和其他利益属于动产，公司股东可以按照公司章程的规定进行转让。文莱《公司法》除了要求转让股份不能存在虚假、欺诈和伪装等行为之外，对于股份转让在条件上没有更多的限制性规定，但清楚地规定了转让的程序要求。（1）转让人向公司提交转让文件。尽管公司章程有相关规定，但如果没有适当的转让文件提交给公司，公司就认为对股份和债券转让进行的登记是违法的。（2）将受让人的姓名记入股东名册。根据公司股份或者利益转让人的申请，公司应当将受让人的姓名记入股东名册。（3）交付股份证书。这里的"转让"是指盖上适当的印章并且在其他方面生效，而不包括公司由于任何原因被授权拒绝登记并且没有登记的情况。除非股份、债券和借款股份的发行条件另有规定，每个公司应当在公司股份、债券和借款股份分配的 2 个月内，或者股份、债券和借款股份转让的 2 个月内完成且准备交付所有股份、债券的证书和所有借款股份分配或转让的证书。（4）进行转让登记。股份转让就意味着公司股东的变更，因而必须依法进行登记。

第五节　公司管理

一、公司名称与办公地址

（一）公司名称

公司名称是表示公司性质并与其他公司相区别的法律标志。名称是公司设立的必要条件，公司名称必须符合法律的规定。

1. 名称的构成

文莱《公司法》对公司名称的构成做了具体要求：当公司是股份有限公司或担保有限公司时，公司名称的最后应当以"Berhad"或其缩写"Bhd"结尾；当公司是私人有限公司时要将"Sendirian"或其缩写"Sdn"作为公司名称的一部分，插在"Berhad"或其缩写"Bhd"之前，如果是无限公司则插在名称的末尾。

2. 名称的禁止性规定

登记的公司名称不能存在下列情况：（1）与根据《公司法》已经登记存在的公司名称相同或十分相似以致被认为是欺诈；（2）与非文莱公司但在文莱从事业务的公司的名称相同或相似可能被认为是欺诈；（3）与根据有关成文法登记的企业名称相同或十分近似而被认为会产生欺诈；（4）登记官认为公司名称可能使公众

对公司的性质和经营项目产生误解；(5)包含"商会"字样或"建筑业协会"字样的名称。

3. 名称的限制性规定

除非有苏丹陛下的同意，登记的公司名称不能存在下列情况：(1)包含"皇家"或"Di-Raja"字样，或者登记官认为公司名称暗示是在苏丹陛下的保护下或者与文莱政府或政府的任何部门有关系；(2)登记官认为名称暗示与任何市政或地方当局有关；(3)包含"由现任委员投票而获选的""文莱""储蓄"以及"信托"或"信托人"字样。

(二)公司办公地址

公司应当在每一个登记过的办公室外明显位置以醒目的文字，通过油漆或粘贴的方式标明自己的名称。还应将其名称醒目地在公司的所有通知、广告和公开出版物中提及，并且在所有公司签署或代表公司签署的汇票、本票和背书和主张金钱或货物的命令中，以及在公司的提货单、发票、收据和信用证中提及。《公司法》规定，公司从开展业务的那天起或者从它组成之日起28天内，应当在文莱境内设立经过登记的办公室；并且，公司办公室的变更应当在变更后的28天内提交登记官变更登记，否则公司及相关人员将被处以罚款。

二、公司会议

公司法规定的公司会议有年度会议、法定会议和股东大会三种。

(一)年度会议

《公司法》规定，公司每年应当至少举行一次全体会议，并且不超过上一次召开全体会议的最后程序的15个月。公司若不遵守年度会议的相关规定，法院可以根据公司任何成员的申请，要求公司召开全体会议，并对公司知情的董事处以罚金。

(二)法定会议

除了私人公司之外，每一个股份有限公司和每一个具有股份资本的担保有限公司应当从公司有权开展业务之日起的不少于1~3个月内举行公司全体成员参加的法定会议。董事应当至少在会议召开的7天前将报告提交给公司的所有成员。报告应当由不少于两名的公司董事证明，若少于两名董事，应当由所有的董事和经理证明。

(三)股东特别大会

申请召开股东特别大会的主体是持有公司不少于付清资本1/10且有表决权股份的股东，当公司没有股份资本时，根据代表不少于具有股东大会表决权1/10的股东申请，可以启动股东特别大会。申请由申请人签署并保存在公司的登记办公室，申请必须阐明会议的目的。股东特别大会应当在收到申请的21日内举行，否则，申请人或者超过具有表决权人数一半的申请人代表可以自行召集会议。公司会议采取由多数表决通过的方式，会议决议分为非常决议和特别决议。非常决议由不少于3/4有表决权的股东亲自或经其授权的代理人通过，且公司会议的通知载明了会议进行的决议作为非常决议。特别决议除了要由非常决议要求的多数股东及其代理人通过外，还要在股东大会召开前不少于21天发出通知，经有权出席会议并表决的全体成员的同意可以少于21天，通知中应当载明建议这个决议作为特别决议的理由。

三、公司董事和经理

(一)董事资格条件

2010年1月14日《婆罗洲公报》讯，文莱财政部于2010年11月13日宣布修改《公司法》，被修改部分为原《公司法》第138款关于在文莱注册公司对董事会构成的有关规定，并自2010年12月31日生效。根据新法案，在文莱注册公司的董事会构成中，至少2位中的1位(如仅2位董事)，或者至少2位(如超过2位董事)必须为本地公民，而修改前法令规定本地公民在董事中所占比例须超过一半。董事应该具备持有符合公司章程规定的股份，尚未取得这个条件的董事应当在他被任命后的2个月内或者公司章程规定的更短时间内获得符合公司董事资格的股份，该董事在其取得资格前不得再被任命为董事。

（二）董事或经理登记

1. 登记的内容

任命的董事或经理必须进行登记后才生效，登记的内容包括：（1）个人现用名和曾用名、通常住址、原始国籍和现有国籍、职业经历和担任其他公司董事的情况；（2）法人的名称和登记的主要办公室。

2. 登记的保存和提交

公司应当在登记过的办公室保存一份董事和经理的信息，并且以规定的形式在 14 天内向登记官提交一份详细情况的汇报，并在 1 个月内提交董事或经理变更登记的通知。

3. 登记的查阅

营业时间内，公司应当将董事登记情况对公司成员免费开放查阅，对非公司人员付费开放。根据公司章程作出的合理限制或股东大会的安排，允许查阅的时间每天不得少于 2 小时。

（三）董事或经理责任

董事或经理的责任形式可以通过公司的备忘录规定。在有限公司中，董事、经理或经营董事的责任可以是无限的。在此情况下，公司的董事、经理和建议被选举或任命为董事、经理职务的人应当在建议书上附一份说明，说明上述人员将承担无限责任，并在这些人员任职之前告知其责任为无限责任。

第六节　破　产　法

一、破产行为

根据 1957 年 1 月 1 日生效的文莱破产法规定。债务人在下列任何一种情况下的行为即属破产行为：（1）为了债权人的利益，而将自己在文莱或别处的财产转移或转让给托管人。（2）在文莱或别处将自己的财产或者其中任何一部分欺诈性地转移、赠与、交付或转让。（3）在文莱或别处将自己的财产或者其中任何一部分欺诈性地转移、赠与、交付或转让，或者在其上创设任何抵押，如果被判决破产则应作为欺诈性优惠（将要破产的债务人给予个别债权人不合理的优惠）而无效。(4)意图妨碍或拖延债权人而做了以下任何事情：①离开文莱，或者在文莱以外的国家拒不归来；②离开其居所或者惯常营业场所，或者躲藏起来，或者开始闭门不出；③将其财产或者其中任何一部分转移到法院的管辖区之外。(5)如果在法院的一起诉讼或法律程序中，已经通过扣押其货物而对其实施了执行，而且该货物已经被执行主任出售或者扣押了 21 天；但如果已经领取了一张关于被扣押货物的确定竞合权利诉讼的传票，则在计算该 21 天时间时，从领取该传票之日到该传票中的程序最后被处理、解决或放弃之日之间的时间不应计算在内。(6)送交法院存档一份自己不能支付债务的声明，或者向法院请求自己破产。(7)债权人已经取得了一份要求债务人支付金额的最终判决或最终命令，而且该执行未被搁置并已经在文莱向债务人送达，或者经法院许可，根据本法规定向债务人送达了一份破产通知（如果送达是在文莱进行的，则在被送达通知后的 7 天内，而送达是在别处进行的情况下，则在该送达的命令中规定的时间里），但债务人没有遵守该通知的要求，或者没有理由说服法院他有一个等于或超过判定债务或被命令支付金额的反请求或交互请求，而该金额在他取得该判决的诉讼中或者取得该命令的法律程序中能够确立。任何当时有权执行一份最终判决或最终命令的任何人，应被视为是取得了一份最终判决或最终命令的债权人。(8)债务人向其任何债权人发出通知，他已经或者即将暂停支付债务。

在本法中，"债务人"是实施破产行为，且符合下列条件的人，而无论该人是否是苏丹陛下的臣民：(1)亲自出现在文莱；(2)惯常居住于文莱，或者在文莱有一处居所；(3)亲自或者通过一名代理人或经理，在文莱境内营业；(4)是一家在文莱营业的商号或合伙企业的一名股东。

二、破产管理署署长

苏丹陛下可以任命其认为合适的人选，担任破产管理署署长和破产管理署副署长职务。破产管理署署长的职责与债务人的行为和财产管理有关。

对债务人，破产管理署署长有以下职责：(1)调查债务人的行为，并向法院说明是否有理由相信该债务人已经实施构成本法规定的轻罪的行为，或者是否有充分的理由拒绝、暂缓或就债务人的解除令施加制约；（2）对债务人进行公开询问，按公职检察官的指示，参与并协助对任何欺诈性债务人的起诉。

对债务人的产权，破产管理署署长有以下职责：（1）在任命破产管理人之前，担任债务人产权的临时托管人，如果没有任命特别经理，则临时担任特别经理；（2）在任何情况下，为了债权人的利益而筹集资金（如果有必要）；（3）召集并主持第一次债权人会议；（4）签发用于债权人会议的委托书表格；（5）向债权人汇报该债务人可能就清算的模式已经提出的建议；（6）公告接管令、第一次债权人会议的日期及公开询问债务人的日期，以及其他可能需要公告的事宜；（7）在破产管理人一职空缺时，担任托管人；以及如果债务人没有代理律师，自己不能恰当地编制资产负债情况说明书，则协助该债务人编制其资产负债情况说明书，为此可以雇佣任何一人或几人来协助编制，费用由破产财产承担。

为了履行临时托管人或经理的职责，破产管理署署长具有与法院任命的破产管理人或经理同等的权力，但应尽量就债务人的财产管理咨询债权人的意见；如果认为有必要，召集宣称自己是债权人的人开会。但是，除非法院另有命令，不得超出保护债务人的财产或处理易腐烂变质的货物所必须的范围而发生任何费用。破产管理署署长按照法院可能不时地作出的指示，向法院提交账目，支付所有款项，并处理所有的证券。

三、破产管理人

债权人如果认为合适的话，可以任命几个人担任破产管理人，一旦任命了几个破产管理人，债权人就应宣布这些破产管理人需要或授权做的任何作为是由全体共同进行，还是由其中的一人或几人进行。但在本法中，所有任命的人都被包括在"破产管理人"一词中，他们应为破产人财产的共有人。破产人或者债权人或其他人如果不服破产管理人的行为或决定，都可以向法院起诉，而法院可以维持、推翻或修改被起诉的行为或决定，并作出其认为公平的命令。

破产管理人的工作包括以下方面内容：（1）在不抵触本法规定的情况下，破产管理人在管理破产人的财产并在债权人中间分配的过程中，应考虑债权人会议或审查委员会通过决议作出的任何指示；如果两者有冲突，债权人在债权人会议上所作的指示都应视为优先于审查委员会作出的指示。（2）破产管理人可以为了确定债权人的意愿而不时地召集债权人会议，并负责按债权人在任命破产管理人或其他议题的会议上通过决议指示的时间召开债权人会议；任何债权人，经代表债务价值 1/4 的债权人同意（包括他自己），都可以随时要求破产管理人或破产管理署署长召开一次债权人会议，而破产管理人或破产管理署署长应相应地在 14 天内召开债权人会议。如果被如此要求的话，要求召开债权人会议的人应当（视情形而定）向破产管理人或破产管理署署长交存一笔足以支付召集会议费用的款项；如果法院指示，该款项可以从破产财产中拨付给他。(3)破产管理人可以按规定的形式，就破产程序中产生的具体事务，向法院申请作出指示。(4)在不抵触本法规定的情况下，破产管理人应自行酌情管理破产财产，并在债权人之间分配。

第七章　越南商事法律

第一节　商法概述

从立法体例来看，越南采用了民商分立的模式，在民法典之外独立订立商法典，并颁布大量商事单行法以顺应经济发展的新形势。

一、《越南商法典》体系

越南商法的制定以 1989 年《越南经济合同法》为标志，该法由越南社会主义共和国部长会议于 1989 年 9 月 25 日通过，国家主席武志公于 1989 年 9 月 29 日签署公布并实施。《越南商法典》的编纂始于 2005 年，并根据 1992 年越南宪法的第 103 条和第 106 条的相关规定，国会已经通过的决议基础下，国家主席签署并颁布相关的法令。

《越南商法典》第一章为总则，包括调整范围和适用对象，基本原则以及外国商人在越南的商事活动；第二章至第六章是对各种商业行为的规定，依次为商品买卖、服务提供、商事促进、商事中间活动和其他商事活动；第七章是对商业制裁和商事争端解决的规定；最后在第八章中明确对违反商事法律行为的处理进行了规定。

二、民法典与商法典关系

越南虽采取民商分立的立法体例，但从相关法律的制定来看，越南并不是绝对的民商分立，二者有着紧密的联系。

(一) 商法必须与民法配套理解和适用

从理论上看，相当一部分《越南商法典》的规定，只有根据《越南民法典》所确立的理论才能理解，只有将民法典的基本规范与商法个案结合起来才能对独立案件事实进行理解。例如，《越南商法典》中关于商品买卖的规定重点在于国际商品买卖，填补民法局限于国内商品买卖的不足，买卖双方当事人之间的权利和义务，原则上仍然须由民法典第十八章的通用民事合同之下的财产买卖合同调整。

从适用上看，越南商法典中的其他规定，比如合同领域的行纪合同等，形式上属于专有规定，非常详尽，可以视为完全不同的具体制度在基础的规范上，但仍然要用民法典中的合同规范，以解决合同的成立效力、履行和不履行后果的确定等基本问题。此外，许多基本制度还是要适用民法的规定，如法人制度、时效制度、法律行为制度等从这个意义上看，不能单纯地仅从商法规范本身来理解商法的适用，此时的民法商法的区分应停留在一般法与特殊法的层次之上，商法并非完全独立，其调整的对象仍然是平等主体之间的关系。针对商事平等关系的私法调整时，附加了与民法不同的特殊意味，即商业的个人经济和社会利益的得益。这种区分是在方法上的改变，试图基于特殊的目的对民法规则的变更。所以，越南商法并非平行于民法，而是两个独立法律体系的相互联系和作用。

(二) 商法典外颁行商法单行

在越南，以商法典为基础，同时又制定了各种商事单行法。这种做法既保持了商法典的稳定性，又要使商事法律制度适应不断发展变化的新形势的需要。所以，越南制定了商事法典以外存在大量的商事单行法。例如，1989 年《经济合同法》、1991 年《公司法》后又于 1997 年制定的取代公司法的《企业法》、1998 年《证券法》等，从各国的国内立法现状来看，采用法典之外另立商事单行法成了民商或民商分立体制国家的共性。现代经济国家中，商法的存在和发展并获得实质的独立地位是大势所趋。但是，也不意味着要制定一部鸿篇巨制的商法典，《越南商法典》就将法典的范围自觉地缩小在一个较小的范围内，而没有囊括所有的商法规范，从而避免了像德国和法国那样的高度法典化之后又经历了一个

"去法典化"的过程。

第二节 企业成立与营业登记

一、有权设立企业人员和组织

越南企业法以列举的方式排除了无权设立企业的人员和组织，除以下情况外，组织和个人有权成立和管理企业：（1）使用国家资产和公款成立企业，为其机关单位谋利的政府机关和人民武装力量下属的单位；（2）依据公职人员相关法令规定的干部和公务员；（3）国家军队和其管辖的机关单位的军官、基层军官、专业军人、国防工人；（4）公安单位和其管辖的机关警官、基层警官和专业基层警官；（5）国有企业的领导干部和业务主管，只有由政府指派代表国家参与管理政府投资的企业不受此限制；（6）未成年人；（7）民事行为能力受限或丧失者；（8）被追究刑事责任的或正在服刑的人员，因犯走私、制造或经销伪劣产品的人员，违法经营、逃税、诈骗客户等罪名的人员，被法院判处其他罪名、依法剥夺经营权的人员；（9）除企业破产法另行规定的情况外，所有私营企业所有人、合资公司成员、经理(总经理)、董事长和股东会的成员，被宣告破产后，自宣告破产之日起，在一至三年的期限内，不得成立企业，也不得担任企业的管理人；（10）不属于常住越南的外国组织和外国人。

除下列情况外，组织和个人有权向有限责任公司、股份有限公司和合资公司投资：（1）政府机关和人民武装力量的下属单位，使用国家资产和公款投资的企业，为其机关单位谋利的人员；（2）依照有关公职人员的法律规定，不得向企业投资的公职人员；（3）不属于常住越南的外国组织和外国人、定居海外的越南人须依照越南国内的投资鼓励法向有限责任公司、股份有限公司、合资公司投资。

二、企业登记

企业的设立应当依照企业法的规定，齐备有关企业登记的相关文件，向企业所在地的中央直辖市或省人民委员会管辖的企业登记机关办理登记，并应当对其企业登记文件内容的正确性和真实性负责。企业登记机关不得要求设立人提交本法律规定之外的任何证件和文件，企业登记机关只负责审核企业登记的案卷资料是否合格。企业登记机关应自收到文件之日起 15 天内，处理完成企业登记申请案卷。例如，企业登记机关拒绝颁发企业登记证，应当以书面形式通知设立人。通知书上应写明拒绝颁发的理由和需要修改补充的项目。

进行企业登记时应提交以下案卷：(1)企业登记书；(2)公司章程；(3)有限责任公司的成员股东名册，合资公司的成员名册，股份有限公司的创始股东名册；(4)从事经营须拥有法定资本的行业，应附加法律规定的职权机关或组织确认资本的文件。企业登记书应具备下列各项主要内容：(1)企业名称；(2)企业主体所在地地址；(3)经营的行业和目标；(4)公司的章程资本或私营企业业主的原始投资资本；(5)有限责任公司的成员股东和合资公司的每位成员的投资额；(6)股份有限公司创始股东登记购买的股份额、股份种类、股份面额和每种股份获准发行的股份总额；(1)私营企业的业主、有限责任公司和股份有限公司在法律上的代表人或合资公司的全体公司成员的姓名、签字和常住地址。

公司章程应具备下列各项主要内容：(1)公司主体机构、分公司、代表处的名称、地址；(2)经营行业和目标；(3)章程资本；(4)合资公司所有成员、有限责任公司成员股东或股份有限公司创始股东的姓名、地址；(5)有限责任公司的成员股东和合资公司每位成员的投资资本比例和投资资本价值；(6)股份有限公司创始股东认购的股份数、股份种类、股份面值和每种股份获准发行的股份总数；(7)有限责任公司的成员股东和合资公司的成员、股份有限公司的股东等的权利和义务；(8)管理组织机构；(9)有限责任公司和股份有限公司在法律上的代表人；(10)公司决策的通过方式和公司内部争执的处理原则；(11)有限责任公司的成员股东和股份有限公司的股东，可以要求公司购回其投资资本或股份的规定办法；(12)公司设立的各种基金和各类基金的限额；(13)利润和股息分派和经营亏损分担的原则；(14)公司解散的规定办法、解散程序和公司资产清理手续；(15)公司章程的修正和补充方式；(16)合资公司所有成员、有限责任公司在法律上的代表人或所有公司成员、股份有限公司在法律上的代表人或所有公司创始股东的签字。由公司成员或股东协商决定的公司章程的其他内容，均不得违反法律规定。

有限责任公司、合资公司的成员名册，股份有限公司的创始股东名册，应具备下列各项主要内容：(1)有限责任公司、合资公司的成员和股份有限公司的股东的姓名、地址；(2)有限责任公司、合资公司的投资资本份数、资本价值、资产类别、数量和每种资产的实际价值、投资期限；(3)股份有限公司的股份数量和类别、资产类别和数量、每种股份投资资产的实际价值、投资股份的期限；(4)有限责任公司、股份有限公司在法律上的代表人或公司所有成员、公司创始股东，合资公司的所有成员的姓名和签字。

企业自获得企业登记证之日起，可以开始经营活动。对于各种有条件规定的经营行业，则企业自获得该行业的政府职权主管机关发放营业许可证之日起，或是在具备规定的营业条件后，方可开始经营活动。

企业登记证应具备下列各项主要内容：(1)企业的主体机构、分公司、代表处(如果有)的名称、地址；(2)经营的行业和目标；(3)有限责任公司、股份有限公司、合资公司的章程资本；(4)私营企业的原始投资资本；(5)须有法定资本企业的法定资本；(6)企业在法律上的代表人的姓名、常住地址；(7)有限责任公司成员股东的姓名、地址；(8)股份有限公司创始股东的姓名、地址；(9)合资公司成员的姓名、常住地址。

企业欲变更其主体机构的名称和地址，或变更分公司、代表处(如果有)的名称、地址、经营行业和目标、章程资本、业主的投资资本、企业的管理人、企业在法律上的代表人和企业登记案卷内的其他内容，则应在进行变更前最迟15天内，向企业登记机关办理变更登记。变更企业登记证的内容，则将重新发给企业登记证；至于内容以外的其他事项变更，则发放企业营业变更登记证。

企业登记机关自发放企业登记证、营业变更登记证之日起7天内，应将该证的复印件送达企业主体机关所在地的税收机关、统计机关和该行业的经济、技术管理机关和省市管辖的郡、县人民委员会备案。组织和个人可以要求企业登记机关提供有关企业登记的内容信息、发放企业登记证复印件和营业变更登记证复印件或企业登记内容的摘录件，而且需要依法缴纳费用。

企业自获发放企业登记证之日起30天内，应在当地报刊或中央政府的日报中，连续3天刊登下列主要内容：(1)企业名称；(2)企业主体、分公司、代表处(如果有)的地址；(3)经营的行业和目标；(4)有限责任公司、股份有限公司、合资公司的章程资本，私营企业的原始资本；(5)企业所有人或公司全体创始成员的姓名和地址；（6）企业在法律上的代表人姓名和常住地址；（7）登记经营的地方；（8）当企业变更其企业登记内容时，应依照本条第 1 款规定，公告其变更企业登记的内容。

三、资产所有权转移

在获发放企业登记证后，出资的有限责任公司、股份有限公司和合资公司应依照下列规定，将其出资的资产所有权转移给公司：（1）所有登记所有权的资产或有价的土地使用权，出资人应向国家权力责任机关办理手续，将该资产所有权或土地使用权转移给公司。出资资产所有权的转移，不用缴纳其相关企业的注册费用。（2）对于属于无登记所有权的资产，出资资产的交接，应记录下来并加以确认。资产交接记录应具备下列各项主要内容：①公司主体的名称、地址；②出资人的姓名、地址；③出资资产的类别和单位数量；④出资资产的总价值和在公司章程资本中所占的比例；⑤交接日期；⑥出资人和公司在法律上的代表人的签字；⑦所有以"越币、市场自由兑换的外币、黄金"以外的资产作为股份或出资资本的，只有在该资产的合法所有权转移到公司后，才能视为结算完成。所有在私营企业经营活动中使用的资产，不必办理其所有权的转移手续。

四、出资资产定价

所有以"越币、市场自由兑换的外币、黄金"以外的资产出资的，该资产必须核定其价格。在企业成立时投入企业作为资本的资产，全体创始成员就成为该资产的定价人。出资资产的价值，应在一致同意的原则下通过。在企业活动的过程中，股份有限公司的董事会、有限责任公司的股东会的股东、合资公司的所有成员就成为出资资产的定价人。资产定价人，应对出资资产价值的正确性和真实性负责。如出资资产的价格定价高于出资当时的实际价值时，出资人和定价人应依法核定价格，投入不足的部分，如造成他人的损害时，出资人和定价人应连带负有赔偿责任。

如果能够证明资产出资时的定价与其实际价值不符，所有具有义务和权利的相关人士有权要求企业登记机关强制相关定价人重新进行定价或指定鉴定组织对该出资资产重新进行价值鉴定。

五、企业名称、地址和图章

企业名称应符合下列各点规定：（1）不得与已经登记的其他企业名称重复或容易造成误认；（2）不违反国家历史传统、文化、道德和民族良好风俗；（3）名称应用越文书写，也可添加一种或几种外国文字，其字体应略小于越文。同时，也应明确写出企业的形态：（1）有限责任公司的词组"责任有限"简写为"TNHH"；（2）股份有限公司的词组"股份"简写为"CP"；（3）合资公司的词组"合资"简写为"HD"；（4）私营企业的词组"私营"简写为"TN"。企业的主体机关应设在越南领土上；应具备确定的地址，包括中央直辖市、省、省辖市、郡、县、市镇、坊、社、乡村、街道（巷）等的名称和门牌字号、电话和电传号码（如果有）。依照政府规定，企业应有独特的图章。

六、企业代表办事处和分支机构

代表办事处是企业的附属单位，依照授权担任企业利益的代表，并执行保护该利益的任务。代表处的活动内容应与企业的活动内容相符合。分支机构是企业的附属单位，负责执行企业的部分或全部职能，包括依照授权担任企业代表的职能。分支机构经营的行业应与企业的经营行业相符合。企业可以在国内和国外设立分支机构和代表办事处。分支机构和代表办事处的设立程序和手续，由政府另行制定。

第三节　有限责任公司

根据越南《公司法》第2条的规定，有限责任公司是指各股东共同投资、共同分享利润、共同分担与投资资金相应的亏损的企业形式，其中各股东只负责本人投资范围内的公司债务。越南《企业法》将有限责任公司分为拥有两名股东以上的有限责任公司和拥有一名股东的有限责任公司。

一、拥有两名股东以上有限责任公司

拥有两名股东以上的有限责任公司是指公司股东在两名以上，股东在筹集的

出资资本范围内对公司的全部债务及各项资产义务承担责任的组织。公司的股东既可以是个人也可以是组织，人数不得超过50名。有限责任公司于办理企业登记后取得营业注册认证文件，认证文件记载的日期为有限责任公司取得法人资格的时间。公司在办理企业登记后，应当设立公司股东登记名册。该名册应当包含以下内容：(1)公司名称和地址；(2)股东和法定代表人的姓名、住址和签字；(3)股东的出资方式和价值；(4)出资日期；(5)出资资产的类别、数量和价值；(6)股东的出资证明书编号和发放日期。公司股东登记名册一旦形成，应以书面形式通知企业登记机关和公司所有股东。

(一)公司股东出资

有限责任公司的股东应当在筹集出资的期限内缴清出资的资本，如在规定期限内未缴清出资资本，不足部分将视为该股东对公司所欠的债务，因为未能按时出资而给公司造成的损失由该股东承担赔偿责任。公司的法定代表人应在股东筹集出资之日起30日内将上述情况以书面形式通知企业登记机关。否则，未缴足出资资本的股东和公司的法定代表人应当对由此给公司造成的损失承担连带责任。

股东在完成按时足额出资的义务后将会获得公司发放的出资证明书。该证明书应当包含以下内容：(1)公司的名称和地址；(2)公司登记证的编号和发放日期；(3)公司章程规定的资本；(4)股东的姓名和地址；(5)股东出资的资本和价值；(6)出资证明书的编号和发放日期；(7)公司法定代表人的签字。

履行出资义务后，股东可通过书面形式对公司的以下问题提出异议：(1)修订和补充公司章程中有关公司股东的权利和义务或公司股东会的权利和义务；(2)公司重组；(3)公司章程中规定的其他事项。以上三项决议从通过之日起15天内，股东可以书面形式要求收回出资。公司和股东可以就回购价格进行协商，如果协商不成，公司应当在收到该要求之日起15日内，按照市场价格或公司章程记载的原则计算回购价格。回购资本的事宜不能影响公司对外债务的承担。当然，公司股东也可将自己拥有的出资额部分或全部转让给其他股东。只有在其他股东不愿购买或不能全部购买时，公司股东之外的第三人才拥有购买权。如果股东成为限制民事行为能力人，经公司股东会的同意，其在公司中的权利和义务可以由其监护人代为行使和履行。如果股东会拒绝同意，则该股东的出资将由公司回购。如果股东死亡后没有继承人或继承人放弃继承的，公司应当将其出资资本上缴国库。

(二)公司股东权利、义务和责任

1. 公司股东的权利

根据《企业法》第41条规定，公司的股东享有以下权限：(1)出席公司股东会议并参与讨论、建议以及表决属于公司董事会决策的事务；(2)拥有与入股资本比例相应的表决票数；(3)检查、审议、研究、抄录公司股东登记名册及笔记本，追踪公司历年商务交易运作、会计账册以及财务报表、公司董事会会议记录以及公司发布的其他数据文件；(4)按照入股资金比例取得公司完成各种财务义务后的税后盈余；(5)公司解散或破产时，依照入股资金比例取得公司剩余财产；(6)公司增加章程资本额时，优先增加入股，依照本法规定全部或部分转让名下的股权；(7)对公司总经理或经理未尽职责导致股东或公司权益受损时，依法提出申诉或控告；(8)有权依照法律规定及公司章程规定，以转让、遗留、赠与或其他方式处理其入股资金；(9)本法或公司章程规定的其他权限。另外，《企业法》还规定，公司个人股东或集体股东拥有公司章程资本额25%以上股权或公司章程条款规定较低持股比例时，有权要求召开公司董事会会议以处理其权限范围内的事务。公司任何股东拥有公司章程资本额75%以上股权，而公司章程又未依照本条款规定较低持股比例时，其他少数股东集合起来即拥有本条规定的权利。

2. 公司股东的义务

《企业法》第42条规定，公司股东的义务包括：(1)依照规定缴清资本，并在入股资金数额范围内承担公司债务；(2)不得于本法规定的情况外抽回已入股资金；(3)遵守公司制订的章程；遵守公司董事会的决议；(4)履行法律规定的其他义务。

3. 公司股东的责任

公司股东以公司的名义从事下列行为时，应承担个人责任：(1)犯法行为；(2)非以公司营利为目的并造成他人受损害；(3)于公司可能发生债务危机的情况下，提前偿付未到期的公司债务。

（三）组织管理机构

两名股东以上有限责任公司设有董事会、董事长、总经理或经理等组织机构。11 名股东以上有限责任公司须设核查处，公司股东少于 11 人的，可按照公司管理需要设核查处。公司章程规定公司核查处及核查处处长的权利、义务以及任职条件和标准等制度。公司章程规定，公司董事长、总经理、经理之一担任公司法定代表人时，须长期居住于越南境内，若需要离开越南时间长达 30 天者，必须按照公司章程的规定，以书面形式授权他人代为履行法定代表人的权利和义务。

1. 董事会

董事会是公司最高决策机关，公司章程规定公司每年至少应召开董事会一次。

（1）董事会的职权。公司董事会的权利、义务如下：①决定公司每年发展策略与经营计划；②决定公司章程资金的增减、公司增资时机以及筹资方式；③决定资金高于公司最新公布财务报表所列资产总值 50% 的投资方式及投资项目，或其他低于公司章程规定资金比例的投资方式及投资项目；④决定市场开发、市场营销方式；⑤通过价值高于公司最新公布财务报表所列资产总值 50% 或低于公司章程规定的资产比例的借贷合同或放贷合同或出售合同；⑥推选或罢免公司董事长；⑦决定公司总经理、经理、会计长以及公司章程规定的管理干部的薪资、奖金以及其他权益；⑧审核公司年度财务报表、公司盈余运用与分配方案以及公司亏损处理方案；⑨决定公司的组织管理机构；⑩决定设立子公司、分公司或公司代表办事处；⑪修改公司章程；⑫决定公司合并事宜；⑬本法和公司章程规定的其他权利、义务。按照本法规定，公司董事会议得随时根据董事长或个人董事或集体董事的要求召开。公司的董事会议必须在公司的主要办事机构所在地召开，公司章程另有规定者除外。公司董事长负责组织和准备董事会会议议题、会议资料并主持会议。股东有权以书面提案提出会议议题，提案应当包括以下内容：①自然人股东姓名、户籍登记地址、国籍、国民身份证或护照或其他个人合法身份的证明文件；②法人股东名称、户籍登记地址、国籍以及公司设立决议文号或营业注册文号；③股东或其授权代理人的签名；④入股资金比例以及入股认证文号及发文日期；⑤提议纳入会议议程的内容；⑥提出议题的事由。会议提案应内容完整并最迟于董事会议召开前一天送达公司主要办事机构所在地，公司董事会必须将其补充纳入会议议程。

（2）董事会的召开。①董事会会议召开可以书面、电话、传真、电报或公司章程注明的其他通信方式直接通知每位股东。②开会通知应说明开会时间、地点以及会议内容。③会议内容牵涉到修改公司章程、审核公司发展方案、审核公司历年财务报表或公司合并、解散等事项时，必须最迟于开会前 2 个工作日将相关通知直接送达每位股东。④其他会议通知的寄送日期按照公司章程的规定办理。公司董事长未按照本法规定，于收到公司 1 名股东或集体股东要求召开董事会的通知后 15 个工作日内办理，则该公司股东或集体股东有权直接召开董事会。如有必要，股东可要求营业注册主管机关监督董事会议的组织事宜，并有权以自己的名义或公司的名义控告董事长未善尽管理职责致其合法权益受到损害。公司章程没有相关规定时，股东可按照本法规定以书面形式要求召开董事会会议。股东在不具备法定事由而提议召开董事会时，董事长应当于收到相关要求后 7 个工作日内以书面形式通知该股东。

2. 董事长

公司应当从股东中推选一人担任董事长，董事长可兼任公司总经理或经理。董事长的职权包括：（1）筹备或组织筹备董事会议程与计划；（2）筹备或组织筹备董事会会议或收集股东对会议议程、会议内容的意见；（3）召集与主持董事会会议；（4）核查董事会各项决策落实情况；（5）代表公司签署董事会决议；（6）本法及公司章程规定的其他职权。董事长的任期不超过 5 年，但可连选连任。公司章程规定董事长为法定代表人时，公司所有交易信笺必须注明。当董事长缺位时，依照公司章程规定，应书面授权另一位股东代理行使董事长的职权。若无股东获相关授权或董事长丧失工作能力时，董事会其余股东得按照过半数表决原则另外推选 1 人担任董事长并暂时行使董事长的职权。

3. 总经理或经理

总经理或经理是公司日常营运的负责人，对公司董事会负责。

（1）总经理或经理的职权。《企业法》第 55 条规定，公司总经理或经理享有以下职权：①组织落实董事会的各项决策；②处理公司日常营运问题；③组织落实公司经营计划及投资项目；④制定公司内部管理规定；⑤任命或罢免公司管理干部，属于董事会人事任免权者除外；⑥以公司名义签订商业合同，属于董事长主管的情况除外；⑦建议调整公司组织机构；⑧向董事会提交公司年度财务决算报告；⑨雇佣员工；⑩公司章程规定的其他职权；⑪总经理或经理根据董事长的决定与公司签订的聘任合同所规定的其他职权。

（2）公司总经理或经理的义务。《企业法》第56条规定，公司总经理或经理承担以下义务：①诚实、谨慎并良好地执行其获得的授权，以最大程度保护公司及股东的利益；②效忠公司及股东的利益，不得为个人或者其他组织牟取利益，不得利用其职务便利使用公司的数据、机密、经营机会以及公司资产；③公司总经理或经理应当将有关重要信息及时、准确、完整的通知公司有关负责人；④履行其他法律及公司章程规定的义务。另外，《企业法》明确规定，公司发生财务危机无法偿还负债时，公司总经理或经理不得调薪及支取薪水。

（3）公司总经理或经理的任职资格。《企业法》第57条规定，公司总经理或经理必须具备下列条件：①具备完全民事行为能力，且非系本法禁止担任经营管理工作者；②至少持有公司章程资金的10%，或非公司股东但具备专门学识及实际管理经验者，或具备公司主要经营产业发展经验或公司章程条款规定的其他前提条件者。

二、拥有一名股东有限责任公司

只拥有一名股东的有限责任公司是指企业资产所有人是一个团体或者一个个人（后总称为公司业主），公司业主在公司章程资本范围内承担公司债务及其他财务责任的经济组织。该组织于取得营业注册认证之日起拥有法人资格，但该组织不得发行公司股票。

（一）公司业主权利

1. 团体作为公司业主

当公司业主为一个团体时享有如下权利：（1）决定公司章程内容并有权修改公司章程；（2）决定公司年度发展策略及营运计划；（3）决定公司的组织管理机

构，任命、罢免、撤职公司的管理人员；（4）决定价值相当于或高于公司最近财务报表中公司总资产 50% 或小于公司章程资本额一定比例的投资项目；（5）决定公司市场开发、市场营销以及生产科技运用等措施；（6）决定价值相当于或高于公司最近财务报表中公司总资产 50% 或小于公司章程资本额一定比例的借贷合同或放贷合同以及其他公司章程规定的合同；（7）决定公司资产价值相当于或高于公司最近财务报表中公司总资产 50% 或小于公司章程资本额一定比例的出售事宜；（8）决定增加公司章程资本额；（9）决定部分或全部转让公司章程资本给其他组织或个人；（10）决定设立子公司或对其他公司入股事宜；（11）组织监察、追踪以及评估公司营运状况；（12）决定完成纳税义务以及其他财务义务后公司盈余的使用事宜；（13）决定公司的合并、解散以及申报破产等事宜；（14）于公司完成解散或破产手续后收回公司全部资产；（15）本法和公司章程规定的其他权利。

2. 个人作为公司业主

当公司业主为个人时享有如下权利：（1）决定公司章程内容并有权修改公司章程；（2）决定公司投资经营以及内部管理事宜，除非公司章程另有规定；（3）决定将公司章程资本部分或全部转让给其他组织或个人；（4）决定完成纳税义务以及其他财务义务后公司盈余的使用事宜；（5）决定公司的合并、解散以及申报破产等事宜；（6）于公司完成解散或破产手续后收回公司全部资产；（7）本法和公司章程规定的其他权利。此外，越南《企业法》对公司业主的权利作出了相应的限制：（1）公司业主只能采取将公司章程资金部分或全部转让给其他组织或个人的方式收回资金；（2）如采取其他方式收回部分或全部入股资金时，必须对公司各项债务承担连带责任。公司业主不得于公司未清偿各项到期债务以及其他债务时提取公司经营盈余。

（二）公司业主义务

无论公司业主是团体还是个人均应遵守以下义务：（1）依照登记期限按时投入资本；（2）遵守公司章程的规定；（3）公司业主为个人时，必须将其个人及其家人开销账目与公司账目区分开来；（4）遵守商业合同法规以及公司业主与公司之间就买卖、借贷、租赁以及其他商务交易行为的法律规定；（5）履行法律以及公司章程规定的其他义务。

（三）公司组织管理机构

1. 组织管理机构的组成

公司业主以授权方式任命一人或多人代理其履行本法及其他相关法律规定的权利和义务，代理人的任期不超过 5 年。获授权的代表必须具备本法规定的条件。公司业主有权随时更换授权代理人。如果至少两人获授权代表公司，则公司的组织管理机构包括董事会、总经理或经理以及核查员。在此情况下，董事会包括所有获得授权的代表人。如果一人获授权代表公司，则由其担任公司执行董事长。在此情况下，公司组织管理机构包括董事长、总经理或经理以及核查员。公司章程可规定董事长、执行董事长、总经理、经理之一担任公司的法定代表人。公司法定代表人必须长期居住于越南境内，若需要离开越南 30 天以上，必须依照公司章程的规定，以书面形式授权他人代替其成为公司的法定代表人。董事长、执行董事长、总经理或经理以及核查员的职权和义务依照本法规定。

2. 组织管理机构的义务

《企业法》第 72 条规定，董事、董事长、总经理、经理及监察人承担以下义务：（1）于执行公司所交代的任务时应遵守法律、公司章程及公司负责人的决定；（2）忠实、谨慎及有效率的执行公司所交代的任务，以维护公司及公司所有人的最大合法权益；（3）忠诚于公司及公司所有人的利益，不可利用公司的信息、营业秘密、经营机会及公司的资产为个人或其他组织牟取利益；（4）将其他企业有关人员在本公司占有股权、以股权出资或担任公司负责人的准确、充足的资料及时通知公司；（5）本法规定及公司章程规定的其他义务。另外，《企业法》规定，公司未能偿还到期债务时，总经理或经理不可调升薪资或者发放奖金。

（四）增资、减资

《企业法》第 76 条对公司资本的增减作出了明确规定：（1）个人独资有限责任公司不可减少其章程所列的资金；（2）个人独资有限责任公司可以公司所有人增加投资或筹措他人的资金等方式来增资。公司所有人决定增资方式及增资比例。筹措他人的资金来对公司资本增资时，公司应当于新股东承诺出资之日起

15 天内登记变更为拥有两名股东以上的有限责任公司。

第四节　股份有限公司

一、股份有限公司概念

股份有限公司是依照章程将公司资本分成若干相同等份，股东以其认购的股份为限对公司承担责任，公司以其全部财产对公司债务承担责任的法人。股份有限公司的股东既可以是组织，也可以是个人，股东人数最少为 3 人，最多人数不限。股东仅在其出资范围内，对公司的债务及其他财产义务承担责任。股份公司自获得核发经营登记执照之日起具有法人资格，其有权根据证券法律法规对公众发行股票。

二、股份种类

股份有限公司必须拥有普通股份，普通股份所有人是普通股东。股份有限公司也可以拥有优先股份，优先股份所有人成为优先股东。优先股包括优先表决股、优先股息股、优先赎回股以及公司章程规定的其他优先股。只有获得政府授权的组织和公司的创始股东，才可以持有公司的优先表决股。公司创始股东的优先表决股的有效期为公司取得企业登记证之日起 3 年内。逾期后，优先表决股将转换成普通股。有权购买公司优先股息股、优先赎回股及其他优先股人员，由公司章程规定或由公司股东大会决定，同类每一股份的所有人享受相等的权利和义务。普通股不得转换成优先股。优先股可以依照公司股东大会的决议，转换成普通股。

（一）普通股东权利、义务和责任

1. 普通股东的权利

根据《企业法》第 79 条的规定，普通股东享有如下权利：（1）参与和表决属于公司股东大会权利范围内的各类事项；每一普通股享有一票表决权；（2）领取由股东大会决定的对应的股息；（3）按照每一位股东在公司拥有普通股的比例，

以同一相对应的比例，可以优先购买公司发行的新股；（4）当公司解散时，在公司与债务人及其他类别股东清算后，将依据其出资比例分配公司的剩余财产；（5）法律和公司章程所规定的其他权利。

一个或多个股东至少连续 6 个月拥有公司 10% 以上数额的普通股或公司章程中规定小于 10% 比例的普通股数额，将享有下列权利：（1）推荐成为董事会或监察人会议的人选；（2）要求召开公司股东大会；（3）查阅公司的股东名册，并可以索取复印本或摘录本；（4）本法和公司章程规定的其他权利。

2. 普通股东的义务

根据《企业法》第 80 条的规定，普通股东承担如下义务：（1）自公司取得经营登记执照之日起 90 日内交付其承诺购买股份的款项；（2）在其认购的股份范围内承担公司的债务及其他资产义务；（3）除公司或他人再购买股份者外，不得以任何方式收回其对公司的出资，股东违反本项规定收回部分或全部出资时，公司董事及法定代表人在收回的资金范围内对公司债务及其他资产义务承担连带责任；（4）遵守公司章程及公司内部管理规定；（4）执行股东大会及董事会的决定；（6）履行本法、公司章程规定的其他义务。

3. 普通股东的责任

普通股东在各种场合以公司名义进行下列行为之一时，须承担个人责任：（1）违反法律法规；（2）以为自己、其他组织或个人牟取利益为目的从事经营及其他交易活动；（3）公司面临财务危机时，清偿未到期的债务。

（二）优先表决股东权利和义务

优先表决股是指所享有的表决票数多于普通表决票数的股份，每一优先表决股代表的表决票数由公司章程规定。优先表决股东享有以下权利：（1）参与表决有关股东大会的权利、责任等各项问题；（2）除部分权利受限外，其他权利与普通股东相同。持有优先表决权的股东不得将其股份转让给他人。

（三）优先股息股东权利和义务

优先股息股是指所享有的股息比例高于普通股的股息比例或年度稳定比例的股份。优先股息股每年获得分配的股息包括固定股息和奖励股息，固定股息不属于公司的经营成果，具体的固定股息和奖励股息的认定方式在优先股息股的股票上记载。优先股息股东享有以下权利：（1）依照前述规定比例取得股息；（2）公司清偿债务后，依照其持有股份比例分配公司的剩余财产；（3）公司解散或破产时须退还优先股份；（4）除部分权利外，其他权利与普通股东相同。优先股息股东承担以下义务：没有表决权，不得参加股东大会，不得推荐成为董事会和监察人会议的人选。

（四）优先赎回股东权利和义务

优先赎回股是指在任何时候公司将依据所有人的要求或依据优先赎回股票上记载的条件，偿还与其拥有股份价值相当的资金。除个别权利受限外，其他权利与普通股东相同。优先赎回股东不享有股东大会的参与权与表决权，也不具备推荐成为董事会和监察人会议人选的权利。

（五）创始股东普通股份

根据越南《企业法》第4条词汇解释第10项的规定，创始股东是指以资金入股、参与公司的设立并签署公司原始章程条款者。关于创始股东的普通股份，主要规定如下：（1）创始股东须共同购买发售的普通股份总数的20%以上，并于公司取得经营登记执照之日起90天内结算其所登记购买的股份额。（2）自公司取得经营登记执照之日起90天内，公司须将出资情形通知经营登记机关。（3）创始股东无法付清已登记购买的全部股份金额，其未付清的部分将以下列方式之一处理：①其余创始股东以其在公司持股比例购买该股份数额；②一名或若干名创始股东收购该股份数额；③创始股东以外的其他人购买该股份数额。（4）创始股东未全部购买获准发售的股份数额时，剩余股份数额须发售并自公司取得经营登记执照之日起3年内全部售出。（5）自公司取得经营登记执照之日起3年内，创始股东有权自由转让其普通股份给其他创始股东，但只有在获得股东大会同意的情况下，才能将普通股份转让给非创始股东。计划转让股份的股东对该股份数额转让事宜无表决权，获该股份转让者成为公司当然的创始股东。自公司取得经营登记执照之日起1年后，对创始股东的普通股份的限制将被废除。

三、股票和债券

(一)股票概念

股票是指由股份公司发行或确认的，载明持有人对公司的一份或数份股份享有所有权的证明书。股票可以是记名股票，也可以是无记名股票。股票必须详细记载以下内容：(1)公司名称和地址；(2)经营登记执照号码及核发日期；(3)股份数额及股份种类；(4)每股股份的价值及股票上记载的股份总价值；(5)记名股票的股东姓名；(6)办理股份转让的手续；(7)公司印章及法定代表人的签名；(8)公司股东登记名册上的登记编号和股票发行日期等。

(二)股票发售和转让

关于股票的发售和转让，主要规定如下：(1)董事会有权决定获准发售股份的发售价格、时间及方式。股票发售价格不得低于发售当时市场价格或股份记录簿所记载的近期价值，但具有以下情形的除外：①首次向非创始股东发售的股份；②依持有股份比例向所有股东发售的股份；③向中介或保证人发售的股份，折扣数额或折扣比例须获得至少代表75%股份总数的股东同意；④折扣比例及其他情形由公司章程规定。(2)公司新增发行普通股，并向所有普通股东依其目前持有股份比例发售时，须依下列规定进行：①公司以挂号函寄至股东常住地址，书面通知各股东股票增发事宜。通知自发出之日起1个工作日内连续3日刊登于报纸上。②对于自然人股东者，须有姓名、常住地址、国籍、身份号码、护照号码或其他个人合法身份的证明文件。③对于法人股东者，须有名称、常驻地址、国籍、成立决定号码或经营登记号码。④股东现有的股份数额及持股比例。⑤预计发行的股份总数及股东有权购买的股份数额。⑥股份发售价格。⑦购买登记期限。⑧公司法定代表人的姓名、签字。(3)当购买股份的款项全部付清并将购买者的资料正确的登记于股东名册时，该股份将视为已售出，股份购买者成为公司股东，公司须将发售的股票转交给购买者，股东名册上记载的股东资料足够证明该股东在公司的股份所有权。(4)除本法规定的特殊情况，各项股份均可自由转让。转让可以书面形式或交付股票的方式进行。转让协议须由转让方及受让方或其授权者签署。受让方的姓名标注在股东名册之前，转让方仍为有关股份的所有者。转让记名股票时，原有的股票将被注销，公司将重新发行已确认转让的股份。(5)向大众发售股份的条件、方式及手续，依证券相关法规执行。

(三)股份回购

1. 依股东要求回购股份

对公司重组或修订公司章程中有关股东权利、义务等事项投反对票的股东有权要求公司回购其股份。该项要求须以书面方式提出，其中应载明股东的姓名、住址、各类股份的数量、预计售价、要求公司回购的理由，并于股东大会作出决定之日起 10 个工作日内送至公司。公司应当于收到回购要求之日起 90 天内以市场价格或以公司章程规定的计算方式确定股份的回购价格。如双方对回购价格无法达成协议，股东可将股份出售给他人或要求专业定价机构协助定价。公司至少应推荐 3 个专业定价机构供股东选择，股东拥有最终的选择权。

2. 依公司决定回购股份

公司可以依据下列规定回购已经售出的占总数 30% 以下的普通股和部分或全部已经售出的优先股：(1)董事会有权决定回购前 12 个月发售的各类股份总数 10% 以下的股份，在其他情况下，股份回购由股东大会决定；(2)股份回购价格由董事长决定，除第三款规定外，普通股回购价格不得高于回购当时的市场价格，除公司章程另有规定或经股东达成协议外，股份的回购价格不得低于市场价格；(3)公司可依各股东在公司的持股比例回购其股份，在此情况下，公司的股份回购决定须以挂号信的方式寄出，自通过该决定之日起 30 日内送达所有股东，通知书须载明公司的名称、总部地址、股份总数及回购的股份种类、回购价格及定价原则、购手续和结算期限。同意出售股份的股东须以挂号信的方式于通知之日起 30 日内将其股份的发售通知递送至公司：(1)对于自然人股东，发售通知须载明其姓名、身份证号码、护照号码等；(2)对于法人股东，须载明其名称、地址、国籍、成立决定或经营登记号码；(3)持有的股份数量及回购的股份数量；(4)回购款的支付方式；(5)股东或其法定代表人的签章。

3. 支付条件及回购股份的处理方式

公司在保证能够清偿债务及其他资产义务时，应当向股东支付本法规定的回购股份款，公司确认已回购的股份于付清股款后应立即销毁，董事长、总经理或经理须共同承担因未销毁或未及时销毁股份而给公司造成的损失。公司付清回购的股款后，如会计账簿所列的资产总价值降低 10% 以上，公司应于付清回购款之日起 15 日内通知所有债权人。

4. 支付股息

优先股的股息应按每类优先股的股息支付条件支付，普通股的股息根据公司已实现的净利润及保留盈余拨出的股息支付款额来确定。股份有限公司完成纳税及其他财政义务、依法拨款建立公司基金及补足前期损失、付清股息后，仍能保证清偿到期债务及其他资产义务时，方可发放股息。股息可以现金、公司股份或公司章程规定的其他资产支付。如公司已有股东银行账户的详细资料，股息可以汇款方式支付。如公司已正确依股东提供的银行账户详细资料汇款的，公司将不负担汇款过程中所发生的任何损失。董事会最迟于支付股息之日前 30 天内拟定发放股利的股东名单，确定每一股份所享有的股息、期限及支付方式。股息支付的通知最迟须于支付股息之日前 15 天以挂号信邮寄至股东登记的住址。

（四）债券发行和购买

股份有限公司依照越南相关法律及公司章程的规定有权发行债券。除证券法规另有规定外，在下列情况下公司不得发行债券：（1）无法付清已发行债券原有款额及其利息，连续 3 年无法结算或无法清偿到期债务；（2）连续 3 年税后所得的平均值低于预计发行的债券利息，发行债券者为金融机构时，将不受本项规定的限制。公司章程未有其他规定的，董事会有权决定发行债券的种类、总价值及发行时间，但须在最近期间召开的股东大会上作出报告，报告须附带董事会有关债券发行决定的说明书及相关资料。股份及债券可以用越南货币、自由兑换的外币、黄金、土地使用权、知识产权、商业秘密及公司章程规定的其他财产购买。

四、股份有限公司组织管理机构

股份有限公司设有股东大会、董事会、总经理或经理，当股份有限公司的自然人股东或法人股东超过 11 人时，公司应当设立监察人会议。董事长、总经理或经理依公司章程规定成为公司的法定代表人。公司的法定代表人须经常居住在越南境内，如需离开越南 30 天以上，须依公司章程的规定以书面形式授权他人行使法定代表人的相关职权。

（一）股东大会

股东大会由具有表决权的所有股东组成，为股份有限公司的最高决策机构。

1. 股东大会的权利

依据《企业法》第 96 条的规定，股东大会享有以下权利：（1）通过公司的发展计划；（2）除公司章程另有规定外，核定股份种类以及各类股份获准发售的总数，决定各类股份的股息；（3）选举、罢免、撤换董事会、监察人会议成员；（4）如公司未规定其他比例限制，决定投资或出售相当于或超过公司最近财务报告记载资产总价值 50% 的资产；（5）决定修订、补充公司章程，因出售新股份而调整登记资本额者除外；（6）通过年度财务报告；（7）决定回购占已售出股份总额 10% 以上的各类股份；（8）检讨并处置董事会、监察人会议给公司及股东造成损失的违规行为；（9）决定对公司组织机构进行重组或解散；（10）本法及公司章程规定的其他权利。

法人股东有权指派一人或若干人作为授权代表执行其法人股东的职权，如授权指派的代表人数超过 1 人者，须确定每一代表人代表的股份数及投票数。授权代表人的指派、变更或离任等须尽快以书面方式通知公司。该通知须载明如下内容：（1）股东的名称、地址、国籍、设立决定号码及日期或经营登记号码及日期；（2）股份数额、种类及股东在公司登记的日期；（3）授权代表人的姓名、地址、国籍、身份证号码、护照号码等；（4）获授权代表的股份数额、授权代表的期限；（5）授权代表人及股东的法定代表人的姓名、签章，公司于收到本款规定的通知之日起 5 个工作日内将前述通知送至经营登记机关。

2. 股东大会的召开

（1）股东大会的种类。股东大会可以定期召开也可以不定期召开，但一年至少召开一次，股东大会的召开地点须在越南境内。股东大会须于会计年度结束之日起 4 个月内召开，经董事会及经营登记机关允许，最多可延期至会计年度结束之日起 6 个月内召开。年度股东大会应讨论并通过下列事宜：①年度财务报告；②董事会有关公司经营管理的评估报告；③监察人会议、董事会、总经理或经理执行职务的工作报告；④各类股份的股利比例；⑤其他事宜。董事会在下列情形下应当召开不定期股东大会：①董事会认为有必要召开股东大会的；②董事会现有董事少于法定人数的；③依某些股东或股东代表的要求；④依监察人会议的要求；⑤法律规定或公司章程规定的其他应当召开股东大会的情形。

（2）股东名册。有权参加股东大会的股东登记于公司已经建立的股东名册中。如果公司章程未有其他规定，股东名册须于有邀请决定书时以及最迟于股东大会召开前30天建立。对于自然人股东，股东名册须载明其姓名、住址、国籍、身份证号码、护照号码等。对于法人股东，须记载名称地址、国籍、设立号码或登记号码。股东的各类股份数、股东登记号码及日期。股东有权检查、调阅、摘录及复制股东名册，并有权要求修正或补充名册中有关自己的错误信息。

（3）股东大会的召集人。股东大会的召集人负责完成以下事项：①建立有参会权和表决权的股东的名单；②准备大会议程、议题、资料及针对每一议题的决议草案；③确定开会时间、地点并将开会通知寄至有权与会的股东。如果公司章程未规定期限，股东大会的召集人最迟于开会前7日将开会通知以挂号信的形式寄至有权参会的股东。

（4）股东大会的召开及表决方式。①公司章程没有明确规定时，股东大会的召开及表决方式依下列规定进行：开会前1日须进行与会代表登记，保证所有有参会权的股东均已报到，报到者将取得议题表决卡。股东大会的主持人、秘书及票数检查小组应当遵守下列规定：董事长担任会议主持人，如董事长缺席或者暂时丧失工作能力时，其余股东推选其中1人担任会议主持人。如无人可担任会议主持人，则在现任最高职务的董事的主持下，在与会代表人中选举会议主持人，得票最多者担任会议主持人。主持人指派1人担任秘书，负责记录股东大会的会议内容。股东大会依主持人的建议选举监票小组，该小组的人数不可超过3人。股东大会于会议开幕时须立即通过会议的议程、议题，议程应确定讨论各议题的时间。股东大会的主持人及指定的秘书有权采取必要措施，使会议依已通过的议程有秩序地进行并且会议决议能反映大部分与会代表的意愿。股东大会应当针对各项议题进行讨论、表决。②表决程序如下：先收赞成决议的表决卡，再收反对决议的表决卡，最后检查票数，并统计赞成的票数和反对的票数及无意见的票数，会议主持人于会议结束时公布票数检查结果。③股东大会的召集人享有如下权利：要求所有与会代表接受个人安全检查或其他安全措施等，要求所有代表维持会议秩序，驱赶不尊重主持人、故意扰乱、阻止会议正常进行或不遵守安全检查规定的代表。

股东大会有权通过会议表决或以书面联名方式通过属于其职权范围内的各项决定。公司章程如未有规定的，股东大会的下列决定应以会议表决的方式通过：①补充、修订公司章程；通过公司发展计划；②核定股份种类及各类股份获准发售的总数；③选举、罢免、撤换董事会和监察人会议成员；④如公司未设立其他比例限制，决定投资或出售相当于或超过公司最近财务报告记载资产总价值50%的资产；⑤通过年度财务报告；⑥公司组织机构的重组及解散。股东大会的一般决议获与会股东持有表决票总数65%同意时可以通过。对于核定股份种类及各类股份获准发售的总数、公司章程补充、修订、公司组织机构的重组、解散、投资或出售相当于或超过公司最近财务报告记载资产总价值50%的资产等，如公司章程未有其他规定，应获与会股东持有表决票总数75%同意时可以通过。选举董事会、监察人会议成员的表决须以票数累计方式进行，各股东持有的表决票总数为现有股份总数乘以董事会成员或监察人会议成员人数，股东有权将其所有票数投给1个候选人或若干候选人。以联名方式审议各项决定时，经代表表决票总数75%以上股东同意，股东大会的决定将获得通过。股东大会的决定于该决定通过之日起15日内应通知所有与会股东。

（5）股东大会的会议内容。股东大会的会议内容应记载于公司的记录簿。会议记录可用越文或外文撰写，并包括如下内容：①公司名称、总部地址、经营登记执照号码及核发日期、经营登记机关；②股东大会召开的地点、时间；③会议议程及议题；④会议主持人及秘书；④会议召开情形及股东大会中针对各项议题所发表的意见摘要；⑤股东人数及与会股东的表决票总数；⑥针对各项须表决议题的表决票总数，其中注明赞成票票数、反对票票数及无意见的票数；⑦与会股东的表决票数占总票数的比例；⑧已通过的各项决定；⑨会议主持人及秘书的姓名、签章；⑩以越文或外文建立的会议记录具有同等法律效力。股东大会的会议记录应于会议闭幕前建立并通过，会议主持人及秘书对会议记录内容的真实性、正确性承担责任。股东大会的会议记录于会议闭幕之日起15天内寄至所有股东。股东大会的会议记录、股东名册、已通过的决议及会议邀请函等相关资料应在公司总部留存备查。

(二)董事会

1. 董事会的职权

董事会为公司的管理机构,有权以公司名义决定、执行股东大会职权范围之外的与公司利益有关的事务。董事会的职权如下:(1)核定公司年度经营计划、中期发展计划和策略;(2)建议各类股份可发售的种类及其数量;(3)核定获准发售的新股份;(4)决定以其他方式筹措资金;(5)核定公司的股份及债券的发售价格;(6)依本法规定决定回购股份;(7)依本法或公司章程规定的职权确定投资方案及投资计划;(8)决定市场开发、营销措施;(9)通过相当于或超过公司最近财务报告记载的资产总价值50%或少于公司章程规定比例的买卖合同、借贷合同及其他合同;(10)对总经理或经理及其他重要管理人员的职位进行聘任、罢免、撤换并签署聘用合同、终止聘用合同等;(11)核定管理人的薪资及其他权益;(12)了解并监督总经理或经理及其他管理人员的日常经营管理工作;(13)确定公司的组织机构和管理规定;(14)决定成立分公司、代表办事处、在其他企业的出资金额及购买其他企业的股份;(15)核定股东大会的议程及有关数据;(16)召集股东大会;(17)将年度财务报告陈送股东大会;(18)建议应支付的股息比例,核定股息支付的手续及期限;(19)处理经营过程中产生的亏损;(20)建议公司进行重组、解散、破产;(21)本法及公司章程规定的其他权利。董事会有权以会中表决、联名表决或由公司章程规定的其他方式通过各项决定,董事各持有一张表决票。董事会在行使其职权时,应遵守法律法规、公司章程及股东大会的决定。董事会通过的决定违反法律法规或公司章程的规定,给公司造成损失的,赞成该项决定的董事应对公司的损失承担连带责任,反对前述决定的董事可免除责任。在此情况下,持续持有公司股份至少1年的股东有权要求董事会停止执行前述决定。

2. 董事会的组成

公司章程如未有其他规定,董事会的人数最少为3人,最多为11人,常住在越南境内的董事人数由公司章程规定。董事会任期为5年,董事可以无期限续任,任期结束的董事会应当继续行使职权直到新董事会产生并接任工作。递补或替代已罢免董事的新董事，其任期为董事会剩下的任期。董事会成员并不必然是公司的股东。

3. 董事的任职资

担任公司董事应当具备下列条件：(1)具有完全民事行为能力，不属于禁止管理公司的对象；(2)持有的普通股至少占股份总数的5%；(3)有公司管理或公司主要营运项目的经验、专业能力，或具备本公司章程规定的其他水平、条件。越南政府明确规定，母公司持有子公司章程资金50%以上的股份时，禁止子公司的董事与子公司的管理人以及有任命权的母公司管理人之间存在相关关系。

4. 董事长

股东大会或董事会依公司章程的规定选举董事长，董事长在董事中选举产生，除公司章程另有规定外，董事长可兼任公司的总经理或经理。董事长享有下列职权：(1)拟定董事会的营运计划；(2)准备会议议程、会议内容及相关资料；(3)通过董事会的决定；(4)监督董事会各项决定的执行；(5)担任股东大会的主持人；(6)本法及公司章程规定的其他权利。如果董事长缺席，应当书面授权另一位董事依公司章程规定的原则行使董事长的职权。如果没有授权董事或者董事长无法继续任职时，其余董事依据超过半数即为同意的原则，有权在董事会成员中选举一位董事担任临时董事长。

5. 董事会的召开

董事会任期内的首次会议应于董事会选举结束之日起7个工作日内进行，以选举董事长并提出属于其职权范围内的其他决定。董事会可定期或不定期召开，开会地点可为公司总部或其他地点。董事会的定期会议由董事长视需要召开，每一季度至少召开一次。董事长于下列情况下召开不定期董事会：(1)有监察人的建议；(2)有总经理或经理或至少其他5个管理人的建议；(3)有至少2个董事的建议；(4)公司章程规定的其他情形。会议召开建议应以书面形式提交，其中需说明召开会议的目的、洽谈的议题及属于董事会职权的决定，董事长应于收到建议之日起15日内召开董事会。董事长未依建议召开董事会，则应承担公司所遭受的损失。除公司章程另有规定外，董事长或会议召集人最迟应于开会前5日将开会通知寄至与会代表。开会通知应载明开会时间、地点议程、各项议题及决定，开会通知须附有会议资料及表决票。开会通知应以邮寄、电传、电子邮件或其他方式寄至各位董事在公司登记的个人地址。同时，董事长或会议召集人应将开会通知及相关资料送至各位监察人及总经理或经理。监察人、总经理或经理非为董事者，仍有权参加董事会召开的各项会议，有权参与讨论但无表决权。董事会会议于董事人数的 3/4 以上出席时进行，经大部分出席代表同意，董事会的决定将获通过，票数相同时，最终决定依据董事长的意见作出。

（三）总经理或经理

董事会选举 1 名董事或聘请他人担任公司的总经理或经理。除公司章程规定董事长为公司法定代表人外，总经理或经理为公司法定代表人。总经理或经理为公司日常经营的管理人，受董事会监督，向董事会负责。总经理或经理每届任期不得超过 5 年，连选可以连任。总经理或经理不得同时兼任其他公司的总经理或经理。总经理或经理享有下列职权：（1）决定公司日常经营的有关事务；（2）执行董事会的各项决定；（3）执行公司的经营计划及投资方案；（4）对公司的组织机构和内部管理规定提出建议；（5）选举、罢免、撤换公司管理人员，但属于董事会职权范围的除外；（6）核定由总经理或经理推选的管理人和公司员工的薪资和福利；（7）聘用员工；（8）建议股息支付方案及处理经营亏损的方案；（9）法律、公司章程规定及董事会决定的其他职权。总经理或经理依法律、公司章程以及与公司签订的劳动合同的规定及董事会的决定，监督、管理公司日常经营工作。违反管理规定造成公司损失的，总经理或经理应承担连带赔偿责任。

（四）监察人

1. 监察人的选任

除公司章程另有规定外，公司需有 3 至 5 名监察人，监察人的任期不得超过 5 年，连选可以连任。监察人中推选 1 名担任监察长，公司章程规定监察长和监察人的权限与任务。监察人中应有一半以上在越南境内常住，至少有一名监察人是会计人员或审计人员。当监察人会议任期届满尚未推选出新任期的监察人会议时，任期届满的监察人会议在新任期监察人会议任职前仍继续行使职权。监察人会议成员应具备以下条件：（1）年龄 21 岁以上，具备完全民事行为能力且依法律规定不属于禁止管理公司的对象；（2）不属于董事会成员、总经理或经理及其他管理人员的亲属；(3)不可担任公司各项职务，不是公司股东或员工。

2. 监察人的职权

依据《企业法》第123条规定，监察人的职权包括：(1)对董事会、总经理或经理管理公司的行为进行监督；(2)检查公司的经营管理活动、会计及统计工作，对财务报表的合法性、合理性、真实性提出建议和意见；(3)审定年度及半年度财务状况和经营状况报告，审定董事会的管理评估报告；(4)向年度股东大会提交公司的经营状况、财务状况报告；(5)依据本法的规定或股东大会认为有必要时审查公司会计资料和其他资料；(6)建议董事会或股东大会修正公司组织管理机构及经营活动措施；(7)依本法和公司章程规定及股东大会决定行使其他职权。当发现董事会成员、总经理或经理违反本法规定的义务时，应立即书面通知董事会，并要求违反者终止其行为并提出补救措施。监察人可使用具有独立性的咨询服务以执行其职务。监察人在向股东大会提交报告、结论和建议前，可征求董事会的意见。监察人行使监督职权，不得妨碍董事会的正常活动，不得中断公司的经营活动。

第五节 两合公司

两合公司是指由两名以上承担无限责任的股东组成的经济组织。承担无限责任的股东应当是个人，并且以其全部财产对公司债务承担责任。公司还可以同时拥有只承担有限责任的股东，其以投入公司的财产为限对公司的债务承担责任。两合公司自核发经营登记认证书之日起具有法人地位，其不得发行任何种类的证券。

一、股东出资

两合公司的资产包括股东已经投入公司的出资、公司名下经营所得的资产以及股东以公司名义从事经营活动及以其个人名义执行公司登记产业及经营活动所取得的资产。两合公司的无限责任股东和有限责任股东应该按照承诺的期限和数额出资，公司对完成出资义务的股东应当发放出资证明书，该出资证明书应具备以下内容：(1)公司名称及主要办公地址；(2)经营登记证书的号码及核发日期；

（3）公司章程资金；（4）股东的姓名、国籍、身份证号码、护照号码等；（5）股东的出资价值及出资类别；（6）出资证书号码及发放日期；（7）出资证书持有人的基本权利及义务；（8）出资证书持有人及公司其他两合股东的签认；（9）对遗失、破裂、烧坏或其他情形毁损出资证书的股东，公司将重新签发出资证书。如果股东违反出资义务，应当就给公司造成的损失承担责任。对不按照承诺如数出资的无限责任股东，其未出资部分将视为欠公司的债务，股东会议有权决定开除该股东。

二、两合股东权利和义务

（一）两合股东权利

依据《企业法》第 134 条第 1 款的规定，两合公司的股东具有以下权利：（1）参与公司会议的讨论并对各问题进行表决；（2）每名两合股东都享有一张表决票或按照公司章程规定的其他表决票数；（3）以公司名义从事登记产业项目的经营活动；（4）在对公司最有利时进行谈判并签订合同；（5）使用公司印章及资产以从事登记产业项目的经营活动；（6）当两合股东用个人财产为执行公司的经营活动垫付费用时，可要求公司退还其垫付的款项及依市场利率计算的原始款项利息；（7）在执行职权范围内的经营活动时非因两合股东个人过失而造成损害的，可要求公司偿付该损害；（8）要求公司其他两合股东提供公司经营状况的信息，必要时可随时检查公司资产、会计账册及其他数据；（9）可依据公司章程规定或出资比例分享相应的利润；（10）除公司章程另有规定外，公司解散时可依据出资比例分配剩余财产；（11）当两合股东死亡或被法院宣告死亡时，扣除该股东应承担责任后的剩余资产价值，可由继承人继承；（12）法律规定的其他权益。

（二）两合股东义务

依据《企业法》第 134 条第 2 款的规定，两合公司股东需承担如下义务：（1）诚实、谨慎及良好执行并管理公司业务，以确保为公司及其他股东带来更多的合法利益；（2）股东若违反前款规定给公司造成损失的，应承担赔偿损失的责任；（3）不可使用公司资产牟取个人利益，或为其他组织及个人利益提供服务；

(4)不得以个人名义收受公司款项；(5)除公司其他股东一致同意外，不可担任无限责任企业所有人或其他两合公司的股东；(6)不得以个人或他人名义从事与公司相同产业的经营；(7)未取得公司其他股东同意时，不得将其全部或部分出资转让给他人。

三、股东资格消灭

有下列情况之一，股东资格灭失：(1)违反本法关于股东权利义务的规定；(2)行使职权不诚实、不慎重或不适合而对公司及其他股东利益造成严重损害；(3)不充分履行义务者。当股东因民事行为能力受限而丧失股东资格时，则公司应当公平、适当的归还该股东的出资部分。自终止股东资格起 2 年内，该股东仍须以全部资产对其资格被终止前发生的公司债务承担连带责任。股东资格终止后该股东名字被使用于公司名称中的，该股东本人或其继承人、法定代理人可要求公司终止使用该名称。在取得股东会同意后公司可吸纳新股东，除股东会规定的其他期限外，新股东自取得同意之日起 15 日内应依承诺缴纳出资金额。除新股东与其他股东达成协议外，该新股东应以全部资产对公司债务及其他资产义务承担连带责任。

四、股东会

两合公司股东会的规定主要有：(1)除公司章程另有规定外，股东会推选一名两合股东担任股东会主席，并兼任总经理或经理；(2)两合股东可要求召集股东会会议，以协商及决定公司经营业务，要求召集会议的股东应妥善准备会议议程、内容及数据；(3)股东会可决定公司全部经营业务。当公司章程未做规定时，以下决议应取得 3/4 以上两合股东的同意才能通过：(1)公司发展方向；(2)公司章程的补充及修订；(3)吸纳新的无限责任股东；(4)无限责任股东退出公司或开除公司股东；(5)投资计划；(6)贷款及以其他形式募集资金；(7)相当于或高出公司章程资金价值50%的贷款决定；(8)相当于或高出公司章程资金额的资产买卖决定；(9)通过年度财务报告、公司利润分配方案；(10)公司的解散。其他决议的通过需要取得至少两合股东总人数 2/3 同意。

股东会主席有权按两合公司要求或在其认为必要时召集股东会会议。开会通知可以请柬、电话、电传或其他电子通信方式发出。开会通知应详列会议目的、要求、内容、议程、开会地点及要求召集会议的股东名称。股东会主席或要求召集股东会会议的股东主持会议。会议内容应记录于公司记录册，主要包含以下内容：（1）公司名称、主要办公处所、经营登记证书签发日期及号码、经营登记地点；（2）会议目的、议程及内容；（3）开会时间及地点；（4）主持人及出席股东的姓名；（5）出席股东的意见；（6）决议的基本内容和赞成的股东人数；（7）出席股东的姓名及签字。

第六节　公司重整、解散与破产

一、企业拆分

有限责任公司、股份有限公司可以拆分成为一些形态相同的公司。有限责任公司、股份有限公司的拆分手续，应该依照下列规定办理：被拆分公司的股东会、公司所有人或股东大会，依照本法律及公司章程规定，通过拆分公司的决议。拆分公司的决议应该具备以下各项主要内容：（1）现有公司的名称、地址；（2）拆分后将成立公司的家数、名称及地址；（3）公司资产拆分的原则及手续；（4）使用劳工方案；（5）被拆分公司各项义务的处理原则；（6）公司拆分的执行期限。公司拆分的决议，在获得通过之日起的 15 内，应寄送给公司所有债权人及通知公司劳工。

拆分后所成立的新公司的成员股东、公司所有人或股东，依照本法律的规定通过公司章程、推选或任命公司主席、公司董事长、经理（总经理）及公司董事会的董事；并依照本法律规定办理公司的企业登记。公司应该在申请办理企业登记的档案中，依照本法规定附公司的拆分文件。

在新公司办理企业登记后，被拆分的公司将终止存在。因拆分而成立的所有新公司，应担负起被拆分公司尚未付清的各项债务、劳动合同以及其他资产业务的连带责任。

有限责任公司、股份有限公司可通过转移公司（称为被分割公司）现有的部分资产的方式另外成立一个或数个形态相同的新公司（称为受割让公司）。被分割公司的一部分权利与义务，也被转移至受割让公司，而被分割公司仍将继续存在。

被分割公司的股东会、公司所有人或股东大会，依照本法律及公司章程规定通过公司的分割决议。公司分割决议应该具备下列各项主要内容：（1）被分割公司的名称、地址；（2）受割让公司成立的家数、名称、地址；（2）使用劳工方案；（4）从被分割公司转至受割让公司的资产价值、各项权利与义务；（5）公司分割的执行期限。公司的分割决议，从获得通过之日起的 15 天内，应寄送给公司所有债权人以及通知公司劳工。

受割让公司的成员股东、公司所有人或股东，依照本法律的规定通过公司章程推选或任命公司主席、公司董事长、董事会的董事、经理（总经理），并依照本法律办理公司的企业登记公司应在申请办理企业登记的档案中，依照本法规定附带公司分割决议文件。

在办理受割让公司的企业登记后，被分割公司及受割让公司应该共同连带担负起被分割公司的各项尚未付清的债务、劳动合同以及其他资产义务的连带责任。

二、企业合并

两个或两个以上形态相同的公司（称为被合并公司）可以将其全部资产、权利、义务及合法的利益合并转至另外成立的新公司（称为合并后公司），同时被合并公司将终止存在。

被合并公司准备好所有合并合同。合并合同应该具备下列各项主要内容：（1）被合并公司及合并后公司的名称、地址；（2）合并的条件及手续；（3）劳工使用方案；（4）公司资产的转换条件、手续及期限；（5）被合并公司的资产出资资本、股份、债券合并转成为合并后公司的出资资本、股份、债券的转换条件、手续及期限；（6）合并的执行期限；合并后公司的公司章程草案。

各个被合并公司的成员股东、公司所有人或股东，依照本法律的规定通过公司合并合同、合并后公司章程、推选或任命合并后公司的董事长、董事会、经理（总经理），并依照本法律规定办理合并后公司的企业登记。合并后公司在办理其企业登记档案中，应该具备相关的合并合同。公司的合并决议，自获得通过之日起的 15 天内，应寄送给公司的所有债权人以及通知公司劳工。

自合并公司办理企业登记后，所有的被合并公司将终止存在。合并后公司应该享有原来被合并公司的各项合法权利与义务，同时也应该担负起所有被合并公司尚未付清的各项债务、劳动合同以及其他资产义务的责任。

一个或一些形态相同的公司(称为被裁并公司)应该将其全部资产、权利、义务以及合法利益并入另一公司(称为获并入公司)，同时被裁并公司将终止存在。

所有有关联的公司共同准备并入合同以及获并入公司的章程草案。并入合同应该具备下列各项主要内容：(1)获并入及被裁并公司的名称、地址；(2)并入的条件及手续；(3)劳工使用方案；(4)被裁并公司的资产、出资资本、股份及债券并入成为获并入公司的出资资本、股份及债券的转换手续、条件及期限；(5)并入的执行期限。

所有有关的公司成员股东、公司所有人或股东，依照本法律的规定通过并入合同及获并入公司的章程，依照本法律办理获并入公司的企业登记。获并入公司在办理其企业登记档案中，应该检附相关的并入合同。并入合同自获通过之日起的 15 天内，应该寄送给公司所有债权人并通知公司劳工。

在办理公司企业登记后，获并入公司可以享有被裁并公司的各项权利及合法利益，并应该担负起被裁并公司尚未付清的各项债务、劳动合同以及其他资产义务的责任。

三、企业变更

有限责任公司可以变更为股份有限公司，反之亦然。有限责任公司、股份有限公司(称为被变更公司)变更成为股份有限公司、有限责任公司(称为变更后公司)的手续规定如下。

公司的成员会股东、公司所有人或股东大会，依照本法律的规定通过变更的决议及变更后公司章程。变更决议应该具备以下各项主要内容：(1)被变更公司及变更后公司的名称地址；(2)被变更公司的资产、出资资本、股份及债券成为变更后公司的资产，出资资本、资产、股份及债券的转换条件及期限；(3)劳工使用方案；(4)变更的执行期限。

变更的决议自获得通过之日起的 15 天内，应该寄送给公司所有债权人并通知公司劳工。依照本法律的规定，变更后公司进行办理企业登记，在其企业登记档案中应检附公司变更的决议。自变更后公司办理企业登记后，被变更公司将终止其存在。变更后公司可以享有被变更公司的各项权限及合法利益，同时应担负起被变更公司尚未付清的各项债务、劳动合同以及其他资产义务的责任。

一位成员的有限责任公司的变更。当公司所有人将其一部公司章程资本转让给组织、其他个人时，则自转让之日起的 15 天内，公司所有人及让受人应该向企业登记机关登记公司成员变更的人数、并依照本条规定，自公司成员人数变更登记之日起，公司应该依照具有两位成员以上的有限责任公司的规定从事活动及管理。

当公司所有人将其全部公司章程资本转让给某一个人时，则自转让手续完成之日起的 15 天内，公司所有人应要求企业登记机关删除其在企业登记簿上的公司名字，并且让受人应该依照本法律规定的私营企业形态办理企业登记。除公司所有人、让受人及公司债权人另有其他的协议外，让受人可以享有有限责任公司的一切权限及合法利益，同时也应承受一切相关的义务。

四、企业解散

企业解散的各种情况：(1)公司章程中记载的活动期限已满，但未决定延长期限的人；(2)依照私营企业的业主、合资公司的所有无限责任股东、有限责任公司成员会股东或公司所有人、股份有限公司的股东、大会的决定；(3)在连续 6 个月内，公司成员的最少数量均不足本法律规定；(4)企业登记证被吊销。

企业解散应依照本法律的规定通过企业解散的决议。企业解散的决议应该具备下列各项主要内容：(1)企业名称及地址；(2)解散原因；(3)企业的各项债务清算及合同清理的手续及期限，债务清算及合同清理的期限自企业解散决议通过之日起，不得超过 6 个月；(4)劳动合同产生的各项义务的处理方案；(5)成立资产清理小组；(6)解散决议的附录中规定资产清理小组的权限和任务，企业法律代表人的签字。

从企业解散的决议通过之日起的 7 日内，应将决议寄送给企业登记机关以及企业的所有债权人、具有权利、义务和利益的关系人以及企业中的劳工。企业的解散决定应该在企业的主要所在地登出公告通知，并应该在当地出版的报刊或中央出版的报纸上连续刊登 3 天。企业解散决议连同检附债务处理方案的通知书应当寄给企业债权人。通知书上应该详细注明企业债权人的名字、地址，负债数额以及债款清算的方式、地点、期限，处理债权人申诉的方式和期限。

企业资产的清理及企业债务的清算。自清算结束企业债务之日起的 7 天内，企业资产清理小组应该把企业解散的档案寄送给企业登记机关。自收到企业解散档案之日起的 7 天内，企业登记机关应该删除企业登记册上企业的名字。当企业被吊销企业登记证时，则自被吊销企业登记证之日起的 6 个月内，企业应予解散。企业的解散程序及手续，依照本条的规定办理。

第七节　保　险　法

越南《保险经营法》是越南国会于 2000 年制定并颁布的。它的立法宗旨是保护任何参加保险活动的组织和个人的合法权益，促进保险经营活动的健康发展，促进经济社会的稳固发展和维护人民生活的稳定，加强国家对保险经营活动的监督管理。

越南《保险经营法》的基本原则有两个：(1)有保险需求的组织、个人只能参加在越南境内从事经营活动的保险；(2)保险公司要保证财政方面的稳健以便执行本公司对购保方作出的承诺。它的调整范围是调整保险经营的组织和经营活动，明确参加保险活动的组织和个人的权利和义务，但不适用国家执行的且不带经营性质的社会保障、医疗保险、存款保险和其他各类保险。它的适用范围如下：(1)在越南境内从事保险经营的组织和活动，一律遵守本法及其相关规定；(2)若越南参加或签署的国际条约有规定的，则适用该国际条约；(3)若参加保险的各方按照国际惯例协商，则他们不得违背该国际惯例与越南之法律。

越南《保险经营法》规定的保险领域内的国际合作如下：(1)越南政府在尊重独立、主权、平等，互利的基础之上，国家按多方化、多样化形式进行统一管理，制定扩大保险经营领域内的国际合作政策；(2)鼓励外国保险公司、保险经纪公司吸引各外国投资者到越南投资，并把从服务越南经济社会发展事业保险经营活动中获得的利润进行再投资；(3)为保险公司、保险经纪公司加强与外国合作创造条件以便提高保险经营效果。保险公司、保险代理、保险经纪公司要在保险经营活动中进行合作和合法竞争。国家严禁出现以下各种行为：（1）导致会损害到购保方合法权益的有关保险内容、活动范围及保险条件方面的虚假信息和虚假广告；（2）采取阻挠、引诱、买卖、威胁其他保险公司、保险代理、保险经纪公司的人员或顾客形式来争取顾客的行为；（3）非法劝买；（4）其他非法竞争行为。保险公司、保险代理、保险经纪公司可以参加保险经营的各个社会组织或行业组织，其目的是为了发展保险市场，保障成员的合法权益。

越南《保险经营法》规定四类：人寿保险，非人寿保险，强制保险和再保险。人寿保险是对保险人生存或死亡的一种保险业务。它包括 6 种：人身保险，生存保险，死亡保险，混合保险，定期付款保险，政府规定的其他人寿保险业务。非人寿保险是指财产、民事责任类保险业务以及不属人寿保险的其他保险业务。它包括 12 种：人身健康保险和灾难保险；财产保险及损失保险；公路、水路、铁路、航空商品运输保险；航空保险；机动车保险；火灾、爆炸保险；船主的船体和民事责任保险；一般责任保险；信贷保险和财政风险保险；经营损失保险；农业保险；政府规定的其他非人寿保险业务。各个保险产品的分类目录由财政部详细规定。强制保险是指由法律就参加保险的组织、个人的保险条件、保险金额、最近保险金进行规定的保险，保险公司必须执行。强制保险只适用于一些旨在保护公共利益和社会安全的保险，但根据不同时期经济、社会的发展要求，政府将提交国会常务委员会规定各类强制保险。它包括 4 种：机动车车主的民事责任保险；航空运输人对于旅客的民事责任保险；对于法律咨询活动的职业责任保险；保险经纪公司的职业责任保险；火灾、爆炸保险。再保险是指保险公司对其他保险公司进行的保险，包括对外国的保险公司，但在向外国的保险公司进行再保险过程中，保险公司要依照规定将承担的一部分责任转交给国内的再保险经营公司。

国家对保险经营管理机关层次如下：（1）越南政府就保险经营进行国家统一管理；（2）财政部直接向政府负责对保险经营进行国家管理；（3）政府各部和相当于部的机关及各个机构依法在属自己责任和权限范围内负责对保险经营进行国家管理；（4）各级人民委员会依法在属自己责任和权限范围内的就各地的保险经营进行国家管理。国家对保险经营的管理内容包括以下几个方面：（1）国家颁行和指导实施有关保险经营的各个法律规范文本，制定越南保险市场的发展战略、规划、计划及政策；（2）颁发和收回保险公司、保险经纪公司成立和经营活动的许可证以及外国保险公司和保险经纪公司在越南设立办事处的许可证；（3）颁行、批准和执行保险规则、保险条款、费用保险及保险红利；（4）采取各种必要措施以确保保险公司保证各项财政要求和充分执行对购保方的承诺；（5）组织对保险市场形势的通报和预报；（6）保险领域内的国际合作；（7）批准保险公司、保险经纪公司在国外从事经营活动；（8）对设在越南的外国保险公司和外国保险经纪公司的办事处的活动进行管理；（9）组织对保险专业和保险业务进行培训，建立保险管理干部队伍；（10）清查和检查保险经营活动，协调解决有关保险经营方面的起诉、控告以及处理保险经营方面的违法行为。

保险经营活动的清查要正确依法按照职能、权限来执行。对于一个公司的财政清查一年不得超过一次，清查时间最多不超过 30 天。对于存在特殊情况的，可以经上级权力机关批准决定延长清查期限，但延长的期限不得超过 30 天。非正常清查只能是在有证据表明公司违反法律的情况下才能进行。清查机关进行清查时必须依法进行，当清查结束后要制定清查的结论文本。清查组组长对清查之文本内容和清查结论承担责任。如果下达清查决定的人员不正确执行法律或利用清查来牟取利益，勒索公司和给公司活动制造麻烦的，则要根据其违规程度进行纪律处分或者追究刑事责任，如果造成损失的，则要按法律规定对公司进行赔偿。

国家对经营保险的保障措施如下：（1）国家对参加保险的组织、个人以及各经营保险组织的合法权益进行保护；（2）国家投入其他的资金和人力资源以便让经营保险的国家公司更好地发展，以保持其在保险市场上的主导作用；（3）国家还拥有发展越南保险市场的政策，并对服务经济、社会发展目标，特别是服务农、林、渔业发展计划的保险业务提供优惠政策。

第八节　证　券　法

一、证券市场和越南证券法

1986 年越南实行"改革开放"，1991 年越南开始进行国有企业股份化的试点改革。1995 年越南进行股份化试点总结，6 月越南政府颁布关于成立"证券市场组织筹备委员会"的决定。1996 年越南政府关于国有企业股份制改革的第 28 号决议提出了解决股份化改革试点各种问题的具体方法。1997 年越南国家证券委员会正式成立。1998 年越南国家证券委员会建立的证券交易试验系统开始运行进行模拟试验。2002 年胡志明市证券交易所成立。2004 年政府将国家证券委员会划归财政部管理。2005 年河内交易所挂牌运营。

越南证券法于 2006 年 6 月 29 日颁布，共 11 章 136 条，规定了证券的公共发行、上市公司、证券交易市场、证券登记、注册、证券公司、证券投资基金、证券投资公司等。2011 年，证券法修订案颁布，本次证券法修订案共 21 条，对证券发行、证券公司的业务范围、证券定义、公共基金的限制性规定、信息披露等进行了修改。

越南证券法调整证券发行、证券上市、证券交易、证券投资、证券市场和证券服务等活动。对参与证券投资和市场活动的国内外组织和个人以及其他参与证券活动和证券市场的组织和个人都有效。

越南证券法中规定的证券指证明资产所有者的合法权利和利益的凭证，包括股票、债券、基金凭证、购买股票权利、认股凭证、看涨和看跌期权、期货注册资本出资合同，以及其他财政部规定的证券。

二、证券法的基本原则

证券法的基本原则，是贯穿于证券法始终的、对全部证券法律规范起统率作用的基本准则。集中体现了证券法的本质特征和根本价值具有抽象性、宏观指导性和基础性的特征，包括证券交易自由原则、公开透明公正原则、保护投资者合法权益原则、风险问责原则，守法原则。

(一)证券交易自由原则

证券交易自由原则是指证券投资者根据自己的意愿进行证券交易，包括交易的自由、选择交易对象的自由、与交易对象订立契约的自由，国家尊重组织和个人证券买卖、交易、提供证券服务的自由。

(二) 公开透明公正原则

公开透明是实现证券市场机制的有效手段，是证券法的精髓所在，公开的内容包括国家证券监管机关应当依法保证证券发行人的资格，及其基本经营情况、证券的性质和发行量。上市证券的各种详细信息以及各类证券得以发行的条件能够完全地公之于众、使得广大投资者能够充分地掌握不同发行者发行的不同证券的所有能够公开的市场信息，证券监管部门应该保证证券市场各种信息的真实性。透明则指证券活动应该透明，证券发行、交易、证券监管等应该实行透明化。

(三) 保护投资者合法权益原则

保护投资者合法权益原则是证券法的实质内容和任务。投资者的投资行为是证券市场形成和存续的前提条件，其目的是为了获取经济利益，如果获取经济利益的机会被侵害甚至剥夺，投资者就会失去投资的动力，证券市场势必走向衰落。同时，中小投资者处于一种天然的弱势地位，需要特别加以保护，中小投资者缺少必要的资金，没有证券投资经验，证券法应当甄别中小投资者的弱势主体地位，给予特别保护。

(四) 风险问责原则

风险问责原则指法律赋予行政机关的职权，实际上是赋予行政机关的义务和责任，行政机关必须采取积极的措施和行动依法履行其职责，擅自放弃、不履行其法定职责或违法不当行使其职权，要承担相应的法律责任。

(五) 守法原则

守法原则是证券法的基本原则，要求证券发行、交易、证券活动、信息披露等都应该依法进行，这里的法包括宪法、法律、法规、规章等。

三、证券市场发展战略

根据越南证券市场的发展状况，政府应当制定政策鼓励和为所有经济部门的组织和个人以及社会各阶层的证券投资、证券市场创造有利的条件，以调动长期和中期的社会资源来发展投资。政府应当制定政策管理和监督证券市场，以保证其公正、公开、透明、安全和有效运转。政府应当制定政策为证券市场运营投资现代化的基础设施，发展证券市场人力资源，传播和普及证券和证券市场知识。

第九节　商业信用券法

一、商业信用券和商业信用券法

（一）商业信用券概念

越南《商业信用券法》第3条第1款规定："商业信用券是指写有要求在一定时间内无条件清算或保证无条件清算确定款项的命令的有价证明。商业信用券包括汇票和令票。"其中，汇票是指由签发人立定的，要求被签发人在被要求时或在将来的一定时间内对受享者无条件清算确定款项的有价证明。令票是指由发行人立定的，保证在被要求时或在将来的一定时间内对受享者无条件清算确定款项的有价证明。

（二）商业信用券法概念

商业信用券法是指调整在越南社会主义共和国范围内发行、承认、转让、担保、清算、追索、起诉、典当商业信用券的过程中发生的各种商业信用券关系的法律规范的总称。商业信用券法有广义和狭义之分。在越南，狭义的商业信用券法专指越南《商业信用券法》。广义的商业信用券法不仅包括越南《商业信用券法》，还包括越南《商业信用券法令实施细则》及其他一切有关调整商业信用券关系的法律规范。

二、商业信用券关系当事人

越南《商业信用券法令实施细则》第2条规定："本议定的适用对象包括：以商业信用券的签发者、发行者、被签发者、转让者、受享者、接受典当者的身份参加商业信用券关系者，他们应当是商业信用券法令第 2 条规定的经营单位，外国人作为受享者参加商业信用关系的情况除外。"越南《商业信用券法》第 2 条规定："本法规定的签发人、发行人应该是各企业，包括国有企业、有限责任公司、股份公司、合资企业、私营企业、外资企业、政治组织管辖的企业、社会—政治组织、合作社。""信用组织不应该是发行人和签发人。"根据越南《商业信用券法》和越南《商业信用券法令实施细则》的规定，商业信用券关系的当事人包括：（1）签发人，即立定和签署发行汇票的人；（2）发行人，即立定和签署发行令票的人；（3）被签发人，即负责清算汇票上所记录的款项的个体或组织；（4）转让人，即在商业信用券上注明法律规定事项并将其转交给被转让人以换取现金或者清算债务的受享者；（5）受享者，即在商业信用券上记有名字，符合本法规定的商业信用券上所记录款项的所有者或任何被转让者；（6）担保者，即向接受担保人保证在商业信用券已届清算期限而未获清算或者完全清算的情况下，清算商业信用券上所记载的全部或者部分款项的第三人。

在这里值得注意的是，根据越南《商业信用券法令实施细则》第 1 条第 2 款的规定，信用组织不应该是签发人和发行人，而只能作为商业信用关系的参加者，为结算商业信用券提供贷款或为商业信用券的被签发人、发行人作担保。第 9 条还规定，参加商业信用券关系的信用组织要得到越南国家银行的书面批准。

三、国家对商业信用券的管理

（一）商业信用券国家管理机关

越南《商业信用券法》第 10 条规定，商业信用券的国家管理机关包括：（1）政府对商业信用券进行统一的国家管理；（2）越南国家银行在实施对商业信用券的管理方面对政府负责；（3）各部、部级机关、政府机关有责任在自己的任务和权限范围内按政府的分工对商业信用券进行国家管理；（4）各省、直辖市人民政府有责任在自己的任务和权限范围内在本地区按政府的分配对商业信用券进行国家管理。

（二）国家对商业信用券的管理内容

越南《商业信用券法》第 9 条对此作出了相应的规定。国家对商业信用券的管理内容包括：(1)组织颁布实施有关商业信用券方面的法律规定文本；(2)宣传、普及有关商业信用券方面的法律；(3)监督、检察和处理违反商业信用券方面法律的行为；(4)组织印刷，提供和保管商业信用券表格；(5)签订并参加商业信用券方面的国际条约。

第八章　老挝商事法律

第一节　企业法

一、企业法概念

企业是依法成立，具有一定的组织形式，有自己的名称、资本、行政管理机构，独立从商品生产经营、服务活动的经过企业注册登记的经济组织。现代企业包括公司、合伙和独资企业等，其中以公司为基本形态。公司是大中型企业的法律形态，合伙企业和独资企业是小型企业的法律形态。

企业法是以确认企业法律地位为主旨的法律体系，是指调整企业在设立、组织形式、管理和运行过程中发生的经济关系的法律规范的总称。从法律的角度讲，普通企业法也称商事企业法，分为商事合伙和公司法两大块，在很多国家和地区，将个人独资企业和自然人认为是同一个主体。普通企业法的立法模式在国外大致分为四种：(1)纳入民法典模式；(2)纳入商法典和制定单行法模式；(3)制定公司法典模式；(4)制定法和判例法模式。老挝采取的是第三种立法模式，单独制定企业法，在企业法中规定了所有的企业类型，包括独资经营企业、合伙企业和公司。

老挝自 1986 年开始推行"革新开放"，由计划经济向市场经济过渡。为适应转型时期经济的发展并规范企业经营活动，《老挝人民共和国企业法》于 1994 年 7 月 18 日通过，这部法律对老挝的经济发展起到了重要作用。1991 年至 1996 年，老挝国民经济年均增长 7%。1997 年后，老挝经济受亚洲金融危机严重冲击，老挝政府采取加强宏观调控、整顿金融秩序、扩大农业生产等措施，基本保持了社会安定和经济稳定。2001 年至 2006 年，老挝经济年均增长 6.8%，为之后的工业化、现代化提供了坚实基础。此后，老挝经济持续高速增长，社会秩序和政治稳定，为了适应这种趋势，老挝民主共和国对企业法进行了修改，代主席坎代·西潘敦 2005 年 12 月 9 日在万象签署《企业法修正案》，自老挝人民民主共和国主席令颁布之日后 120 天生效，同时 1994 年颁布的《商法》同步废止。本章介绍的《老挝企业法》以 2005 年通过的《企业法修正案》为主要依据。

二、企业法宗旨

(一) 确定设立企业的法定条件和程序

企业法确定设立企业的条件和程序以及各种企业的模式，从而限制、排除不符合条件的企业进入市场参与竞争活动，对符合条件、依法设立的企业则给予自主经营的发展空间。

(二) 确立企业的行为规则

企业法对企业从产生到终止的整个过程中的组织和行为作出明确规定，包括企业的种类、企业的设立、变更、解散等内容。企业法为企业的组织和行为提供了法律依据，将企业纳入了法治的轨道。

(三) 保护企业、出资人、债权人和职工的合法权益

企业法规定了企业的各种权利，如企业财产权、自主经营、自负盈亏以及其他民事权利等。企业通过设立相应的机构来听取职工的意见、保障职工主张权利的渠道畅通，从而保护职工权益。企业通过规定各种法定资本制、公示制度、通知制度以维护交易的安全，保护出资人和债权人的权益。

(四) 维护社会经济秩序，促进市场经济的发展

企业是最为重要的市场主体，企业的结构是否健全、行为是否规范，直接涉及社会经济秩序的稳定。企业法通过规范企业的组织和行为，维护社会经济秩序，健全市场经济基础，促进市场经济的发展。

《老挝企业法》总则第 1 条规定企业法的宗旨，即促进各经济部门生产、经营和服务的发展，扩大从事生产和生产关系的员工队伍，促进国民经济和社会的发展，提高各族人民的生活水平。第 6 条规定了保护企业权益的国策。国家颁布海关和税收政策、法规和措施，向企业提供信息服务和其他便利，鼓励和推动国内外人士和组织设立企业或参与非限制部门的经济活动，促进社会和经济的发展。企业的合法权益即资本和资产受法律保护。

三、《老挝企业法》特征及适用范围

自 1986 年以来，老挝走上了革新开放之路，开始了经济体制改革，经过 30 年的努力，老挝的经济和社会发展取得了显著的成效。目前，老挝仍处于自然经济、半自然经济和计划经济向市场经济过渡的经济转型阶段，相对于其他已经建立市场经济的社会主义国家，《老挝企业法》内容庞杂，包含独资企业法、合伙企业法、公司法，并没有将各种企业法区分开来，法律具有较强的行政干预色彩，这也是由老挝国情特点决定的。《企业法》第 8 条规定了企业法的适用范围，即企业法适用于在老挝人民民主共和国设立和经营的国内外私营企业、国营企业和合办企业。合作企业和小型零售店不适用于本法。

第二节 企 业

一、企业的分类和组织形式

（一）企业分类

《老挝企业法》第 7 条规定，在老挝企业类型分为四种：私营企业、国营企业、合办企业和合作企业。私营企业的设立和经营可以选用本法第 10 条和第 11 条规定的任何形式或企业类别。国营企业、合办企业只能采用公司形式设立和经营。国营企业可以成为国营公司，而合办企业可以成为合办公司。国营公司指国家设立、按照公司相关法规规定进行经营管理，可出售股份不超过 49% 的公司。合营公司指国家与另一组织（国内或国外）共同设立的公司，双方各持 50% 的股份。

(二)企业组织形式

企业的组织形式是各类企业设立和经营的基础。企业的组织形式分为三种，即独资经营企业、合伙企业、公司。独资经营企业是指个人所有的企业形式，独资经营企业以所有者的名义经营，而所有者对企业债务承担无限责任。

合伙企业指根据至少 2 名投资者签订的合同而设立的企业形式。这种企业形式中，投资者共同出资、共同经营、共享利润。合伙企业分为普通合伙企业和有限合伙企业。普通合伙企业指全体合伙人基于彼此的信任共同参与合伙组织的经营管理，并共同对企业债务承担无限连带责任的合伙企业形式。有限合伙企业指普通合伙人或有限合伙人组成的合伙企业形式，其中部分合伙人对企业承担无限责任，称为"普通合伙人"；其他合伙人对企业承担有限责任，称为有限合伙人。

公司指将公司的资本分为等额股份而设立的企业形式。股东对公司债务承担的责任以该股东缴纳的股金为限。公司分为有限公司(包括一人有限公司)和上市公司两类。有限公司的股东人数为 2~30 人，只有单一股东的有限公司称为一人有限公司。上市公司中至少有 9 名股东或发起人，公司可以向公众公开发行股票，公司股票可以自由转让。

二、企业设立、登记及企业义务

(一)企业设立

在不同的国家，企业设立的基本准则是不同的。企业的设立走过了自由设立主义、特许主义、核准主义、准则主义的历程。自由设立主义指是否设立企业、设立何种企业、如何设立企业全由设立人决定，政府在企业设立的过程中不加任何限制。这种立法主义赋予企业设立完全的自由权，政府监管缺失，导致企业滥设情况突出，危害交易安全，在这种情况下，特许主义应运而生。特许主义指企业的设立要经过国家元首或国家立法机关的认可，但特许主义手续复杂，影响了投资者的热情和设立企业的数量，随后出现了核准主义。核准主义指设立企业首先具备法律规定的要件，还需行政主管机关审核批准。核准主义和特许主义相比程序简化，但需经过行政机关——审批，耗时太久，不足以适应市场经济快速发展的需要。为适应社会经济生活的需要，准则主义开始出现。准则主义指设立企业不仅要符合法律规定的条件，同时应当加强行政主管机关对特殊行业设立企业的监督和管理。准则主义既无自由设立主义过于放任的缺陷，也无特许主义和核准主义过于烦琐的弊端，因而在西方国家被广泛采用。

《老挝企业法》第 3 条规定了设立企业的权利，即老挝公民、在老挝人民民主共和国居住的外籍居民和不明国籍人士、外国人及外国组织有权依据老挝人民民主共和国法律法规设立企业或参与商业交易。《老挝企业法》对企业的设立采用核准主义，即在老挝设立企业，首先要符合企业法关于企业设立的条件，还要经商业部门审批同意。

(二) 企业登记

1. 企业登记概念

企业登记是国家对在老挝人民民主共和国设立和从事经营的国内外个人或法人实体的合法承认。企业在经营期间只登记一次。《老挝企业法》第 27 条规定了独资经营企业在登记时须提交以下材料：企业名称、企业所有人和管理人的姓名、地址和国籍、企业办公场所、注册资本。《老挝企业法》第 38 条规定了普通合伙企业登记时需要提交以下材料：企业登记申请表、由全体合伙人签字盖章的普通合伙合同、普通合伙企业的内部章程，如果合伙人决定不担任管理人的，内部章程中应当记载聘任的管理人的姓名、地址和国籍。企业登记申请表应由管理人签署。《老挝企业法》第 20 条规定独资经营企业、合伙企业、公司在提请登记时须向企业登记官申报注册资本，而且申报的注册资本必须如法律规定那样真实的存在于老挝人民民主共和国，否则违反方应依法承担向政府部门虚假陈述的法律责任。必要时，相关部门有权对一些行业的企业登记设定最低注册资本，但前提是这种规定事先已获得政府批准。

2. 企业登记的程序

企业登记由提交申请和政府审批两个程序构成。《老挝企业法》第 13 条规定，凡在老挝人民民主共和国从事经营的，必须按照本法规定向相关国家机关提交企业登记申请的相关材料。《老挝企业法》第 14 条规定，收到企业登记申请后，商业部门应审查所要登记的行业是否属于管制行业，如果所要登记的行业不在管制名单内，商业部门属下的企业登记机构应在收到申请之日起 10 日内审批和发放企业登记证。如果申请登记的行业在管制名单内，商业部门应立即将申请材料移交相关部门。相关部门应在 10 个工作日内审批和答复，但需要较长的技术评审过程的除外。经主管部门批准后，商业部门应在 3 个工作日内审批和发放企业登记证。不发放企业登记证的，应向企业登记申请人书面说明理由。上述管制行业名单和技术评审过程的期限必须由政府批准。

3. 企业登记的后果

(1)企业登记有效。企业登记有效将产生以下法律效果：建立法人实体(如公司)该实体与股东分离，享有和负有公司章程范围内的权利、义务和责任。企业可以开展营业执照范围内的经营活动，而无须相关部门批准或复查，但属于管制行业名单的除外。企业登记通知上的内容应公开，让任何相关方可以看到。企业名称和税务信息都应当登记。企业一经登记，经营者应立即悬挂写有企业名称的招牌。(2)企业登记无效。企业登记无效意指企业登记的部分或全部内容不符合格式要求或分类要求或实际情况而需要进行补正。企业登记信息可以通过修改进行补正，无法补正的，按照本法规定的程序解散。给受法律限制的人进行企业登记或违反法律法规的企业登记无效。企业登记无效或企业解散的，不得终止企业所负债务。已经申请名称的企业，如果企业登记没有被受理的，其所申请的名称也同时取消。企业解散时，企业名称同时终止，名称所有人应在收到名称终止通知之日起 7 天内摘下名称招牌。《老挝企业法》第 5 条规定，企业有义务本着各自经营目标开展经营活动、登记账簿、向政府履行纳税义务、保障工人合法权益、保护环境和遵守老挝的其他相关法律法规。

第三节　独资经营企业与合伙企业

一、独资经营企业

(一)独资经营企业概念

独资经营企业是指个人所有的企业形式。独资经营企业以所有者的名义经营，所有者对企业债务承担无限责任。

(二)独资经营企业权利和义务

《老挝企业法》第28条规定了独资经营企业的权利和义务：(1)自己管理和经营企业或聘用他人管理和经营企业；(2)包括利润分配在内的企业事务由所有者决定；(3)按照《企业会计法》的规定记账；(4)向国家履行义务；(5)按照法律的规定行使权利履行义务。

(三)独资经营企业管理人

独资经营企业管理人可以是所有人自己，也可以雇佣第三方(一名或几名管理人)，外聘管理人的报酬可以与独资经营企业所有人协商确定。独资经营企业如果有几名管理人，可指定其中1名管理人作为总负责人，负责代表独资经营企业与第三方签订合同，该管理人称为总经理。本条同样适用于合伙企业和一人有限公司的管理管理人行使权利、履行义务时，应当接受企业所有人的监督。管理人的聘用合同应采用书面形式。聘用合同应包括签约各方的权利、义务、报酬和责任以及合同终止等内容。企业所有人、管理人和第三方之间的关系受法律约束。

(四)独资经营企业解散和清算

独资经营企业在如下情况下解散：(1)独资经营企业所有人决定解散；(2)根据法院裁定解散破产；(3)企业所有人死亡或缺乏行为能力而且没有继承人。独资经营企业解散的，所有人有义务自己或指定第三方作为清算人对企业进行清算。但是，法院裁定解散或独资企业处于破产中除外，在这种情况下，只有法院可以指定清算人。

二、合伙企业

(一)合伙企业一般规定

1. 合伙企业概念

合伙企业指根据至少2名投资者签订的合同而设立的企业形式。这种企业形式由投资者共同出资、共同经营、利润共享。合伙企业的投资者成为合伙人，合伙企业的合伙人可以是个人，也可以是法人实体。

2. 合伙企业合同

根据《老挝企业法》第33条规定，合伙企业合同应当采用书面形式并符合老挝人民民主共和国《合同法》的规定。合伙企业合同应包括如下主要内容：(1)企业名称；(2)营业范围；(3)总部和所有分支机构的名称和办公场所；(4)合伙企业的资本或股本，包括现金、实物或劳务；(5)合伙人的名称、地址和国籍；(6)合伙企业全体合伙人的签名或盖章。

3. 合伙企业的内部章程

合伙企业的内部章程应当包括如下各项内容：(1)合伙企业合同第1项至第5项规定的事项；(2)合伙企业管理人的姓名、地址和国籍。如果其他合伙人不是联合管理人，可以规定管理人的权力限制；(3)合伙企业利润分配和亏损分摊的方式；(4)股份缴纳方式和时间表；(5)经营管理方式；(6)会议召开和决议通过的规则；(7)纠纷解决方式；(8)解散和清算。合伙企业内部章程必须由管理人签署。除非另有规定，否则合伙企业设立合同和内部章程的内容必须经全体合伙人一致同意后才能修改。自合伙人会议通过修改决议之日起10个工作日内，设立合同和内部章程的修订或修改决议应通知相关企业登记官。

4. 合伙企业的分支机构

在老挝人民民主共和国注册的合伙企业无须再为分支机构注册，但设立分支机构必须通知当地企业登记官。分支机构不得与合伙企业分离，也没有独立法人实体的法律地位。在老挝人民民主共和国从事经营活动的外国合伙企业的分支机构应当按照法律规定进行企业注册。国内外法人实体的分支机构在老挝人民民主共和国被起诉的，视为对相关法人实体的起诉。

(二)普通合伙企业

1. 普通合伙企业概念

普通合伙企业指全体合伙人基于彼此的信任，共同参与合伙组织的经营管理并共同对企业债务承担无限连带责任的合伙企业形式。

2. 普通合伙企业的资本

普通合伙企业的资本由全体合伙人认缴的资本构成。出资方式包括现金、实物或劳务，以实物或劳务出资的，应进行货币估价。企业登记前，各合伙人应缴足所认缴的出资。

3. 合伙人的权利与义务

《老挝企业法》第44条规定，普通合伙企业合伙人有如下权利和义务：（1）随时了解普通合伙企业的总体情况；（2）检查或复印普通合伙企业的会计记录或其他文件；（3）按时领取股息和分摊亏损；（4）对合伙企业的负债承担无限连带责任；（5）享有否决权、反对权和控告权；（6）普通合伙企业解散时，按约定收回认缴资本和利润。

4. 普通合伙企业的合并

普通合伙企业可以兼并一个或多个普通合伙企业，也可以与一个或多个普通合伙企业合并成立新的普通合伙企业，企业的合并不会导致企业解散或原来权利义务的终止。普通合伙企业只有符合以下条件才可以合并：（1）合并协议在普通合伙企业全体合伙人会议上获得一致通过，但另有约定除外；自通过合并决议之日起10日内决议必须在企业登记官处办理登记手续。（2）合并事宜在合并决议通过之日起10个工作日内已经在适当的大众媒体公告，并通知债权人，债权人自收到通知之日起60日内有权提出异议。债权人对普通合伙企业的合并提出异议的，普通合伙企业不得合并，除非还清债权人所有债务或为债务提供担保。（3）企业进行再次登记。

5. 普通合伙企业的解散

普通合伙企业有以下三种解散的事由：（1）合伙人协议解散；（2）法院裁定解散；（3）由于法律行为发生的解散合伙人可以按照普通合伙企业内部章程的规定商定资产分配或清算的方式，但破产、法院裁定仅剩1名合伙人引起解散的情况下，只有法院才可以指定清算人。

（三）有限合伙企业

1. 有限合伙企业的概念

有限合伙企业指由普通合伙人和有限合伙人组成的合伙企业形式。其中，普通合伙人对企业承担无限责任，有限合伙人对企业承担有限责任。

2. 有限合伙企业的资本

有限合伙企业的资本由合伙人的出资构成，普通合伙人可以现金、实物、劳务出资，有限合伙人可以现金、实物出资，但不得以劳务出资。

3. 有限合伙人权利和义务

《老挝企业法》第76条规定，有限合伙人有如下权利和义务：（1）对有限合伙企业的经营情况，向管理人提出意见、建议和询问；（2）成为有限合伙企业的清算人（如果被指定的话）；（3）选举或罢免管理人，但另有约定除外；（4）参与内部章程的修改和有限合伙企业解散的投票；（5）从事其他经营活动，包括与有限合伙企业相似或相同的经营活动。有限合伙企业中普通合伙人的权利义务参照普通合伙企业中普通合伙人的规定，此处不再赘述。

第四节　公　　司

一、公司的一般规定

（一）公司概念

公司是指以营利为目的，依法成立的从事商业经营活动的组织形式。公司的特点是资本来源广泛，使大规模的生产成为可能，出资人对公司只负有限责任，投资风险较低，有利于激发投资者的积极性。1994年《老挝企业法》规定的公司有限公司和大众公司两种类型，为了适应市场经济的发展，老挝2005年9月通过的《企业法修正案》将公司分为有限公司和上市公司两类。

《企业法修正案》第11条规定，公司分为以下两类：有限公司（包括一个有限公司）和上市公司。有限公司的股东人数为2~30人，只有单一股东的有限公司称为一人有限公司。上市公司中至少有9名股东或发起人，公司可以向公众公开发行股票，公司股票可以自由转让。公司的出资人成为股东，股东仅以其缴纳的股金为限对公司债务承担责任。公司的股东或发起人可以是自然人或法人实体。

(二)公司法律地位

《老挝企业法》第79条规定,公司具有法人实体的地位。公司是企业法人,有独立的法人财产,享有法人财产权,公司以其全部财产对公司的债务承担责任。公司可以设立分支机构,分支机构是公司的组成部分,它在经营业务、经营方针等各方面都要受到公司总部不同程度的控制。分支机构不是独立的法律主体,但通常是一个独立的会计主体。《老挝企业法》第79条规定,公司分支机构与本法第34条和第35条规定的合伙企业的分支机构具有同等法律地位。在老挝注册的公司无须再为分支机构注册,但在老挝国内从事经营活动的外国公司的分支机构应当按照法律规定进行企业注册。国内外法人实体的分支机构在老挝被起诉的,视为对相关法人实体的起诉。

子公司是指一定数额的股份被另一公司控制或依照协议被另一公司实际控制支配的公司。子公司在法律上与母公司是相互独立的,但在经济上又与母公司存在着控制与被控制的关系。子公司具有独立法人资格,拥有独立的财产、独立的公司名称、公司章程和董事会,以自己的名义开展经营活动,并从事各类民事活动,独立承担公司行为所带来的一切后果和责任。但是,涉及公司利益的重大决策或重大人事安排,仍要由母公司决定。《老挝企业法》第80条第1款规定,收购另一家公司足够股票以获得该公司经营管理控制权的公司成为集团公司。如上述第1款所述那样被另一家公司控制的公司称为"子公司"。

(三)公司章程

公司章程是指规定公司名称、宗旨、资本、组织机构的法律文件。公司章程是公司设立的基本条件和最重要的法律文件。各国公司立法均要求设立公司时必须订立公司章程,公司章程是公司的宪章,是公司活动的基本准则,在公司存续期间具有重要意义。公司章程不仅是公司的自治法规,同时也是国家管理公司的重要依据。公司章程具有法定性、真实性、自治性和公开性的基本特征。

《老挝企业法》第82条规定,公司章程包括如下内容:(1)公司名称、经营范围、总部和分支机构的名称和办公地点、公司资本和股本、实物出资比例和现金出资比例以及普通股和优先股的数量、公司发起人的名称、地址和国籍及每名发起人认购股票的数量、董事对公司债务承担无限责任的条款；（2）公司利润及股息分配方式；（3）认缴股金的方式和时间表；（4）经营管理方式；（5）会议召开和投票方式；（6）纠纷解决方式；（7）解散和清算。修订或修改公司章程的决议应当在股东会上以特别决议的方式通过，公司应在股东会通过决议之日起10个工作日内将股东会关于修订或修改章程的决定通知有关企业登记官。

二、有限公司

（一）有限公司概念

有限公司又称有限责任公司，是指由符合法律规定的股东出资组建，股东仅以其出资额为限对公司承担有限责任的企业组织形式。《老挝企业法》第11条规定，有限公司的股东为2人以上，30人以下，只有单一股东的有限公司称为一人有限公司。有限公司超过30名股东的，仍可继续维持有限公司的地位，但前提是必须通过股东会的特别决议。有限公司不想继续维持有限公司地位或没有获得股东会特别决议规定的票数的，该公司应按照适用于上市公司的程序和原则修改公司执照或者解散公司。有限公司仅剩一名股东的，应把名称改为一人有限公司或解散公司。

（二）有限公司设立

《老挝企业法》第86条规定有限公司的设立必须符合以下条件和程序：（1）至少有2名发起人向公司总部所在地的企业登记官提交作为通知的设立合同。（2）有限公司按照本法第1款规定进行设立合同通知后，必须开始募集公司股本。股本认购不得采用公开发行的方式，认购股本者称为股本认购人。（3）召开成立大会。（4）有限公司发起人对成立大会选出的董事安排任务。（5）董事有权要求有限公司发起人和认购人按照本法第96条第1款规定缴足股本。（6）按照本条第5项规定缴足股本的，董事应在股本缴足之日起30日内办理企业登记。

（三）有限公司组织机构

1. 有限公司的股东会

《老挝企业法》第136条规定，有限公司股东会是有限公司最高权力机构。有限公司股东会有两种类型：常会和特别会议。常会每年至少要召开一次，召开会议的时间由有限公司内部章程规定。必要时，公司可以召开特别会议，如审计人员职位空缺时、有超过一半董事同意召开股东会、法院根据股东申请决定召开会议、代表20%以上已缴股份的股东提出召开特别会议的要求等。股东会有两种决议，即普通决议和特别决议。普通决议的通过要求获得代表股份一半以上的股东同意（按一股一票计算），特别决议的通过要求获得出席会议全体股东2/3的同意并且同意者至少持有80%的已缴股本。在股东会通过决议之日起60日内股东和董事可以向法院提出宣布股东会决议无效的申请，当股东会决议有下列情形时，法院可以宣布股东会决议无效：（1）违反有限公司内部章程或设立合同的规定；（2）违反决议通过程序；（3）董事没在常会或特别会议召开前5个工作日内，将会议召开的时间和地点以及会议结束的时间通知各股东。

2. 有限公司的董事会

董事是有限公司的代表，董事可以是股东，也可以不是股东，但另有约定的除外。有2名或2名以上事的有限公司可以设立董事会，除非另有约定。资产超过500亿基普的有限公司应当设立事会，也应当任命审计师。董事会按照有限公司内部章程规定的原则和程序履行职责，董事会应设立主席一职，可以设立也可以不设立副主席。董事会会议的法定人数由董事会自己决定，但是法定人数不得少于董事人数的一半。公司只有2名董事的，法定人数必须是2任何董事都可以要求召开董事会会议。董事长应亲自出席会议，禁止指派他人出席董事会会议除非其他所有董事一致同意。董事会会议决议必须获得出席会议董事的多数票才能通过。一名董事只享有一票投票权。

《老挝企业法》第10条规定，有限公司董事会的权利和义务是：（1）起到中心协调机构的作用，监督董事工作；（2）委派董事会负责股东会休会期间的工作；（3）制定有限公司经营管理计划，提交股东会通过；（4）行使和履行有限公司内部章程规定其他权利和义务。

（四）有限公司合并与解散

有限公司可以兼并另一家公司或者与另家公司合并成立新公司。有限公司只有通过企业特别决议并在经过适当程序后才可以合并。适用于合伙企业法的合并异议和合并后果同样适用于有限公司。

有限公司有两个解散原因，即依法解散和法院裁定解散。《老挝企业法》第161条规定，有限公司有如下法律依据之一的，可以解散：(1)根据公司内部章程规定解散的；(2)有限公司股东会通过特别决议解散的；(3)有限公司破产的；(4)有限公司登记无效或登记后90天内，无正当理由未营业的。

《老挝企业法》第162条规定，董事或独立董事有下列理由之一的，可以请求法院对有限公司的解散进行审查：(1)违反企业法规定或设立程序；(2)违反有限公司设立合同或内部章程的规定；(3)有限公司连年亏损且无法解决亏损问题；(4)因发生不可抗力使公司无法继续经营；(5)有限公司仅剩1名股东或股东超过30名，并无股东会特别决议决定继续保持有限公司模式。收到申请后，法院在审查后可以做出解散裁定，如果解散事由可以消除，法院也可以责令公司消除解散事由。

(五)一人有限公司

1. 一人有限公司的概念

人有限责任公司简称一人有限公司、独资公司、独股公司，是指由一名股东(自然人或法人)持有公司的全部出资的有限责任公司。一人有限责任公司股东对公司债务承担有限责任公司内部不设股东会。一人有限责任公司可以极大地激发公民独立创业的积极性，使社会经济总量大规模增加。《老挝企业法》第11亲规定，当股东为一人时，成立一人有限公司。但是，该条仅对一人有限公司做了简单描述，并没有对一人有限公司的特征、内涵做充分的阐述。《老挝企业法》第173条规定，一人有限公司股东超过一名时，应更名为有限公司或应解散。一人有限公司的资本增加或减少、财务事项、审计、合并、解散和清算也要执行有限公司相应的条款。

2. 一人有限公司的设立

《老挝企业法》第170条规定了设立一人有限公司的程序：(1)以一人有限公司的名义缴足股本；(2)起草一人有限公司的内部章程；(3)办理公司注册手续。

3. 一人有限公司的股金缴纳和股份转让

一人有限公司股东应在办理企业登记之前采用现金或实物方式缴足股本。一经办理企业登记，一人有限公司的股份不得撤回，但可以转让或继承。一人有限公司应当于企业登记之日起 30 天内将股份证书提交企业登记官背书。

4. 股东的权利和义务

一人有限公司股东享有如下权利和义务：（1）通过一人有限公司的内部章程；（2）聘请经理；（3）必要时任命审计师；（4）确定经理、审计师的报酬和其他员工工资；（5）通过一人有限公司营业报告以及应收账款、开支和经营计划；（6）使用股息；（7）行使或履行一人有限公司内部章程规定的其他权利或义务。

三、上市公司

（一）上市公司概念

《老挝企业法》第 11 条规定，上市公司中至少有 9 名股东或发起人，公司可以向公众公开发行股票，公司股票可以自由转让。老挝政府从 2006 年起开始筹建证券市场，2010 年 10 月，老挝证券交易所挂牌成立，并于 2011 年 1 月 11 日在老挝首都万象正式开业。老挝证券交易所被称为世界上最小的股市，初始阶段交易所仅发行老挝电力公司和老挝外贸银行两家国有企业的股票，总市值近 20 亿美元。按照老挝政府的规划，未来 5 年的发展需国内外投资 150 亿美元，其中老挝政府投资和国外援助可以解决一半，另一半资金则重点依靠资本市场募集。广阔的资本市场有助于老挝经济的发展，不过，国外投资实体要进驻这一交易所还需要花费一定的时间。据《万象时报》援引一名交易所高层的话说，外国个人投资者最多可购入老挝电力公司 3% 的股票，外国机构投资者也仅能购入最多 10% 的股票。另外，外国投资者在老挝股市交易时必须使用老挝货币基普。限制外国投资者持股，意在保持外汇流入和流出稳定。

（二）上市公司发起人

上市公司至少要有 9 名发起人，从企业注册之日起应当聘请审计师。上市公司不满 9 名股东的，应按照本法第五部分第 2 章 1 小节的规定解散和清算。上市公司的发起人可以是如下的自然人或法人实体：（1）具有完全民事行为能力；（2）不是被限制从事经营的破产者；（3）未曾犯过侵占罪或挪用资金罪。老挝公民、外籍居民、在老挝居住的不明国籍人士或外国人都有权成为上市公司的发起人，但政府规定至少有一半发起人必须是老挝公民。

（三）上市公司成立大会

上市公司应在设立合同通知企业登记官和上市公司股本缴足后 90 天内召开成立大会。上市公司未能在本条规定的期限内召开成立大会的，发起人应在决定会议延期之日起 10 个工作日内通知有关企业登记官，下次会议应在通知送达登记官之日起 30 天内召开。如果成立大会仍未能按时召开的，设立合同终止，上市公司发起人应将认缴股本的款项退还各认股人。上市公司成立大会应在公司总部所在区或省召开并且至少要有 2/3 的发起人和代表总股本 2/3 的认股人出席。

（四）上市公司股票和债券

根据《老挝企业法》规定，上市公司每股金额不得超过 10 万基普。上市公司股东无论是以实物还是现金出资，都必须在公司成立之日缴足股本。一旦上市公司办理企业登记手续，股份证书上背书受让人姓名并由双方签名，让与人向受让人交付股份证书后，股份转让完成。上市公司可以通过向公众发行公司债券的方式筹集资金。公司债券的发行应按照法律法规关于证券公开发行的程序和规则进行。上市公司只有通过本法第 144 条规定的特别决议，才可以通过向公众发行和发售公司债券的方式筹集资金。

（五）上市公司合并

上市公司可以与另一家公司合并成立新公司，上市公司股东对合并提出异议的，上市公司应购买提出异议的股东所持有的股票，购买价格为购买时股票交易所或证券交易所该股票的价格。上市公司合并应在各合并公司通过合并决议之日起 150 天内完成，而企业登记应在合并完成之日起 10 个工作日内办理。上市公司中的企业登记、发起人责任、资本增加或减少、公司组织机构、财务、审计和清算等事项应当遵守有限公司的相关规定。

第五节　国 有 企 业

一、国有企业概念

《老挝企业法》第 191 条规定，国有企业由国家 100% 出资设立，企业注册登记后，国家可以根据政府批准出售给其他股东部分股份，但必须低于股份总数的 50%。股东以缴纳的股金对公司承担责任。国有企业可以持有其他公司股份，也可以成为其他合伙企业的合伙人，但不得成为合伙企业的普通合伙人。截至 2013 年初，老挝全国的企业数量总计 88845 家，其中国有企业(国资 100%)139 家，国有合资企业 48 家，其他类型的非国有企业在总资本中的比例达到了 98.86%。从国家经济领域和行业分布结构来看，国有控股企业尤其是大中型国有企业主要分布在建设行业、医药制造业、供水行业、对外贸易、航空航天和交通运输业、通信行业、电力、金融行业、酒水饮料生产与供应等行业。老挝国有企业事关国家的经济基础与国家安全，因而国家对其进行占有和控制。

二、国有企业设立程序

国有企业根据财政部门和其他部门之间的合同设立。国有企业应按以下程序设立：(1)相关部门配合财政部门确定和商定设立目的、行业类型和资本总额，将资本分成等值的股份以及确定在公司注册后允许进行转让的股份比例；(2)将公司设立申请书连同经济技术可行性研究报告提交总理审批(如果是中央级国有企业)，或提交省长或市长审批(如果是省级国有企业)一旦获得总理、省长或市长批准，相关部门和财政部门应选拔人员出任董事；(3)召开国有企业成立大会，成立大会由相关部门或财政部门的代表主持，出席会议的人员主要包括相关部门代表、财政部门代表和全体委任董事，会议宣布国有企业成立并分派任务给董事。国有企业如果设立董事会，应当召开董事会首届会议。董事应在缴足股本之日起 30 天内按照本法第 199 条规定办理企业登记手续。

三、国有企业组织机构

(一)国有企业股东会

财政部门或相关部门至少要有 2 名代理股东参加国有企业的股东会。代理股东由相关部门提名,如果是中央级国有企业,代理股东由财政部部长任命,如果是省级国有企业,代理股东由省长或市长任命。国有企业股东会由全体国家委任的代理股东及其他股东代表出席。

(二)国有企业董事会

国有企业董事可以是公务员或第三方,但某些国有企业另有规定除外。国有企业董事代表国有企业对政府投资的资产进行有效管理和经营,还代表国有企业与第三方进行交易。国有企业如果有 3 名以上董事的,应设立董事会。必要时,只有 2 名董事的国有企业也可以设立董事会。

四、国有企业类型转换、合并与解散

(一)国有企业类型转换

国有企业可以转换成其他类型的企业。国有企业转换成另一种类型的企业,应按照该种企业的规定设立、注册和经营。财政部门作为股东应行使和履行股东的权利和义务,保护国家利益和国家所有权。

(二)国有企业合并

国有企业之间合并或国有企业吸收合并其他企业,应遵守有限公司合并的规定和国有企业设立的规定。国有企业与其他类型企业合并成立另一种类型的企业,应遵守该种类型企业合并和设立的规定。

(三)国有企业解散

《老挝企业法》第 222 条规定,有下列情形之一的,国有企业可以解散:

(1)政府责令中央级国有企业解散，或省长或市长责令省级国有企业解散；(2)破产；(3)国有企业连续亏损且无法弥补亏损的。

第六节　企业管理

在市场经济体制下，政府对企业的管理由"统收统支"包揽一切的传统管理方法转变为简政放权，由直接管理向间接管理过渡。而企业也试图解脱政府附属的地位，逐步成为自主经营、自负盈亏、相对独立的商品生产和经营者。《老挝企业法》第六部分规定的政府对企业的管理也正是一种间接管理模式。

一、管理部门

政府委托商业部门会同相关部门对企业设立和经营实施统一管理，但国内外投资促进法律规定的企业登记和业务管理除外。老挝的商业部门包括商务部、省级和直辖市的贸易部门、区级和市级贸易部门。

二、商务部权力和义务

《老挝企业法》第227条规定商务部的权力和义务包括：(1)制定推动企业发展的指导性文件和政策；(2)研究和规划法规以便推行相关政策，促进企业发展；(3)在全国推行促进企业发展的政策，并对政策的实施进行宣传、指导、鼓励和监督；(4)根据法律法规规定，对企业登记进行管理，提供相关服务；(5)对各级商务部门的工作人员进行培训，提高技术能力，加强队伍建设；(6)会同相关部门和地方行政当局检查和监督全国经营单位执行法律法规的情况；(7)对登记在企业登记册上的企业名称进行记录、修改或注销；(8)继续发展对外贸易关系，开拓国外市场；(9)行使和履行法律法规规定的其他权力和义务。

三、省级和直辖市贸易部门权力和义务

《老挝企业法》第228条规定省级和市级贸易部门的权力和义务包括：(1)在各省份或直辖市推行促进企业发展的政策，并对政策的实施进行宣传、指导、鼓

励和监督；（2）会同相关部门和地方行政当局对各自辖区的经营单位执行法律法规的情况进行检查和监督，并将情况上报上级部门；（3）对登记在企业登记册上的企业名称进行记录、修改或注销；（4）在商务部批准的范围内，继续发展对外贸易关系，特别是发展与周边国家的贸易关系；（5）行使和履行法律法规规定的其他权力和义务。

四、区级和市级贸易部门权力和义务

《老挝企业法》第229条规定区级和市级贸易部门的权力和义务包括：（1）在各自辖区内执行与企业相关的政策、法律、法规；（2）对登记在企业登记册上的企业名称进行记录、修改或注销；（3）会同相关部门对各自辖区内的经营单位执行企业相关法律法规的情况进行检查、监督和信息收集，并将情况和资料上报上级部门；（4）行使和行法律法规规定的其他权利和义务。与企业有关的其他部门有义务配合商务部门履行职责。企业办理注册手续后，相关部门应在各自职权范围内带头对企业经营进行管理。

五、工商会

工商会是商界人士的社会组织，代表雇主、行业协会和在老挝设立并从事经营活动的各种企业，在政府机关与经营单位之间起到桥梁作用。工商会在向政府就企业相关问题提出意见以及引导、组织和团结商界人士等方面发挥着重要作用，有力推动了经济、贸易、工业、金融和服务等行业的发展，不但保护企业的合法权益，也促使企业守法经营。

第七节　政策和处罚

为促进企业法实体规则的实施，除了需要重视法律责任和惩罚措施以外，立法者应当建立激励机制，即经济利益的支付、道德声誉的褒奖、相关优先权利的享有来促使企业积极遵守法律。《老挝企业法》在第九部分规定了对企业的奖励政策和处罚。

一、政策

《老挝企业法》第 232 条规定个人或组织在执行法律方面有突出表现的，将受到表扬、祝贺或获得适当的优惠政策。

二、处罚

个人或组织实施的行为违反法律规定的，应根据行为的性质受到相应的处罚。《老挝企业法》规定的应当受到处罚的行为主要有以下几种：

1. 妨碍企业登记

企业登记官及以任何方式妨碍企业登记的有关人员，无正当理由要求申请人提交额外文件、丢失文件并拖延办理登记的，应受到行政处分，包括再教育、调离岗位、降级或开除公务员队伍等。

2. 没有办理企业注册即从事经营

没有办理企业注册手续就从事经营的，每次从事经营处以 1 000 000 基普至 10 000 000 基普的罚款。

3. 超经营范围开展经营

个人或法人实体如果没有按照经营范围开展经营的，应给予接受再教育的处罚或者每次经营处以 1 000 000 基普至 5 000 000 基普的罚款。

4. 登记不当

企业执照出现登记不当的情形（企业登记的部分或全部内容不符合格式要求或分类要求）应注销。企业登记官对个人或组织的企业执照进行不当登记的，应受到行政处分，包括调离岗位、降级或开除出公务员队伍等。

5. 擅自公开和拒绝公开信息

企业登记官员或有关人员如果未经相关企业同意擅自公开企业信息的，视为违反政府保密规定，应根据《刑法》给予处罚，并且开除出公务员队伍。企业登记官拒绝公众查阅或复印文件或者拒绝公开企业登记文件副本的，受到行政处分，包括调离岗位、降级或开除出公务员队伍等。

6. 未挂出招牌或不当使用名称

企业如果在收到通知后 7 天内未挂出企业招牌或使用的企业名称与企业的形

式或类型不符的，应当接受再教育的处罚，或者每次处以 200 000 基普的罚款。

7. 使用禁用名称

使用禁用名称的，给予接受再教育的处罚或者处以 300 000 基普的罚款，并责令停止使用相关企业名称。

8. 解散后未拆除企业招牌

企业解散后未拆除企业招牌的，给予接受再教育的处罚或处以 500 000 基普的罚款，并责令拆除企业招牌。

9. 其他违法行为

任何个人或组织反本法规定，造成他人损失的，应承担赔偿责任。构成犯罪的，应根据《刑法》追究刑事责任。

第八节　保　险　法

1990 年 12 月颁布的《老挝人民民主共和国保险法》是老挝保险法律制度的核心。该法主要规定了保险公司、保险合同及惩罚措施等内容。该法旨在促进和保护老挝的经济基础，调整保险关系，确保执行保险业务的企业和被保险人的权利义务以及司法部门对保险业务各方和保险交易的保护。

一、保险公司

(一)设立

申请开展保险业务的个人或法人必须向经济计划财政部提交申请文件。保险公司是开展保险业务或积累资金的公司法人。只有保险公司和外国保险公司分支机构有权在老挝境内经营保险业务。

(二)资金管理

保险公司必须有公司资本，以履行一定数额的保险业务。保险公司应注明并公布其公司资本。在老挝境内从事保险业务的保险公司和外国保险公司附属机构必须设置担保金。担保金可采用基普、外币、国债或国家担保债券四种形式。

（三）保险从业人员的管理

禁止因盗窃、贪污和窝藏赃物等行为被判处刑罚的人从事保险业务。保险公司的董事和经理不得利用保险公司、保险市场、合同、商业行为直接或间接地谋取个人利益。

（四）监督检查

保险公司应将使用或发布的重要书面资料、变更章程、更改重要事项以及将执行的理算依据和保险费利率等向经济计划财政部部长申报。审计师有权随时检查保险公司的所有事项，并向经济计划财政部部长提交审计报告。

二、保险公司财会

（一）证明具有充足技术准备金的义务

保险公司有随时提供报价证据证明其有足够的技术准备金，以充分履行保险合同的连带义务。

（二）备用金

保险公司的备用金分两类，即人寿保险和集资备用金、财产损失保险准备金。保险公司清偿能力所需达到资金金额相当于实际保险费的 20%。

（三）会计制度

保险公司必须设置会计审计师，并接受其监督检查。各公司必须设立会计账簿，并按时向经济计划财政部部长提交会计报告。

三、保险合同

（一）效力

只有在老挝境内生活或居住的个人，就与意外事故以及登记资产相关的保险事项，才能与获授权在老挝开展保险业务的公司签订保险合同。否则该合同不具有法律效力。

(二)保险单

保险单是记载保险合同一般条款的文件。保险合同只有在双方协商一致，由保险公司向投保人交付保险单，以证明保险法律关系存在才能执行。保险单应当记载保险期间。

(三)分类

保险合同主要分为人身保险合同、财产保险合同和民事责任保险合同三类。

(四)投保人义务

投保人具有支付保险款、如实告知一切信息及风险增加情形、及时申报损失和保险的义务。

(五)诉讼时效及其管辖

因保险合同产生纠纷的诉讼时效为事发之日起三年。诉讼时效可中止、中断。投保人住所地法院对投保人与保险人之间的纠纷享有管辖权。交通事故责任保险则由事故发生地法院管辖。

第九节　证　券　法

老挝证券法律制度发展得比较晚，目前现有法令主要包含 2010 年 5 月 24 日颁布的《政府关于证券和证券市场的法令》以及 2010 年 7 月 21 日颁布的《关于公开发行股票的决定》。前者是老挝证券法律制度的核心。证券法主要规定了证券交易委员会的设立和运作，证券交易所的建立和运作，证券公开发行和上市以及证券公司的经营，促进公众募集资金，确保市场上的证券相关活动以公开、平等、透明、有序、高效的方式进行，保护投资者的合法权益。

一、证券交易委员会

证券交易委员会作为政府的秘书处，统一制定必要的政策、计划、条例，对证券及证券市场的管理和监管。委员会由司法部门、委员会秘书长和其他有关部门的主席、副主席和委员组成。委员会有正式使用的公章。

二、证券交易委员会办公室

证券交易委员会办公室是证交会制定必要的政策、战略计划、法规、对证券交易进行监督管理的秘书处。办公室由秘书长、副秘书长，各司司长、副司长、科长，各工作单位负责人和一定数目的专业和行政人员组成。

三、证券公开发行

任何拟公开发行证券的公司，应符合相应标准，并提交申请文件，经办公室审查决定是否准予公开发行。公司发布的招股说明书及证券存托处出具的凭证都应符合法令规定的要件。证券公开发行人必须在国家媒体上发行公告。公告应在60日内完成，而后将其发行价格的报告提交办公室批准。发行人和承销商必须实行允许投资者认购证券的分配机制。老挝允许外国投资者按照委员会的有关规定投资证券。

四、证券公司

有意成立证券公司的个人和组织应向办公室提交申请文件。外国投资者可与其境内投资者建立合资证券公司，但持有股份不得超过总股份的51%。外国证券公司分公司在满足规定的情形下可被授予证券营业执照。拟在证券公司从事证券业务的人员，应具有证券从业人员证书。

五、证券交易所

证券交易所应依法提交相关申请文件，经办公室审查批准成立。证券交易所包括股东大会、董事会、审计委员会、治理委员会、证券存托中心、结算保障基金等部门。证券交易所应根据集中的订单匹配方法组织上市证券交易，以确保透明，公平和有效的市场运作。在证交所上市的证券只能在交易成员的证券公司进行交易。证券交易所实行向办公室报告制度。证券存托中心为证券交易所履行登记、存入证券及结算交收等各项职能。每个交易会员应指定代理银行，以便管理现金账户和货币支付。而老挝央行将作为指定结算银行。交易成员应缴纳结算保障基金，以防止潜在付款风险。

六、证券交易

证券发行公司应对财务报表、业务及审计报告等进行信息披露。发行人、证券公司和证交所须向办公室报告，并由独立的外部审计机构进行审计。

七、争端解决机制

在证券交易过程中发生争议，首先应通过双方协商解决，协商不成则提请调解办公室调解，若调解失败可提请仲裁或提交法院解决。

第十节　老挝企业破产法

一、企业破产法概述

(一)企业破产法概况

企业破产是指企业在生产经营中由于经营管理不善，其负债达到或超过所占有的全部资产，不能清偿到期债务时，经法院审理与监督，强制清算其所有财产，公平清偿全体债权人的法律制度。企业破产法(Bankrupt Law)是规范或调整企业破产法律规范的总称。企业破产法的内容主要由实体法规范和程序法规范两部分构成。老挝企业破产法将这两部分内容规定在同一部法典中。《老挝企业破产法》于1994年10月14日第三届国会第五次全会第010号决议通过，并于1994年11月5日老挝人民民主共和国第52号主席令颁布实施。《老挝破产法》由9章组成，共计56条，主要包括两部分内容。

1. 实体规范

实体法规范主要规定债务人的破产能力、破产财产、破产债权、破产费用、破产程序对法律行为的效力以及对破产违法行为和犯罪行为的处罚等规范。

2. 程序法规范

程序法规范主要规定破产案件的管辖法院、破产原因、破产申请与受理、债权申报、债权人会议、和解程序、重整程序、破产宣告、破产清算及破产程序终结等制度。

(二) 企业破产法宗旨及适用范围

《企业破产法》旨在解决企业在破产状态下如何保障国家、债权人和债务人的合法权益，以维护经营秩序、促进投资，并为社会发展做贡献。一切在老挝境内处于破产状态的企业均适用本法的规定，不论是自行经营或代理经营。任何企业一旦处于破产状态，债权人有权向人民法院提起破产诉讼，企业自己也有权向法院申请破产。破产状态下的企业是指企业正遇到困难或在经营活动中受损，在采取各种必要的财政措施后，仍然不能按照规定的时间偿还债务。

二、起诉或申请破产

提出破产申请是进入破产程序的前提。破产申请是指当事人向法院提出要求宣告债务人破产的诉讼行为。根据《老挝企业破产法》的规定，债权人和债务人都可以提出破产申请。

(一) 起诉或申请破产条件

一旦企业的债务超出其偿还能力或债权人至少 3 次 (每次相隔不低于 20 天) 把催债单送达企业，企业已签收催债单但未能偿还债务，起诉或向法院申请破产的条件就成立。如果企业认为自身遇到困难，且预计不能偿还债务，也可以向法院申请裁定本企业破产。

(二) 起诉或申请审查时限

法院自收到起诉状或破产申请 7 日内，必须把决定通知起诉人。如果法院决定受理破产诉讼，应当书面通知被起诉的企业，同时将起诉请求复印件一并送达。被起诉的企业自收到法院的通知书 15 日内应当把还债能力证明总结报告送达法院。法院自决定受理诉讼请求之日起 35 日内，必须开庭审理该破产诉讼。主动请求法院裁定破产的企业，法院自决定受理请求之日起 7 日内，应当把开庭审理该请求的时限以书面形式通知各债权人。法院应当自决定受理该请求之日起 35 日内开庭。根据债权人的起诉或企业自己的要求，法院在审理破产案件过程中，一旦认为没有充足证据，就应裁定取消破产起诉或请求，起诉人或请求人有权在获知法院裁定之日起 15 日内提出上诉。

(三)债权人大会

债权人会议是全体债权人参加破产程序进行权利自治的临时机构。为便于充分实现债权人的破产程序参与权，应当承认和强化债权人会议听取报告、选任常设的监督机构、决定营业的继续和停止、指示破产财产的管理方法等职权。《企业破产法》第 19 条规定了债权人大会的组成，包括债权人、企业代表、省或市工会代表、企业工会代表。债权人大会拥有以下职权：(1)审议通过企业重整和组织开展经营计划；(2)企业重整计划未获同意时，有权对企业的资产分配进行研究并向法院提出建议。企业主或企业代表有义务在债权人大会上解释方案及对重新组织开展企业经营活动中的各种问题做出解答。债权人大会的决议将以下列三种形式之一提请法院审查：重整企业、产业出售、破产和清算。只有获得至少代表全部债务数额 2/3 的债权人同意，债权人大会的决议才能生效。

(四)债权人和企业之间的和解

处于破产状态的企业有权建议法院进行和解，如果法院审查认为适宜，应当委派和解员进行和解，以解决债权人与企业之间的债务偿还问题。如果债权人和企业能够达成和解，企业可以继续开展业务。如果双方不能就和解达成一致意见或未按和解备忘录执行，法院应裁定停止清偿债务，认定被起诉的企业破产并指定资产监管组。《企业破产法》第 15 条规定，资产监管组由以下成员组成：(1)由省级或市级法院专职干部 1 名任组长；(2)债权人代表；(3)企业代表；(4)省或市工会代表；(5)企业工会代表。金融机构专职干部法院决定对被诉企业实行资产监管后，该企业仍可以继续开展业务，但必须处于法院和资产监管组的监督之下。此时，企业禁止隐藏和转移财产，禁止出售财产或把财产转向他处。另外，被诉企业的出资人应当自收到法院的资产监管通知之日起15日内缴纳所有欠缴的股份。

（五）企业重整

企业重整是指对已经具有破产原因或具备破产条件而又有再生希望的企业，实施旨在拯救其生存的积极程序。老挝《企业破产法》第四章规定了企业重整程序。根据法院裁定，由企业主或企业代表负责组织实施企业重整计划。债权人有权利和义务按照法院的规定执行并跟踪了解企业重整计划的执行情况。为了能够继续开展经营，根据重整计划，企业有必要进行增资。

增资可以下列形式进行：增加股值、把债权人转换为出资人增加股份数、货款。企业重整期限自法院确定重整计划之日起不得超过2年。企业应当按照重整计划在重整期间清偿债务。企业经过整阶段，如果可以有效地开展经营活动，法院将裁定继续开展业务，如果企业不能够恢复经营，法院将裁定该企业破产。

（六）出售产业

自法院确定监管企业资产之日起，个人或法人可以申请购买全部或部分产业。如遇申请购买部分企业的情形，法院必须明确规定可以买卖的资产范围。根据法院规定的期限，法院必须研究、甄选出能够支付产业购置费的人选。一旦产业购置费付清，产业购买人可以把产业出售或转让给他人。

三、破产和清算

（一）法院裁定企业破产

破产宣告是法院依据当事人的申请或法定职权裁定宣布债务人破产以清偿债务的活动，即人民法院审查债权人提出的破产申请后，宣告债务人破产的法律行为。根据《企业破产法》第35条的规定，有以下6种情况之一，法院将裁定企业破产：（1）企业或企业代表没有通过企业重整计划；（2）企业主或企业代表未能在债权人大会上解释和解方案及在重新组织开展企业经营活动中的各种办法，未能陈述债权人大会所列举的问题；（3）债权人大会未通过企业重整计划；（4）企业重整期限结束，但企业的经营状况没有得到改善，并且债权人也要求破产；（5）在企业重整期间，企业严重违反法律的规定；（6）正值企业破产审理期间，企业主逃逸或死亡以及继承人拒绝继承或没有继承人。自法院做出企业破产的裁定之日起10日内，法院应当就企业破产情况通过大众媒体连续3日公告。

（二）清算组职权

法院裁定企业破产后，可以指定清算组。清算组的职权有：（1）检查企业的资产和债务资产监管组；（2）接收有关资产、文件；（3）撤销不正规的企业合同；（4）集中企业资产；（5）拍卖企业资产；（6）向债权人分配财产；（7）把清偿债务后的剩余财产分配给企业主或给出资人。在清算活动中产生的必要开销，由企业承担。法院裁定企业破产后，在执行法院的裁定书过程中，企业负责人有义务与清算组合作。如果该负责人确有必要离开法院的管辖区域或出国，应提供适当的担保并得到法院的批准。未经法院批准，企业负责人擅自逃离法院管辖区域或出国，法院有权下令拘留。

（三）破产财产范围

破产财产是用于清偿债务的资产，包括产权是企业的财产以及属于企业管理的全部资产具体包括：（1）企业的固定资产和流动资产，包括出租和贷出的资产；（2）现金和出资财产；（3）企业的应收债权。

（四）破产财产分配顺序

清算组把企业的财产及应收债权集中后，将按照下列顺序分配给债权人：（1）工人的报酬；（2）国家的债务；（3）具有担保的债务；（4）无担保的债务。破产财产分配时，前面顺序的债权得到全额清偿之前，后面顺序的债权不予分配。同一顺序的债权不能得到全部清偿时，按照权的比例进行清偿。

四、惩罚措施

(一)财产监管前的错误

在向法院起诉企业破产前,公司董事会实施以下违法行为的,人民法院应当追究董事会的刑事责任,如隐藏公司的会计文件、隐藏财产、转移财产、转让财产或错误的增加债务,制作没有担保的债务担保合同,取消或抵减公司应收债权等。

(二)财产监管期的错误

一旦法院决定对企业的财产进行监管,企业应当将这一情况通报债权人,并且企业不得实施货款等行为,否则将被追究刑事责任。

(三)任职禁令

破产企业的董事会成员,自法院裁定企业破产之日起 3 年内,无权在任何类型的企业中担任董事长、董事等职务。国有企业董事会的成员以及自愿请求法院裁定企业破产并能够清偿债务的企业的董事会成员除外。

(四)对监管组和清算组的措施

监管组或清算组在履行职责期间如有失职行为,法院有权免除任何一位监管员、清算员的职务,甚至可以全部免除。同时,法院应当裁定当事人对由此造成的损失负责,并指定新的监管员、清算员履行职责。如果监管员或清算员涉嫌犯罪,将依法追究刑事责任。

(五)假冒债权人

任何个人无原始凭证而主张自己是被诉破产企业的债权人的,将被依法追究刑事责任。

五、清算结束和摆脱破产人身份

(一)清算结束

破产清算中,遇下列情况之一的,破产程序结束:(1)破产企业和债权人就债务清偿问题达成和解协议；（2）清算组圆满完成破产财产的分配或破产企业无财产可供分配。清算结束后，法院必须通知企业登记机关，以便从企业登记簿上注销破产企业的名称并通过大众媒介公告。

（二）摆脱破产人身份

一旦法院收到当事人的申请书，并且有证据证明当事人已履行完债务清偿责任或刑满释放，法院可以裁定破产企业的企业主摆脱破产人身份。

第九章　缅甸商事法律

第一节　商法概况

缅甸长期是英国的殖民地，其制定法多受英国法律影响，特别是受英国殖民者在印度制定的法律的影响，因为英国曾把缅甸划入印度殖民地的一个省，许多方面甚至直接适用英国在印度制定的法律。《缅甸公司法》颁布于 1914 年 4 月 1 日，于 1955 年和 1989 年进行了两次修改，该法的规定主要适用于一般公司，其主要内容包括公司设立的条件和程序、公司章程的制定、公司的资本制度、公司的管理机构、公司的解散等。除此之外，规范公司的法律制度还有 1950 制定的主要适用于国营公司的《特别公司法》以及 1957 年制定的《缅甸公司管理条例》。

2017 年 11 月 23 日缅甸联邦议会通过新《公司法》，总统于 12 月 6 日签署批准，取代了殖民时期制定的 1914 年《公司法》。按照新《公司法》，可以在线申请注册公司，独立个人也可以申请注册公司，取消了以前必须有几个人才能成立公司的规定。旧《公司法》规定，只要有 1% 外国人股份，公司就被确定为外资公司。新《公司法》规定只有超过 35% 的外国股份才被确定为外国公司，外国人也可以入股国内公司。

第二节　公司设立

在现行的缅甸公司法律体系中，1914 年《缅甸公司法》主要适用于一般公司的设立。国有企业设立的公司或涉及政府投资的，则应依据《特别公司法》（1950年）的规定进行设立登记，且缅甸公民投资的公司不得有外国人股东和外国人董事。《缅甸外商投资法》适用于外国公司在缅投资或合资所设立的公司，2017 年《缅甸公司法》生效后，也将适用其中对外国公司的专门规定。因此，若此时中方投资者在缅甸组建公司不仅要适用《缅甸外商投资法》的相关规定，新公司法也应当适用，特别是新公司法对外国公司的范畴重新做了规定，即指在境外的法人或者其他外国人（或者他们的组合）直接或者间接拥有或者控制超过 35% 的所有权权益在缅甸成立的公司。

一、新公司法生效前

（一）公司设立形式

根据《缅甸外商投资法》规定，外国个人或公司可以在缅甸设立有限公司（私人或者公共）、分支机构或代表处、独资经营以及与缅甸个人、私人公司、合作团体或国有经济企业设立合伙或者合资企业。外国个人或者公司还可以同缅甸国有经济企业，在石油和天然气勘探、开发、销售以及矿业领域签订合同开展合作。

1. 外商独资有限责任公司

除了少数领域只能由政府参与、不对个人开放外，外国投资者可以设立独资有限责任公司。缅甸政府将通过一事一议的方式，对任何国外个人或经济组织的投资行为进行审批，但需满足相关规定。

2. 外国公司在缅甸开设分支机构

外国公司可以在缅甸开设分支机构。根据《缅甸公司法》注册的外国分支机构无须得到缅甸投资委员会的许可证，只需申请贸易许可证然后登记注册即可。缅甸的分支机构可以是制造类或服务类公司设立，如很多石油公司都是以分支机构的形式设立的。

3. 外国公司可在缅甸开设代表处

在缅甸由于业务或者投资项目的关系，外国公司可以申请在缅甸设立代表处，这种形式在银行业最为常见。与分支机构不同，代表处不允许在缅甸直接从事商业或者盈利活动，但允许代表处同其总部联络并为总部收集有用的信息和数据。

4. 合资企业

外国投资者还可以以合资企业的形式在缅甸投资，既可以是合伙制的形式，也可以是有限公司的形式。若是设立合伙公司，则以合伙协议为成立基础，并且该合伙协议受 1932 年《合伙企业法》的调整。依据该法，合伙人数应在 2 人以上 20 人以下。合伙企业的建立可以进行登记，但不强制。各合伙人对合伙企业的债务承担无限连带责任。缅甸的合作方既可以是个人，也可以是私人公司、合作团体或者国有企业。

(二) 公司设立要求

在新公司法生效之前，外国投资者在缅甸设立有限公司开展经营活动的，应依据《缅甸外商投资法》设立公司。而《缅甸外商投资法》中未规定的事项，则适用于 1914 年《缅甸公司法》的一般规定。我国投资者在缅甸设立公司时应注意两种对引进外资的要求：(1)《缅甸公司法》规定登记注册的最低资金要求；(2) 缅甸投资委员会。颁发投资许可时要求的最低资金要求。另外，取得缅甸投资委员会投资许可证的公司有权享受《外商投资法》所规定的优惠政策。

1. 1914 年《缅甸公司法》与《缅甸外商投资法》公司注册的区别

实际上，外国投资者在缅甸可以根据《缅甸公司法》或《缅甸外商投资法》进行公司注册。但是，根据这两部法律进行公司注册，却存在不同法律效果。(1) 根据《缅甸外商投资法》注册的公司可以享受相关税收优惠，而根据《缅甸公司法》不能享受税收优惠；(2) 虽然根据这两部法律注册的公司都可以从事生产制造、提供服务等活动，但最低注册资本的要求不尽相同。根据《缅甸外商投资法》注册的公司，投资制造业的最低注册资本为 50 万美元，投资服务业的最低注册资本为 30 万美元。而根据《缅甸公司法》注册的公司，投资制造业的最低注册资本仅为 15 万美元，投资服务业的最低注册资本为 5 万美元；(3) 两者注册程序不同。根据《缅甸外商投资法》注册外资公司首先要向缅甸投资委员会申请许可证，然后向缅甸投资及公司管理局理事会申请贸易许可证，再向缅甸公司注册处申请注册。而根据《缅甸公司法》注册的外资公司无须取得缅甸投资委员会的许可证，只需取得贸易许可证向缅甸公司注册处申请注册即可。

在缅甸，公司只要有外国投资人持股，就属于外国公司的范畴。故外商独资公司、缅外合资公司、外国公司的驻缅机构或代表处均为外国公司。依据《缅甸公司法》的规定，外国公司在公司登记注册前必须申请并获得许可证。不过，依据 1950 年《缅甸特别公司法》的规定，如果外资是与国有资产建立合资企业，则可以免于申请许可证。

2. 公司注册的条件

(1)公司名称。《缅甸公司法》规定股份有限公司的名称和有限责任公司的名称都要以"有限公司"结尾。并且，在第 11 条具体规定了公司名称及其变更，公司名称不得使用已注册的或者近似的带有迷惑欺骗性的名称，如有上述情况，要在经过注册官核准后更改其名称，另外还规定公司名称中不能带有"皇冠""皇帝""皇后""联邦"等文字。

(2)注册资本。关于公司的注册资本，前文已有提到，此处不再赘述。特别要提到的是，根据《缅甸外商投资法》第 9 条和第 10 条的规定，外国人与国民或相关政府部门、组织进行合资组建企业时，外国资本与国民资本的比例可根据双方商定办理。

(3)公司章程及契约书。因为《缅甸外商投资法》并未对外国投资者设立公司时必要的公司章程作出特别规定，所以外国公司的公司章程也应当适用《缅甸公司法》有关规定。《缅甸公司法》规定契约书主要是指公司发起时制定或经特别决议修改的契约书，主要涉及公司董事长的表决权、董事会的权限与职责、公司的红利分配等内容。

(4)经营场所。《缅甸公司法》规定公司的注册营业地要在缅甸联邦境内。

(5)注册机构。缅甸的投资及公司管理局为注册机构，但外国公司注册的程序比国内注册的程序更为复杂一些，注册还涉及缅甸投资委员会和公司注册局。因此，为提高外商在缅投资注册效率，缅甸政府于 2013 年 4 月 10 日在仰光开设国内外投资注册等业务的一站式窗口，地址位于仰光岩更镇区帝莎路 1 号。窗口单位有计划发展部、商务部、税收部门、缅甸央行、海关、移民局、劳工部、工业部、投资与公司管理局、投资委等，为获准的国内外企业提供注册、延期及其他服务。

3. 公司注册的主要程序

根据《缅甸公司法》和《缅甸外商投资法》相关规定，在缅甸注册公司应当按照以下程序：(1)根据《缅甸外商投资法》要求，向缅甸投资委员会提交申请表应含下列文件：①企业财务状况表(近年财务审计情况)；②开户银行推荐信；③项目经济可行性报告；④根据合作性质，如果项目属外商独资，则需要提供一份拟与主管部门签署的合同草本；⑤如果项目属合资项目，则需提供一份拟与合作公司签署的合同草本。准备必需的协议草案，如合资协议；⑥租赁协议；⑦独资项目协议(由相关主管部门代表签字)；⑧若该项目是以有限公司的名义经营的，应该提交按《缅甸公司法》起草的《公司备忘录》或者《公司章程》；⑨按照《缅甸外商投资法》第十章第 26 款规定提交税务减免申请函。(2)由投资及公司管理局对所提交的项目建议书进行详细研究，并从以下几方面进行审查：①实施项目是否符合被推选条件；②文件是否齐全一致；③经济可行性和项目的商业期限；④技术适用性；⑤市场状况；⑥提供就业机会；⑦项目实施对环境的影响。(3)投资及公司管理局向政府代理公司或者投资者及其代表咨询有关技术问题，并将文件提交缅甸投资委员会 MIC。(4)如果所需提交的文件资料齐全，约在 2 个月内完成报批手续。

二、新公司法生效后

2017 年《缅甸公司法》生效后，包括 1914 年《缅甸公司法》在内的一系列相关的公司法律规范被废止，并且新公司法放宽外国公司在缅甸开展业务的规定，有利大量海外项目的中资企业快速进出缅甸市场。

依据 1914 年公司法，外企即使仅施作单次工程、推广业务、维持有限的运营，都需在当地设立公司或分公司，需按年开股东会、交审计财报、缴纳税费，且公司解散清算程序漫长。而新公司法则允许在境外已有运营的公司注册为"海外公司"，无须另行成立公司，即可开展业务。但是，海外公司在缅仍需有注册地址、设立代表收送文件、缴交年报。总的来说，中方投资者若计划在缅甸设立公司或者注册为海外公司，除了适用《缅甸外商投资法》，也应当遵守新公司法的相关规定。对于外国投资者在缅甸设立公司若是没有特别规定，应当适用公司设立的一般规定，但涉及海外公司的注册、经营等问题新公司法做了专门规定。

关于海外公司的注册，新公司法规定了以下注册的条件：(1)海外公司的名称；(2)在申请当日，列明董事及海外公司的秘书的全名，出生日期，性别，国籍及住址；(3)述明海外公司已委任获授权人员，并提供海外公司委任的获授权人员的全名，出生日期及住所地址(获授权接受文件代表海外公司)；(4)述明已经获书面同意担任海外法人的授权人员的姓名；(5)海外公司在缅甸注册办事处的详细地址；(6)说明海外公司的营业地点的全部地址(如与注册办事处不同)，或如海外公司在缅甸有多于一个营业地点，海外公司的主要营业地点；(7)在其原居地登记其注册办事处或主要营业地点的完整地址；(8)海外公司的声明，表明申请书中所述事项均属真实无误；(9)附有海外公司注册的证据，以及构成或界定公司组织章程的文书副本，如果不是缅甸语，则以缅甸语翻译此类文件，并附上英文摘要说明由董事代为办理。

此外，为降低企业营运负担，新公司法规定，海外公司或其他法人若仅进行以下行为，不需要在缅甸设立公司或注册为海外公司。这些行为主要包括：(1)作为诉讼或法定程序一方之一；(2)举行股东或董事会议，或其他内部事务之管理；(3)持有银行账户；(4)通过第三方销售财产；(5)在缅推广业务，取得订单，在境外接受该订单；(6)贷出款项、创设债务、取得担保；(7)确保、收取、执行债务；(8)30日内完成单次交易；(9)投资或持有财产。① 但是，在缅甸开展经营业务的海外公司都要向注册官②备案，提交周年申报表、资产负债表。

第三节　公 司 资 本

公司资本是由股东出资所构成的公司财产，公司资本是公司赖以存在的物质基础，是公司得以正常运行的物质保障。《缅甸公司法》规定，公司注册资本的法定最低限额为：贸易型公司500 000缅元，服务型公司300 000缅元，生产与贸易型公司1 000 000缅元。出资人需至少汇入50%的注册资金才能设立公司，开展业务。余下50%的注册资金，须在公司设立后的一年内付清。根据投资法设立的公司，其最低注册资本为：工业型公司1 000 000缅元，贸易型公司500 000

---

① 参见2017年《缅甸公司法》第43条第2款。

② "注册官"是指根据公司法规定的投资和公司管理局及其继任者或其他联盟级别的机构或人员，行使注册公司的职责和行使其他权力，履行本法或其他适用法律赋予的其他职能和职责。

缅元,服务型公司300 000缅元。① 但是,2012年《外国投资法》取消了缅外合资企业中外资比例至少要占35%的规定,甚至取消了在一些限制领域缅外合资的外资比例不得超过50%的规定。新《公司法》规定只有超过35%的外国股份才被确定为外国公司,外国人也可以入股国内公司。这有助于鼓励更多外资加入缅甸本土企业,成立合资公司。政府也一直希望新法能使缅甸公司获得新的融资渠道。在对外资企业定义放宽后,可以准入的行业也大为放宽,原本限制外资进入的产业,如森林管理及保存、玉石宝石的探勘及生产、电力系统管理等,可被解读为在不高于35%的比例内,可由含一定外资资金的本地(合资)公司进入。

一、公司股份

(一)出资

1. 股份

股份是公司股份资本中的单位,股票是股份的表现形式。任何公司成员的股份或其他利息是可动财产,转移财产的方式应规定在公司章程里。拥有股份资本的公司,其每一股都应通过适当的数量加以区分。盖有公司公章的证书详细说明了股份或股票被成员持有的具体情况,它是公司成员享有了解股份或股票具体情况的权利的初步证明。股份证书赋予持票人享有股份或股票限定的权利,并且可以通过转让股份证书来转让股份或股票。股民凡经注册登记均有权免费得到盖有公司印章的股权证以证明其持股和出资情况。但是,就一股或数股由数人所持有的情况而言,公司则无义务向所有联合股东发放卡证,只需向每一股当中的一个股东发放一张卡证。

2. 催缴股款

董事会可随时向股东催缴他们尚未付清的股款,只要催缴的款额未超过股票票面价格的1/4,或距上次催缴日期已逾1个月,所有股东必须在规定的时间向公司缴纳所催缴的款额。一股份的联合股东可以共同或分别支付所催缴的股款。如果在规定日期前没有缴清所催缴的股款,应缴股款者需缴纳从规定缴款之日起

---

① 叶晖、玉梅主编:《东盟各国民法概论》,广西民族出版社2009年版,第353页。

到实际缴清款项之日止的年利率5%的利息，但董事会也有权全部或部分免去利息。

(二) 资本变更

1. 增资

经公司股东大会批准，董事会可将股本增加到决议所规定的数额。所有新股在发行之前，均可向在招股之日有权得到公司股东大会通知的人进行招股，招股按其持有的股份比例进行。招股应发放通知，具体说明出售的股份数额及招股期限，若不接受邀请将视为拒绝，招股期限一过或从被招股人处收到其拒绝接受要约股份的通知，董事会便可按其认为最有利于公司的方式来处置这些股份。董事会同样可以处置其认为按本章程不能作招股邀请的任何新股。经股东大会的普通决议，公司可以：(1)将股本合并和划分为比现有股份更大的数额；(2)经过将现有的全部或部分股份细分，可将全部或部分股本划分成数额小于公司章程所规定的股份；(3)取消在决议通过之日尚未被人认领或同意认领的股份。

2. 减资

根据《缅甸公司法》第55条的规定，如果公司章程有授权并有法院批准的话，股份有限公司可通过特别决议减少其股份资本：(1)取消或减少未缴足款的股份资本；(2)注销已支付的股本中失去或未被现有资产所代表的股份；(3)返还已付的股本中超出公司所需的部分。如果必要的话，可以修改备忘录，减少公司股本和相应的股份。当一个公司减少股本的决议通过，该减少并未涉及未支付股本的任何义务的降低，法院指令确认该减少后，公司应该在法院指定的日期前，在公司名称末尾加上"已减资"字样，直到指定日为止，该字样将被认为是公司名字的一部分。

(三) 股份转让

公司股份的转让文书应由转让人和受让人共同制作完成，转让人对股份的所有权被视为持续到受让人的姓名被记入股东登记簿为止。董事会可以拒绝登记任何形式的股份转让或把未完全缴清股款的股份转让给董事会不同意的人，并可拒绝将公司享有留置权的股份的转让进行登记。董事会也可在每年的股东会召开前的 14 天暂时中止转让登记。如果公司拒绝将任何股份或债权的转让进行登记，公司将在转让文件存放在公司之日起 2 个月内，对转让人和受让人发出拒绝通告。

根据《缅甸公司法》第 35 条的规定，对死亡的公司成员的股份或其他利益的变动应由他的法定代理人作出，即使法定代理人本身并非公司成员，但如果他在变动期间是公司成员，那么变动有效。(1)单独持股人。公司应承认已故的单独持股人的遗嘱执行人或管理人享有股份的权益。(2)联合持股人。公司应承认其他联合股东或者联合持股人的遗嘱执行人或管理人享有股份权益。(3)股东死亡或解散。凡因股东死亡或解散而取得股份所有权的人，一旦出示董事会随时要求的证据，就有权选择将自己登记作为股东，或提名让某人登记作为受让人。因股东死亡或解散而取得股份所有权的人，享有获得相同红利的权利和假使他是登记持股人而应享有的其他利益。但是，在登记成为股东前，股东会没有赋予其任何相关权利的除外。

(四)股份没收

1. 通知交付股款

若股东未在规定的缴款日期缴付催缴的股款或分期缴付的股款，董事会则可在未缴清催缴股款期内的任何时间向股东送达通知，要求其缴付未缴足的股款或分期股款及可能已经产生的利息。

2. 确定没收股份日期

通知应确定一个日期(从送达通知之日算起，不得少于 14 天)，规定股东应当在该日或之前缴纳股款，并规定如果在规定之日或之前不予缴纳，将没收所催缴股款的股份。

3. 没收股份

如果不遵守上述通知的要求，在股款尚未缴清之前，公司有权随时根据董事会所作出的有关决议没收所通知的任何股份。

4. 处置股份

被没收的股份可以出售或按董事会认为适当的条件和方式予以处置。如果董事会认为合适，可在出售或处置之前随时取消没收决定。被没收股份的人将停止其相应的股东身份，但他仍有义务支付截止没收之日应由他向公司支付的有关股份的所有款项，如果公司收齐了所有有关股份的此种款项，其责任应从缴清之时起予以终止。

(五)股票与证券的转换

董事会可以根据股东大会的决议，将缴足股本的股票转换成证券，也可根据决议，将任何证券转换成任何种类的缴足股本的股票。根据股票与证券的转换规则及方式，或根据与实际情况相近似的规则及方式，证券持有人可将全部或部分证券予以转换，但董事会可随时规定可转换证券的最低数额。证券持有人可根据所持证券的数额，享有同持有转换证券的股票的股东一样在有关红利分配、公司会议上投票以及其他事项方面的权利和特权，但部分证券持有人不享有此种特权和利益。

二、股东权变动

根据《缅甸公司法》第 66 条的规定，特别种类股份持有者享有以下权利：(1)如果在一家公司中，股本被分为不同类别的股份，备忘录的条款授权任何一类公司的股权的变动，取决于任何特定比例的已发行股份的持有者的同意或者这些股份持有者在一个单独会议的准许，股份持有者要持不低于总计 10% 的股权。如果已发行股份中的各种持有不低于总计 10% 的持有者不同意或不投票支持这一变动决议，可向法院提出申请以取消变动。当存在任何此类申请时，股权变动被法院确认后才生效。(2)当一个或多个股东被任命书写申请时可以代表有权申请的股东。对任何这类申请，法院应当听取申请人、其他申请听证人或对该申请感兴趣而出席法庭的人的意见。如果发生这种变化将不公平地损害提出申请的公司股东的利益，将不准许变动。反之，将确认该变动。(3)法庭关于任一此类申请的裁决是终局的裁决。(4)该公司须在政府有关部门作出有关申请指令后 15 天之内向登记官递交该指令的副本。

三、公司分派红利

有股本的公司无论在何时配发股份，应在 1 个月内提交分配的收益额，说明配发中的人数和股份数额，接受分配者的名称、地址、简介和已付或应付给每股的红利数量。根据《缅甸公司法》第101条的规定，分红受到以下限制。(1)供公众认购的公司股本不分红，除非在招股说明书中规定了最低资本金的金额。(2)必须由董事们作出提升股本最低限额的规定：①任何购买或即将购买的财产价格；②公司在前期应付的费用；③返还因上述事项由公司借出的款项；④周转金。(3)每项申请的可能支付的金额不得少于每股法定面值的5%。不符合规定的分红应当无效。任何公司董事对违反有关分红的限制规定知情并随意授权或许可默认违法分红的，他须对公司和分红者分别承担赔偿责任，以补偿他们遭受或产生的任何损失、损害或费用。

第四节　公 司 管 理

一、1914 年公司法

(一)董事

《缅甸公司法》第2条规定，董事包括以任何名义拥有董事席位的人。该法第83条至第87条规定了董事的相关内容。每一个封闭式公司(非招股公司、不上市公司)至少要有2名董事。开放式公司(公开招股公司、上市公司)必须要有3名以上董事。董事、经理和代理人的任何任命或变动情况都必须在14天内向公司注册局通报。

(二)股东大会

任何公司每年必须至少召开一次股东大会。会议上向股东公布每一年度的公司审计报告。《缅甸公司法》第76条规定，新成立的公司必须在成立后的18个月内召开股东大会。以后的股东大会必须每一年度召开一次，至迟不能晚于上次会议召开后的15个月。每年度制作审计决算的日子和每年度股东会召开的时间之间的间隔不得超过9个月。每年度股东会结束后的21天内，应将公司年度审计决算编档保存。

（三）经理代理

这里的经理代理与我国公司法中的经理有较大区别，《缅甸公司法》第2条第9A款规定"经理代理"意为根据与该公司达成的协议，并在该公司董事的监控和指示下，依授权管理该公司事务的个人、事务所或公司。双方可通过协议约定经理代理可以不接受该公司董事监控和指示而开展独立管理活动。同时《缅甸公司法》也作了特别说明：如果是个人拥有经理代理的职位并称自己为经理代理，他仍然应该被认为是经理代理，但依本法之立法目的不能被认为是经理的除外。①《缅甸公司法》规定管理人每届任期不得超过20年；管理人若是破产，其职务也将被取消。但是，如同我国公司法对董监高人员的规定一样，《缅甸公司法》也对经理代理进行了诸多限制，如竞业禁止、超越职权的行为无效等。

（四）财务机构

缅甸公司法规定每一个公司必须设有财务机构，必须有银行账号，并在总公司设置一个会计账簿。

二、2017年公司法

2017年《缅甸公司法》较之1914年公司法的内容，依旧有董事会、股东大会的规定，最大的修改在于新法废止了经理代理人的相关规定，同时又出现了公司秘书的规定。

第五节　公司解散

1914年《缅甸公司法》在第五章和第九章分别规定了公司的解散和未注册公司的解散。第五章共92条，分别规定了公司解散的方式、出资人、官方清算人、法院的相关权力和权限以及公司解散的责任承担等。第九章则规定了未注册公司解散的一些例外情形以及解散中的连带责任人的相关法律问题。2017年《缅甸公

---

① 米良：《缅甸公司法》，云南大学出版社2009年版，第4页。

司法》则把公司的解散和未注册公司的解散都规定在第五章当中，但内容与旧法相比没有实质上的修改。根据《缅甸公司法》第155条的规定，公司可因下列事由解散：（1）由法院解散；（2）自动解散；（3）在法院的指导下解散。

一、由法院解散公司

（一）法院解散公司情形

根据《缅甸公司法》第162条的规定，公司如有下列情形之一的可由法院解散：（1）公司通过特别决议决定由法院解散的；（2）未按规定提出法定报告或召开法定会议的；（3）公司成立后1年内未开始营业或者中止营业满1年的；（4）公司成员减少，私人公司少于2人，其他公司少于7人的；（5）公司无力偿还债务的；（6）根据1952年《缅甸联合银行法》第55条规定被吊销营业执照的；（7）如果法院有理由认为解散是公平公正的。

公司有下列情形之一的，应被视为无力偿还债务：（1）如果一债权人曾在一家公司供职，公司欠他的到期款项超过500卢比，他通过向总公司发送挂号邮件或其他方式催促公司支付这笔款项，而公司在此后3个星期未支付该笔款项，也未提供担保或达成协议的；（2）有利于公司债权人的法院判决或命令的执行或其他程序，因其整体或部分不能令人满意而被驳回的；（3）法院有足够的证据证明公司已无力偿还债务的。在确定公司是否具有偿还能力时，法院应考虑公司可能的和预期的债务。

（二）解散申请

由法院进行的公司解散，应被认为从提出解散申请的时候就开始。根据《缅甸公司法》第166条的规定，向法院申请解散公司应提交申请，申请可由以下主体提出：公司、一个或多个债权人（包括任何可能或预期成为债权人的人）、一个或多个出资人以及这些当事人中的所有人或部分人，他们可以一起提出也可以分别提出申请，还可以由公司注册机关提出申请。

1. 出资人申请

出资人只有在以下情况下才有权提出解散公司的申请：（1）公司成员减少

的，私人公司少于 2 人，其他公司少于 7 人；（2）他因持有股份而成为出资人，部分股份最初是分配给他或由他持有，并以他的名字登记注册的，且在解散开始前的 18 个月他至少持有这部分股份不少于 6 个月，或者这部分股份是通过死去的前任股东转让给他的。

2. 注册机关申请

公司注册机关只有在下列情况下才有权提出解散公司的申请：（1）根据资产负债表揭示的公司财产状况或者根据第 138 条指定的检查员的报告显示公司已无力偿还债务；（2）在提交申请之前已获得联合主席的许可，但这种许可只有在公司首先取得受审理的机会后才能获得。

3. 因失职申请

因未按规定提出法定报告或主持法定会议而提出解散公司申请的，应该由股东提出，并且应在本应举行会议的最后一日的次日起 14 日后提出。

4. 债权人申请

对于由可能或预期成为债权人的人提出解散公司的申请，只有提供了法院认为合理的担保并提供了令法院满意的确凿的证据后，法院才应审理申请。

（三）法院审理申请

法院在审理申请的时候可驳回该申请，收费或不收费均可，也可有条件或无条件地推迟该审理，也可发布临时命令或其他法院认为公平的命令，但不能以公司用于抵押的财产已达到或超过公司资产或者公司没有资产为由拒绝发布解散命令。以未按规定提出法定报告或主持法定会议为根据提出申请的，法院可责令应当对该违约行为负责的人支付费用。法院发布解散公司的命令后，除了同时指定清算人外，法院应立即将其通知发送给与法院有关的官方接管人，如果没有官方接管人，可通过公报通告的方式指定联合主席为接管人。

（四）发布解散命令

法院可禁止与被解散公司有关的诉讼活动。在提出公司解散的申请之后发布解散公司的命令之前，依据公司、债权人或出资人的申请，法院可依据其认为合适的条款，在任何时候有权阻止任何案件诉讼程序的进行以及阻止对公司提起诉讼。

解散命令使诉讼中止。当发布解散命令或指定临时清算人后，任何对公司提起的诉讼或其他法定诉讼程序都不得继续进行或开始，除非得到法院的许可并遵守法院的要求。

解散命令发出后，官方接管人应成为公司的官方清算人，在法院发布命令终止其作出进一步的行动之前，其应当继续履行职责。官方接管人作为官方清算人应立即监管并控制公司的簿册、文件和财产。法院应确定官方接管人有权获得报酬。

向注册机关提交解散命令的副本。解散命令发出后，提起解散诉讼的请求者以及公司有义务自命令发出之日起1个月内将命令的副本提交给注册机关。解散命令的副本提交后，注册机关应在公司簿册中备份，并在公报上发布该命令已发出的通知。除公司继续营业外，这个命令应被视为公司雇员的解雇通知。

法院延缓解散的权力。解散公司的命令发出后，根据债权人或出资人的申请，法院依据令其满意的证据，有权发布延缓诉讼程序的命令，既可以延缓所有诉讼程序，也可以延缓一定时间内的诉讼程序。

(五) 官方清算人

1. 官方清算人的任命

为了指导解散公司诉讼程序的进行并履行相应的职责，法院可任命一个或几个非官方接管人为官方清算人。在提出申请之后发布解散命令前，法院可随时作出这样的临时任命，但在任命之前，法院应通知公司。如果法院任命的官方清算人超过一人，法院应当明确数名官方清算人的职责分工。法院可决定任命官方清算人是否需要提供担保以及提供何种担保。官方清算人的行为即使存在缺陷也应当认定为有效，但如果任命本身是无效的，则官方清算人的行为无效。当公司资产掌握在官方清算人手中时，法院不应任命接管人为官方清算人。官方清算人可辞职或由法院基于适当的理由撤职。由法院任命的官方清算人一职出现空缺时应由法院重新任命。法院可指导工资或报酬以比例形式或其他方式支付给官方清算人，如果任命的官方清算人不止一人，应当以法院指导的比例分配报酬。

2. 清算人的职权

根据《缅甸公司法》第 179 条的规定，经法院同意，清算人享有以下职权：(1)以公司的名义代表公司提起民事诉讼或应诉，或进行其他民事或刑事法律程序；(2)在清算范围内，继续从事必要的对公司有利的营业；(3)通过公开拍卖或私人契约出售公司的不动产和动产；(4)以公司的名义制作各种文件、证书、收据和其他文书，在必要时可使用公司印章；(5)证明、宣告或主张任一连带责任人因财产资不抵债而解散，对于资不抵债部分，将解散补偿金作为独立于解散案件的债务按比例分配给其他独立债权人；(6)以公司的名义开立、承兑、制作背书汇票、支票或本票，并承担由此产生的法律后果；(7)为了公司财产的安全筹借必要的款项；(8)以其自己的名义取得已死亡的连带责任人的无遗嘱的遗产管理状，以获取以连带责任人遗产偿还的欠款；(9)实施其他必要的清理公司事务和分配公司财产的行为。

3. 清算人的权利

根据《缅甸公司法》第 183 条关于清算人的权利的行使和控制的规定主要包括：(1)被法院宣告解散清算的公司，其清算人负责管理公司财产并在债权人之间进行分配，他需要考虑全体债权人或连带责任人的决议及检查委员会的指示，如果它们之间发生冲突，则全体债权人、连带责任人的决议应优先于检查委员会所作出的指示；(2)为了明确债权人或连带责任人的主张，清算人可以召开债权人或连带责任人全体会议；(3)清算人可以按规定的方式申请法院作出在清算过程中产生的与特定事项相关的裁决；(4)清算人在管理公司财产和在向债权人分配财产时享有自由决定权；(5)任何人的利益受到清算人制定的文件或决议的损害，其有权向法院申诉，法院可对该被申请的文件或决议进行确认、撤销或修改。

4. 清算人的报告

公司经法院裁定进行解散清算后，清算人应在不迟于收到第 177 条 A 所要求提交的财务报表之后 4 个月内，或者经法院许可，在裁定作出后 6 个月内向法院提交初步报告。报告内容包括：(1)发行、认缴和认购的股本数量，估计的资产负债数量，分别列出以下资产明细：①现金和有价证券；②公司对成员的欠款；③其他公司欠款和公司可用的任何证券；④属于公司的动产和不动产；⑤公司未付款。(2)如果公司已经解散，应当说明解散的原因。(3)清算人有权决定对任何有关公司的创立、组建、解散或公司经营管理等事项进行进一步调查。如果清算人认为有必要，可以提交多份报告以说明其认为需要提请法院注意的事项。

（六）法院普通权力

1. 连带责任人名单的制定和财产的利用

一旦法院作出了清算裁定，就应制定连带责任人名单，法院有权在任何情况下根据《缅甸公司法》修改股东名册，将公司资产集中用于清偿债务。在制定连带责任人名单时，法院应注意因自身原因引起的连带责任和代表他人以及为他人还债的连带责任的区别。

2. 要求交付财产的权力

法院可以在作出清算裁定以后的任何时候要求连带责任人名单上的连带责任人、财产托管人、管理人、银行业者、公司高级职员等应立即或在法院指定的时间内，将其掌管的初步确认应由公司所有的现金、财产和文件等支付、递交、提交或转移给清算人。

3. 指令连带责任人偿还债务的权力

法院可以在作出清算裁定以后的任何时候指令连带责任人名单上的连带责任人以裁定的方式从其应得的现金中或从其代表公司应付现金的个人资产中或根据本法追偿的其他资产中支付应由其支付的现金。

4. 追偿债务的权力

法院可在作出清算裁定以后，在确认公司财产充足之前或之后的任何时候追偿债务，责令连带责任人名单中的所有连带责任人或其中任一连带责任人在其义务范围内清偿法院认为必要的公司债务、支付清算费用，对连带责任人的内部责任进行调整。

5. 责令向银行支付的权力

法院可责令任何连带责任人或其他应向公司支付款项的人将款项存入清算人指定的银行账户，而不能将其直接交给清算人，以此种方式执行支付命令视为直接向清算人支付。

6. 对连带责任人的裁定具有终局证据性

法院对于连带责任人的任何可申诉的裁定都应作为债务具有正当性的终局证据。裁定中的其他有关陈述都将作为其他所有人或所有诉讼程序可以引用的证据。

7. 排除未及时申报债权的债权人的权力

法院可以指定债权人在某一时刻或时段申报债权或提出有关主张，否则将被排除在已确认债权的利益分配之外。

8. 对连带责任人权利的调整

法院可以对连带责任人的权利进行调整，并在另外有资格的人中分发盈余。

9. 责令支付清算费用的权力

法院在审理公司资不抵债的案件中，可以责令对在解散清算中发生的开支和费用按法院认为合适的方式优先支付。

（七）公司解散

一旦公司相关解散事宜彻底完结，法院应作出公司从裁定之日起解散的裁定，公司应当解散。清算人应将该解散裁定在其生效后 15 日内向登记员报告，登记员应在该公司登记档案中对公司解散作相应备注。清算人违反本条规定的，处以所违规日期每日 50 卢比以内的罚款。

二、自动解散

（一）自动解散条件

根据《缅甸公司法》第 203 条的规定，公司有下列情形之一的，可自行解散：(1)公司章程规定的营业期限届满或者公司章程规定的其他解散事由出现，并经公司股东会决议要求公司解散的；(2)公司特别决议决定需要自行解散的；（3）因债务原因无法继续营业并被建议解散的，经公司非常决议决定的。

公司自行解散程序自公司自行解散决议通过之时起，公司除因解散需要外，经营活动即行停止。除非公司章程有相反规定，公司法人资格及公司法人能力将持续到公司解散之日止。任何有关公司自行解散的特别决议或非常决议的通知应由公司在该决议通过之日起 10 日内在政府公报及在公司登记地发行流通的有关报纸上发布。公司被提议自行解散的，公司管理层或公司多数董事(假设公司有超过两名以上的董事)应在公司有关解散决议提议的会议通知发出之日以前的公司董事会上，以宣誓书的形式对以下内容作出声明：其已对公司有关事实作详细调查，并已得出公司有能力在解散之日起不超过3年的某一具体期间内全部偿还公司债务的相关意见。

(二)股东自愿解散公司

1. 公司指定或确定清算人报酬的权利

公司需在股东大会中为清算和分配公司财产事务指定一个或多个清算人，并可以确定给予他或他们的报酬。一旦指定清算人，公司董事的所有权利即行停止，除非获得公司股东大会或清算人批准而得以延续。

2. 填补清算组织职位空缺的权利

(1)因死亡、辞职或其他原因导致公司指定的清算组织成员出现空缺的，公司股东大会可以根据其债权人的安排填补相应空缺。(2)为此目的，连带责任人或存在多个清算人的情况下由其他清算人召集股东大会。(3)股东大会需按《缅甸公司法》或公司章程规定的方式举行，也可按连带责任人或其他清算人申请的方式或法院决定的方式举行。

3. 清算人在每年年终召集股东大会的义务

解散期超过一年的，清算人应在自清算开始之日起的第一年及以后每一年年终或在年终以后的90日内的合适时间召集股东大会，并在会议上就其过去一年的行为、交易及解散事宜的处理等事项做述职报告及提交包含有关清算职位特定事项的书面声明。清算人违反相关规定的，处以100卢比以内的罚款。

4. 终局股东大会及解散

(1)制定解散报告。一旦解散事项完结，解散人应制作解散报告，以说明其解散执行行为及公司财产已作妥善处理并及时召集股东大会做述职报告和做相关解释说明。

(2)发布公告。股东大会的召集应以公告的方式说明开会时间、地点和相关事项，并最迟在会议召开前一个月按《缅甸公司法》第206条第(1)款以通知公告的方式发表。

(3)递交述职报告副本及会议已举行的报告。清算人应在会议召集后一周内，向注册机关递交述职报告副本及会议已在某日举行的报告。清算人违反上述规定将按每延迟一天处以 50 卢比以内的罚款。若到会股东不足法定人数,清算人应在报告场所报告会议已依法召集但到会股东不足法定人数的情况。以前款规定的公告作为会议依法召集的报告应被认可。

(4)登记处理。注册机构在收到递交述职报告副本及会议已在某日举行的报告后应立即登记处理,在召集报告登记后 3 个月期限届满,可认为公司已解散。

(5)申请延期。清算人或其他相关的利害关系人向法院申请公司解散延期的,法院可以酌情延期。法院同意本条所述的延期申请的,相关当事人有义务在法院作出该决定之日起 21 日内向注册机关递交登记副本,相关人员违反此规定的,处以所延期每天 50 卢比以内的罚款。

(三)债权人自愿解散公司

1. 债权人大会

(1)在公司即将举行的提议自愿解散的决议大会当天或第二天,公司应召集公司债权人大会,并且向债权人发出的大会召集通知应同该公司解散决议大会的召集通知同时邮寄发出。(2)公司也应将该债权人大会的通知采用《缅甸公司法》第 206 条规定的方式发布公告。(3)公司债权人应表明其对公司有关事务的立场,并列出公司债权人清单及其将在上述债权人大会上申报的债权的估算金额;指定其出席上述公司股东大会的一名代表,被指定的出席股东大会的代表应代表债权人参加该大会。(4)若提议公司自愿解散决议的大会延期举行,按本条第(1)款规定如期举行的债权人大会上通过的任何决议在该延期会议实际举行日期通过的自愿解散决议生效后立即生效。

2. 清算人的任命

债权人和公司有权推荐一名清算人处理公司终结的有关事务和分配公司财产。如果两者推荐的人选不同,则债权人推荐的人员为清算人,如果债权人没有推荐清算人,则公司推荐的人成为清算人。

3. 清算人的责任

清算人应当在每年年末召集公司会议和债权人会议。如果终止过程持续时间超过一年,清算人应在终止开始起第一年年末,以后每年年末以及认为方便的时候,召集公司普通会议和债权人会议。

4. 公司的最终会议和解散

(1)终结报告。一旦公司完全终结，清算人应当作出公司终结的报告说明公司财产的分配情况，并召集公司普通会议和债权人会议。(2)公司的最终会议。每次会议应当在召开前至少一个月进行公告，公告需写明会议时间、地点、对象。每次会议后的一周以内，清算人应该向登记机关提交会议报告复印件，或者就会议制作一份正式报告。如果违反规定，清算人将被处以每天不超过50卢比的罚款。如果会议召开没有达到法定人数，清算人应该制作一份正式报告，写明会议按时召集但没有达到法定出席人数的情况。如果清算人按规定制作了报告，则会议的召开视为符合规定。(3)解散。登记注册机关接到上款规定的会议报告后，应立即进行注销登记。从注销登记之日起3个月期满后公司被视为解散。法院可以根据清算人或其他有关人员向法院递交的申请，作出延迟公司解散的决定。法院作出延迟公司解散决定的10天内，申请人有义务向登记注册机关递交法院决定的复印件。

三、公司终结

(一)公司财产分配

根据《缅甸公司法》第230条的规定，在公司终结过程中，以下债务优先清偿：(1)所有在宣布公司终结之日前产生的公司应纳税款(不管是中央政府税收还是地方当局税收)，应在12个月内清偿；(2)职员或服务人员的工资，应在2个月内支付，每人工资不得超过1000卢比；(3)蓝领工人工资，不论是计时还是计件工资，每人不超过500卢比，应在2个月内支付；(4)根据《工人赔偿法》的规定，对员工所作出的死亡或伤残赔偿；(5)员工预备金款项、员工退休提取金、员工遣散费和其他员工福利；(6)本法第138条规定的调查费用。

上述债务将按照以下规则清偿：(1)顺序相同的全部清偿，除非公司财产不足以全部清偿，则按比例清偿；(2)如果公司财产不足以偿付普通债权人的债权，将优先偿付公司债券持有人的债券，此债券应从公司财产或流动资金中受偿。由于要预留一笔款项作为必需的终结费用，上述债务在公司财产提取终结费用后立即得到清偿。按照《缅甸公司法》关于优先清偿的规定，公司终结后，公司财产将被申请用于债务清偿，剩余财产将根据股东在公司所享有的权利和利益进行分配。

(二)和解

在公司终结过程中，公司和债权人之间可以进行整顿与和解。如果和解经公司特别决议批准和经代表 3/4 以上债权人同意，则对公司和债权人均有约束力。债权人或连带责任人可以在和解完成后的 3 个星期内向法院提出上诉，法院如果认为合法，可以立即修改、改变或确认和解。

(三)申请法院作出终结决定

根据《缅甸公司法》第 216 条的规定，清算人、连带责任人或者债权人可以就公司终结产生的任何问题向法院提出申请，请求法院就此作出决定。清算人、连带责任人或者债权人有权在公司终结程序开始后向法院申请，撤销因扣押公司财产造成不动产损坏或对公司造成不利影响的裁定。可以提出申请的情形有：(1)如果扣押公司财产的判决由高等法院作出并生效执行，申请应向高等法院提出；(2)如果上述判决由其他法院作出并生效执行，申请应向对公司终结享有管辖权的法院提出；(3)如果上述请求被认为是合法的和有益的，法院可以在它认为合适的条件下，批准全部或部分申请，或者就申请作出其他的裁定。

(四)法院规定终结诉讼

法院有权在终结裁定中规定所有或任何终结诉讼程序的采用。根据《缅甸公司法》第 221 条的规定，公司终结后，法院有权作出终结程序继续进行的决定，终结程序受法院监督管理。债权人、连带责任人或其他有关人员有权向法院提出对公司终结进行监管的申请。

(1)终结开始后，转让等行为无效。无论公司由法院裁定终结还是终结程序受法院监管，任何公司财产(包括可起诉的债权)的处置、公司股份的转让或者股东地位的变动发生在终结开始后，除非依法院的裁定，否则均无效。(2)所有的债权均需要证明。在公司终结程序中(包括无力偿付债务的公司根据解散行为依法申请解散)所有的债务都能得到清偿只是偶然现象，所有的对公司的债权诉讼要求，不管是现在的还是将来的，确定的还是不确定的，都需要提供法庭允许提供的有关证据，以此对其价值做出合理的估计。

四、已解散公司登记记录的注销

根据《缅甸公司法》第 247 条的规定：(1)注册登记机关有理由认为公司处于停业状态，即可向公司发一份邮件询问公司是否处于营业状态；(2)如果登记注册机关发出信件后 1 个月未收到公司回复，他可在第一次发信后 1 个月期满开始 14 日内，参照第一封信邮发一封挂号信，以告知首封邮件未收到回复，并告知若此信件发出后 1 个月内未收到回复，将在缅甸公报上发布关于删除公司登记记录的公告；(3)如果收到关于公司停业的回复，或于第二封信发出后 1 个月之内未收到回复，即可在缅甸公报中公告删除公司注册登记记录的通知；(4)如公司、股东或债权人认为注销公司侵犯了其权利，法院基于公司、股东或债权人的请求，确认被注销的公司确实处于营业状态，则判决恢复公司的注册记录，注销无效。法院根据此判决作出说明，公司恢复为注册状态。

第六节　保　险　法

一、《缅甸保险法》

(一)保险公司宗旨

成立缅甸保险公司的宗旨有：(1)根据双方协议，用所投保险对人民群众因可能发生的灾难而遭受的社会、经济损失经予金额补偿；(2)通过发展个人人寿保险，培养储蓄的风气，支持国家的资金积累；(3)有效地进行与社会、经济发展相适应的必要的各种保险保障，以此取得人们对保险制度的信赖。

(二)保险业务

缅甸保险公司开展下列保险业务：(1)人寿保险；(2)第三者责任保险；(3)损失赔偿保险；(4)火灾保险；(5)货物水运保险；(6)船舶保险；(7)航空保

险；(8)工程保险；(9)机动车辆保险；(10)石油和天然气保险；(11)汇款兑款保险；(12)财产安全保险；(13)名誉保险；(14)旅途保险；(15)伤残保险；(16)其他保险种类；(17)部规定的保险项目。

(三)保险公司职权

缅甸保险公司具有以下职权：(1)征得部的同意，在国内国外进行其他适当的投资活动；(2)征得部的同意，在国内外开设办事处并委任代表；(3)可将所承担的所有或部分保险业务在国内外进行再保险；(4)购买债券、信托证书、股票和储蓄券进行投资；(5)与其他保险公司协商的有关的保险费率和保险单规定；(6)接受因开设保险公司而获得的外汇保险费；(7)因设立外汇保险，要承办以外汇赔偿损失的事务；(8)根据现行的法律可以使用外汇，用于应以外汇偿还的再保险费、赔偿金、保险储备金、诉讼费、邮费、律师费、核查费以及与业务直接相关的其他费用；(9)制定必要的措施以促进保险业务水平不断现代化发展。

(四)保险权利与义务

政府工作人员根据规定的年龄与工资比率，必须在缅甸保险公司办理强制性人寿保险。到达规定年龄者可以替未到达规定年龄者办理人寿保险。机动车所有者必须到缅甸保险公司办理机动车辆强制性第三者责任保险。经营有可能对国有财产和人民的生命财产造成损失及可能造成环境污染的各企业主或机构必须到缅甸保险公司办理各种强制性损失赔偿保险。不管现行法律做如何规定，只有受人寿保险投保人委托者方可享受按本法投保的人寿保险单上的权利。

(五)外汇保险

缅甸保险公司：(1)为经营接受外汇保险和理赔业务，须在有关银行开设外汇账户；(2)在最初开设账户时，需投入与五百万缅元等值的外汇，以便能存入或支出外汇；(3)当剩余外汇不足以缴纳赔偿金时，经政府批准，可再补加。

(六)账目和查账

缅甸保险公司的财政年度和国家的财政年度相同。缅甸保险公司的有关账目必须接受总审计署的检查。缅甸保险公司在每一个财政年度结束的时候，应按部规定的方法做出年终账目清单。在财政年度结束后六个月之内，必须将经总审计署签署的证明情况及如实的年终账目清单和缅甸保险公司的年终报告一并通过部呈交政府。为使人民群众了解缅甸保险公司的年终报告，必须按规定的方法予以公布。

二、《缅甸保险法经营法实施细则》

(一) 成立保险业务监督机构

要根据保险经营法第 4 条规定成立保险业监督机构。如果必要，可改组监督机构。监督机构要适时提交工作汇报。

(二) 监督机构职责与权力

监督机构应按照实施细则第 7 条第 2 款购买的政府出纳局的金融票证，经有关政府部门同意，可以兑换使用。有权批准从事保险业务者或保险代理业务者，根据实施细则第 7 条第 2 款购买政府出纳局金融票证后，将剩余投资基金用于保险业务。

监督机构的权力主要有：(1)有确凿证据证明违反法律规定的保险业的有关官员，要通知有关保险业务经营者、保险业务代理和保险经纪人不再任命他们；(2)如果从事保险业务者或保险业务代理者不再从事上述工作，或者营业执照被吊销时，要从保证金内留出足够的资金数额用以偿还有关保险业务的债务，如有余额要连利息归还本人；(3)对于以外国投资运营的公司，如果申请开展保险业、保险代理业务或保险经纪人业务的执照，要按照现行法律审批后发给执照；(4)对于获得执照的保险业务经营者、保险业务代理或保险经纪人，要允许他们开设办事处；(5)指令保险业务经营者和保险代理进行再保险；(6)为发展保险学和保险业，经部同意，可开设保险培训学校，可与国际保险组织联络，也可进行教育和组织；(7)在财政年度结束以后四个月中，要向部提交工作汇报。

(三) 执照申请与颁发

凡欲从事保险业务、保险代理业务和保险经纪人业务者，要按照缅甸公司法条例或 1990 年特别公司法条例组建公司并完善注册手续。保险业务经营者、保险代理和保险经纪人，为获得执照，要充分准确地填写保险申请表，并一起将必要的证明材料提交给监督机构。

提交执照申请表的保险业务经营者或保险代理，在接到同意颁发执照的书面通知 30 天内，要按监督机构指示交纳下列款项：（1）执照实施细则第 6 条规定的投资基金；（2）执照实施细则第 7 条第 1 款规定的保证金；（3）执照费。

（四）调查与制裁

无论缅甸公司法中如何规定，监督机构有权组织并授权由 3 名监督机构成员或由一名监督机构成员和两名专家组成调查小组，调查保险业务经营者、保险代理或保险经纪人是否遵守保险经营法和保险经营法实施细则的规定。根据上述情况组建调查时，不仅要规定调查组的职责与权力，还要规定调查组的期限。如需要，要适时成立并授权一个以上或按照不同事项组成的调查组。监督机构根据行政方法制定的罚款，要经政府有关部门同意才能确定。营业执照被暂扣的保险业务经营者、保险代理或保险经纪人，在被暂扣营业执照期限结束后要向监督机构重新申请执照。监督机构在对根据前款提出的申请检查后，如果符合规定，罚款 10000 缅元以后，重新发给执照。

（五）申诉

对监督机构根据保险经营法第 17 条或第 22 条颁发的命令不满者，可在命令颁布后 30 天内向上财政与税收部诉。允许提交上诉书，本人或其合法代理以书面形式提交反驳书，必要时可以索要监督机构的意见，有权批准、取消或修改监督机构的命令，以书面形式通知上诉人。财政与税收部的决定为最终结论。

第七节　破　产　法

2020 年 2 月 14 日，缅甸议会人民院通过了一项新的破产法，以进一步改善商业环境，吸引更多的外国投资者。新法规将在缅甸总统发布通知后生效。新法取代了《仰光资不抵债法》（1909 年）和《缅甸资不抵债法》（1920 年）。该法共有

425 个章节，包括对微型、中小型企业（MSMEs）的追索权，以及与跨境破产有关的指令。它旨在实现九个目标，包括国家法律系统之间的兼容性，以及商业系统有效的管理、可预见性和公平破产的整个过程，当 MSMEs 面临财务困难时提供支持，以及保护当地企业进入国际市场，为跨境破产构建一个框架。根据法律，将设立一个破产登记专家和一个监督破产登记专家的理事会。解决破产问题也是世界银行衡量其经商便利指数的标准之一。尽管缅甸在世界银行的《营商环境报告 2020》中的排名从 2019 年的第 17 位升至第 165 位，但资不抵债问题仍是亟须改进的领域之一。

据缅甸公司法规定，以下视为公司无法偿还其债务的情形：（1）出于本章之目的，若出现下列情形，公司应被视为无法偿还其债务；（2）若通过债权转让或其他方式，公司对某一债权人的负债总计超过 250 000 缅币，该等债权人已通过挂号信或其他方式，向公司的注册地址送达其要求公司支付到期金额的亲笔催告函，并且公司在之后未能支付该等金额；（3）若任何对公司债权人有利的法院令状或命令在执行或其他程序中，全部或部分未得到履行；（4）若经充分证明法院认为公司无法支付其债务，并且在确定公司是否确系无法支付其债务的过程中，法院应将公司的或有债务和未来可预期债务纳入考量。

催告函，若系由经债权人适当授权的代理人或法律顾问代表其签署，或者在债权人为公司的情况下，由代表该公司的代理人、法律顾问或任一股东代表公司签署，应被视为债权人亲笔签署。

第十章　柬埔寨商事法律

第一节　商 法 概 述

柬埔寨没有一部独立的《公司法》，关于合伙和公司制度见于《柬埔寨商业法》《商业管理与商业登记法》《关于在商业部进行商业登记的指导性通知》《投资法》《投资法修正法》等法律之中。柬埔寨于 2005 年 5 月 17 日颁布实施的《商业企业法》主要规定了合伙企业以及公司的相关事务，是合伙企业法与公司法的结合。《商业企业法》共 8 章 304 条，分别是总则、普通合伙企业、有限责任公司和公众有限责任公司、外国企业、股东衍生诉讼、罪行、法则与补救措施、过渡性条款和最后条款等。柬埔寨的合伙企业制度没有单行立法，其法律规定与国际接轨将合伙企业分为普通合伙企业、有限合伙企业。

第二节　公 司 分 类

柬埔寨包括公众有限责任公司、个人独资有限责任公司、私人有限责任公司、独资经营、公共企业等。这种分类具有独特性。

公众有限责任公司(股份有限公司)是在一个以上同意开展商业行为的实体之间订立的合同基础成立的经济实体。公众有限责任公司可以拥有 30 个以上的股东，各股东在其拥有公司股份的数量范围内对公众有限责任公司的债务承担有限责任。公众有限责任公司可以向公众募集股本，公司的股权证明和公司的其他有价证券应当根据有关股票市场的规定向一般公众出售。

个人独资有限责任公司是在一个被称为单独出资人的自然人的单方意愿下建

立的一种企业形式。这种企业也可以在私人有限责任公司的所有股份归属于一人的情形下形成。个人独资有限责任公司是只有一名股东的私人有限责任公司的特别形式。此股东只在其对公司的出资范围内对公司的债务负责。个人独资有限责任公司的股东应作为公司的董事，第三方也可被任命为公司的独立董事。

私人有限责任公司是指由两个以上从事商业行为的实体组建的一种企业形式。公司股东应在 30 人以下。任何在私人有限责任公司中共同拥有股权的人都被视为股东。股东以其出资为限对公司承担责任。私人有限责任公司应由一个以上董事管理和控制，董事可以是股东或其他第三方。股东可随时根据法律的特别规定而转让股权，但其不得向一般公众提议出售其股权。任何私人有限责任公司的股份转让应依照公司的成立章程和公司规章进行。

第三节　注 册 登 记

一、商业注册登记概述

1995 年柬埔寨国民大会通过了《商业规定和商业登记法》，无论是柬埔寨本国人还是外国人只要从事了该法规定的活动都是商人，都应受该法的调整。该法第 1 条规定，所有从事商业活动，并以商业活动为本身职业的自然人或法人称为商人。商业活动是指进行买卖货物或提供服务的活动，这种活动是经济性的，目的是进行交换和寻求利润。商业法庭秘书办公室掌握一份商业名册，册内登记有贸易公司和商人编号。所有商人和贸易公司，如果在柬埔寨王国设有总公司、子公司或代理处，有责任在该名册上注册，除非该商人不需要纳税。

二、发展理事会对投资项目的审核

在向柬埔寨发展理事会申请成立公司时，需提供投资项目的经济报告以供审定。同时，投资人须提供下列资料。(1)公司名称(柬文或英文)。(2)股东成员名单。股东人数不受限，如果是自然人股东，需提供无犯罪证明、护照复印件、柬埔寨入境签证、国外住址、电话等。如果是法人股东，需要提供该公司的营业执照、税务登记证、公司章程及该公司给代表人的委托授权书(这些资料均要英文版并经所在国公证机关公证)。同时，需要提供法人股东代表人的无犯罪记录证明、护照复印件、柬埔寨入境签证、公司或者当事人地址等。(3)股份分配及职务分配方案。公司章程的大部分条款基本上是一个模式，股份分配比例可根据实际情况登记，而职务一般为公司董事长、董事及公司成员。(4)投资规模，投资额须在100万美元以上，但验资只需提供投资额25%的银行资金证明即可。(5)公司地址。需提供公司所在地点的租赁合同或产权证。(6)厂房建设图及建设批文。(7)职工总数。(8)经营内容。(9)生产产品价格及出口比例。(10)生产产品出口国家。(11)申请免税进口原料及设备清单。

提供以上资料，经柬埔寨发展理事会审议通过后，柬埔寨发展理事会为投资商提供的一站式服务：(1)签发投资项目成立批文及进口免税批文；(2)财经部在进口免税物资清单上盖章确认，交海关登记实施；(3)商业部颁发公司营业执照、公司批文、存档资料，并在公司章程上盖章，存档备案；(4)税务局进行税务登记，颁发税务登记证及增值税证；(5)工业部签发建厂批文及颁发工业执照；(6)环保部签发环保批文。

三、商业注册一般规定

(一)设有公司的商人

《商业规定和商业登记法》第14条规定，开始商业活动之前最少15天内，商人必须将自己从事营业的地点，呈交省、市商务局或商务部确定的地方，商人必须提交两份有当事人的签名的报告书。报告书必须按照商务部提供的样本书写，该报告书上应注明：(1)商人的姓名和身份证号码；(2)在商业活动中使用的名字和代名；(3)出生日期和出生地；(4)国籍；(5)商业内容；(6)营业地址和在柬埔寨王国境内的商业基金会总行或分行的地址；(7)总行商业标志和当事人的签字样本以及印章样本；(8)在商业名册上注册的全权代表的身份证；(9)申请注册者和现在的商业活动总行地址；(10)申请者的自愿声明书中要注明从未在商业活动中被惩罚；(11)在必要的情况下，某些项目和某些商业内容必须得到批准，并且发给批准书。

（二）有固定办事处的公司

《商业规定和商业登记法》第 17 条规定，所有进行商业活动的公司必须在商业名册上注册，无论这些公司成立形式、期限以及性质如何。注册工作必须由公司发起人或董事在成立公司和开展商业活动之前 15 天内进行。申请注册者必须向商业法庭秘书办公室提供两份由申请者本人签署的报告书及公司章程。报告书上必须注明：（1）股东的名字和代名，出生日期和出生地，家庭状况和国籍；（2）公司的标志；（3）公司的营业内容；（4）公司在柬埔寨王国境内的固定办事处、分公司和代理处的地址；（5）被授权管理、处理和代表公司签字的股东或第三者的名字、出生日期和出生地；（6）公司资本、资本来源，如果是股份公司，必须注明由公司股东提供的金钱或有价值的物资；（7）公司成立和到期日期；（8）公司形式；（9）本条文第五点所注明的股东或第三者的签名样本和公司印章样本；（10）由银行发出的存放资金证明书；（11）申请者自愿发表声明证实从未在商业活动中犯罪。

（三）只有分公司或代理处在柬埔寨的外国公司

《商业规定和商业登记》第 19 条规定，所有在柬埔寨只有分公司或代理处的外国贸易公司必须在商业名册上注册。必须按本法第 17、18 条的规定，履行登记注册手续。

四、商业登记一般规定

（一）设有公司的商人

《商业规定和商业登记》第 15 条规定，以下几种情况，必须登记在商业名册上：（1）与商业名册中注册的情况有关的任何改变；（2）法庭与法官的判决书允许商人夫妻离婚；（3）营业证书和商人使用的生产标志或商标；（4）法庭与法官判决书所委任的辅助商人的赞助委员会或禁止商人从事商业活动的法庭与法官判决书；（5）为了进行营业而把贵重财产抵押的证书；（6）宣布破产的法庭判决；（7）转让商业基金。

（二）在柬埔寨王国有固定办事处的公司

《商业规定和商业登记》第 18 条规定，必须在商业名册上登记如下情况：（1）上述条文中所规定的必须在商业名册上登记的变化和原因；（2）在公司期限内被委任的主任或管理人的姓名、出生日期和出生地；（3）宣布进行营业的证书和公司使用的产品标志；（4）宣布公司解散的法庭判决书；（5）宣布公司破产或按法庭规定清理账目的法庭判决书。

（三）只有分公司或代理处在柬埔寨王国的外国公司

《商业规定和商业登记》第 20 条规定，必须按本法第 10 条的规定，把分公司和代理处所发生的变化和原因登记在商业名册上。

第四节　公司相关职责

商事企业法把公司分作两种类型：私人有限公司和公众有限公司。公众有限公司可以向社会公众发行股票，而私人有限责任公司则不允许。由于证券市场尚未成熟，目前只有极少数的公众有限公司。如果没有特别说明，以下内容均特指私人有限公司（简称"公司"）。柬埔寨法律对设立私人有限责任公司的规定非常灵活，在公司治理方面的要求较为宽松。注册资本最低注册资本 1000 美元。

一、股东

股东人数不超过 30 人。股东为一人时，无所谓股东会。一人股东的公司与股东超过一人的公司，唯一的区别在于股东超过一人时，股东之间需订立股东协议。公司股份的 51% 以上为柬埔寨自然人或者为柬埔寨资公司持有时，该公司被认为是柬埔寨公司，否则属于外资公司。外资公司与柬埔寨公司具有同等的营商资格，只是不得拥有土地的所有权。股东（会）决定公司的重大事项，主要权利：（1）制定、修改、补充公司章程；（2）查看公司章程、股东会决议、会议通知等公司文件；（3）任免董事；（4）任免外部审计师，决定其报酬；（5）仅以出资额为限，承担有限责任；（6）通过股东决议限制董事的权利；（7）提起股东派生诉讼；

(8)听取董事会的年度公司财务汇报，并进行核查；（9）批准增资、减资；（10）新增股份的优先购买权；（11）批准公司合并、分立、解散；（12）批准设立分支机构。

对股东(会)的限制：（1）公司无法偿还到期债务或者资不抵债时，不得分红；（2）股东须遵守章程中的权利限制，如转股、经营限制；（3）股东严禁向公司借款；（4）股东必须在章程上签字或者小签；（5）如果股东知道或者故意造成公司不交税、少交税，或者不向税局缴付代扣税，那么股东应当对税收差额承担连带责任。

对股东代表的人数、国籍、任期、程序等均无特别要求。但是，参照商事企业法对董事的要求和民法典的规定，股东代表必须为完全行为能力人、无犯罪记录、非柬埔寨公务员。

二、董事

公司必须任命至少一名董事，董事由股东任免，有多名董事时由各董事选举董事长，董事长换届不影响原董事长继续担任董事。董事管理公司事务，对外代表公司。董事(会)的主要权利：（1）按照股东提议，召开股东会；（2）检查董事会各种文件、记录；（3）提议变更章程，提交章程变更的申请；（4）任免公司管理人员和董事委员会，决定其报酬；（5）决定分红和留存准备金；（6）在股东年度会议召开前提交年度财务报表，并在股东会上汇报；（7）批准年度财务报表；（8）同意公司合并，并提请召开股东会；（9）发行票据、债权等债务证据；（10）提议出售公司大部或者全部资产；（11）宣布分红、举债、发行有价证券；对外提供各种担保（保证、抵押、质押和设定其他担保物权）；（12）关闭账簿等；（13）提议公司的合并、分立；（14）提议解散或者清算公司；（15）提议开设分支机构。

董事(会)的程序性事项主要有以下几项：（1）公司章程无特别规定时，董事每届任期2年，可连选连任；（2）董事会每3个月至少召开一次；（3）董事会由董事长召集或者1/3董事召集，或按公司章程规定召集；（4）董事会会议地点不限，可用书面方式替代会议；出席人数达董事会人数的1/2时有效；董事会决议由出席人数的过半数通过即为通过；董事会表决实行一人一票，未出席会议的董事，可以书面授权出席的董事进行投票。

对董事责任的特别提示：(1)董事应当及时披露与公司的利益冲突，比如披露与某个合同、公司的交易对手有利益关系；(2)当公司发行股票时，如果购买人出资不足，董事应当承担连带责任；(3)诚实信用、合理谨慎义务，为股东谋求最大利益；(4)制作虚假的、误导他人的公司文件，可处以 6 个月以下监禁，并处 250~2500 美元的罚金；如果在商业活动中故意使用欺诈性文件，可判处 1~5 年监禁，并处罚金 250~2500 美元。

三、监事

商事企业法未要求设置监事；但 2011 年 12 月生效的民法典第 62 条规定，所有法人必设至少一名监事且不得由董事和公司职员充任，外部审计师可充任监事，监事由章程、股东或者董事会指定。民法典第 63 条，监事的主要职责是：(1)监督公司的运作；(2)要求董事和公司职员就公司业务提出进展报告；(3)监察董事向股东会和董事会提交的建议和文件；(4)要求董事停止违反法律、章程和公司目的的行为，并向股东报告；(5)代表公司起诉董事。关于是否设置监事，民法典法律实践经验缺乏，而商事企业法未要求设置监事，业界遵从者较少。

由于董事是公司的执行机构，故总经理不是必设机构，但董事可以任免公司管理人员，包括总经理，并决定其报酬。董事自己可以担任总经理。柬埔寨法律无法定代表人或者法人代表的概念，董事和董事授权的总经理可以理解为公司事实上的法定代表人。

第五节　公司义务

商事企业法规定，完成各种登记后，公司的信纸、广告牌等必须以柬文标示，且柬文的字号要比其他语文大。但在实践中，有许多公司违反。公司营业前，必须提交"开业声明"向柬埔寨劳动部备案。营业后，公司每年都必须向柬埔寨商务部报告公司的存续情况。公司存续期间发生的章程变更、股权变动、注册地址变化、经营范围变更等，都需要向商务部申请变更登记。

第六节　合　　伙

合伙是指两个或两个以上的民事主体根据合伙协议，各自提供资金、实物、技术，共同出资、共同经营、共负盈亏的组织、《商业企业法》第二章规定了合伙企业相关法律制度，合伙分为一般合伙和有限合伙两种形式。

一、普通合伙企业

《商业企业法》第 8 条规定，普通合伙企业是指由两个或两个以上的主体，各自提供资金、技术或劳务所组成的一个共同经营、共负盈亏的组织。第 9 条规定，普通合伙合同可以使用口头或书面形式。如果采用书面形式的，所有合伙人必须签字。

(一)普通合伙企业设立

普通合伙企业的设立要求合伙人具有民事行为能力，自然人与法人均可成为普通合伙企业的合伙人。合伙人之间要订立合伙协议，作为普通合伙企业的证明，可以是口头或者书面的形式。普通合伙企业的资产具有独立性。法律还特别规定普通合伙企业的营业场所的办事处必须在柬埔寨境内。关于出资问题，合伙人的出资可以以货币、实物、技术、工业产权和劳务等方式进行。实物出资须经评估并经过其他合伙人认可，劳务包括合伙人的知识及其他的劳务，但是不包括行政权力。

(二)普通合伙企业合伙人权利与义务

普通合伙人享有参与企业经营管理、执行合伙事务、获得企业利润分配的权利。合伙人不得自营或与他人合作经营与合伙企业相互竞争的业务。合伙协议中对某合伙人不享有收益或免除某合伙人责任的约定为无效，不得对抗善意第三人。经过全体合伙人同意，普通合伙人可以转让其财产份额。

关于合伙事务管理的问题，合伙人可以推选某个或某几个合伙人代为管理，也可以委托合伙人之外的第三人管理合伙事务。受托人必须对合伙企业负责，代理行为后果由合伙企业承担。普通合伙人代表合伙企业对外交易时，若交易行为中既有个人行为又有企业行为时，则该合伙人与合伙企业对债务承担连带责任，同时，该合伙人与合伙企业对获得的收益可以按适当比例分红。

(三)普通合伙企业与第三人关系

合伙人出于善意对外进行的代表合伙企业的行为有效。当第三人相信行为人是普通合伙企业合伙人时，善意第三人可以要求该行为人承担责任。一般情况下，普通合伙企业对他人的欺诈行为无须承担责任，但如果因合伙企业没有采取措施而使得第三人产生误解的，合伙企业也要承担责任。柬埔寨不承认隐名合伙人制度，如果行为人没有宣布为合伙企业的合伙人，但是参与合伙企业的实际经营的，视为普通合伙企业的合伙人，与其他合伙人共同承担连带责任。普通合作企业不能发行证券。

(四)入伙与退伙

经过全体合伙人同意，自然人和法人可以加入普通合伙企业。如果未经其他全体合伙人一致同意，合伙人擅自将其财产份额转让给第三人，该第三人不得成为合伙人。新入伙人对入伙前普通合伙企业的债务承担无限连带责任。

合伙人符合以下情形的可以退伙：(1)转让财产份额；(2)死亡；(3)处于破产监督下；(4)行使退伙权；(5)被除名；(6)被法院强制执行其财产份额而退伙。除合伙协议另有规定外，普通合伙人的退伙并不导致合伙企业的解散，但合伙企业应及时对合伙协议进行修改并到登记机关办理变更登记。退伙人退伙后，对退伙前的债务承担连带责任。若合伙企业偿还债务之后仍有财产，合伙人可从合伙企业中取回其财产份额，其他合伙人有义务从其退伙之日起给付其相应的财产份额和利息。取回的份额由合伙协议的约定加以确定，若对于取回份额的数额有争议的，可以由全体合伙人选择或者法院指定一个评估机构重新评估。

合伙人还可以通过通知退伙的方式退出经营。非固定成员的普通合伙企业合伙人可以基于善意在通知其他合伙人之后退伙。固定成员的普通合伙企业合伙人不能通知退伙，得到其他合伙人的一致同意或者合伙协议另有规定的除外。如果某一合伙人不履行其义务或者在执行合伙事务中存在隐瞒行为，其他合伙人一致同意后可以将其除名。若该合伙人对除名决议不服，可向法院提出异议，经法院审查后裁决异议是否成立。

(五)合伙企业解散与清算

合伙企业解散的原因如下：(1)合伙协议中规定的解散事由出现；(2)合伙企业的经营目的已经达到；(3)合伙企业不能继续经营下去；(4)全体合伙人一致同意解散。

普通合伙企业解散后立即进入清算阶段。清算人受托后对企业财产进行占有和管理，并有权要求合伙人提交账簿及相关的文件。清算完毕后，按照以下顺序进行清偿：职工的工资、所欠税款、其他债权、合伙人的出资返还或盈余分红。此规定与中国合伙企业的解散与清算规定相同。

二、有限合伙企业

《商业企业法》第64条规定，有限合伙企业是由有限合伙人和普通合伙人构成的合伙企业，有限合伙企业中至少有一名有限合伙人和一名普通合伙人。第65条固定，一个人可以在同一时间内在同一有限合伙企业中既是普通合伙人又是有限合伙人。这个人在同一时间内既是普通合伙人又是有限合伙人时，以普通合伙人的身份享有权利、承担责任。该法第66条规定，有限合伙企业合同可以采用口头或书面形式。如果采用书面形式，全部普通合伙人和至少一名有限合伙人在合同上签字。有限合伙企业合同期限不得超过99年，但可以延长。有限合伙企业吸收了合伙制度与公司制度的特点，最大限度地满足不同投资者的需求。除有限合伙企业特别的规定外，其他有关普通合伙企业的规定仍适用于有限合伙企业。

(一)有限合伙企业设立

(1)有限合伙企业的合伙人构成需符合法定条件，至少有一名普通合伙人和一名有限合伙人构成。(2)有限合伙企业需签订合伙协议。合伙协议可以是口头或者书面形式。但是，如果是书面合伙协议的，应由全体普通合伙人和至少一名有限合伙人签名方有效。(3)出资方式符合法定要求，有限合伙人可以以货币和实物出资，并且可以随时增加出资。但是，有限合伙人不得以劳务出资。（4）有限合伙企业有自己的名称并且依法登记。有限合伙企业登记日期即为其成立日期为。需要特别注意的是，如果不进行登记，则有限合伙企业不得具有法人资格，只认可其为一般的合伙关系。

（二）普通合伙人和有限合伙人权利义务

有限合伙企业中普通合伙人的权利义务与普通合伙企业的普通合伙人的权利义务相同。有限合伙企业中的普通合伙人参与合伙企业事务管理，并对有限合伙人负责，对企业的债务承担无限连带责任。

有限合伙人不参与有限合伙企业的经营管理，对外不得代表有限合伙企业，但有权参与有限合伙企业红利的分配。有限合伙人可以随时查阅企业的文件关注企业的发展，并监督普通合伙人的管理行为。若有限合伙人的名字出现在合伙企业的名称中，应当与普通合伙人一样承担无限连带责任，第三人知道有限合伙人真实身份的除外。合伙企业存续期间，有限合伙人不得任意撤回出资，除非其他合伙人同意并且抽回出资后剩余的财产足以支付有限合伙企业的债务。有限合伙人可自由转让其财产份额。普通合伙人对企业债务承担无限连带责任，有限合伙人则以其出资额为限承担责任。

第七节　保　险　法

一、保险业的发展

柬埔寨保险业的发展实际上始于 1956 年，但直到 20 世纪 90 年代后保险业才开始重新发展，只有一些必要的法规来服务满足当时社会经济发展的需要，补偿受害人因自然灾害、意外和其他灾祸造成的伤害。

柬埔寨保险市场虽然仍处在一个早期发展阶段，但发展情况越来越积极。柬埔寨市场从 2012 年才在开始推行人身险。截至 2014 年 12 月，共有 11 家持证保险公司开始经营，其中普通保险公司有 6 家，人身险公司有 3 家，小额保险公司有 2 家。此前，保险市场的驱动都是从一次性项目的保费，而不是每年持续的循环业务。此外，大多数商业险保费源自所得利息。然而，这一趋势正在逐步发展改变。

二、保险业相关法律

保险全部功能直到 2000 年保险法的颁布以及随后几年相关法规的出台才开始得到实现。柬埔寨议会根据经济发展需要，多次修订保险法，现行《保险法》为 2014 年 6 月 27 日通过的修订版。柬埔寨政府在此外还有针对保险业下达的各种部长令，包括《保险公司以及外资保险公司设立资格令》《保险公司、保险代理公司、经纪公司设立资格令》等。2007 年柬埔寨又颁布了三个关于营业执照、偿付能力以及公司治理方面的重要规定。

2000 年 8 月，柬埔寨经济和财政部发布关于了"金融业部门组织和运作"法规。金融工业部保险部门的任务就是发展保险业，重点关注保险业的法律法规、监督框架、机构框架、举办保险研讨会探讨市场发展、培训课程和提高公众使用保险服务利益的意识等。尤其是为了提高柬埔寨保险市场的公众信任和透明度。

柬埔寨《保险法》第 5 条规定，柬埔寨经济财政部依据《保险法》监督、管理保险业；第 7 条规定，柬埔寨境内的寿险、综合保险标的必须由在柬埔寨当地注册的保险公司承保；第 36、40、42 条规定了强制保险，包括拥有并经营道路商用机动车业务的自然人或法人实体，必须与保险公司签订第三方责任险保单投保责任险，当保额低于 1000 万美元时适用最低费率标准。

根据《保险法》规定，只有在柬埔寨获得营业许可的保险公司，代理人和经纪人才能在国内投保风险，销售保险产品和开展保险业务。保险合同必须以高棉语编制，并遵守各方诚意和互利的原则。保险公司，无论是国有的、私人的还是合资企业，都只允许以公共有限公司的形式在柬埔寨经营。

人寿保险公司和普通保险公司分别获得许可，并且要求其注册资本至少约700 万美元(实际价值以特别提款权表示，汇率为授予日期)。对于涉及人寿保险和一般保险的公司，所需注册资本约为 1400 万美元。保险公司必须向 NBC 提供10%的固定保证金。这笔存款一直维持到公司停止在柬埔寨的业务。

对于以下情况，需要从持照保险公司购买保险：(1)所有类型商业运输车辆(包括客运)的机动车第三方责任保险；(2)企业家，承包商或分包商负责的所有建筑物，维修和安装场所，但国家除外。2008 年 8 月，MEF 通过了人寿保险业务监管。

第八节　证　券　法

一、证券业

2011 年，柬埔寨证券交易所在金边成立，这是柬埔寨历史上首家证交所。柬埔寨证交所由柬埔寨政府与韩国证券公司合作成立，其中柬方持股 55%，韩方持股 45%。截至 2017 年年底，在柬埔寨上市公司共 5 家，分别为金边水务局、崀州制衣厂、金边港口、金边经济特区和西哈努克港。

柬埔寨证券公司主要包括承销商、交易商和经纪商，须由 SECC 许可成立，开展自营业务和代理业务。其中，承销商的主要业务有：（1）IPO 询价服务；（2）全部或部分 IPO 证券承销服务；（3）购买公开发行股票、证券中的未成功售出部分（包销）、作为发行人提供相关的公共服务；（4）证券交易、证券经纪和投资咨询服务。

二、《政府债券法》

柬埔寨王国《政府债券法》于 2006 年 11 月 30 日由国会第三次立法工作第五次全体会议通过，其整体内容与合法性于 2006 年 12 月 25 日经参议院第二次全体会议审议批准。该部法律的目的是为政府债券的有效发行与管理设立一套规则，既满足政府的融资需求，又确保中长期的政府债务处于最低水平。同时审慎控制风险，使得柬埔寨国家的债券市场稳健发展。

该法中所指的政府债券是由政府或代表政府的机构发行的、创造或确认债权的票据、债券或其他证券。这类证券包括但不限于以下范围：（1）期限在一年以内的短期国库券；（2）期限的一年以上的长期国库券；（3）收益与其他经济指标相关联的债券，如通货膨胀率或汇率；（4）不可转让的储蓄公债；（5）其他类的政府债券。政府债券法所涉及的债券不包括地方性政府债券或公共企业债券，也不包括未依据该法实施的政府借贷。

三、《非政府证券发行和交易法》

(一) 概述

1. 法律的颁布

2007 年 9 月 12 日第三次立法机关特别会议通过了《非政府证券发行和交易法》。其整体内容与合法性于 2007 年 10 月 4 日经参议院召开的第二次特别立法会议通过。

2. 立法宗旨与目的

《非政府债券发行和交易法》旨在规范证券交易、证券结算机构、证券存管机构和其他在证券市场上进行交易或提供金融服务的主体，包括公众有限公司或注册发行证券的法人实体。本法旨在通过公众投资者或证券投资者的资金流动来促进社会经济发展，满足金融投资需要。

该法立法的目的在于：(1)促进和维护柬埔寨王国公众投资者的信心，保护他们的合法权利，确保合理有序地出价、发行、购买、销售证券；(2)提高柬埔寨王国证券市场的有效管理，促进其高效有序地发展；(3)以购买证券和其他金融工具的方式促进各种储蓄手段的流通发展；(4)促进外国投资者参与柬埔寨王国的证券市场；(5)促进外国投资者参与柬埔寨王国的证券市场；(6)促进柬埔寨现有国有企业的私有化进程。

3. 柬埔寨证券交易委员会

(1)证券交易委员会的成员与任期。根据本法成立柬埔寨证券交易委员会(以下简称"证交会")，由一名主席和 8 名委员组成，按照本法的二级法令的规定任命。证交会成员的任期为 5 年。成员在任期届满之前可以被免职或调职。经证交会主席请求，成员在任期届满之后也可以被继续任用。证交会的主席为经济与财政部长。成员的组成如下：①来自经济与财政部的成员 1 人；②来自柬埔寨国家银行的成员 1 人；③来自商务部的成员 1 人；④来自司法部的成员 1 人；⑤来自内阁的成员 1 人；⑥证交会执行长 1 人；⑦证券专家 2 人。这些成员在职位上须属于中立，由经济与财政部选择后进行提名。证交会主席的候选资格由经济与财政部向柬埔寨王室政府提名推荐。证交会里的证券专家需具有研究生学历，有履行其工作义务的能力与资质，并且具有商业、公司管理、证券交易、法律、经济、会计或其他相关领域的工作经验。

（2）证券交易委员会的职能。证交会具有以下职能：①规范监督柬埔寨王国境内政府和非政府证券交易；②执行证券市场相关的政策；③为各类证券交易服务机构设置注册条件并颁发许可证，包括证券结算机构和证券托管机构；④为证券公司和证券公司法人代表设置条件并颁发许可证；⑤促进证券法的实施；⑥作为监督与解决争议投诉的机构，主要针对注册法人实体所做决定会影响市场参与者和投资者利益的情形；⑦为任何旨在发展柬埔寨王国证券交易市场的主体提供制定政策的咨询建议；⑧履行二级法令中的其他义务。

（3）证券交易委员会执行长的职责。证交会执行长主要有以下职责。①监管证交会工作人员，为柬埔寨王国证券市场的发展、规范和监管提供行政支持。②对柬埔寨王国证券市场的发展、规范和监管，包括提议修正法案和相关法规，向证交会主席和所有成员做定期报告和建议。③审查公开发行证券的提案，按照柬埔寨证券法和证交会的其他法规通过提案。④审查证交会关于提议发行非政府证券所公开的信息，确保符合本法和其他商业企业法，对满足要求的信息文件予以批准并注册。⑤监管关于公众有限公司在证券市场上的金融和非金融性信息的持续公开情况，允许获得许可的实体向公众投资者发行非政府证券。⑥监督公众有限公司的活动，允许实体按照相关法律的要求向公众投资者发行非政府证券，在出现实质违法的情况下采取适当的强制性措施。⑦关于证券交易市场、结算机构和证券托管机构以及证交会执行长应该：一是审查核准申请，对于申请人符合本法和证交会规定的其他法律法规要求的申请予以批准；二是对获得许可的市场交易主体机构或托管服务机构运行规则的修正案，进行审查与核算；三是监督获得许可的证券市场主体的行为是否符合法律法规和证交会其他具体规定，这些主体包括市场交易、托管以及其他服务机构；四是调查获批成立的机构是否对核准成立的法定要求构成实际性违反，以及是否违反证券法的其他规定，并采取适当的强制措施，包括终止运营和撤销执照；五是在作出核准设立和撤销许可执照之前，证交会董事会应召开全体会议审议。⑧针对证券公司和证券公司代表，证交会执行长应该履行以下职责：一是对于申请人符合本法和证交会制定的其他法律法规的，应审查申请并颁发许可执照；二是监督被许可人的营业活动是否符合营业许可条件，包括财务标准；三是监督是否符合该法的商业行为准则，是否符合商业企业法；四是审查证券交易商与投资咨询商成立自律性组织的申请，通过符合规定条件者的申请并予以授权；五是监督自律性组织的活动是否符所授权的范围；六是调查被许可人的许可证或授权书的获得是否存在实质违法，或违反本法的其他规定，应采取必要的强制措施包括中止或撤销许可证或授权书。⑨根据本法的规定，采取所有合理措施审查打击在证券交易时非法的、有悖道德的或不当的行为。

（4）证券交易委员会执行长的权力。除上述职责外，证交会执行长具有以下权力。①在提前获得经济与财政部长的同意后，可任命证交会的工作人员。②如证交会执行长有理由认为存在违反证券法的行为，可指派工作人员对以下人员进行调查：一是任何获得批准的人或被许可人；二是以销售或认购的方式向公众提供证券的人；三是证券在证券市场上市或开盘的公众有限公司或其他被许可的实体；四是其他有关人员。③从被调查的人那里搜集证据。④将调查结果向证交会主席和其他成员报告，并提出采取具体强制措施的建议。⑤针对涉嫌违法犯罪的行为，向公诉机关提交建议提起公诉的报告。⑥监督被批准的证券市场交易。⑦对违反证券法或证交会法规的人员，公布其名字和违法行为。⑧撤销或终止证交会授予的许可、批准或提供的注册登记。⑨本法第45条规定的其他权力。

（5）有关证券交易委员会的其他规定。证交会的官员具有司法警察的权力，同时具有刑事诉讼法规定的司法警察的职责。由证券法的二级法令做出有关证交会组织和运行的具体规定。证交会应具有独立的预算。

（二）证券发行法律

1. 证券的公开发行申请

没有经过证交会的批准，或没有按照证交会制定的规则和要求提出申请的，任何人不得发行和公开发售新证券。申请人需承担证券法规定的申请费。证交会执行长须按照本法第12条的规定，审查每一份提交的申请，并于收到申请之日的三个月内对该申请是否符合柬埔寨公共利益进行审议，并就此向申请人提出建议。例如，证交会批准了按照本法第12条提交的申请，申请人可按照该法申请规定继续实施公开发行证券的步骤。

2. 证券的公开发行审核

为衡量发行申请是否符合柬埔寨的公众利益，证交会执行长需考虑以下因素：（1）证券发行机构的管理能力和财务历史记录；（2）柬埔寨证券市场和资本市场的需求，包括建立有活力市场的需求；（3）申请公开发行的成功概率，包括已有的证券承销协议，或订立证券承销协议的方案能确保所有被申请认购或销售的证券全部发行或销售完毕；（4）证交会执行长认为保护公众利益所需的其他事项。

满足以下条件的情况下可在柬埔寨境内公开发行证券：（1）发行的证券即将或已经由在柬埔寨注册的公共有限公司发行或由现行法律法规允许的机构发行。（2）除了证券法的二级法令规定的豁免证券，符合本法或本法有关规定的证券条款和证券公开信息文件均要提前获得证交会执行长的批准，涉及信息公开的，还需在证交会进行登记。

（三）证券交易市场法律

1. 证券市场主体的准入申请

没有获得证交会的批准，或者不符合证券法规定或现行法律规定，任何人不得从事证券交易业务（包括证券互换）、清算、结算或证券托管业务的程序如下：（1）从事证券交易、清算与结算、证券托管业务的申请人需按证交会提供的格式填写申请书并递交给证交会，并且支付申请手续费用；（2）根据规定，证交会执行长收到申请书后，应将申请书的复印件提交证交会主席和成员会议，并与申请手续完结后尽快做出关于该申请的建议；（3）如有必要，执行长可以要求申请人递交补充信息，且可以于补充信息递交之前中止申请的审批进程。

2. 证券业务资格的许可与牌照

许可从事证券交易、清算与结算或证券托管业务的申请应按照以下程序：（1）根据证交会全体会议的决定，若申请符合本法规定，执行长应许可申请人从事证券交易、清算与结算或证券托管业务；（2）没有向申请人出具书面理由，或没有向申请人提供解释说明机会的情况下，证交会执行长不得直接拒绝许可申请；（3）在申请获准后的有效存续期间，根据证交会的决定，执行长有权针对申请提出附加条件，也可修改或撤销该附加条件。

除证券法二级法令中规定的豁免证券交易商和豁免证券交易之外，未经证交会执行长授予牌照，任何人不得从事证券业务或以证券公司的形式从事证券业务。

未经证交会执行长正式认证，任何人不得以授牌证券公司法定代表人的身份从事证券业务。申请许可证的程序如下：（1）申请从事证券交易或申请担任证券代表的人需按证交会规定的格式填写申请书，递交给证交会执行长，并支付固定的申请费用；（2）如有必要，证交会可要求申请人提供更多的信息，在此类信息没有提交前执行长可拒绝继续执行申请程序。

颁布许可证的要求如下：如证交会认为申请人符合证交会规定的要求，可批准同意其从事证券交易或担任证券代表。在许可证的有效期内，（1）如证交会规定的条件变更，申请人须满足变更的条件；（2）如没有提前向申请人出具书面理由，也没有给申请人提供解释机会，则证交会执行长不得拒绝颁发许可证；（3）如证交会执行长按照规定条件颁发许可证，办的许可证必须符合证交会规定的任何条款条件。许可证必须符合他认为合适的条件或限制，包括规定许可证持有人只能在获得的许可证范围内从事特定的营业活动。在许可证有效期内，经证交会决定，执行长可在许可证上增加附加条件，以及变更或撤回此种附加条件。

3. 牌照的终止或撤销

如果根据证券法授予牌照后，证交会执行长认为牌照持有人不满足获得牌照条件，或违反了证交会依法制定的规则，可采取以下措施：（1）要求牌照持有人遵守规定或附加条款；（2）对牌照加以限制；（3）终止授予牌照直到持有人且是符合了法定条件或要求；（4）撤销牌照。在没有给牌照持有人提供书面陈述和解释说明的机会的情况下，证交会执行长不得采取上述措施。

4. 有关牌照的其他条件与规则

授予从事证券交易、清算与结算，证券托管业务的投资顾问、交易商和其他市场参与人牌照的具体规则由证交会制定。授予的牌照需在证交会执行长处登记，并且有关该牌照的必要信息应详细登记在册。

（四）证券监管法律

1. 对证券清算、结算、托管业务的监管

证交会执行长有权对以下从事证券交易、清算与结算或证券托管业务者进行监管。如果根据证券法获得许可以后，证交会确定从事证券交易、清算与结算或证券托管业务者不符合获得许可的条件，或违反了证券法的规定，执行长可采取以下措施：（1）监管被许可者遵守条件或法定要求；（2）在该许可基础上设立新的条件或限制；（3）终止许可直至被许可人证明其已经实际符合法定条件或要求；（4）撤销许可。未经证交会全体会议审议，也未给被许可人提供书面理由和解释说明的机会的情况下，执行长不得采取上述措施。

2. 对公司与募股实体组织的监管

公众有限公司或其他依法成立的实体向柬埔寨王国公众发行或销售证券的，须严格遵守证交会对公众有限公司的管理要求，此类要求是为了维持证券市场的运行和保护公众投资者的利益。

为了对募股公司进行有效监管，证交会对公司的行为进行了以下规范。在公众有限责任公司或者其他获得许可的实体组织公开发行有表决权的股票的情况下，可以通过持有法定数量的有表决权的股票获得该公司或实体的控制权。但是，证交会应制定规则，确保通过持股获得公司或实体的控制权是以公平、公开的方式进行，并确保对较大比重的股权持有人进行信息公开。该规则是为了保证公众有限公司或其他实体的公众持股人知道该公司和实体组织的控制股东的信息。

3. 禁止行为

（1）内幕交易。内幕信息是公众有限公司或经批准募股的实体已经发布或即将发布的所有信息，这些信息还未向公众披露，一经披露则有可能实质性影响证券价格或证券交易。内部知情人员不得从事以下活动：①直接或间接利用内幕信息在公众有限公司或经批准募股的实体的证券交易中赚取利益或避免损失；②向其他个人或其他机构提供内幕信息，帮助其他个人或机构获利或避免损失。

（2）虚假交易和操纵市场．任何人不得明知或疏忽大意地从事以下活动：①在柬埔寨证券市场上，以作为或不作为的方式引起证券交易活跃利好的假象，或是可能造成此类假象的行为；②从事虚假的证券交易或与交易相关的准备活动，导致柬埔寨证券市场的证券价格维持、上涨或下跌，或引起证券价格的波动。

（3）虚假或误导性陈述。任何人不得作出以下陈述或散布如此信息——该陈述或信息具有明显的指向性或实质的误导性，具体的情形有：①诱导公众认购、买卖证券；②该陈述或信息导致市场证券价格上涨、下跌、维持或平稳；③发布该陈述或信息时，发布者没有对陈述和信息的真伪尽到注意义务，以及发布时明知或应当知道该陈述和信息是虚假的或具有误导性的。

（五）争议解决、制裁与处罚

1. 争议的调解

除刑事案件以外，任何由证券交易引起的争议问题，争议双方可在向法院提起诉讼前，将案件提交给证交会进行调解。

2. 证交会的制裁与救济措施

如有违反证券法或有关证券法的其他规定的行为，证交会执行长可采取以下措施：（1）对违法者予以书面警告；（2）向违法者签发损失赔偿令，要求从违法所致损害事实发生之日起算，对受害者进行相应的损失赔付；（3）请求有管辖权的法院签发执行令，要求违法者履行赔偿义务，赔偿额度由法院裁量；（4）对违法者处以交易罚金或加以行政处罚，行政处罚的类型由证交会决定；（5）对授牌公司或批准募股的实体组织的董事长、董事、管理人员或高级职员实行暂时停止处罚；（6）派遣并授权资历合格的人员，对授牌的实体或获准募股的实体组织的商业活动或相关活动进行监督，该派遣人员应按照事先约定向执行长提交监督报告；（7）根据具体情况限制或终止授牌法人实体或获准募股实体的特定或一般性活动，且无论这些活动是否符合证交会授牌许可的要求。如果证交会认为授牌的法人实体或获准募股的实体组织面临破产或财务困难，证交会执行长可指派或请求法院指派一名符合资历的人员作为该组织的临时管理人，根据《柬埔寨王国破产法》或证券法的二级法令的规定，对该法人组织进行重整或清算。如证券法和破产法有冲突，以证券法为准。任何人对证交会决议或措施不服，均可向有管辖权的法院提起申诉，要求法院审查该决议或措施。

3. 处罚

有下列情形之一的，可处以最高数额达10亿瑞尔的罚金，自然人构成犯罪的可被处以1~10年不等的监禁，未达监禁刑的可能处以禁止从业或没收财产的惩罚：（1）自然人或机构，若从事非法证券发行、销售的；（2）违反法定信息披露要求的；（3）进行违法证券市场操作，包括证券清算、结算与托管业务的；

(4)无证经营证券的；(5)不遵守证交会规则的；(6)从事内幕交易、虚假交易、操纵市场或虚假陈述等禁止性行为的，对法人机构违法的，可处以终止法人资格或禁止从事特定业务活动的惩罚。

第九节　公司破产

破产管理官指由法院指定接替他人管理业务或财产的人或机构。法院指定破产管理机构通常发生在公司破产或合伙经营公司结业时，或发生在法院强制债务人接受判决时。《商业企业法》第200条规定，为了保障被接收人的利益，法院允许破产管理官执行该公司的业务。《商业企业法》第199条对破产管理官的职责做了明确规定，即除法院允许的范围以外，破产管理官禁止经营该公司的业务。

破产管理官行使下列职责：(1)诚实地、真诚地履行职责，并以合理的商业方式处理他占有或控制的财产；(2)立即通知公司董事会其委任和离职；(3)根据法院的命令或文书的规定，保管和控制公司财产；(4)开设并保管以破产管理官命名的银行账户以实现对公司资金的控制；(5)保存以破产管理官身份实施的所有交易的详细账目；(6)保存其行政部门的账目，并且使它们在通常的营业时间内能被公司董事会检查；(7)任命后，管理财务报表不少于6个月；(8)完成职责直到破产结束。

后　记

想做一个提灯的人，让更多人了解东盟各国民商事法律制度。中国与东盟经贸互补性强，产业链、供应链深度融合，得益于不断巩固和发展的全面战略伙伴关系，双方经贸合作呈现出蓬勃生机。中国-东盟关系已经成为亚太区域合作中最为成功和最具活力的典范，成为推动构建人类命运共同体的生动例证。在此背景下，中国企业和公民"走出去"如何应对风险挑战，如何开展风险评估、防范与控制是我们面临的一个难题。琢磨不透的"未知数"犹如在黑夜中行走，为此需要对东盟国家的法律制度有所了解才能行稳致远。作为一名有责任、有追求的法学教师、法律工作者，点亮这一盏灯，是我努力达成的追求。所以，我想做一个提灯的人。

写了一本点灯的书，将东盟各国民商事法律制度进行介绍。在研究东盟各国民商事法律制度过程中，一次次地交流与探索，一遍遍地修改与打磨，争取给读者展现内容丰富、完善的作品，努力全面介绍东盟十国民商事法律制度情况，为中国企业"走出去"提供专业参考，为我国全方位对外开放提供优质高效的法律服务和法治保障。编写过程中我心中有很多感慨，看到团队成员努力推进东盟民商法律研究，我知道，这本书会让更多读者点亮起那一盏探索东盟法律制度的灯。因此，一本点灯的书出现了。

编写过程中，有幸得到很多老师、同事、学生的鼓励与帮助。研究成果资料整理工作主要由我的博士生、硕士生完成，他们还协助编写团队查阅文献，丰富了本书的资料积累。没有大家的指教与帮助，这份研究成果是不可能编成的，谨在此表示感谢与敬意。

470